KB090958

FUKUSHIMA

후쿠시마

MELTING SUN:
The History of Nuclear Power in Japan,
and the Disaster at Fukushima Daiichi

© Andrew Leatherbarrow,
Copyright © 2021 Adriano Salani Editore s.u.r,l,
Gruppo editoriale Mauri Spagnol

No part of this book may be used or reproduced in any manner
whatsoever without written permission except in the case of brief quotations
embodied in critical articles or reviews.

Korean Translation Copyright © 2022 by BRAINSTORE PUBLISHING
Korean edition is published by arrangement with Guanda
through Imprima Korea Agency

이 책의 한국어판 저작권은 Imprima Korea Agency를 통해
Adriano Salani Editore surl와의 독점 계약으로 브레인스토어에 있습니다.
저작권법에 의해 한국 내에서 보호를 받는 저작물이므로
무단전재와 무단복제를 금합니다.

이 책을 쓰는 몇 년간 너무 소홀히 했던 니콜과 조, 노아를 위해

비등수형 원자로 마크1 격납 건물

후쿠시마 제1 발전소 1호기에서 5호기까지 사용되었다.

연료 재보급 층 ————————————

강철 격납용기 돔 ————————————

압력용기 (노심) ————————————

콘크리트 격납용기 / 전정 ————————————

콘크리트 원자로 건물 ————————
(2차 격납건물)

수조 / 도넛 모양 공간 ————————————

사용후연료 냉각조

❖

규모 8.5 이상의 지진이 일본의 원자력 발전소를 덮치면 어떤 일이 일어날까?
"그러면 체르노빌 같은 상황이 벌어질 것이다……
하지만 그런 일은 절대 일어나지 않을 것이다."

구로타니 유지, 자원에너지청 원자력안전검사과 선임 검사관, 1999년

❖

"무척 고통스럽지만
이번 사고가 '일본산日本製' 재앙이었다는 사실을 인정해야만 한다.
사고의 근본적인 원인은
일본 문화에 뿌리 깊이 배어 있는 관습에서 찾을 수 있다.
반사적인 순종, 권위를 의심하지 않으려 하는 태도,
맹신적인 계획 고수, 집단주의, 편협함이다.
다른 사람들이 이 사고의 책임을 져야 하는 위치에 있었다 해도
일본인이라면 결과는 마찬가지였을 것이다."

구로카와 기요시, 일본 국회 후쿠시마원자력사고독립조사위원회 위원장

약어

❖ 조직, 기업

AEC Atomic Energy Commission 미국 원자력위원회

AEG Allgemeine Elektrizitäts Gesellschaft 아에게, 독일의 전자 · 전기기기 제조업체

AFC Atomic Fuel Corporation 핵연료회사, 일본의 원자력 관련 기업

ANRE Agency for Natural Resources and Energy 일본 자원에너지청

BNFL British Nuclear Fuels Limited 영국핵연료공사

CRIEPI Central Research Institute of the Electric Power Industry 일본 전력중앙연구소

DPJ Democratic Party of Japan 일본 민주당, 진보 성향

EPDC Electric Power Development Company 전원개발電源開發, 일본의 전력회사

FEPC Federation of Electric Power Companies 일본 전기사업연합회

GEC General Electric Company 제너럴일렉트릭컴퍼니, 영국의 전자회사

GE General Electric 제너럴일렉트릭, 미국의 전자기기 제조업체

IAEA International Atomic Energy Agency 국제원자력기구

INSS Institute of Nuclear Safety System 원자력안전체계연구소, 간사이전력 설립

JAEC Japan Atomic Energy Commission 일본원자력위원회

JAERI Japan Atomic Energy Research Institute 일본원자력연구소

JAPC Japan Atomic Power Company 일본원자력발전

JCO Japan Nuclear Fuel Conversion Company 일본핵연료컨버전

JCP Japan Communist Party 일본 공산당

JMA Japan Meteorological Agency 일본 기상청

JNC Japan Nuclear Cycle Development Institute 일본핵연료사이클개발기구

JNFL Japan Nuclear Fuel Limited 일본원연日本原燃, 일본의 원자력 관련 기업

JNSDA Japan Nuclear Ship Development Agency 일본원자력선연구개발사업단

JSCCS Japan Society for Corporate Communication Studies 일본기업커뮤니케이션학회

JSDF Japan Self-Defense Forces 일본 자위대

KEPCO Kansai Electric Power Company 간사이전력, 일본의 전력회사

LDP Liberal Democratic Party 일본 자유민주당, 보수 성향

METI Ministry of Economy, Trade and Industry 일본 경제산업성 (2001년 ~ 현재)

MEXT Ministry of Education, Culture, Sports, Science and Technology 일본 문부과학성 (2001년 ~ 현재)

NAIIC National Diet of Japan Fukushima Nuclear Accident Independent Investigation Commission 일본 국회 후쿠시마원자력사고독립조사위원회

MHLW Ministry of Health, Labour and Welfare 일본 후생노동성

MITI Ministry of International Trade and Industry 일본 통상산업성 (1949년 ~ 2001년)

NIRS National Institute of Radiological Sciences 일본 방사선의학종합연구소

NISA Nuclear and Industrial Safety Agency 일본 원자력안전보안원

NRA Nuclear Regulation Authority 일본 원자력규제위원회

NRC Nuclear Regulatory Commission 미국 원자력규제위원회

NSC Nuclear Safety Commission 일본 원자력안전위원회

OELCO Osaka Electric Light Company 오사카전등, 일본의 초창기 전력회사

OPEC Organization of Petroleum Exporting Countries 석유수출국기구

PNC Power Reactor and Nuclear Fuel Development Corporation 일본 동력로 · 핵연료개발사업단

SCAP Supreme Commander for the Allied Powers 연합군 최고사령부

STA Science and Technology Agency 일본 과학기술청 (1956년 ~ 2001년)

TEPCO Tokyo Electric Power Company 도쿄전력, 일본의 전력회사

USIS United States Information Service 미국공보원

UTH University of Tokyo Hospital 도쿄대학교 병원

❖ 기술, 전문 용어

ABWR Advanced Boiling Water Reactor 개량형 비등수형 원자로

AGR Advanced Gas-Cooled Reactor 개량형 가스냉각형 원자로

ARS Acute Radiation Syndrome 급성방사선증후군

ASTRID Advanced Sodium Technological Reactor for Industrial Demonstration 상용 소듐
원자로 개발 프로젝트

ATR Advanced Thermal Reactor 개량형 열원자로

AVB Anti-Vibration Bar 진동방지봉

BWR Boiling Water Reactor 비등수형 원자로

DDFP Diesel-Driven Fire Pump 디젤구동 소화펌프

ECCS Emergency Core Cooling System 비상 노심냉각 계통, 다수의 안전계통을 포괄

ERC Emergency Response Centre 비상대응센터

FAC Flow-Accelerated Corrosion 유동가속부식

FBR Fast Breeder Reactor 고속증식로

HPCI High-Pressure Coolant Injection 고압냉각재주입

HWR Heavy Water Reactor 중수형 원자로

IC Isolation Condenser 분리응축기

IVTM In-Vessel Transfer Machine 노내핵연료교환기

JPDR Japan Power Demonstration Reactor 일본동력시험로

JRR-1 Japan Research Reactor 1 일본연구원자로 1호

LNG Liquid Natural Gas 액화 천연가스

LOCA Loss-of-Coolant Accident 냉각재 상실사고

LWR Light Water Reactor 경수형 원자로, BWR, PWR 등이 해당

MOX Mixed-Oxide Fuel 혼합산화물연료

MSIV Main Steam Isolation Valve 주증기격리밸브

OFC Off-Site Centre 외부센터

PORV Pilot-Operated Relief Valve 파일럿구동방출밸브

RBMK High-power Channel-type Reactor (러시아어: Reaktor Bolshoy Moshchnosti Kanalnyy)
고출력 압력관형 원자로

PWR Pressurised Water Reactor 가압수형 원자로

RCIC Reactor Core Isolation Cooling 원자로노심격리냉각

RETF Recycle Equipment Test Facility 재처리시험시설

RHR Residual Heat Removal System 잔열제거 계통

SIB Seismic-Isolation Building 면진免震 건물

SPEEDI System for Prediction of Environmental Emergency Dose Information 일본 비상
시방사능영향예측시스템

SRV Safety Relief Valve 안전방출밸브

차례

약어 **7**
서문 **12**

1장 강제로 열린 새 시대 ——————————— **16**

2장 걸음마 1950년대 ~ 1960년대 ——————— **57**

3장 성장 후쿠시마와 1970년대 ——————— **92**

4장 일탈 원자력 마을과 안전사고, 그리고 1980년대 ——— **137**

5장 잃어버린 10년 1990년대 ——————— **175**

6장 전조 2000년대 ———————————— **214**

7장 복합재난 ———————————— **260**

8장 여파 ——————————————— **328**

후기 **397**
마지막 단상 **399**

서문

2011년 3월 11일 오후 강력한 지진이 태평양 바닥을 뒤흔들었다. 지구의 질량이 재분배되면서 자전축이 이동해 하루의 길이가 1.8마이크로초 짧아질 만큼 강력한 지진이었다. 일본에서 동쪽으로 75킬로미터 떨어진 진원지에서 무엇으로도 막을 수 없는 물의 벽이 높이 치솟았다. 이 쓰나미는 40분도 되지 않아 일본의 해안 지대에 도달했고 14미터 높이의 파도가 진원지에서 가장 가까운 오나가와 원자력 발전소를 덮쳤다. 최대 허용치를 훌쩍 넘는 진동이 구조물을 흔들었지만 오나가와 발전소는 비교적 손상 없이 두 차례의 맹공격을 견뎌냈고, 심지어 혼란 속에 집을 잃은 이들을 위한 피난처가 되었다. 불과 30분 뒤 쓰나미는 두 번째로 가까운 발전소에 도착했다. 후쿠시마 제1 원자력 발전소였다. 세계에서 가장 크고 영향력 있는 전력회사 중 하나로 이 발전소를 소유하고 있던 도쿄전력은 가능한 모든 조처를 마쳤다고 주장했다. 하지만 역부족이었다. 거센 파도는 발전소의 허술한 해안 방비를 가볍게 넘어섰고 원자로 6기의 냉각 기능을 망가트렸다. 일본 정부는 마비 상태에 빠졌고 25년 만에 최악의 원자력 참사가 초래되었다.

자연이 일으킨 동일본 대지진이 도화선이 되었을 것이다. 하지만 후쿠시마 제1 발전소의 몰락은 충분히 막을 수 있었던 인재人災였고 일본이 반드시 제대로 대비해야 했던 사고였다. 어쨌든 일본은 매일 미미한 지진을 겪고 몇 년에 한 번씩은 쓰나미를 동반한 강력한 지진을 맞이하는 나라다. 후쿠시마 참사로부터 약 7년 전 일본의 영어신문『재팬타임스Japan Times』에 실린 한 기사는 "원자력 발전소를 수십 군데 지을 정도로 제정신인 사람이 없는 나라 중에서도 일본은 거의 세계 최고라 할 수 있을 것이다"는 문장으로 시작된다.[1] 일본인들은 전 세계에서 원자력에 대한 지지가 가장 낮은 축에 속한다. 사실 제2차 세계대전이 끝난 뒤에는 가장 열정적이고 끈질기게 원자력을 반대했지만 미국 중앙정보부CIA가 후원한 선전 캠페인이 대중의 인식을 바꿔놓았다. 하지만 일본의 에너지 산업은 시작부터 독립적인 감독을 가로막는 요인들, 즉 외세의 부정적 영향과 안전 위반, 기술적 제약, 문화적 특수성에 시달리면서 쓰나미로 인한 심각한 위협을 제대로 고려할 여유를 갖지 못했다.

어떠한 산업이든 사고는 일어날 수 있다. 하지만 일본 정부와 전력회사들은 실질적인 사고 완화 대책을 마련하기보다 주로 사고 방지에만 집중했다. 이러한 시도는 효과가 없었고 2018년에는 규슈대학교와 도호쿠대학교 연구진이 "일본은 다른 어떤 나라보다도 심각한 원자력 사고를 많이 겪었다"는 결론을 내기에 이르렀다.[2] 업계 내부자들은 기술에는 오류가 있을 수 없다고 주장했고, 커다란 사고가 일어나도 대개 은폐하거나 손쉬운 희생양을 내세웠다. 한편 정치인, 재계 인사, 언론인, 학자들의 강력한 파벌은 모든 비판적 담론이 널리 퍼지지 못하게 막았다. 이 과정에서 첨단을 달리는 야심 찬 꿈으로 시작되었던 원자력 산업은 기술적 어려움, 부적절한 규제, 안전 점검에 대한 관료적 접근 방식, 은폐 그리고 점점 세를 키우며 이 산업의 목표 달성 역량을 제한한 대중의 반감 때문에 무너졌다.

1986년 체르노빌 참사가 일어난 후 미국과 다른 나라 대부분은 원자력 발전소 건설을 중단했고 민간 원자력 발전소도 거의 운영을 포기했지만 일본은 멈추지 않았다. 왜 그랬을까? 이유는 간단했다. 이 섬나라에는 에너지를 생산할 수 있는 천연자원이 절대적으로 부족해서 2011년에는 원료의 96퍼센트를 수입해야만 했다. 나무와 구리 외에 일본이 한 때라도 풍족하게 보유했던 자원은 석탄밖에 없었고 국가 안보 위기가 여러 번 발생하기도 했다. 이 나라에서 가장 오래된 광산이자 결국 가장 큰 광산이 된 미이케 탄광은 1716년부터 1735년까지 이어진 교호享保 시대부터 끝내 문을 닫은 1997년까지 어떤 형태로든 운영되며 지역 경제를 뒷받침했다.[3] 천연자원 부족에 대처해야 한다는 문제의식은 자체적으로 지속가능한 대안을 찾아야 한다는 끈질긴 강박관념이 되었고 원

⇦1 일본 기상청의 지진 모니터링 결과를 보면 글을 쓰는 시점을 기준으로 지난주에만 30번의 지진이 발생했다.
2 물론 일본보다 책임감이 덜한 나라들이 원자력 사고를 제대로 보고하지 않았을 수도 있다.

자력이 해결책을 제공했다.

석탄 1킬로그램으로는 12킬로와트시의 전력을 생산할 수 있지만 같은 양의 우라늄으로는 2천 4백만 킬로와트시의 전력을 생산할 수 있다. 완벽한 시스템을 가정하면 매년 약 7천 톤의 우라늄으로 전 세계에 전기를 공급할 수 있다. 일본은 국내에서 핵연료를 농축하고 재처리할 계획까지 더해 수입 연료에 의존하지 않고 완전히 자급자족할 수 있는 발전소들의 함대를 운영하려 했다. 후쿠시마 참사는 원자력 발전을 둘러싼 여론을 바꾸어 놓았다. 당시만 해도 일본인 중에 원자력에 우호적인 이들도 있었다. 이제 원자력 발전을 포기하라는 요구가 많지만 정부는 뜻을 굽히지 않고 있다. 그렇다면 어쩌다 여기까지 왔을까? 무엇이 잘못됐는지 그리고 체르노빌 참사가 소련의 산물이듯 후쿠시마 참사가 일본의 산물인 이유가 무엇인지 제대로 이해하려면, 에너지 산업과 원자력 발전이 '해가 뜨는 나라Land of the Rising Sun'에 출현하고 성장해 온 상세한 역사를 알아야 한다.

나는 2011년 3월의 그 날을 절대 잊지 못할 것이다. 집에 앉아 암담한 죽음이 모든 것을 삼켜버리는 영상들을 보았고 곧 후쿠시마 참사의 최신 뉴스를 찾아 인터넷을 샅샅이 뒤지기 시작했다. 이 사고가 체르노빌에 관한 책을 쓰게 했고 지금 내가 있는 곳까지 인도했다. 두 번째 책의 주제를 고민하기 시작하면서 몇 년간 작업을 계속해도 흥미를 잃지 않을 무언가를 찾았지만 바로 후쿠시마 참사가 떠오르지는 않았다. 대신 산업재해에 매료되어 인도 보팔Bhopal(중부 마디아프라데시주의 주도-역주)의 화학물질 유출, 최종적으로 20만 명이 넘게 사망했다고 알려진 1975년 중국 반차오 댐Banqiao Dam 붕괴처럼 원자력과 관련이 없는 사고를 먼저 조사했다. 후쿠시마 사고 보고서를 읽은 건 순전히 호기심 때문이었고 글로 쓸 생각은 없었다. 하지만 보고서에서 일본 전력 산업과 원자력 산업의 과거에 관한 감칠나는 정보들을 접했다. 조사를 시작할 때는 사실상 일본 역사를 전혀 몰랐고 구체적인 목표도 없었지만 내가 찾아낸 것에 놀라는 일이 많았다.

그래서 조사한 결과를 이 책으로 묶었다. 개인적으로는 여전히 깨끗하고 확

⇦ 3 미이케 탄광은 1963년 11월 대규모 재난이 일어난 장소이기도 하다. 폭발 사고가 일어나면서 폭발 또는 일산화탄소 중독으로 사망한 사람이 458명에 이르렀다. 부상자 839명은 유독가스로 인한 영구적 뇌 손상을 입었다.

장 가능한 전력원으로 원자력을 지지하지만 이에 관해서는 논란이 많다. 그래서 첫 책 『체르노빌』에서 그랬던 것처럼 이어지는 내용에는 원자력을 반대하거나 혹은 옹호하려는 의도가 전혀 없다는 점을 강조하고 싶다. 그렇게 받아들이는 독자가 없길 바란다. 현미경으로 들여다보면 모든 기술과 산업, 정부, 국가에서 셀 수 없이 많은 문제를 발견할 수 있을 것이다. 나는 그저 내가 찾아낸 가장 흥미로운 정보들을 조합했을 뿐이다. 『체르노빌』을 쓸 때와 마찬가지로 이 책과 관련된 모든 작업은 남는 시간에 취미로 했다. 하지만 지난 경험 덕분에 작업 기간을 5년에서 4년으로 단축할 수 있었다. 역시 개인적인 여행기를 덧붙이려 했지만 곧 그럴 만한 여유가 없다는 것을 알게 되었다. 『체르노빌』을 작업하면서 완전히 비전문가라도 맥락과 관계없이 튀어나오는 기술 용어에 시달리지 않으면서 원자력 사고의 원인이 무엇인지 제대로 이해할 수 있는 책을 쓰는 것을 중요한 목표로 삼았었다. 수많은 독자가 이러한 접근에 감사를 표했다. 그래서 모든 개념을 정성 들여 소개하는 방식을 이 책에서도 다시 시도했다.

추가적인 정보를 반기는 독자들을 위해 많은 양의 각주도 포함했다. 특히 더 많은 것을 알고 싶어 하는 이들을 위해 가능한 한 영어로 된 참고자료를 우선시했다. 170년의 역사를 책 한 권에 압축하는 일은 예상보다 훨씬 더 어려웠고 상당한 단순화를 피할 수 없었다. 하지만 거짓말을 만들어내지는 않으려 최선을 다했다. 작가로서 나의 역량은 발전했을까? 아마 아닐 것이다. 하지만 내가 그랬듯 독자 여러분도 이 책에 몰두하게 되길 바란다.

1장
강제로 열린 새 시대

I
일본의 문을 열다

일본의 얼마 안 되는 에너지 자원을 나눠달라는 외세들의 요구가 이 나라의 산업혁명에 기여했다는 사실은 아이러니하게 느껴지기도 한다. 이 섬나라는 1630년대부터 두 세기 넘게 경제적으로 자급자족하며 평화로운 고립을 이어왔다. 그동안 다른 나라와의 외교 관계, 특히 아시아 밖 나라와의 관계는 엄격히 최소한으로 유지되었고 입국이나 출국을 허락받은 이는 소수에 불과했다. 실제로 서구 세력 중에는 네덜란드인들만 향신료나 도자기, 비단, 서적 같은 상품을 유럽에 가져갈 수 있는 교역권을 누렸다. 네덜란드 선박들은 지정된 항구 한 곳에 입항했다. 나가사키에 특별히 만들어진 인공섬 데지마였다. 선원들은 특별한 경우를 제외하고는 본토에 절대 발을 디딜 수 없었다. 마찬가지로 신중하게 선택된 소수의 노동자를 제외하고 평범한 일본인들은 데지마 출입이 허락되지 않았다.

사코쿠(쇄국鎖国)라 알려진 이 배타적인 시대는 1853년 갑작스레 끝을 맞이했다. 두 세기 동안의 고립은 군대와 기술의 정체로 이어졌다. 이 섬나라에서 정복을 꿈꾸는 이들과 상인들이 나무로 된 범선을 타고 싸움을 벌이는 사이 서구 열강은 점차 금속과 증기를 다루는 법을 익혔다. 새로운 세대의 선박은 캘리포니아에서 일본까지 항해하는 시간을 2년 가까이에서 단 18일로 단축했다. 네덜란드에서 온 손님들이 상상 속에나 있을 법한 기선과 철로의 이야기로 일본 엘리트들을 즐겁게 했지만 새로운 기술에 주목한 이는 아무도 없었다.[1]

1852년 11월 24일 미국 해군 제독 매슈 페리Matthew Perry는 버지니아주 노퍽

---

1 일반화한 서술로 정확한 사실은 아니다. 존 만지로John Manjiro(일본 이름 나카하마 만지로, 미국을 방문한 최초의 일본인 중 한 명으로 알려졌다—역주)는 이러한 신문물을 실제로 목격했고 다른 이들도 주목했을 가능성이 있지만 아주 예외적인 사례다.

을 떠나 동아시아로 향했다. 미국 13대 대통령 밀러드 필모어Millard Fillmore는 페리 제독에게 중대한 임무를 맡겼다. 필요하다면 무력 외교를 활용해서라도 일본이 무역 협정에 순순히 합의하도록 강제하는 것이었다. 그 수가 급격히 늘고 있는 미국 기선 함대에 석탄과 보급품을 공급하는 항구로 일본을 활용하면서 난파된 선원들을 구조하고 안전하게 통행할 수 있게 하는 것 역시 이 협정의 부차적인 혜택이 될 터였다.

매슈 캘브레이스 페리는 1974년 4월 10일 로드아일랜드주 사우스킹스턴의 해군 명문가에서 태어났다. 아버지와 형 모두 해군에서 배를 지휘했고 그 역시 15살이 되자마자 입대해 둘의 뒤를 따랐다. 그리고 1812년 벌어진 미국-영국 전쟁, 1815년 북아프리카 해안에서 발발한 제2차 바르바리Barbary 전쟁, 1846년 부터 1848년까지 계속된 멕시코-미국 전쟁에 참전하며 상관들의 신임을 얻었다. 필모어 대통령이 고립주의 일본의 국경을 억지로라도 열겠다고 마음먹었을 즈음 49세의 페리는 해군 최고 사령관으로 승진했고 폭넓은 외교 경험을 지니고 있었다.[2]

증기로 노를 젓는 군함 USS(United States Ship, 미국 해군 전함의 이름 앞에 붙는 약어-역주) 서스케하나Susquehanna, 돛을 펄럭이는 USS 미시시피Mississippi, 중형 슬루프형 포함砲艦(1개의 갑판에 포를 설치한 범선 · 증기선의 해군 함정 – 역주) USS 플리머스Plymouth와 USS 새러토가Saratoga 등 네 척의 배로 구성된 원정대는 1853년 7월 8일 안개 낀 더운 아침에 일본에 닿았고 에도만江戶灣, 즉 지금의 도쿄만을 향해 나무가 무성한 해안선을 따라갔다. 도쿄의 옛 이름인 에도는 강이 바다로 흘러 들어가는 "어귀"라는 뜻으로 지형에서 유래했다. 당시 에도의 인구는 거의 백만 명에 달해 세계에서 사람이 가장 많이 사는 지역이었다. 일본의 통치자들은 1년 전 네덜란드인들의 경고를 듣고 곧 미국이 들이닥칠 것을 알고 있었지만 거대한 검은 전함들을 맞닥뜨리자 공포와 경외심에서 헤어나지 못했다. 페리 제독의 매끈하고 위풍당당한 기함 서스케하나는 현대 전쟁의 무기보다는 16세기 범선에 가까웠던 일본의 배들을 장난감처럼 보이게 했다.[3] 일본의 지도자들은 무게가 100톤 이상이거나 두 개 이상의 돛대를 단 선박의 건조

---

2 사실 페리 제독은 두 번째 선택이었다. 원래 이 임무를 맡은 사령관은 존 H. 올릭John H. Aulick이었으나 임무를 시작하기 전 해임되었다.

를 금지해 왔지만 페리의 부대에서 가장 작은 배가 800톤이 넘었다. 길이 78미터에 너비는 거의 14미터에 달하며 물 위로 30미터 넘게 솟아오른 서스케하나는 크기가 당시 일본에서 가장 큰 선박의 3배에 이르고 2,450톤의 무게는 20배를 넘어서는 경이적인 기술의 집약체였다. 증기를 내뿜으며 해안선을 따라가는 미국 함대를 막아서려 조그마한 배들이 모여 들었지만 페리의 부대가 역풍에 개의치 않고 속도를 유지하며 나아가는 모습을 지켜볼 뿐이었다.

교착 상태가 며칠간 이어진 뒤 페리는 이후 요코하마가 된 마을로 외교 사절단을 보냈고 장교, 선원, 병사 300명으로 구성된 수행단이 동행했다. 일본은 외국인들을 맞이하기 위해 5천 명 이상의 사무라이들을 모았고 격식을 갖춘 채 네덜란드어로 소통하며 서신을 교환했다.

페리는 별일 없이 며칠을 더 보낸 후 일본을 떠났다. 이때는 이미 필모어가 대통령직에서 물러난 후였지만, 그는 대통령의 서신에 대한 공식적인 답변을 듣기 위해 1년 뒤 돌아오겠다고 약속했다. 필모어와 페리가 일본의 통치자들에게 보낸 편지는 정중하고 공손한 어조로 쓰였지만 결국 협박에 가까웠다. 국경을 열고 우리와 교역하라, 그러지 않으면 큰일 난다.[4] 페리는 교전이 벌어지면 일본이 항복을 빌게 될 것으로 확신하고 서신에 하얀 깃발을 동봉하기까지 했다. "당신들은 우리가 최근에 선물한 하얀 깃발을 높이 내걸어야 할 것이다. 그러면 우리도 발포를 멈추고 당신들과 화의를 맺을 것이다."

당시 일본을 통치한 세력은 쇼군을 국가 원수로 삼는 봉건적인 군벌 도쿠가와 막부였다. 도쿠가와 가문의 자손인 쇼군은 200여 명의 다이묘와 그들이 거느린 사무라이들을 지배했다(다이묘는 "영주"라는 뜻으로 이 시기에는 명예와 약간의 권력만을 유지하고 있었다). 도쿠가와 막부는 이미 쇠락하고 있었다. 60세의 쇼군 도쿠가와 이에요시는 페리가 일본에 머무는 내내 심장 쇠약으로 병상에 누워 있었고 국가 최고위층은 주저하며 마비 상태에 빠졌다. 페리가 떠나고 며칠 뒤 도쿠가와 이에요시가 세상을 뜨자 인기 없고 병약한 넷째 아들 이에사다가 쇼군에 올랐으나 33세의 아베 마사히로가 지휘하는 원로회의가 사실상 실

⇦ 3 페리는 미국을 떠나면서 미시시피를 기함으로 삼았으나 일본에 도착하기 전인 5월 서스케하나에 깃발을 옮겨 달았다.
4 매사추세츠공과대학교 문화시각화 홈페이지는 페리의 접근법을 이렇게 묘사한다: 그는 "적절한 예의범절의 범위 안에서 가능한 가장 험악한 태도를 보이기로 했다."

권을 쥐었다. 아베는 오늘날 히로시마현이 된 지역 다이묘의 다섯째 아들로, 1836년 불과 17세의 나이에 다이묘 지위를 물려받았다. 아베는 도쿠가와 이에요시를 대신해 시간을 벌기 위해서라면 페리의 서신을 받아야 한다고 막후에서 결정했다.

1970년 역사학자 D. Y. 미야우치는 "13세기 후반 몽골이 침입한 이후 처음으로 일본이 외국 세력 때문에 겪게 된 절박한 위기였고, 일본에서 한때 강력했던 도쿠가와 막부 권력의 완전 붕괴를 촉발한 위기였다"고 적었다. 뚜렷한 지도자 없이 압도적으로 뒤진 채 섬멸당할 위기에 처했던 일본 사회는 분열되었고, 아베는 전국의 다이묘와 가신들뿐 아니라 명목상 국가 최고 지도자였던 22세의 고메이 천황과 황실에도 의견을 요구하는 전례 없는 조처를 할 수밖에 없었다. 그리하여 몇 세기 만에 처음으로 천황이 국가적 의사 결정에 참여할 발판이 마련되었다.

서구 세력에 국경을 열어야 할까, 아니면 고립 정책을 유지하면서 침략자들과 싸워 물리쳐야 할까? 개방적인 몇몇 실용주의자들은 일본이 쇄국을 택하기 전 번성했음을 알고 있었고 외국 무역을 재개하면 전례 없는 부와 지식이 쏟아져 들어올 거로 생각했다. 이러한 주장에 반대하는 사람들은 일본이 계속 자급자족할 수 있다고 믿었지만 서구세력과의 전면전을 승리하리라 예상하는 이는 거의 없었다. 모두 자신들이 두려워하는 이웃 중국이 1839년부터 1842년까지 계속된 제1차 아편 전쟁에서 얼마나 형편없이 싸웠는지 알았고, 중국과 같이 불리하고 착취적인 무역 협정을 맺는 불행만은 피해야 한다는 의지가 강했다. 그 여파로 2천 년이 넘게 이어진 중국의 왕조 통치가 끝났던 터였다. 다이묘 이이 나오스케를 비롯한 몇몇 사람들은 더 교활한 접근법을 권했다. 나가사키를 무역항으로 열고 자체적으로 기선을 건조할 수 있는 지식과 역량, 기술을 확보한 뒤 통제권을 되찾자는 것이었다. 이이는 "포위된 성안에 있을 때 도개교를 들어 올리는 것은 자신을 가두는 일이며 무한정 버틸 수 없게 한다"고 주장했다. 고메이 천황은 무역 협정에 동의하기를 거부했고 고립을 원했다. 사실 어떤 식으로든 결론을 내려는 사람은 많지 않았고 대부분은 현상 유지에 만족했다. 페리의 요구에 신속히 굴복하면 막부의 결정에 맞서 폭동이 일어날 수도 있었다.

1854년 2월 12일 약속보다 훨씬 빨리 에도만으로 돌아온 미국 선박들이 일본 지도층의 고민을 급히 끝내버렸다.[5] 거의 한 달간 답이 미뤄진 끝에 3월 8일 오전 느지막이 미국 군대가 상륙했다. 양국의 함포가 우레 같은 예포를 쏘아 올리는 가운데 일본 관리들이 사절단 일행을 임시로 지은 환영회장으로 안내했다. 환영회장을 지나 겨우 몇 명만 들어갈 수 있는 아담한 방에서 협상이 시작되었다.

미국 공식 기록에 따르면 일본인들은 시작부터 "석탄, 목재, 식수, 식량 그리고 조난당한 배와 선원의 구조에 관한 [미국] 정부의 제안"을 묵묵히 받아들였다. 필모어 대통령이 최우선 목표로 생각했던 것들이었다. 미국인들은 답례로 감사를 표하며 중국과 유사한 무역 협정을 맺고 싶다는 뜻을 밝혔다. 다음 주는 일본에서의 물자 구매, 동전의 그램 당량(원소 또는 화합물의 양을 나타내는 단위의 일종-역주)에 따른 환율 등 구체적인 논의를 진행하고 일본인 관리들과 도쿠가와 이에사다 쇼군에게 선물을 선사하며 지나갔다.

페리는 "미국의 기술적 우위와 선진문물을 입증할" 다양한 선물을 엄선했는데 미국의 전통적인 4-4-0 증기 기관차(4개의 선륜線輪과 4개의 동륜動輪이 있고 종륜從輪은 없는 전통적인 증기 기관차 모델-역주)를 4분의 1로 축소하고 객차와 철로까지 배치한 모형도 그중 하나였다. 페리의 위풍당당한 기선들과 마찬가지로 기관차 엔진 역시 일본에 처음 도착한 물건이라 많은 이들이 호기심을 감추지 못했다. 구경꾼들은 지원자들이 기차에 타거나 객차 지붕에 걸터앉아 예복 자락을 바람에 날리며 즐거워하는 모습을 지켜보았다.

이후 이어진 격렬한 협상에서 페리는 조금도 양보하려 하지 않았고 일본 관리들은 버티다 못해 미국 선박에 거의 바로 일본 세 곳의 항구에 입항할 권리를 부여하기로 동의했다. 이후 일본인들은 저항 의지를 잃었고 협상은 거의 미국의 요구대로 합의되었다. 1854년 3월 31일 금요일 양국은 가나가와 조약, 즉 미일화친조약에 서명했고 일본의 산업혁명에도 시동이 걸렸다.[6]

---

5 미국인들은 러시아가 일본을 방문해 역시 무역 협정을 강요하려 한다는 소식을 듣고 재방문을 앞당겼다.
6 미일화친조약에는 무역권에 관한 세부 내용이 없었다. 해당 내용은 미국 외교관 타운센드 해리스 Townsend Harris가 주도해 1858년 조인된 미일수호통상조약에 담겼다. 이 조약은 '해리스 조약'으로도 알려졌다.

일본은 3년 안에 영국, 러시아, 프랑스와도 비슷한 "불평등 조약"을 맺었다. 일본 내에서 굴욕과 문화 충격이 바이러스처럼 퍼져나갔고, 다시 고통스러운 양보를 할 때마다 더 큰 문제가 야기되었다. 엄청난 변화가 불러온 좌절의 끝이 보이지 않는 가운데 한때는 감히 맞서거나 무너트릴 수 없었던 쇼군의 지배력도 다양한 사회적 요인이 결합하며 점차 약화되었다. 외세의 요구는 끊임이 없는 데다 때로는 비현실적이었으며, 갑작스레 외화가 유입되면서 인플레이션이 발생하고 실업률이 급증하는 등 경제가 불안정해졌고, 1850년대 중반부터 후반까지 난카이도 지역[7]과 도카이 지역에 강력한 지진과 쓰나미가 이어져 10만 명 가까이 사망했으며, 외국인이 들여온 콜레라가 대규모로 유행했고, 막부에 협조적이었던 다이묘들이 영내 통제권을 강화하려 재무장했으며, 그 외에도 여러 복합적인 문제가 발생했다. 국민들의 불만이 극심해지면서 "왕실을 높이고 오랑캐를 물리치자"는 존왕양이尊王攘夷 운동이 일어났다.

도쿠가와 이에사다는 1858년 8월 직계 후계자를 남기지 않고 사망했다. 입양한 아들 도쿠가와 이에모치가 대를 이었으나 겨우 12세에 쇼군에 오른 것이 논란이 되었고 영향력도 약했다. 쇼군의 혈통이 희석되고[8] 외세에 조건부 항복하면서 정치력도 약해지자, 미국과의 협정을 공개적으로 반대했던 고메이 천황의 상징적인 지위가 실질적인 권력으로 바뀌었다. 권력의 역전은 천황이 1863년 3월 11일 "오랑캐 추방 명령"을 내리면서 절정에 이르렀다. 정부가 고메이 천황의 명령을 무시하자 천황을 지지하는 세력이 산발적으로 쇼군과 외국인, 외국 배를 공격하거나 암살을 시도했다. 대부분은 관념적인 젊은 사무라이였다. 몇 차례 해전이 벌어지고 명백한 군사적 열세를 확인하면서 존왕양이 운동은 잠시 가라 앉았지만 완전히 사라지지는 않았다. 자신을 입양한 아버지가 그랬듯 도쿠가와 이에모치 역시 20세의 젊은 나이에 자식 없이 죽음을 앞뒀고 그가 이끄는 정부는 무능한 고문들과 내분 때문에 거의 제 기능을 하지 못

---

7 난카이도는 일본의 네 주도主島 중 가장 작은 섬인 시코쿠와 오늘날의 와카야마현, 혼슈의 미에현 일부를 포함한다.
8 사실 "희석"되었다는 표현은 틀렸다고 할 수 있다. 쇼군 가문은 실제로 규모가 컸으나 몇 세기나 이어진 근친결혼으로 고통을 겪었다.

하고 있었다. 이에모치는 1866년 8월 자신보다 10살이 많은 사촌을 입양했다. 마지막 쇼군이 된 도쿠가와 요시노부였다.[9]

고메이 천황은 1867년 1월 30일 천연두로 숨을 거두었고 14살이었던 아들 무쓰히토 황자가 "밝은 통치"라는 뜻의 메이지明治를 연호로 삼고 일본의 새 천황이 되었다(천황은 사후에 연호를 붙여 지칭되며 생전에는 그냥 "천황"으로 불린다. 책에서는 구분을 위해 연호를 붙였다). 도쿠가와 요시노부는 최근의 전임자들과 달리 학식이 있고 영민했으며 의지가 강하고 기민한 쇼군이었으나 운명은 그의 편이 아니었다. 도쿠가와 막부는 서구 제국주의에 무릎을 꿇고 다이묘에 대한 통제력을 잃으며 무너졌고, 그는 권력을 잡고 겨우 1년여가 지났을 무렵 대중의 압력에 굴복해 국가 지도자 자리를 내놓았다. 그렇게 260년 넘게 이어진 쇼군의 통치가 끝났다. 도쿠가와 요시노부는 아마추어 사진가로 활동하며 말년을 보냈다. 이러한 권력 이동은 보신 전쟁戊辰戰爭으로 알려진 18개월간의 내전으로 이어졌고 천황을 지지하는 세력이 막부 세력의 군대를 물리치며 천황의 최고 통치권을 회복시켰다. 그리고 일본 역사에서 가장 변혁적인 시기인 메이지 유신이 시작되었다.

---

9 도쿠가와 요시노부는 앞서 이에사다가 후계자를 선택할 때도 후보로 꼽혔으나 이이 나오스케가 지지한 이에모치에게 밀렸다. 이이는 당시 수상이 되었으나 2년 뒤 암살당했다.

Ⅱ
메이지 유신

메이지 천황은 황실을 천 년간 머물렀던 교토에서 에도로 옮겼다. 그리고 이에 따라 새로운 수도가 된 에도에 "동쪽의 수도"를 뜻하는 도쿄라는 새 이름을 내렸다. 서구의 기술과 통치 방식을 열정적으로 반대했던 신생 정부의 정책은 몇 년 사이 180도로 바뀌었다. 도의를 중요시하는 원칙, 즉 존왕양이에서 존尊에 해당하는 요소를 배신하는 듯한 변화였다. 하지만, 이러한 변화는 예상을 빗나간 일은 아니었다. 진보적인 사상가들은 대부분 일본이 현대화되고 산업화될 기회가 무르익었음을 알고 있었다. 여기저기 교육기관이 들어섰고, 정부가 산업과 농업의 성장을 촉진했으며, 통신망과 교통망이 구축되었고, 페리가 이 나라에 도착한 직후 몇 년을 제외하면 평화와 정치적 안정이 이어졌다. 메이지 천황이 즉위하자마자 당시 가장 세력이 강했던 다이묘가 황실로 서신을 보내 일본은 서양의 영향을 받아들여야 하며 "자신들만 위대하고 존경할 만하다는 생각에 빠져 외국인들을 짐승보다 조금 나은 존재라 멸시하다 그들의 손에 패배를 맛봐야 했던 중국의 나쁜 예"를 피해야 한다고 주장하기도 했다.

메이지 정부는 1871년 오래된 봉건적 영토 체계를 폐지하고 각 지역을 47현으로 통합했다.[10] 같은 해 말에는 정부 관리, 군 지도자, 촉망받는 학자, 정치인, 학생 등 100여 명이 단장 이와쿠라 도모미의 이름을 딴 이와쿠라 사절단으로 모여 일본을 떠났고, 1873년까지 유럽과 미국을 여행하며 각종 조약을 재협상하고 세계와 최신 기술을 배웠다. 이들은 교육 개혁과 산업화, 군사력 증강을 통해 경제적 자급자족을 달성할 수 있으며, 일본의 먼 미래를 위해서도 반드시 경제적 자급자족을 이뤄내야 한다고 결론 내렸다. 이 급진적인 새로운 신념을

---

10 실제로 47개 현이 확정되기까지는 다소 시간이 걸렸으나 관련된 주요 개혁은 1871년에 진행되었다.

널리 알리기 위해 메이지 정부는 유교의 오래된 구호인 부국강병富國强兵을 중요한 목표와 원동력으로 삼았다. 군대 개혁으로 모든 남성이 4년간 의무 복무하게 되었고 전설적인 전사 계급인 사무라이가 사라졌다.

일본은 이미 산업화된 다른 나라에서 가장 뛰어난 요소를 까다롭게 골라내 자국에 적용할 수 있는 유리한 위치에 있었다. 예를 들어 새로운 군대는 프로이센 군대를 모방했고 경찰은 프랑스의 접근법을 택했다. 형법은 처음에는 유교적 법리를 따르는 중국 황실의 법전에 기초했으나 1907년에 독일 모델로 바뀌었다. 우편 제도 역시 개혁해 정부가 운영하며 전국에 균일한 요금을 적용하는 영국 모델을 모방했다. 1870년대 후반에는 주요 도시를 연결하는 거미줄 같은 전신망이 구축되었고, 제일 큰 석탄 광산 11곳을 포함해 가장 귀중한 천연자원들이 국유화되었으며, 국채와 유럽에서 수입한 최신식 기술을 활용해 최첨단 공장과 조선소를 다수 건설했다.[11] 이러한 계획은 어느 정도 성공해 석탄 생산량이 1875년의 60만 톤에서 1905년의 1,300만 톤으로 급증했지만 막대한 지출과 정부의 전형적인 관료적 비효율이 수익성을 떨어트렸다. 몇십 년 뒤에는 재정 적자와 인플레이션을 줄이기 위해 대부분의 현장을 헐값에 민간에 넘겼다. 하지만 이러한 노력은 헛되지 않았다. 경제가 번창하기 시작했다.

---

[11] 1868년 12월 일본 정부는 영국 기술자들과 이 나라 최초의 전신망을 건설하는 계약을 맺었다. 예리한 정신들은 여전히 파벌이 존재하고 불안정한 땅에서 평화를 유지하며 나라를 지키려면 이 혁신적 기술이 필요하다는 사실을 꿰뚫어 보았다. 페리가 머무는 동안 일본의 지역 관리들이 직면했던 중요한 문제가 끝없이 계속되는 지연이었다. 중앙 막부의 의사 결정자들에게 지시를 받기까지 때로는 며칠씩이나 기다려야 했다. 전신망이 설치되면 장거리 통신도 거의 동시에 이뤄질 수 있었다. 1년 뒤 흥분한 노동자들이 도쿄에서 32킬로미터 떨어진 요코하마 법원으로 최초의 전보를 보냈다. 성공에 힘입어 도시 지역이 연결되었고, 1870년대 중반에는 일본의 끝에서 반대쪽 끝까지 거의 7천 킬로미터에 달하는 전신선이 이어져 한 해에만 60만 건이 넘는 전보가 전송되었다. 10년 뒤 우편과 전보 서비스가 통합되면서 수많은 지역 우체국에서 전신망을 활용할 수 있게 되었다. 당시 선도적인 지식인이었던 후쿠자와 유키치는 "전보는 이 나라의 신경계로 기능한다. 중앙 우체국이 머리에 해당하고 각 지점은 신경 말단이다"고 주장했다.

Ⅲ
원자력 도입 전 일본 전력 산업

1878년 3월 25일 도쿄공과대학교 내 중앙전신국의 개장을 기념하는 연회에 참석한 이들은 일본 역사상 처음으로 전기로 불을 밝히는 순간을 지켜보며 감탄했다. 영국인 교수 윌리엄 E. 에어턴William E. Ayrton과 그의 제자 후지오카 이치스케가 일본에 들여온 프랑스 기술의 뒤보스크Duboscq 아크등이었다.[12] 아크등은 대기의 번개와 유사한 원리를 이용한다. 두 탄소 전극 사이에서 전기적 방전, 즉 아크방전이 일어나면 전통적인 전구보다 200배 밝은 빛이 만들어진다. 아크등은 워싱턴과 파리 같은 도시에서 가로등으로 널리 사용되었으나 지나치게 밝고 수명이 짧은 데다 화재 위험이 있어 가정에서는 사용할 수 없었다. 미국의 발명가 토머스 에디슨Thomas Edison은 1880년 에디슨전등회사에서 백열등을 생산하기 시작했는데, 80년간 위대한 이들이 지치지 않고 이어온 혁신의 정점이었다.[13] 세상을 바꾼 이 기술은 아크등보다 훨씬 실용적이었으며, 진공의 전구 안에서 빛을 내도록 필라멘트를 가열하는 데 전기를 사용했다. 당시에는 대나무를 탄화시켜 필라멘트를 만들었다.

도쿄전등은 1883년 일본 최초의 전력회사가 되었다(오늘날의 도쿄전력, 즉 후쿠시마 제1 발전소를 운영했던 바로 그 회사의 전신이다.). 도쿄전등의 수석 엔지니어는 후지오카 이치스케였다. 1857년 사무라이의 장남으로 태어난 그는 이후 도

---

12 일본 최초의 전기 조명은 대개 아크등이었다고 알려졌지만 존경받는 학자 에드워드 사이덴스티커 Edward Seidensticker의 책 『1867〜1989년 도쿄의 역사: 에도부터 쇼와까지History of Tokyo 1867.1989: From Edo to Showa』에서는 이 최초의 전기 조명이 "전구였고, 15분 만에 꺼져서 연회장이 어둠에 잠겼다. 1882년에는 오쿠라상사의 긴자 사무실 앞에 아크등이 성공적으로 설치되었다"고 설명했다. 일본 역사에 관해서는 사이덴스티커가 나보다 훨씬 더 잘 알겠으나, 1878년의 조명 역시 아크등이었다고 기록한 자료가 훨씬 많아서 이 서술만은 그가 틀렸을 거로 본다.
13 에디슨전등회사는 그보다 2년 전에 설립되었다.

쿄대학교 공학부가 된 제국공과대학교에서 전신과 전기공학을 배웠고 에이턴 교수의 지도를 받았다.[14] 1884년 에디슨전등회사를 방문해 깊은 영감을 받은 후지오카는 자신만의 발명품을 시험하기 시작했다. 그는 일본 최초의 국내산 발전기와 전기 엘리베이터(일본에서 처음 지어진 서구형 고층 건물인 도쿄의 12층짜리 료운카쿠에 설치되었다. 료운카쿠는 "구름을 넘어설 정도로 높다"는 뜻이다)를 설계했고, 1980년 국가 엑스포에서는 도쿄전등의 이름을 새긴 일본 최초의 전차를 선보였다.[15] 5년 뒤에는 교토에 최초의 전철을 건설하는 공사를 감독했고 도쿄의 2호선 건설도 진행했다.

초반 몇십 년 동안은 전철회사가 철로를 통해 소비자용 전기도 공급했기 때문에 보통 전철회사와 전력회사가 밀접하게 얽혀 있었다. 후지오카는 일본에서 가장 유명한 전기기구 제조업자인 미요시 마사카즈와 손을 잡았고, 둘은 1899년 일본에서 처음으로 백열전구를 생산한 하쿠네쓰샤를 설립했다. 하쿠네쓰샤는 "눈부시게 밝다"는 뜻이다. 이 회사는 1899년 도쿄전기로 이름을 바꿨고, 몇십 년이 흐른 뒤 1939년에는 시바우라제작소와 합병해 도쿄시바우라전기가 되었다. 사람들은 새 회사의 이름을 줄여 '도시바Toshiba'라 불렀다. 1978년 도시바가 이 회사의 정식 이름이 되었다.

후지오카는 "일본의 에디슨"으로 알려지게 되었고 1887년 11월 도쿄에서 처음으로 가동을 시작한 도쿄전등의 초기 발전소 중 몇 곳의 설계와 건설을 돕기도 했다. 국제적인 산업혁명의 발상지였던 런던에서 세계 최초의 소비자용 발전소가 가동을 시작하고 6년도 되지 않은 시점에, 40년 전만 해도 고립되고 미개했던 일본이 공공 전등으로 주택들을 환하게 비추는 나라가 된 것이다.

일본에 유일하게 풍부한 천연자원이 석탄이었기 때문에 새 발전소는 125헤르츠 단상single-phase 전기를 생산하는 25킬로와트 규모의 석탄화력발전소였다. 그 규모를 짐작할 수 있게 예를 들면, 오늘날 가정집에서 샤워를 할 때 평균적으로 9킬로와트의 전력을 사용한다. 후쿠시마 제1 발전소의 원자로 6기에서는 합쳐서 4,500메가와트, 즉 4,500,000킬로와트가 넘는 전력을 생산했다. 이후

---

14 제국공과대학교는 메이지 시대 일본 공무부 산하에 존재했던 교육기관으로 초창기 직원은 대부분 외국인 엔지니어들과 물리학자들이었다. 제국공과대학교 건물은 일본에 최초로 지어진 실질적인 서양식 건물이기도 했다.
15 기차는 미국에서 수입했지만 후지오카가 전기 작업을 했다.

1888년 9월 고베전등과 나고야전등이 나란히 설립되었으나 1889년 창립해 같은 해 처음으로 공공 전기를 공급하기 시작한 오사카전등의 적수가 되지 못했다. 1890년이 되었을 때는 거의 모든 주요 도시에 전기가 들어왔고 총 용량은 약 1,500킬로와트였다.

비싼 요금 탓에 초기에는 산업시설과 부유층에서만 전기를 사용했다. 장거리 전송이 제한되어 전력 공급이 원활하지 않았던 시골 지역에서는 전기를 사용하기 어려웠고 오랫동안 전통적인 석유램프가 주로 사용되었다. 이 문제는 외딴 지역에 전력을 공급할 수 있는 소규모 수력 발전소가 등장하면서 일부 해결되었다. 물의 낙차 에너지를 이용하는 것은 기원전 4세기까지 거슬러 올라가지만, 1870년 영국의 기업가 윌리엄 암스트롱William Armstrong은 노섬벌랜드Northumberland의 영지領地에 있는 호수에 댐을 세운 뒤 물의 힘으로 지멘스Siemens 발전기를 돌려서 전기를 생산하고 수압 승강기와 세탁기를 작동시키는 데 성공했다. 세계 최초의 수력 발전이었다. 1878년에는 수력 전기로 아크등 한 개의 불을 밝혔고 이후 온 집안의 전등을 켰는데, 세계 최초의 제대로 된 전기 조명이었다. 일본 최초의 수력 발전은 10년 뒤 미야기현의 한 방적 공장에서 전기를 자체적으로 공급하기 위해 이루어졌다. 당시에는 공장이나 다른 산업 현장에서 전력을 자체 조달하기 위해 소규모 사설 발전소를 운영하는 것이 일반적이었다. 일본 최초의 발전소가 가동을 시작하고 20년이 지난 1907년에도 일반 소비자에게 공급된 공공 전기의 비중은 전체 전력 생산량 중 39퍼센트에 불과했다.

수도의 위상을 잃은 뒤 교토의 인구는 거의 3분의 1이 감소했다. 1881년 교토부지사 기타가키 구니미치는 도시의 불운을 반전시키기 위해 2020년 기준 가치로 무려 90억 달러가 넘는 규모의 야심 찬 토목 공학 프로젝트에 착수했다.[16] 일본에서 가장 큰 담수호인 인근 비와호의 물을 끌어들여 상수도와 관개시설, 소방시설, 내국 수운水運에 사용하는 프로젝트였다. 제국공과대학교에서 후지오카와 함께 공부했던 다나베 사쿠로라는 젊은 천재는 1881년과 1882년 현지 조사를 위해 비와호를 찾았고 이후 자신의 학위 논문에 이 프로젝트를 위한 구상을 정리했다. 다나베의 작업이 전체 프로젝트의 기초가 되었고 그는 겨

---

16 당시 1,250,000엔이었던 프로젝트 비용을 2020년 기준으로 환산하면 1조엔, 즉 92억 달러가 넘는다.

우 23세에 프로젝트의 책임 엔지니어로 고용되었다.

다나베는 몇 년 뒤 미국 콜로라도주의 은광에 새로 건설된 수력 발전소를 방문했다. 훗날 화재 소화장치 기술을 일본에 소개하게 되는 또 다른 엔지니어 다카기 분페이와 함께였다. 둘은 깊은 인상을 받은 나머지, 이 기술을 진행 중이던 비와호 프로젝트에 적용하기로 했다. 이렇게 게아게 발전소가 탄생했다. 게아게 발전소는 공공 전기를 공급하는 일본 최초의 상업 수력 발전소로 명성을 얻었을 뿐 아니라, 주요 대형 프로젝트를 외국인 기술자들이 감독하던 당시에 일본인 책임 엔지니어가 지휘한 첫 번째 대규모 토목 공학 프로젝트의 일부로 주목을 받았다. 사람들은 물에서 전기가 만들어진다는 데 의심을 품었고 그 과정에서 물의 영양분이 사라져 자신들의 작물에 해를 입히지 않을까 걱정했지만, 게아게 발전소는 1897년 6월 1,760킬로와트 규모로 운전을 시작해 오늘날까지 가동되고 있다.

토머스 에디슨은 자신이 세운 회사들을 에디슨제너럴일렉트릭이라는 회사로 합쳤고, 이 회사가 1892년 톰슨-휴스턴전기와 합병되며 세계적으로 전자기기 제조업체의 대명사가 된 제너럴일렉트릭이 탄생했다. 1894년이 되자 일본에서 전등을 사용하는 개인의 수가 만 명을 넘어섰고 이후 십여 년간 10배로 폭증했다. 업계 선두였던 도쿄전등은 19세기가 끝날 때까지 일본의 9개 지역 중 오키나와를 제외한 8개 지역에 각 지역의 전기 공급자들을 위한 전력 발전기를 설치했다. 이중 6대는 독일 회사 아에게AEG가 설치했다.[17] 아에게의 장비는 50헤르츠 시스템을 사용했는데, 고주파 전기의 결점이 명확히 드러난 후 1891년부터 채택한 시스템이었다. 도쿄전등은 먼저 도쿄에 그리고 점차 일본 동부 전체에 이 50헤르츠 시스템을 적용했다.

1891년 1월 20일 완공된지 두 달도 안된 제국의회 건물이 전기 화재로 파괴되자 일본 정부는 이듬해 통신성에 감독 자리를 신설했다.[18] 하지만 새롭게 부

---

17 아에게는 한때 제너럴일렉트릭의 계열사였고 에디슨과 독일의 기업가 에밀 라테나우Emil Rathenau가 공동 창립한 회사에서 유래했으나, 현재는 완전히 다른 기업이다.

상한 일본의 전력 산업은 온전히 민간에서 이루어졌고 외부 사람들은 거의 이해할 수 없었기 때문에 구체적인 조치가 이루어지기까지는 5년이 더 걸렸다. 소통성은 1896년 전력 사업에 대한 최초의 규제를 도입했는데 당시 일본에서는 33개의 전력회사가 경쟁하고 있었다. 초창기 규제는 전압을 표준화하고 발전기와 전철을 위한 안전 예방책에 집중했지만 그 외에는 간섭하지 않는 "자율 규제" 접근법을 택했다. 대신 지방 정부가 해당 지역에서 운영되는 전력회사의 감독을 맡았으나 사실상 이 새로운 산업이 스스로 굴러가도록 내버려 두었다. 같은 해 제너럴일렉트릭이 오사카전등에 60헤르츠로 작동하는 발전기를 팔았다. 60헤르츠는 북아메리카와 남아메리카 전역에서 사용되는 주파수로, 일본에 이 주파수의 발전기가 들어온 것은 처음이었다. 오사카전등은 60헤르츠를 표준으로 만들기 위해 자신들의 영향력을 활용했고, 그 결과 일본 동부에 50헤르츠가 일반화된 것처럼 일본 서부에서는 60헤르츠가 주류를 차지하게 되었다. 두 시스템은 후지 강을 사이에 두고 마주할 때까지 일본 중부로 세를 넓혀 갔고, 거의 시즈오카현과 나가노현의 동쪽 경계를 이루는 이토이가와-시즈오카 구조선(혼슈 중부를 남북으로 종단하는 대단층선-역주)을 따라가며 북부 지역을 양분했다. 오늘날에는 동부의 50헤르츠 시스템이 국토의 43퍼센트에 걸쳐 있고, 서부의 60헤르츠 시스템이 나머지 57퍼센트를 차지하고 있다.

1900년대 초에는 총 76개의 전력회사가 있었지만 정부가 소유한 기업은 교토의 한 곳이 유일했고, 모두 합쳐 2,000개가 넘는 전동기를 운영했다. 이런 상황은 정부가 완전히 통제하고 있던 전신 산업과 확연한 대조를 이뤘는데, 전신이 도입된 이후 일본전신전화공사가 민영화된 1985년까지 전신 분야의 모든 기업은 국영 혹은 준공영의 형태를 유지했다. 신흥국 전력 산업의 폭발적인 성장세는 주목할 만했지만 고전압 전류를 장거리 전송해야 하는 어려움은 전력 기반시설의 확장을 어렵게 했다.

미국인들은 1890년대에 원반형 절연재를 발명하면서 이 문제를 해결했다. 원반형 절연재 덕분에 송전선의 용량이 40킬로볼트, 즉 4만 볼트 이상으로 높아졌다. 1895년 미국 뉴욕주의 도시 나이아가라폴스Niagara Falls에 새로 건설된 애덤스발전변압소Adams Power Plant Transformer House에 이 송전선이 설치되었다. 세

⇦18 전신이 전기를 이용했고 소통성 소관이었기 때문에 같은 부서에 감독 자리를 만든 것으로 짐작된다.

계 최초로 교류 전력을 대량 생산하는 발전소였다. 애덤스 발전소는 전력 산업에 대변혁을 일으켰고 이 발전소에 적용된 기술 덕분에 일본도 외떨어진 산과 강의 물을 최대한 활용할 수 있게 되었다. 일본에 처음으로 건설된 새로운 세대의 수력 발전소는 야마나시현에 55킬로볼트 규모로 만든 고마바시 발전소였다. 도쿄전등이 1907년 아에게의 발전기를 수입해 세운 이 발전소는 동쪽으로 76킬로미터로 떨어진 도쿄에 전기를 전송했다.[19] 이제 전력회사들은 가장 유리한 장소에서 전기를 생산한 뒤 멀리 떨어진 곳까지 보낼 수 있었다. 그 결과 지역 공급자의 독점 체제가 무너졌고 도쿄전등은 이듬해 전등과 전력 가격을 각각 12퍼센트와 22퍼센트 내리게 되었다.

19세기 말이 되자 외국에서 저렴하게 수입한 석탄과 다른 자원들이 국내산 연료 시장에 타격을 입혔고 일본의 많은 탄광이 문을 닫거나 규모를 줄이게 되었다. 하지만 1904년에 발발한 러일전쟁이 1905년까지 이어지자 외국에서의 공급이 제한되었고 수요는 증가해 국내산 석탄 가격이 급등했다. 에너지 문제에도 불구하고 일본은 비교적 쉽게 러시아에 승리하며 러시아를 근대 이후 아시아 국가에 패한 최초의 유럽 세력으로 만들었다. 러시아의 패전은 활동을 중단했던 일본이 50년 사이에 무시할 수 없는 세력으로 성장했다는 충격적인 메시지를 서구 국가들에 전했다.

1906년 이후 저렴하면서 전력은 적게 소모하는 텅스텐 필라멘트 전구가 발명되어 전등이 좀 더 보급되었지만 가격은 여전히 많은 이에게 부담스러운 수준이었다. 1909년 34세의 사업가 마쓰나가 야스자에몬은 후쿠오카현의 수도에서 후쿠자와 모모스케와 함께 후쿠오카전철을 창립했다.[20] 전력 산업의 미래를 꿰뚫어 보았던 후쿠자와는 마쓰나가의 친구이자 사업파트너, 동료였다. 이 지역에 공중에 전력선을 잇는 철로를 설치하기 위해 몇 년간 시 당국과 몇몇 민간 기업이 협의를 진행했고 그 결과 마쓰나가가 전무를, 후쿠자와가 사장을 맡은 회사가 탄생했다. 1910년 3월 후쿠오카전철 소유의 소규모 석탄 화력 발

---

19 고마바시Komabashi 발전소를 고모바시Komohashi와 고마하시Komahashi를 포함해 여러 다른 명칭으로 기록한 경우도 있다. 하지만 무엇보다 도쿄전력 홈페이지의 수력 발전소 목록에 고마바시로 표기되어 있다.

20 후쿠오카전철은 이후 JR서일본철도로 합쳐진 여러 회사 중 하나다. 후쿠자와 모모스케는 원래 성이 이와스케였지만 부유한 가문이었던 후쿠자와 가의 딸과 결혼한 뒤 성을 바꾸었다. 그는 게이오기주쿠대학교를 만든 후쿠자와 유키치와 친하게 지냈고 결국 그의 딸과 결혼했다.

전소를 이용해 첫 번째 전차가 운영되기 시작했다.

　마쓰나가는 1875년 나가사키 근처의 아주 작은 섬 이키에서 장남으로 태어났고, 도쿄의 게이오기주쿠대학교에 다니던 18살 때 상인이던 아버지를 잃었다. 그는 아버지의 회사를 운영하기 위해 대학교를 그만두고 집으로 돌아왔다. 마쓰나가는 경영 능력이 탁월했는데 아마 어린 시절 무역회사를 운영하는 할아버지를 존경했던 경험과 지칠 줄 모르는 근면함 때문이었을 것이다. 하지만 만족하지 못했던 그는 1887년 모든 것을 동생에 맡기고 대학교로 돌아갔다. 마쓰나가는 학교에서 후쿠자와를 만나 단단한 우정을 쌓았지만, 다시 학업에 흥미를 잃으며 두 번째로 대학교를 그만두었고 대신 사업가가 되기로 했다. 처음에는 후쿠자와의 추천으로 들어간 일본은행에서 1년간 일했고, 이후 한 목재회사의 고베 지사장이 되어 후쿠자와와 함께 사업을 시작했다. 새 일터 역시 1년 만에 떠난 마츠나가는 직접 석탄 무역회사를 설립했고, 8년 후 후쿠오카 전철을 세우며 전력 산업에 투신하기 전까지 이 무역회사를 운영했다.

　오사카전등은 1909년 4월 아지가와 서부 발전소의 건설 공사를 시작했다.[21] 발전소에 설치할 4,500마력의 60헤르츠 증기 터빈 5대는 제너럴일렉트릭의 경쟁사인 웨스팅하우스Westinghouse에서 공급받으며 오늘날까지 이어지고 있는 협력관계를 공고히 했다. 2년 뒤 일본 정부는 국가와 지방에 흩어져 있던 다양한 법률을 합쳐 전력 산업법을 만들었다. 새 법에 따라 모든 발전소가 허가를 받아야 했고 전력회사들은 전송선을 공유해야 했지만, 도쿄전등은 일본 최대의 전력 공급회사로서 지배적인 위상을 유지했다. 24시간 내내 에너지를 생산할 수 있는 일본의 수력 발전은 1912년 233,000킬로와트의 전기를 생산하며 처음으로 화력 발전의 생산량 229,000킬로와트를 넘어섰다. 그로부터 2년이 지나기 전 도쿄는 228킬로미터 떨어진 후쿠시마현의 이나와시로 수력 발전소에서 전기를 공급받게 되었다. 세계에서 세 번째로 먼 거리였다.

　이런 격동기에 출범한 후쿠오카전철은 2년밖에 유지되지 못했고, 1911년 11월 규슈에서 세 번째로 오래되고 큰 규모의 전력회사 하카타전등과 합병되었다.[22] 당시 하카타전등의 사장 역시 후쿠오카전철의 창립에 참여했던 인물이라

---

21 아지가와 서부 발전소는 일본에 처음으로 건설된 대형 발전소였다. 이 발전소는 1910년 운전을 시작했고 1914년에는 근처의 동부 발전소도 문을 열었다. 두 발전소는 결국 하나로 합쳐져 1964년까지 운영되었다.

마쓰나가는 새 회사를 책임지는 지위를 유지할 수 있었다. 하카타전등은 이듬해 6월 다시 규슈전등과 합쳐져 규슈전등철도라는 더 큰 회사가 되었다. 주식에 많은 돈을 투자한 후쿠자와가 새 회사의 최대 주주가 되었으나 나고야전등 역시 인수했던 터라 자문역으로 물러났고 마츠나가가 전무가 되었다. 후쿠자와는 전력 산업이 국유화될 거로 예상했고, 전철 사업의 비중이 줄어들면 수력 발전이 유일한 성장 동력이 될 거라 주장해 호응을 얻었다.

독일 베를린에서는 5.5퍼센트의 가정에만 전력이 공급되던 1915년, 교토는 일본 최초이자, 세계 최초로 모든 가정에서 전기 조명을 켜는 도시가 되었다. 전기 가격은 하락하고 수요는 증가했다. 이후 20년간 방적업과 잠사업을 중심으로 일본 산업이 전기화·기계화되고 전철이 급격히 확장되면서 막대한 기반시설이 건설되었고 경제가 발전했다. 전기를 사용하는 산업의 비율은 1906년부터 1916년 사이 9.4퍼센트에서 24.8퍼센트로 증가해 증기의 비중을 넘어섰다. 이 비율은 10년 뒤 90퍼센트에 육박했다.

일본이 작은 역할이나마 연합군 편에 서서 싸웠던 제1차 세계대전이 끝나자 전력 산업에 다시 중요한 판도 변화가 일어났다. 일본의 수력 발전소는 큰 강을 따라 건설되었고, 춥고 건조해 수위는 낮아지나 수요는 치솟는 겨울에 가장 많은 전기를 생산하도록 설계되었다. 모두 흐르는 물을 이용하는 형태였고 물을 저장할 댐은 없었다. 그 결과 유속을 통제할 수 없어서 수위가 높아지는 다른 계절에는 엄청난 양의 전기가 과잉 공급되었다. 이런 상황에서 더 먼 지역에서 전기를 전송하는 신생 전력 공급업체가 유입되고 전후 불황으로 인해 수요가 침체되면서 가장 규모가 작고 허약한 기업 700여 개가 더 큰 회사로 통합되었다. 여전히 후쿠자와 모모스케가 사장을 맡고 있던 나고야전등도 그런 회사 중 한 곳이었고 그해 4월 간사이전기에 흡수되었다. 그래도 후쿠자와는 경영진으로 남았다. 같은 해 12월에는 간사이전기가 규슈전철과 합병되었고 1922년 6월 이름을 도호전력으로 바꾸었다.[23] 후쿠자와는 다른 경력을 쌓으려 사임했고 마쓰나가 야스자에몬이 새로 생긴 대형 회사의 부사장이 되었다.

전력회사의 합병이 이어지면서 1923년 문을 닫은 오사카전등을 비롯해 산

⇦ 22 하카타는 후쿠오카시의 지역명으로, 회사가 창립된 지역의 이름을 따라 이름을 지었다.
23 두 회사는 지리적으로 상당히 떨어져 있었지만 규모의 경제를 누리고 중복되는 비용을 감축하기 위해 합병을 택했다.

업 초기에 활약했던 일부 회사가 사라졌다. 도쿄전등 역시 쇠퇴하고 있었고, 형편없는 경영과 부패 때문에 자금을 대던 미쓰이은행이 개입해 회사의 개혁을 책임질 임원을 임명한 후에야 부채를 상환할 수 있었다.[24] 곧 주요 5개 기업이 일본에 상업용 전기를 공급하려 경쟁하게 되었고 일본 전기 수요의 절반 이상을 책임지게 되었다. 주요 5개 기업은 전통적인 대형 전력회사 도쿄전등, 도호전력, 우지가와전기 세 곳과 전기 도매 회사로 오사카전등의 자산을 인수한 다이도전력[25], 주부 지방의 산에 건설한 여러 수력 발전소에서 전력을 공급하는 일본전력 두 곳이었다. 공급 규모가 수요를 추월했기 때문에 모든 기업이 "전력 전쟁"에서 우위를 차지하기 위해 싸웠다.

이즈음 마츠나가는 냉철하고 허튼짓을 용납하지 않으며 고객에게 최선의 서비스를 제공하기 위해서라면 방법을 가리지 않고 쉴 새 없이 일하는 경영자로 명성을 누리고 있었다. 그는 1923년 주요 회사의 경영진 중 처음으로 친구 후쿠자와의 주장처럼 거의 수력 발전만으로 이루어진 전력 공급 체계는 비효율적이라 지적했다. 마츠나가는 필요한 곳이 어디든 전기를 공유할 수 있도록 광대한 지역을 포괄하는 하나의 국가 전력망을 구성하자는 급진적인 대안을 내놓았고, 화력 발전이 퇴조하는 듯했던 시기에 화력 발전소를 추가 건설해 부족분을 보충하자고 제안했다. 이러한 구상이 자금 확보 및 비용 관리에 대한 그의 혁신적인 접근 방식과 결합되면서 도호전기는 도쿄전등을 포함하는 경쟁자들보다 비용을 낮췄고 아낀 몫을 소비자들에게 돌려주었다. 성실한 접근법이 성공을 거둬 곧 도호전기는 규슈의 남쪽 섬들을 차지했다. 1928년 5월 이제 도호전기의 사장을 맡고 있던 마츠나가는 전력 시장이 어떻게 구성되어야 하는지 자신의 의견을 담은 책을 펴냈다. 그는 책에서 적절한 수준의 과잉 공급은 유지하면서 공급자들과 소비자들을 위해 더 비용을 감축하려면 9개 회사가 일본의 9개 지역을 각각 독점해야 한다고 주장했다. 당시에는 마츠나가의 주장이 전력 산업에 큰 영향을 미치지 못했고 오히려 동료들로부터 그를 고립시켰지만 마츠나가는 앞으로 벌어질 일들에 관해 놀라운 선견지명을 보여주었다.[26]

---

24 도쿄전등의 사장 와카오 쇼하치는 적지 않은 회삿돈을 자신의 정치적 야심을 위해 유용했다. 당시 그는 제2차 세계대전 이전 일본의 주요 정당 중 하나였던 입헌정우회立憲政友會의 사무총장도 맡고 있었다.
25 실제로는 오사카시 정부가 기존에 맺었던 합의의 일부로 6465만 엔에 오사카전등의 사업부와 일부 자산을 매입했다. 다이도는 오사카전등의 사업부 일부와 자산 대부분을 취득했다.

경기 불황이 이어져 화폐 가치가 폭락하고 전력 전쟁의 무자비한 가격 인하로 인해 전력회사들이 타격을 입으며 채권자들이 개입할 위험도 커지자 1932년 일본 전력업계는 내분을 끝내고 자율 규제에 나서기로 했다. 이러한 변화를 공식화하기 위해 정부와 5개 주요 전력회사가 합의해 전력리그Electric Power League라 불리는 기업 연합을 만들었고 전력 산업법도 확대 개정되었다.[27] 개정된 법에서는 정부가 가격 책정과 기업 합병에 폭넓은 권한을 갖는 대신 전력 산업 자체를 통제하려는 시도는 차단했다. 전력 산업의 "법적 성격"은 민간에서 온전히 수요와 공급에 따라 운영하는 산업이 아니라 공공산업으로 바뀌었고, 앞으로 기업들이 요금을 변경할 때는 소비자들에게 일방적으로 통보하는 대신 정부의 승인을 받도록 했다. 전력리그가 석탄을 공동구매하는 등의 방법으로 비용 감축을 돕는 가운데, 중첩과 투자의 낭비를 최소화하기 위한 지리적 권역이 설정되어 전국에 지역적 독점 체제가 확립되었다.

이로부터 20년 전에도 근본적인 변화가 있었다. 엔화의 가치가 떨어지면서 전력 산업은 일본에서 은행 대출과 외채로 자금 대부분을 확보하는 유일한 산업이 되었다. 전체 자본에서 은행 대출과 외채의 비율은 1903년 10퍼센트에서 1929년 70퍼센트로 급증했고, 1927년 일본 정부가 차관의 한도를 없앤 것도 일부 영향을 미쳤다. 이러한 의존성은 은행들을 불안하게 했다. 영향력이 큰 전력회사 대부분을 창립하고 운영했던 전기 엔지니어들은 점점 은행이 보낸 경영인들에게 밀려났는데, 후자의 경영인들은 재무 관리에는 뛰어났지만 이제 자신들이 통제해야 하는 기술에는 무지했다. 일본의 전력 산업은 1920년대 후반 세계에서 세 번째로 큰 규모로 성장했으나 놀라운 성장세는 새로운 경영인들이 성장을 안전보다 우선시한 결과였다. 그사이 일본의 지도자들은 세계 무대에서 점점 더 공격적으로 굴었고 1932년 3월에는 제1차 세계대전 종전 후 창

---

26 마츠나가는 몇십 년 뒤 한 신문 기사에서 당시의 제안에 관해 다음과 같이 설명했다. "당시 내가 제안한 내용은 사실상 전후 개편의 결과로 우리가 오늘날 보고 있는 것이었다. … 나는 일본을 9개 전력 지구로 나눠 한 회사가 각 지구를 운영해야 한다고 했다. 작은 회사들을 합병하거나, 불가능한 곳에서는 생산 용량을 공동 관리한다. 각 지구에서는 공급이 독점적으로 이뤄진다. 전국적으로 부하율(최대부하전력에 대한 평균부하전력의 비율—역주)을 높이고 대용량 요금을 올린다. 철도성에서 소유한 설비들을 포함해 국영, 공영 화력 발전소를 민영화한다. 전기 요금을 정할 때는 공식적인 승인을 받도록 한다. 그리고 무엇보다도 감독 기구로 운영될 공무위원회를 창설한다."

27 전력리그는 번역에 따라 일본전력협회Japan Electric Society 또는 전력회사리그League of Electric Power Companies로도 알려졌다.

립된 국제연합의 전신前身인 국제연맹에서 탈퇴했다.

일본 전력업계의 자율 규제는 오래 유지되지 않았다. 1934년 정부가 모든 전력회사의 외채를 사들이면서 관료들이 업계에 엄청난 영향력을 발휘하게 되었다. 그로부터 2년 뒤 일본은 매년 4천만 톤의 석탄을 생산하는 세계 3위의 석탄 생산국이 되었다. 다시 국제적 충돌이 일어날 가능성이 점쳐지는 가운데 전력회사의 경영진 사이에서 기업들을 완전히 사들일 돈은 없는 정부가 민간의 소유권은 인정하면서 통제권은 가져가는 형태로 전력 산업의 강제 인수를 계획하고 있다는 소문이 돌았다. 이러한 소식이 퍼지자 전력회사들의 주식이 급락했지만 기업들은 통제권을 내주지 않기로 다짐했다. 업계와 정부의 힘겨루기가 엎치락뒤치락하던 1938년 1월 마츠나가는 나가사키상공회의소에서 정부의 통제를 옹호하는 이들을 "지구의 쓰레기"라 불러 전국적인 화제가 되었다. 정부의 제안은 무산되었다. 하지만 1937년 중반 중일전쟁이 발발하자 적절한 추가 노동력과 채굴 장비를 확보하지 못하는 등 일본 내 천연자원을 형편없이 관리해 온 광산들은 갑자기 증가한 수요를 감당하지 못했고 곧 석탄 공급이 끊길 위기에 처했다.[28][29] 이 문제는 여러 산업으로 퍼져나갔고, 석탄 부족에 직면하기 시작한 1938년 여름에는 전력리그도 해체되었다.

일본 정부는 전쟁의 시대를 맞이해 조직을 재편성하고 개정된 통제 법안을 통과시켰다. 1938년 3월 도쿄전등과 도호전력을 포함해 가장 큰 전력회사 33곳이 강제 통합되었고 소통성 아래 일본발송전日本發送電이라는 초대형 회사가 만들어졌다.[30][31] 민간 소유이지만 전력 생산과 송전은 정부가 통제하는 기업이었다. 새 회사는 후쿠자와 모모스케가 사망하고 한 달 뒤 탄생했지만 국영화된 단독 전력회사라는 그의 비전과 거의 일치했다. 일본발송전은 이 나라에 설치된 발전 용량의 절반을 통제했다. 정부는 1939년 4월 인수작업을 제의하며 소유권 이전을 처리하고 조정할 시간을 겨우 1년 주었다. 설비의 소유권을 잃은

---

28 이 전쟁은 일본이 진주만을 공격하며 제2차 세계대전의 일부가 되었다.

29 일본 석탄 광산은 대부분 외떨어진 좁은 지역에 몰려 있었다. 따라서 해당 지역의 노동력에 의존했고 인력 공급이 제한되어 있었다. 더 넓은 지역에서 더 많은 사람을 모으기 위해 임금을 대폭 올렸지만 충분한 인력을 확보하지 못했다.

30 이 회사의 공식 명칭은 일본발송전주식회사로, 영어로는 Japan Electric Power Generation and Transmission Co. 또는 Nippon Hassoden Kabushiki Kaisha Co.로 표기한다.

31 모든 발전소의 용량을 더하면 10,000킬로와트가 넘었고 5,000킬로와트가 넘는 규모의 수력 발전소들을 건설하고 있었다. 7,000킬로미터의 전송망에 변전소 94곳을 보유했다.

개인에 대한 보상은 새 회사의 주식으로 제공됐는데 총 출자금이 당시 가격으로 7억 8천만 엔(2020년 기준으로 32억 달러)에 달했다. 전력업계에는 이러한 변화를 "단호히 반대"했지만 가격 인하를 약속받은 국민들은 환영했다. 이제 일본의 총 전력 생산량은 7,560,000킬로와트, 즉 7.56메가와트에 달했고 수력 발전이 56퍼센트를 차지했다.

일본발송전은 "특수목적회사"로 분류되었고, 법에 명시한 목적대로 "전기 관련 비용을 낮추고 전력을 적절히 공급하며 광범위한 활용을 촉진하기 위해 전력의 [배전을 제외한] 생산과 전송을 관리"하도록 일본의 많은 지역에서 포괄적인 독점권을 부여받았다. 이 회사의 주요 목표는 군산복합체와 다른 국가적 필요를 위한 전기 수요를 만족시키는 것이었다. 그리고 석탄으로는 석유를 생산해야 했기 때문에 국가의 석탄 매장량을 보존할 수 있도록 수력 발전소를 늘리는 것을 장기적 목표로 삼았다. 강요된 변화가 수요 확대를 돕고 공급자 간의 내분을 없애긴 했지만, 저명 산업사학자 기카와 다케오는 다음과 같은 이유로 이러한 체계가 "경제적으로 합리적"이지 않았다고 평했다. "(1) 경영진의 독창성과 창의성을 억압하는 효과가 있었고 민간 기업의 활력을 떨어트렸다. (2) 수력 발전에 크게 의존하는 일차원적인 통합 발전·송전 체계로 이어져 안정적인 전력 공급을 유지하고 비용 효과를 확인하기가 어려워졌다. (3) 발전과 송전을 한쪽으로, 배전을 한쪽으로 나누어 완전히 분리했다."

일본발송전이 석탄 발전 부문을 제 궤도에 돌려놓는 데 어려움을 겪는 사이, 1938년 12월부터 170년 만에 최악이라는 대가뭄이 시작되면서 수력 발전량이 감소하는 불운이 겹쳐 심각한 문제들이 야기되었고 에너지 부족이 밀어닥쳤다. 앞서 전력회사를 운영했던 경영인들은 통제권을 내주기 전 한 해 동안 석탄 보유고를 탕진하고 다시 채워놓지 않아 상황을 악화시켰다. 심지어 광산에서도 수력 발전으로 생산한 전기를 구입해 사용하는 것이 자체 석탄 발전소를 운영하는 것보다 유리하던 상황이라 채굴 작업이 "전력 부족으로 종종 중단된다"는 보도도 나왔다. 극동 문제를 다뤘던 학술지 『파이스턴서베이Far Eastern Survey』의 1940년 2월호에는 다음과 같은 내용이 실렸다. "1939년 동안 전력 부족은 수력 발전으로 생산된 전기를 대량으로 구매하는 소비자들, 특히 일본의 전기 화학 업계와 전기 야금 업계부터 사실상 모든 산업으로 퍼졌다. 1939년 마지막 몇 달 동안은 12월에 찾아온 몇 번의 짧은 예외를 제외하고 상황이 아주 심각해져서 정부가 개입해 국방 차원에서 전력 배급을 제한하기에 이르렀다." 광산은 계속 바쁘게 돌아갔고 일본의 석탄 생산량은 1940년 5700만 톤에 달해 역사상 최고치를 기록했지만 여전히 수요가 공급을 능가했다. 정부는 캐나다와 인도 그리고 암시장에서 석탄을 사들일 수밖에 없었고 암시장에서의 거래는 그 자체로 스캔들이 되기도 했다.

1941년 7월 미국의 프랭클린 루스벨트 대통령은 앞서 시작된 가혹한 경제전쟁 전략의 일부로 새로운 조치를 내놨다. 역사학자 조지 모르겐슈테른George Morgenstern은 "미국 내 일본 자산을 동결해 양국 간의 상업적 관계를 효과적으로 종결했다. 일주일 뒤 루스벨트는 여전히 일본에 상업적으로 유입되고 있는 등급의 석유 수출을 금지했다"고 정리했다. 당시 일본은 석유 소비량의 약 7퍼센트만 국내에서 생산하고 있었고 미국에서 수입한 석유가 수요의 80퍼센트를 메우고 있었다. 석유 금수 조치는 일본의 목을 옥죄었고 궁지로 몰아넣었다.[32]

일본발송전은 가뭄 동안 전국의 전력 공급을 안정적으로 조정하는 데 어려움을 겪었다. 루스벨트의 제재로 엄청난 타격을 입은 일본 정부는 전국의 전력 생산, 송전 그리고 배전을 완전히 통제하는 방법밖에 남지 않았다고 생각했다. 정부는 1941년 9월 남아있는 중요한 시설을 모두 일본발송전에 강제 통합하기 시작했다. 진주만을 공격하기 불과 두 달 전이었다. 역사학자들에 따르면 이보다 앞선 시기에 일본에는 818개 전력회사가 존재해 사상 최대치를 기록했으며 그중 절반은 전력 배전을 맡았다. 앞에서도 인용했던 기카와는 남아있던 소규모 기업들이 모두 "극소수의 예외를 제외하고 강제로 해체되었다"고 밝혔다. 일본 정부는 국내를 9개 지역으로 나누고 거대기업인 일본발송전에서 각 지역에 전기를 배전할 9개 전력배전회사를 분리했다. 홋카이도, 도호쿠, 간토(도쿄), 주부, 호쿠리쿠, 간사이, 주고쿠, 시코쿠, 규슈였다. 마쓰나가 야스자에몬은 평생을 바친 사업의 통제권을 빼앗겼다는 사실을 견디지 못하고 은둔했다.

---

32 일본은 이러한 움직임을 예측하고 있었고 1937년에는 석탄을 석유로 바꾸는 연구에 투자를 늘리는 합성석유산업법을 제정하며 우회로를 찾았으나 진행이 느렸고 결과물도 신통치 않았다.

IV
전쟁을 위한 원자력

    31세의 일본인 물리학자 니시나 요시오는 노벨상을 받은 핵물리학계의 거물 닐스 보어Niels Bohr 아래에서 연구하기 위해 1921년 덴마크 코펜하겐으로 향했다. 그리고 1929년 고국에 돌아온 뒤에는 국립물리화학연구소에 복귀해 자신이 이끄는 연구실을 만들었다. 1945년 4월과 5월에 걸쳐 나치 독일이 몰락하자 연합군은 고개를 돌려 온전히 동쪽에 집중했고 수입 화석 연료, 특히 석유의 공급을 차단하는 것이 전략의 핵심 요소가 되었다. 필수적인 자원들이 부족했던 일본은 극단적인 전쟁 전략을 채택했다. 예를 들어, 비행기 연료가 부족해지자 가미카제 자살 공격을 전술로 활용했다. 오늘날 일본 물리학의 아버지로 불리는 니시나가 5년 전에 세운 연구실은 기존의 군사 연구에 더해 핵무기를 만드는 법을 알아내라는 임무를 받았다.

    니시나의 연구는 1932년 원자라는 퍼즐의 마지막 조각이라 할 수 있는 중성자를 발견했던 미국인 물리학자 제임스 채드윅James Chadwick의 작업을 바탕으로 했다. 채드윅의 동료들은 곧 우주 만물을 구성하는 아주 작은 요소인 원자가 양성자들과 중성자들이 모인 핵과 그 주위를 둘러싼 전자로 이루어져 있다는 사실을 알게 되었다. 모든 사물의 물리적 질량은 물질을 이루고 있는 원자의 구성에 따라 결정되었다. 이 발견은 도미노처럼 아귀가 맞는 다른 발견들로 이어졌다. 다른 원자의 핵을 향해 중성자를 발사할 수도 있는데 그러면 중성자를 맞은 핵이 갈라지면서 엄청난 에너지와 추가적인 중성자들을 방출했다. 일단 시작되면 자동으로 계속되는 이 반응을 키우는 대신 억제하려면 외부에서 영향을 미쳐야 했다. 원자 에너지를 방출하는 이 과정을 "핵분열"이라 한다. 그리고 "감속재"를 사용해 핵분열이 일어날 가능성을 높일 수 있다는 사실도 알려졌다. 감속재는 주위에 있는 중성자들의 속도를 늦춰 근처의 핵들과 충돌할 확률을 높였다. 자연에서 채취되며 대부분의 핵 원자로에서 연료로 사용되는 우라늄은 저절로 핵분열 연쇄 반응을 시작할 정도로 자체 중성자에 민감하지 않았기 때문에 반응이 진행되려면 감속재가 필요했다.

　일본이 미국을 공격한 대가로 고통을 겪었다고 하면 너무 절제된 표현이다. 일본의 여러 도시에 24시간 내내 폭탄이 떨어져 폐허가 되었다. 가장 심각한 예는 3월 9일 밤 도쿄에 가해진 폭격으로, 살인적인 네이팜탄에 10만여 명이 목숨을 잃었는데 대부분은 시민이었다.[33] 하지만 무자비한 인명 피해가 이어지고 니시마의 무기 개발은 진척이 더딘 와중에도 일본인들은 항복하지 않았다. 일본의 군부와 정치 지도자들은 몇 달 전부터 패전을 피할 수 없다는 사실을 알고 있었지만 천황을 전범으로 처벌할 가능성이 큰 미국의 항복 조건을 받아들일 수 없었다. 태평양 건너에서는 몇십 년간 자가면역질환을 앓으며 허약해졌던 루스벨트가 1945년 4월 뇌출혈로 사망했다. 후임 대통령 해리 트루먼은 일본에 상륙하려면 피할 수 없는 대대적인 인명 손실을 두려워했다.[34] 그는 인류 역사상 가장 많은 논란을 낳은 결정을 내렸다. 사람들이 가득한 도시에 가장 치명적이고 가장 파괴적인 무기를 떨어트리는 것이었다.

　원자 구조에 대한 지식으로 무장한 일련의 연합군 과학자들과 엔지니어들은 전쟁 내내 원자폭탄을 만들어낸다는 단 하나의 목표를 위해 미국 정부의 기밀 연구 "맨해튼 프로젝트Manhattan Project"에 열정을 바쳤다. 원자폭탄에서 폭발물을 이용해 우라늄 두 조각이 서로 충돌하게 하면 핵분열로 만들어진 엄청난 에너지가 바로 열의 형태로 방출되었다. 1945년 8월 11일 이른 아침, 미국의 전략폭격기 B-29 슈퍼포트리스Superfortress 한 대가 아무런 방해 없이 일본 상공에

---

33 도쿄는 전쟁 막판에 네이팜탄 폭격을 경험한 일본의 64개 도시 중 하나였다.
34 이 문장에는 각주를 더할 수밖에 없다. 트루먼은 전쟁을 끝내기 위해 꼭 폭탄이 필요한 것은 아니며 일본인들이 얼마 전부터 더 나은 조건으로 평화협정을 맺기 위해 노력하고 있다는 사실을 알았다. 그는 폭탄을 사용하지 않으면 수많은 미국인이 목숨을 잃게 될까 봐 두려워했지만, 왜 간단하게 평화협정의 조건을 바꾸는 쪽을 선택하지 않았는지는 논쟁의 여지가 있다.

진입해 서부의 도시 히로시마에 폭탄을 떨어트렸다. 폭발과 이어진 화재로 약 13제곱킬로미터 안의 모든 것이 불타고 무너지면서 허물어진 콘크리트 잔해 일부만 남았고 끔찍하게 많은 사람이 사망했다. 인구의 60퍼센트가 죽거나 심하게 다쳤다.

트루먼은 성명을 통해 일본인들에게 항복하지 않으면 "파멸의 비가 공중에서 쏟아지는 것을 보게 될 것이다. 지구에서 한 번도 볼 수 없었던 광경일 것이다. 공중 공격 뒤에는 바다와 육지에서 지금껏 보지 못했던 숫자와 무력으로 익히 잘 알고 있는 전투 능력을 발휘하는 공격이 이어질 것이다"고 경고했다. 또한 그는 무기로 사용될 때는 기본적으로 파괴적이기는 하지만 원자 수준에서 물질을 다루는 능력이 "조직화된 과학이 이루어낸 역사상 가장 위대한 업적이다. … 우리가 원자 에너지를 끌어낼 수 있게 되면서 인류가 자연의 힘을 이해하게 되는 새로운 시대가 열릴 것이다"고 주장했다. 히로시마가 제2총군 주고쿠지역군의 본부이긴 했으나 폭격지를 도시가 아닌 군기지로 설명한 것은 다소 기만적이었다. 하지만 가장 중요한 메시지는 "포기해라, 그러지 않으면 멈추지 않을 것이다"는 협박이었다. 며칠 앞서 소련은 일본에 4년간 이어진 중립조약을 폐기하고 바로 쳐들어가겠다고 통보했다. 일본에는 분명히 희망이 없었지만 여전히 항복을 거부하고 있었다. 다시 원자폭탄이 떨어졌고 7만 명의 영혼이 더 사라졌다. 전쟁도 끝이 났다.

미국이 일본을 실효 지배했고 5성 장군 더글러스 맥아더Douglas MacArthur가 연합군 최고사령부SCAP에서 점령군을 지휘하는 임무를 맡았다.[35] 일본 정부가 일상적인 업무를 처리했지만 중요한 결정은 맥아더 사령부의 승인을 받아야 했다. 일본은 우선 철강업을 다시 일으키기 위해 "석탄 먼저 – 석유는 두 번째로"의 에너지 정책을 추진하고 있었다. 원자폭탄 투하나 방사선이 시민들에게 미친 영향에 관해 보도하는 것은 거의 처음부터 금지되었고 외국 기자들의 접근도 제한되었다. SCAP는 폭동의 위험을 줄이기 위해 폭격 현장의 사진을 배

---

35 SCAP라는 약어는 일본에서 일반적인 점령군을 일컫기도 했다.

포하거나 관련된 토론을 벌이는 것까지 막았고, 원자폭탄의 피해자들은 지구상에서 유일하게 자신들에게 일어난 일의 본질을 제대로 이해할 기회를 얻지 못했다.

폐허가 된 두 도시의 히바쿠샤, 즉 피폭자들은 같은 일본 국민에게도 동정을 받지 못했다. 후유증에 시달리고 오해를 받으며 죽어가던 이들은 사회에서 소외되었다. 평범한 사람들은 병든 피해자들이 어떤 이유로든 자신들에게 해롭거나 전염시킬 수 있다는 편집증에 빠졌고 급성방사선증후군을 "악령"으로 묘사한 일본 정부의 보고서도 도움이 되지 않았다. 당시 일본 의사들은 방사선에 관해 사실상 아무것도 몰랐고 미국 의사들도 그들보다 조금 나은 수준이었다. 맨해튼 프로젝트에 참여한 과학자들조차 방사선이 인체 생체조직에 미치는 영향에 관해서는 경험이 거의 없었다. 이 프로젝트의 의료 총책임자이자 히로시마를 처음으로 방문한 연합군 책임자 중 한 명이었던 스태퍼드 워런Stafford Warren 박사는 "[맨해튼 프로젝트의 연구 시설이었던] 로스앨러모스에서 가장 중요한 일은 성공적인 원자폭탄을 설계하고 제작하는 것이었다"고 설명했다. "여기에 참가한 과학자들과 엔지니어들은 당연히 자신들의 문제에 너무나 깊이 몰두하고 있어서 폭발 뒤 어떤 후유증이 있을지 예측해보라고 설득하기조차 어려웠다." 워런 박사는 히로시마와 나가사키를 방문한 뒤 초기의 폭발 반응에서 방출된 방사성 낙진은 건강에 커다란 해를 미치지 않는다고 결론 내렸다.

워런 박사는 2년 후 태평양에서 진행된 원자력 폭탄 실험 크로스로드 작전 Operation Crossroads에서 안전 책임을 맡은 뒤 생각을 바꾸었다. 그는 1947년 8월 11일 발행된 『라이프Life』 잡지에 자기 생각과 결론을 실었다. 워런 박사는 "원자폭탄은 다수의 엄청난 효과를 일으켜 피해를 준다. 처음에는 바로 침투성 방사선이 쏟아진다. 두 번째로 폭발 지점에서 충격파와 공기 폭풍이 뿜어져 나온다. 세 번째로 엄청난 양의 핵분열생성물이 방출된다"고 적었다. 그는 원자폭탄이 폭발한 뒤 장비를 수거하기 위해 태평양 비키니환초Bikini Atoll 주변으로 보내졌던 군인들이 어떤 처치를 받았는지도 묘사했다. 군인들은 복귀한 뒤 오염 제거를 받았지만 워런 박사가 전한 광경은 다음과 같았다.

간혹 "뜨거운" 지역에서 방호장갑을 벗은 사람이 있으면 안전 담당자들이 산 *acid*으로 손의 바깥쪽 피부층을 녹여야 했다. 목표 지역에서 입었던 옷을 방사선 측정기로 측정해보면 너무 오염되어 있어서 세척할 수 없었다. 수백 켤레의 신발과 장갑, 몇 톤의 옷을 몇 킬로미터 아래 바닷속에 수장했다. 그 외에는 인간들에게서 영원히 떼어놓을 방법이 없었다.

약한 강도라도 오랫동안 계속 방사선에 노출되었을 때 인간과 동물이 받은 영향을 관찰한 결과 예상하지 못했던 문제들이 나타났다. 워렌 박사는 설명을 이어갔다(강조는 원문을 따랐다).

약하게 오염된 지역은 목표 지역 밖으로 퍼져 있었다. 게다가 바닷물의 조류는 방사성 입자를 흡수해 작은 물고기들에게 전달했다. 작은 물고기들은 두 번째 주가 끝날 즈음 죽었고 더 큰 물고기들에게 먹혔다. 더 큰 물고기들은 세 번째 주에 죽었고 사체가 부패하면서 다시 조류에 방사능을 전달했다. 탐사대를 지원하는 선박들의 선체에 조류가 쌓이면 종종 강철 선체를 뚫고 탐지될 정도로 방사능이 강했다. 배 안에서 자는 사람들을 보호하기 위해 선체에 조류들이 밀집한 지점에서 먼 곳으로 침대들을 옮겨야 할 때도 있었다.

워런 박사는 "비키니환초는 사람이 거주하는 지역에서 멀리 떨어져 있어서 오염되어도 심각한 결과가 일어나지 않"고 "오염된 물고기들은 이동하는 어종이 아니다"는 지식에 안도했다. 하지만 그는 "비키니환초가 바다에서 육지로 바람이 불어오는 인구가 밀집된 항구였다면 어떤 일이 벌어졌을지" 두려워했다. "라듐 수 톤에 해당하는 핵분열생성물이 도시 전체에 퍼졌을 것이다. 인구 대부분이 죽음을 피하지 못했을 것이다. … 원자폭탄을 방어할 수 있는 유일한 방법은 여전히 과학의 영역 밖에 있다. 바로 핵전쟁을 막는 것이다."

연합점령군은 일본 경제계와 산업계에서 독점적인 지위를 누리던 재벌들이 이 나라의 군국주의화에 상당히 부정적인 영향을 미쳤다고 판단해 재벌들의 해체와 구조조정을 지시했다. SCAP는 이 조치로 일본을 전쟁으로 이끈 반경쟁적 행위를 제거할 뿐 아니라, 경쟁을 권장해 일본 산업을 회복시키는 동시에 회복 과정에는 지나치게 간섭하지 않는 미묘한 균형을 지킬 수 있길 바랐다. 그리고 재벌 기업들의 품질과 효율, 생산량은 유지되길 바랐다. 일본 국회는 1947년 12월 "일본 내 과도한 경제력 집중에 대한 대책"을 비준했다. 새로운 법에 따라 정부가 국채로 재벌가가 소유하고 있던 지주사의 주식을 매입했고 경매를 통해 일반 대중에 판매했다. 은행들까지도 보유한 재벌의 주식을 팔도록 강요받았다. 특히 이 정책은 군부 및 정계와 가장 강력히 밀착하며 조선업, 광업, 철강업, 은행업부터 기기공업, 화학공업까지 모든 분야를 지배한 "빅 4", 즉 미쓰이, 미쓰비시, 스미토모, 야스다를 표적으로 삼았다. 미쓰이는 전쟁이 일어나기 전까지 일본 최대의 기업이기도 했다. 대형 은행 대부분을 비롯해 300개가 넘는 회사가 목록에 올랐다. 일본 정부가 이 목록에 반대를 표하자 SCAP는 금융 기관과 중소기업 대부분을 제외하는 데 동의했다. 결국 일본발송전과 몇 년 전 만들어진 배전회사 9곳을 포함해 십여 개의 거대 기업이 해체되었다.

전쟁 기간 연합군의 폭격으로 일본 석탄 공장의 44퍼센트가 파괴되면서 1944년과 1945년에는 전력 생산량이 줄어들었다. 1년 뒤 나라를 재건하기 위해 안간힘을 쓰는 와중에 여름 내내 가뭄이 이어지고 석탄이 부족해지자 정부는 수력과 석탄 화력으로 생산된 전력 대부분을 산업시설에 공급해야 했다. 하지만 1948년이 되자 일본의 운이 바뀌며 전력 공급량이 제2차 세계대전 기간의 최고치를 경신했다. 그래도 전력회사들이 수요를 맞추는 데 어려움을 겪고 경제의 성장세도 꺾이자 일본 정부는 먼저 미국에, 나중에는 세계은행에 산업용 전기 장비를 구매하기 위한 대출을 요청했다. 이후 이 돈은 전력회사에 전달되었고 다시 웨스팅하우스와 제너럴일렉트릭 같은 미국 기업으로 흘러 들어갔다. 전쟁 전까지는 소통성이 전력 산업을 관리했으나 1943년 11월에는 새로 창설된 군수성으로 권한이 넘어갔고, 1949년 5월 다시 통상산업성으로 바뀌었다.[36] 통상산업성은 미국의 제안에 따라 전력업계를 재구성하고 재건하는 것을 최우선 목표로 삼았다. 역사학자 스미야 미키오에 따르면 미국인들은 이전의

---

36 1949년 5월 통상산업성으로 이름을 바꾸기 전에는 상공성으로 불렸다.

체제를 약간 변형해 일본의 "각 지역에 전력 생산과 전송, 배전을 통합 관리하는 체계를 만들 것"을 권했다.

1949년 11월 SCAP는 은퇴했던 73세의 마쓰나가 야스자에몬을 불러들였다. 전쟁 기간 국가주의 정부를 지원했다는 이유로 전력업계에서 마쓰나가의 옛 동료 중 많은 이를 제거한 후였다. 일본의 전력 기반시설을 어떻게 구성해야 할지를 두고 관료, 정당, 기업가, 전력회사가 모두 몇 년째 싸움을 벌여왔던 시점이었고 마쓰나가는 이 문제를 해결하기 위한 마지막 카드였다. 그는 전력 산업 개편위원회 회장에 취임했고 다시 대대적인 전환을 계획하기 시작했다. 그렇지만 전력 산업개편위원회는 1950년 2월 투표로 마쓰나가의 계획을 탈락시키고 신일본제철의 미키 다카시 사장이 주로 작성한 제안서를 제출했다. 미키 사장은 전력회사의 민간 소유로 인한 가격 인상을 두려워하는 인물이었다. 경의를 표하는 의미로 마쓰나가의 시각도 포함되었다. 하지만 SCAP는 보고서에 퇴짜를 놓았고 마쓰나가의 계획을 선호했다.

일본 국회는 SCAP의 결정에 맞서 싸웠고, 진척이 없자 맥아더 장군이 직접 요시다 시게루 총리에게 행동을 요구하는 편지를 보냈다. 요시다 총리는 국회를 우회했고 1950년 11월 전력공급재편성령과 공공공급산업령이 모두 공표되었다. 이에 따라 관리 조직과 감독 조직이 다시 정비되고 오늘날까지 남아있는 체계가 만들어졌다. 마쓰나가가 1928년 제안했던 형태와 본질적으로 동일했다. 그는 같은 해 12월 일본 내 모든 공공 전력회사의 시설과 자산의 재건과 분배를 감독하는 기관인 공공전력위원회의 부위원장에 임명되며 다시 중요한 직책을 맡게 되었다.

1951년 5월에는 9개 민간 기업이 9개 지역을 각각 독점하면서 배타적으로 통제하는 가운데 통합된 전력의 생산과 송전, 배전이 이루어지고 있었다. 전기 요금은 정부의 승인을 받아야 했다. 전력 부족이 이어진 탓에 바로 요금이 30퍼센트 인상되긴 했지만 독점 체제에서 전형적으로 나타나는 과다 요금의 문제는 방지했다. 이러한 접근법은 종전 이후 1946년과 1948년 각각 전력 산업을 국유화한 프랑스와 영국을 비롯해 유럽의 많은 나라가 채택한 방식과 극명한 대조를 이뤘다. 새로 탄생한 도쿄전력이 수도를 포함하는 간토 지역에서 일본 발송전의 자산을 차지하며 도쿄전등의 유산을 이어갔다. 도쿄전력은 1950년대 초반 도쿄에서 소비되는 전력의 약 80퍼센트를 멀리 있는 수력 발전소에서 조달했지만 전력업계의 다른 기업들과 마찬가지로 연구 개발은커녕 새로운 발전소를 건설할 자금도 없었다.

일본 정부는 1952년 9월 광범위한 경제 회복기에 전력 산업의 짐을 짊어질 전원개발電源開發을 만들어 이런 상황을 해결하려 했다. 미키 회장과 같은 사업가들은 지지했지만 마쓰나가나 전력회사들의 뜻과는 다른 선택이었다. 다양한 관계자들은 전원개발의 자금 67퍼센트를 재무성에서 제공하고 나머지는 9개 전력회사가 분담하기로 합의했다. 일본발송전의 옛 본사에 자리 잡은 전원개발은 서부 시즈오카현의 외딴 산악지역에 사쿠마 댐을 짓는 것으로 업무를 시작했다. 이후 다양한 사업이 이어졌지만 전원개발은 전력회사에 전력을 판매하는 것이 허용되었을 뿐 직접 소비자들에게 판매할 수는 없었다.

연합군의 일본 점령이 끝나고 겨우 7개월이 지난 1952년 11월, 9개 전력회사는 체계화를 돕고 "전력업계의 순조로운 운영을 촉진하기 위해" 전기사업연합회를 창설했다. 전기사업연합회는 바로 일본이 자급자족을 이루기 위해 노력하면서 국내산 석탄과 수력에 집중해 외부의 영향에 대한 취약성을 없애야 할지, 아니면 다른 방법을 찾아야 할지 질문을 던지고 답을 찾기 시작했다. 다시한번 외부의 영향이 그들의 운명을 결정했다.

V
평화를 위한 원자력

인류가 깊은 상처에서 회복하는 몇 년간 잠시 평화가 퍼졌다. 하지만 진흙과 재 사이에서 새로운 종류의 충돌이 싹을 틔웠다. 적대국들이 직접 교전을 벌이지는 않지만 핵전쟁으로 인한 멸망의 위협이 어디에나 존재해 편집증적이고 아슬아슬한 균형이 유지되는 냉전이었다. 곧 모두 무기로서뿐만 아니라 거의 무한대인 에너지 자원으로 모든 것을 바꿀 수 있는 핵분열의 놀라운 잠재력을 깨닫게 되었다. 심지어 일본에서도 히로시마가 파괴된 지 겨우 닷새 만에 그리고 전쟁에서 항복한 지 하루 만에 이 나라에서 가장 큰 신문에 "미국의 중공업 분야에서는 원자력이 생산 방식을 급격히 바꾸어 놓을 것으로 예상"하며 사람들은 이미 뛰어난 에너지원으로 "원자력이 석탄과 석유, 물을 대체하게 될 것으로 기대"하고 있다는 기사가 실렸다. 6년 후에는 미국에서 처음으로 원자력 발전으로 전력을 생산했다는 소식이 신문 1면을 장식했다.

낙관론과 달리 연합군 정부는 소련의 핵무기 증강을 두려워했고 일본에서도 관련 연구를 중단시켰다. 일본인들 역시 핵무기를 개발할까 걱정해서였다. 군비 경쟁이 진행 중이었고 더 크고 더 강한 핵무기를 가진 자가 승자가 될 것이었다. 육군 장군이었던 미국 신임 대통령 드와이트 D. 아이젠하워는 한때 인류를 멸망시킬 수 있는 무기를 사용하는 것을 비판했지만 이제는 그런 무기를 옹호하는 처지가 되었다. 한 예로 1955년 3월에는 기자회견에서 기자들에게 "이러한 물건이 엄격하게 군사적 목표나 군사적 목적으로 활용된다면 총알이나 다른 무기를 쓰는 것과 마찬가지로 사용해서는 안 될 이유가 없다고 본다"고 주장했다. 그는 전형적인 총알의 직경은 9~12밀리미터지만 미국은 직경이 10킬로미터를 훌쩍 넘는 파괴적인 폭탄을 제조하고 있다는 피할 수 없는 사실은 무시했다. 핵무기를 가볍게 받아들이는 아이젠하워의 태도는 세계적인 비난을 받았다. 대통령과 수석 보좌관들은 국방부 심리상담가에게 "원자력이 건설적인 목적에 사용되고 있다는 사실이 동시에 알려지면 원자력 폭탄이 훨씬 쉽게 받아들여질 것"이라는 조언을 들은 뒤 여론을 움직이기 위한 선전전을 펼치기로 했다. 그렇게 시작된 캔도 작전Operation Candor은 원자력 기술의 긍정적인 활용을 홍보하는 동시에 핵무장에 대한 대중의 지지를 모았다.

캔도 작전의 핵심인 야심 찬 기술 공유 캠페인에는 "평화를 위한 원자력Atoms for Peace"이라는 이름이 붙었고 국내외 대중을 설득하는 것을 목표로 했다. 아이젠하워는 1953년 12월 6일 스위스 제네바에서 열린 유엔 총회에서 각국 정상들과 취재진 2,000여 명이 지켜보는 가운데 텔레비전으로 중계된 연설로 이 프로그램을 공개했다. 그는 지금까지 미소 양국이 걸어온 길이 어느 쪽에도 좋지 못한 결말로 향할 수 있다고 소련에 경고하며 연설을 시작했다. 아이젠하워는 "오늘날 미국의 핵무기 비축량은 매일 늘어나고 있으며, 그 위력은 제2차 세계대전 내내 모든 전장의 비행기와 대포에서 발사된 모든 폭탄과 포탄의 수 배를 넘어섰다"고 밝혔다. 하지만 그는 이 핵무기들이 불러올 수 있는 끔찍한 파괴에도 불구하고 미국은 "그저 힘만 과시하기보다는 평화에 대한 갈망과 희망도 보여주려 한다"며 청중을 안심시켰다. 미국인들은 "파괴적인 존재가 아니라 건설적인 존재"가 되길 원했고 아이젠하워는 "이 무기를 군인들의 손에서 빼내는 것으로는 충분하지 않다. 군사용이라는 포장을 벗기고 평화의 기술로 바꿀 방법을 아는 이들의 손에 건네야 한다"고 믿었다. 그는 "농업, 의학 그리고 다른 평화적 활동에 필요한" 원자력 기술을 전파할 중립 기구로 국제원자력기구IAEA를 창설하자고 제안했다. "[이 기구의] 특별한 목적은 세계에서 전력 부족에 시달리는 지역에 풍부한 전기 에너지를 제공하는 일이 될 것이다." '평화를 위한 원자력'은 암묵적으로 핵무기 개발을 계속하는 것을 정당화하는 동시에, 적어도 이론적으로는 우라늄과 플라토늄의 평화적이고 실용적인 대안적 활용법을 제시하면서 전 세계에 커다란 기술적 혜택을 안겼다. 원자력 발전 선박과 비행기, 기차를 비롯해 원자력 발전 자동차의 등장까지 점쳐졌다.

거의 신에 가까운 과학적 능력으로 이제는 종종 영웅 대접까지 받게 된 과학자들과 엔지니어들은 전쟁이 끝난 뒤 원자력의 방출을 유도하고 가둬두는 실험용 원자력 "원자로"를 설계하고 시험하며 몇 년을 보냈다. 이런 원자로는 석탄 화력 발전소와 마찬가지로 물을 끓여 전기를 생산했지만 터빈을 돌릴 증기를 만들기 위해 석탄이 아닌 우라늄 핵 원료를 사용했다. 기본 원리는 화석 연료와 동일해도 원자력 발전소는 그때나 지금이나 헤아릴 수 없이 복잡했고 가장 기술이 발전한 나라에서만 건설할 수 있었다. 미국은 평화적인 목적으로만 사용하겠다고 동의한 나라에 관련 기술과 연료, 노하우를 제공하겠다고 약속했다. 정부 관료들은 이러한 공유 방식에 엄청난 잠재적 위험이 있다는 사실을 알았고, 따라서 신뢰할 만하다고 여겨지는 나라들만 자격을 얻었다. 시간이 흐르면서 국제적 동맹 관계도 바뀌었다. 인도, 이란, 이라크, 파키스탄 모두 이때 핵 원조를 받았지만 이후 몇십 년간 자체 핵무기를 개발하거나 이 기술을 가지고 국제적 정치 분쟁을 일으켰다. 하지만 미래에 벌어진 일들과 별개로 이 프로그램은 인기를 끌었다. 37개국이 계약서에 서명했고 14개국이 더 관심을 보였다.

일본의 상류층 지식인과 정부 관료 다수는 '평화를 위한 원자력'에서 엄청난 잠재력을 보았다. 미국이 제2차 세계대전에서 일본에 승리한 이유 중 하나는 미국이 더 뛰어난 기술을 지녔기 때문이며, 특히 원자력의 활용이 가장 결정적이었다고 보는 것이 일반적인 인식이었다. 1952년 4월 연합군 최고사령부SCAP가 떠나고 일본의 자치가 회복된 지 2년이 된 시점에는 이러한 인식에도 불구하고 정부가 창설한 일본학술회의와 더 넓은 학계의 저명한 과학자들이 어떤 길을 택해야 할지를 두고 갈등하고 있었다. 물리학자 다케타니 미쓰오를 비롯한 몇몇은 "원자력 전쟁의 피해자인 일본인들은 원자력의 발전에 관해 가장 큰 발언권을 가질 자격이 있다. … 그리고 [원자력] 연구를 수행할 가장 정당한 도덕적 권리가 있다. 다른 나라들은 일본의 노력을 도울 의무가 있다"고 믿었다. 반면 물리학자이자 히로시마 원폭의 생존자인 요시타카 미무라를 비롯한 반대자들은 같은 이유에서 "일본은 미국과 소련 사이의 긴장이 해소되기 전에는 원자력 연구에 착수하면 안 된다. … 그로 인해 일본의 진보가 늦어지더라도 감수하자"고 주장했다. 일부 이상주의자들은 외부에서 수입한 기술에 의존하는 대신 자체적으로 원자력 기술을 개발하길 원했다. 하지만 한결같이 돈에서 동기를 찾는 기업가들뿐 아니라 실용주의자들 역시 일본이 그런 방식으로 서구를 따라잡으려 했다가는 격차가 너무 커지리라는 것을 알고 있었다. 따라서 기술을 수입하는 것이 합리적인 선택이었다.

시민들의 의견은 훨씬 통일되어 있었다. 앞서 몇 년간 신문에서 원자력의 발전을 기대하는 기사들을 수없이 접했지만 대부분은 종전 후에도 여전히 원자력에 엄청난 원한을 품고 있었고 아이젠하워의 약속에 설득된 이는 거의 없었다. 미국인들을 향한 일본 국민의 숨겨진 분노와 반감은 그가 유명한 연설을 하고 몇 달 후 폭발할 터였다.

일본어로 '행운의 용'이라는 이름을 가진 참치잡이 배 제5 후쿠류마루는 1954년 1월 22일 시즈오카현의 야이즈에서 출항했던 순간부터 평범한 여정이 꼬이기 시작했다. 배의 기술자가 오래되어 불안정한 엔진 때문에 항상 준비해야 하는 예비 크랭크를 빠트렸다. 하지만 선원들은 이 실수를 불운이라 생각하고 배를 돌리는 대신 대체품을 찾아 근처의 다른 항구로 향했다. 예비 크랭크를 싣고 다시 출항하려는 순간 배가 얕은 모래톱에 좌초했고 지나가던 고등어 배를 이용해 바다로 견인하려던 시도도 실패했다. 만조가 된 저녁에 다시 조그마한 나무배를 띄울 수 있었지만 23명의 일꾼이 하루를 꼬박 날렸다. 그다음에는 선장이 선원들의 예상과 달리 인도네시아 근처의 잔잔한 어장 반다해Banda海로 향하지 않겠다고 알렸다. 거친 물결이 세차게 이는 가운데 배는 미드웨이제도를 향해 남동쪽으로 길을 잡았다.

둘째 날에는 혹독한 날씨가 이들을 괴롭혔다. 어부 오이시 마타시치는 몇십 년 뒤 이 사건을 다룬 책을 펴냈는데 "바다는 거칠었고 우리가 탄 오래된 배는 거대한 파도에 휩쓸린 나뭇잎처럼 흔들렸다"고 회상했다. "얼마나 무서웠는지 잊을 수가 없다. 사흘 밤낮으로 20미터가 넘는 거대한 파도가 밀려들었고 배의 돛대를 덮을 높이로 파도가 일었다. 밤에 탐조등을 비추면 무지막지한 파도가 배 안으로 밀어닥치는 것이 보였다. 우리는 강해지기는커녕 지옥문 앞에 서 있다는 생각을 했다." 4,000킬로미터를 이동하는 데 두 주가 걸렸다.

겨우 조업에 나선 이틀째 날, 그들은 배에 싣고 온 낚싯줄 330개 중 170개를 잃어버렸다. 개당 약 300미터에 이르는 줄은 아마 산호초에 걸려 찢어졌을 것이다. 공황 상태에 빠진 선원들이 사라진 낚싯줄을 찾아 위험한 바다를 샅샅이 뒤지며 나흘을 허비했지만 겨우 22개만 찾아냈다. 다시 한번 난관을 맞닥뜨린 그들은 이번 출항을 헛되게 하지 않겠다고 각오를 다졌다. 제5 후쿠류마루는 더 나은 어장을 찾아 남쪽으로 향했고 미국이 태평양에서 핵무기 실험을 했던 지역 근처로 이동했다. 이 작은 배의 관리자들은 미국인들이 어떤 일을 했는지 알고 있었지만 해도를 확인한 뒤 미국이 1952년 8월 에네웨타크환초Enewetak Atoll 근처 145킬로미터에 설정한 차단 경계선 밖의 안전한 지역에서만 고기를 잡는 데 동의했다. 다섯 달 전 미국 정부가 비키니환초 근처 지역을 포함해 경계선을 오른쪽으로 확장했고 일본 해상보안청에도 통지했지만 이들은 이 사실을 모르고 있었다. 미국 항공기가 길을 잃은 선박들을 찾아내기 위해 순찰 중이었으나 제5 후쿠류마루는 발견하지 못했다. 사실 이 배는 선원들의 짐작보다 훨씬 핵무기 실험이 예정된 지역에 근접해 있었다. 비키니환초에 속한 나무 섬Namu Island에서 북쪽으로 140킬로미터밖에 떨어져 있지 않았다.[37] 이 암초 섬에는 헛간보다 조금 큰 실용적인 2층짜리 건물이 서 있었고 건물 안에 특별할 것 없는 금속제 원통이 옆으로 눕혀져 있었다. 너비 1.5미터에 길이는 약 5미터였고 무게는 10톤이 조금 넘었다. 바로 새로운 세대의 원자폭탄인 수소폭탄이었다.[38]

오이시 마타시치가 저서 『서쪽에서 떠오른 태양The Sun Rose in the West』에서 묘사한 바에 따르면 1954년 3월 1일 새벽 6시 45분 어두운 아침 하늘을 밝힌 눈부신 오렌지색 불덩이는 400킬로미터 밖에서도 눈으로 볼 수 있었다. 1초 만에 폭발이 너비 7킬로미터의 지역을 삼켰다. 맹렬한 열기와 땅을 뒤흔드는 충격파가 폭발점에서 시속 수백 킬로미터의 속도로 뿜어져 나와 닿는 모든 것을 증발시켰다. 이 무기를 설계하고 만들어낸 물리학자들과 엔지니어들은 재빨리 무언가 잘못되었다는 사실을 알아챘다. 그들의 예상을 훌쩍 뛰어넘는 폭발력이었다. 1950년대 초 미국이 실시한 일반적인 원자력 실험은 1킬로톤에서 500킬로톤의 규모로 이루어졌지만 대부분은 100킬로톤 이하였다. 비교하기 쉽게 예

---

37 거리가 115킬로미터였다는 자료들도 있지만 큰 차이는 아니다.
38 여기서 '새로운 세대'란 일본에 투하되었던 원자폭탄 두 기와 비교했을 때의 표현이다. 미국은 1952년 처음으로 수소폭탄을 시험했지만 보통 대중에게 알리지 않았다.

를 들면 히로시마에 떨어진 원자폭탄의 규모가 16킬로톤이었다. 1952년 아이비 작전Operation Ivy의 일부로 진행된 10메가톤짜리 시험 폭탄 "마이크Mike"의 폭발 실험이 유일한 예외로, 이 폭탄의 화력은 고성능 폭약 TNT 천만 톤과 같았다. 사고 당일 이뤄진 캐슬 브라보Castle Bravo 실험은 5메가톤 규모로 비교적 조용히 끝날 것으로 예상되었다. 하지만 실제로 일어난 폭발은 무려 15메가톤 규모로 당시 기준으로는 역사상 가장 강력한 폭발이었으며 지금까지도 미국이 실험한 핵폭탄 중 최대 규모로 남아있다. 실제로 히로시마에 떨어진 폭탄보다 93,650퍼센트 더 강한 폭발을 일으킨 것으로 추산되었다.

차단 구역 밖에서 멀리 떠 있던 제5 후쿠류마루의 사람들이 놀라 지켜보는 사이 파도가 리드미컬하게 출렁거리다 굉음을 내며 무너졌다. 바로 행동에 나선 선장은 쓰나미가 일 것을 대비해 선원들에게 바다에 드리웠던 낚싯줄을 걷어 올리라고 고함쳤다. 다행히 쓰나미는 오지 않았지만 90분 뒤 바람이 실어 온 하얗고 고운 재가 소리 없이 하늘에서 떨어져 내리기 시작했다. 선원들이 손으로 긴 낚싯줄을 끌어 올리는 동안 알 수 없는 물질이 갑판을 덮었다. 오이시는 "위험하다는 생각은 전혀 못 했다"고 설명했다.

> 뜨겁지 않았고 냄새도 나지 않았다. 나는 슬쩍 핥아 보았다. 모래 같았지만 맛이 나지 않았다. 줄을 당기느라 바람이 불어오는 방향으로 서 있어서 옷깃으로 들어와 속옷 안까지 들어가거나 눈에 들어간 재도 많았다. 따갑고 쓰렸다. 우리는 충혈된 눈을 비비면서 고된 일을 계속했다.

하늘에서 떨어진 재는 폭발의 낙진이었다. 핵분열로 생성된 위험한 방사성 물질에, 폭발로 땅에서 일어난 흙이 섞여 있었다. 오이시는 그날 저녁 선원들이 "심각한 고통"을 호소했다고 회상했다.

> 두통, 구역질, 현기증, 설사. 눈은 붉게 변했고 눈물이 나며 가려웠다. 3일째가 됐을 때는 얼굴이 전에 없이 검어졌고 일하는 사이 재가 닿았던 부분, 즉 손목, 발목, 허리춤에 조그마한 물집이 잔뜩 생겼다. 이상했다. 화상처럼 보였지만 몹시 아프지는 않았다. 머리카락이 빠지기 시작한 건 일주일쯤 지난 후였

던 것 같다. 머리카락을 잡아당기면 뿌리까지 뭉텅이로 빠졌다. 하지만 통증은 없었다. 이 모든 것이 우리를 몸서리치게 했다.

3월 14일 새벽 5시 30분 일본에 도착했을 때는 선원들의 상태가 훨씬 더 악화했고 항구에서 그들을 만난 선주는 바로 병원으로 가라고 지시했다. 오이시는 일요일이었던 그날 아침 홀로 병원을 지키고 있던 의사가 방사선 노출 질환을 의심했다고 썼다. 어쨌든 의사는 선원들의 피부에 몇 가지 연고를 발라준 뒤 돌려보냈다. 몇 명은 다음날 다시 병원을 찾았지만 배에 타고 있던 모든 사람이 입원한 것은 28일이 되어서였다. 다음 날 아침 신문에는 캐슬 브라보 실험으로 참치들이 대거 오염되었다는 기사가 실렸으나 방사선에 오염된 제5 후쿠류마루와 다른 일본 선박들이 잡은 물고기가 이미 전국에 퍼진 후였다. 방사선 측정기로 무장한 필사적인 팀들이 도쿄의 어시장을 샅샅이 뒤졌지만 사라진 참치 일부는 끝까지 회수되지 않아 이후 몇 주간 참치의 가격과 판매량이 바닥을 쳤다. 보건복지성은 폭발 지점에서 반경 2,500킬로미터 내 지역에서 잡은 모든 물고기에 방사선 검사를 하도록 지시했고 곧 2만 명이 탑승했던 900여 척의 어선이 캐슬 브라보 실험으로 발생한 방사선에 노출된 것으로 확인되었다. 이들 중 77척에서 잡은 총 135톤의 물고기는 안전상의 이유로 소비가 금지되었다.

이야기가 퍼져나갔다. 물론 사람들은 원자력 폭탄이 폭발하면 방사선이 발생한다는 사실을 알고 있었지만 폭발이 일으키는 모든 영향을 온전히 이해했던 이는 거의 없었고 특정 지역에 한정되거나 금방 사라진다고 믿었다. 이번 사건은 완전히 달랐다. 아주 멀리 떨어진 곳에서 폭발이 일어났으나 하늘에서 치명적인 독성 비가 내렸다. 사람들은 방사성 낙진을 '죽음의 재'라 불렀다. 전 세계의 평범한 사람들은 갑자기 원자력 전쟁이 실제로 일어날 수 있는 일이며 자신들 역시 희생자가 될 수 있다는 무시무시한 현실을 맞닥뜨렸다.

미국 정부는 냉담한 대응으로 대중의 편집증을 바로잡고 일본인들 사이에 퍼진 오명을 회복할 기회를 놓쳤다. 미국 원자력위원회의 수장인 루이스 슈트라우스Lewis Strauss는 제5 후쿠류마루의 선원들이 방사선 때문에 고통을 겪고 있다는 사실조차 인정하지 않았고 대신 기자회견에서 그들의 피부에 생긴 병변은 "방사선이 아니라 산호에서 변환된 물질이 화학적 반응을 일으킨 것으로 판단"된다고 주장했다. 그리고 히로시마와 나가사키에서 방사선을 경험했던 일본 의사들이 바로 앞에 앉아 있는데도 이 조그마한 어선이 러시아의 첩보선이 위장한 것일 수도 있다는 터무니없는 말까지 했다. 아이젠하워의 국무장관이 었던 존 덜레스John Dulles는 슈트라우스를 따로 불러 "이러한 일들이 불러올 엄청난 파장"을 고려해야 한다고 경고했다. "지금 전 세계의 일반적인 인식은 우리가 바다의 광범위한 영역을 우리의 목적을 위해 전용하면서 다른 사람들의 권리를 빼앗고 있다는 것이다. … 과잉 반응의 물결을 가라앉힐 수 있는 이야기를 해주면 좋겠다. 이 사건은 동맹국들이 우리를 떠나도록 몰아가고 있다." 일본과 미국의 정부 관료들은 이 사건이 양국의 관계, 특히 '평화를 위한 원자력' 계획을 망치지 않을지 우려했다. 당시 미국공보원 도쿄지사장을 맡았던 이는 1994년 NHK가 제작한 다큐멘터리에서 "우리가 힘겹게 쌓아온 모든 노력이 사라지는 듯했다. … 제5 후쿠류마루 사건은 일본인들이 이 프로그램을 반대하게 했다"고 증언하기도 했다.

소련 과학자들은 아이젠하워가 '평화를 위한 원자력' 연설을 하고 여섯 달이 지난 1954년 6월 27일 모스크바에서 90킬로미터 떨어진 오브닌스크Obninsk의 물리전력기술연구소에서 원자력 발전소를 공공 전력망에 연결해 세계 최초라는 명예를 거머쥐었다. 이 발전소의 원자로는 러시아어로 '고출력 압력관형 원자로'를 뜻하는 RBMK 모델의 실험용 원형原型으로 이후 체르노빌뿐 아니라 소련의 모든 원자력 발전소에 설치된 원자로의 조상이었으나 전기 출력이 5메가와트에 불과해 규모가 작았다. 게다가 원자로에서 생산되는 에너지보다 가동하는 데 드는 에너지가 더 많았지만 이러한 사실은 극비사항이었다. 중요한 것은 소련의 과학이 미국보다 4년이나 먼저 원자력을 상업화하는 데 성공했다는 사실이었고 소련은 선전전에서 커다란 효과를 볼 수 있었다.

소련의 지도자들이 원하는 곳이라면 어디든 원자력 발전소를 지을 수 있었던 반면 미국 정부는 가장 가까운 동맹국들 사이에서조차 홍보에 큰 어려움을 겪고 있었다. 전 세계는 원자력이 어떻게 두 도시의 존재를 완전히 지워버렸는지 알고 있었고 원자력 전쟁이 지구상의 모든 생명을 없애버릴 수 있다는 현실도 무시하지 못했다. 더 큰 문제는 대중이 방사성 낙진의 위험을 분명히 인식하게 되었다는 것이었다. 미국은 일본을 아시아에 자국의 외교적 영향력을 발휘하기 위한 중심축으로 여겼다. 극단적인 비약으로 들릴 수도 있겠지만 가장 가까운 지역은 러시아와 겨우 40킬로미터밖에 떨어지지 않은 일본의 사람들이 원자력이라는 신기술의 평화적 활용을 거부했다면 이 나라는 민주주의를 폐기하고 공산주의라는 위험한 비탈길로 미끄러질 수도 있었을 것이다.

실제로 미국은 러시아와 일본 공산당이 제5 후쿠류마루 사건으로 촉발된 선전전에서 승리하지 않을까 심각하게 우려하기 시작했다. 1954년 3월 22일 미국 국방부 장관 보좌관 G. B. 어스킨Erskine은 국가안전보장회의 협조위원회에 다음과 같은 메모를 제출했다. "전쟁 목적이 아닌 원자력의 활용에 관해 적극적인 공세를 펼치는 것이 앞으로 예상되는 러시아의 노력에 대응하고 이미 일본에서 입은 손해를 최소화하는 적절하고 효과적인 방법이 될 것으로 보인다." 미국 원자력위원회 위원 토마스 머리Thomas Murray는 "히로시마와 나가사키의 기억이 아주 생생하게 남아있긴 하지만 일본 같은 나라에 이런 [원자력] 발전소를 건설하는 일은 우리 모두 두 도시에서 벌어진 대학살의 기억을 초월하게 하는 극적이고 기독교적인 제스처가 될 것이다"고 평했다. 반응은 엇갈렸다. 한편에서는 착취적이고 혐오스러운 생각이라 했지만 다른 한편에서는 일본인들에게 화해를 제의하는 적절한 행동으로 받아들였다. 히로시마 시장 하마이 신조는 후자였고 "히로시마가 '최초의 원자력 도시'가 된다면 망자들의 영혼도 위안을 얻을 것이다. 시민들도 생명이 죽음을 대체하는 것을 보고 싶어 할 거라 생각한다"고 주장했다. 하지만 그의 생각은 중요하지 않았다. 아이젠하워가 이끄는 미국 정부는 히로시마에 원자력 발전소를 세우는 것을 반대했고 하마이의 제안은 아무 소용이 없었다.

주요 신문사 세 곳, 즉 『아사히신문』, 『요미우리신문』, 『마이니치신문』이 모두 연합군 점령 기간 내내 원자력의 평화적 사용을 지지하는 메시지를 끊임없이 내보냈지만 일본 전역에서 원자력 반대 정서가 힘을 얻었다. 원폭을 겪고 1년 뒤 히로시마에서는 3만 명이 참석한 '원자폭탄과 수소폭탄에 반대하는 세계포럼World Conference against Atomic and Hydrogen Bombs'이 처음으로 열렸다. 이 포럼은 지금까지도 매년 개최되고 있다. 캐슬 브라보 실험이 진행되고 6개월이 지난 1954년 9월 23일 제5 후쿠류마루의 무전 기사였던 구보야마 아이키치가 방사선 피해로 면역체계가 붕괴하며 간부전으로 사망했다. 일본인들은 광분 상태에 빠졌다. 전국의 도시에서 원자력에 반대하는 시위대가 거리로 쏟아져 나왔고, 도쿄 스기나미구에서 독서회를 꾸리던 주부들은 핵무기 반대를 요구하는 탄원서에 서명을 받기 시작해 두 달 만에 27만 명의 서명을 모았다. 주부들의 노력이 계기가 되어 비슷한 탄원서들이 이어졌고 1년이 지나기 전 놀랍게도 당시 인구 삼 분의 일에 달하는 3,200만 명이 여러 원자력 반대 탄원서에 서명했다. 제5 후쿠류마루 사건은 세계에서 가장 오랫동안 이어진 영화 시리즈의 가상 캐릭터 고질라에도 영감을 주었다. 고질라는 태평양에서 이뤄진 수소폭탄 실험에서 태어나 일본으로 향하고 도쿄를 완전히 파괴한다. 이 영화의 제작자인 다나카 도모유키는 "영화의 주제는 처음부터 폭탄에 대한 공포였다"고 밝혔다. "인류가 그 폭탄을 창조했고 이제 자연이 인류에게 복수하려 한다." 영화는 등장인물 중 한 명이 다시 핵무기 실험이 진행되면 또 다른 고질라가 등장할 수 있다는 의견을 밝히며 끝난다. 반면 미국은 선전전으로 전국적인 거부 움직임에 대응하며 일본 시민들의 전폭적 지지를 얻어내야만 했다.

2장
걸음마

1950년대 ~ 1960년대

I
선전전

미국의 군사장비업체이자 선구적인 원자력 시스템 제조업체였던 제너럴다이내믹스General Dynamics의 사장 겸 최고경영자 존 제이 홉킨스John Jay Hopkins는 1954년 12월 1일 전미제조업자협회 회의에 앞서 연설에 나섰다. 그는 연설에서 "미국 산업이 주도하는 국제 원자력 발전 개발 계획"을 제안했다. 제너럴다이내믹스는 그해 초 세계 최초의 원자력 잠수함 USS 노틸러스Nautilus를 진수했고 사업을 확장하려 혈안이 되어 있었다. 홉킨스는 미국 기업들과 정부가 특히 아시아와 아프리카에 집중하며 핵을 보유하지 못한 국가의 삶의 질을 높일 수 있도록 원자로를 공급하는 데 힘을 합치길 바랐다. 이러한 접근법은 아이젠하워가 '평화를 위한 원자력' 연설에서 했던 약속과 비슷했지만 정치인이 아니라 서구 세계에서 가장 큰 기업 중 한 곳의 대표가 하는 말이었기에 일본의 주요 경영자들에게 상당한 영향을 미쳤다. 미국 중앙정보부CIA의 한 보고서에 따르면 미국 국무부는 홉킨스의 계획에 담긴 공식적 보증이 현명하다고 수긍하지 않았다. 이 보고서는 "그의 제안에는 원자력 발전 분야에서 다른 나라와의 협력에 관해 확립된 국가 정책과 일치하지 않는 중요한 지점이 있어 보조금이 투입되는 대규모 사업은 예상할 수 없다. 미국이 원자력 발전소 건설 자금을 댈 것이며 원자력 발전이 곧 실현될 것이라는 잘못된 희망을 부추길 위험이 있다"고 지적했다.

1년 뒤인 1955년 12월 민족주의 정치인이자 한때 제국해군 장교였던 37세의 나카소네 야스히로는 일본의 하원 격인 중의원의 과학기술진흥특별위원회에서 연설했다. 그는 원자력 법안을 제안하며 "원자력은 한때 폭력적인 맹수였지만 이제 가축이 되어가고 있다"고 선언했다. "일본은 국제 사회에서 제자리를 찾기 위한 노력의 하나로 원자력을 옹호하며 국력을 키워야 한다.” 나카소네는 1952년 연합군의 점령이 공식적으로 끝나기 전부터 미국이 보유한 원자력 기술을 일본과 공유하도록 설득하는 운동을 해왔고, 석탄 발전과 비교하면 아주 작은 양만 필요하다는 사실이 원자력을 일본의 이상적인 에너지원으로 만든다고 믿었다. 그는 1945년 히로시마 폭격에서 자신이 “20세기 최고의 발견”이라 칭한 원자력의 전례 없는 힘을 직접 목격했고 “나는 여전히 하얀 구름의 이미지를 기억한다. … 그 순간 원자력의 평화적 이용을 고민하고 이를 위해 행동하겠다고 마음먹었다”고 기록했다.

　나카소네는 ‘평화를 위한 원자력’이 놓쳐서는 안 될 기회를 제공하는 것을 알았다. 요동치는 환율의 변덕이 없다면, 그리고 공장과 가정에 전력을 공급하기 위해 수백만 톤의 석탄과 석유를 수입하는 막대한 비용도 없다면, 일본은 빠르게 회복하고 번영할 수 있을 것이었다. 그는 말년에 “아이젠하워가 원자력을 평화적 목적으로 사용하는 쪽으로 정책을 전환했다는 것을 알고 마음속으로 ‘일본은 뒤처질 수 없다. 원자력이 다음 시대를 정의할 것이다’고 생각했다”고 회상했다. 1954년 3월 제5 후쿠류마루가 방사선에 노출된 선원들과 함께 복귀했을 즈음 나카소네는 수용적인 국회가 과학 분야에 2억 5천만 엔(2020년 기준으로 약 1,460만 달러)에 달하는 예산을 배정할 거로 예상하고 있었다. 국회의원 대부분이 그와 같은 걱정을 했고 일본의 천연자원 부족에 대한 해결책으로 새로운 장기적 에너지 조달 방안을 수용하는 데 깊은 관심을 보였기 때문이었다. 과학 분야 예산 중 2억 3,500만 엔이 실험용 원자로의 연구와 건설에 쓰일 예정이었다. 나카소네는 원자력 연료로 우라늄 동위원소 중 하나인 우라늄 235에서 이 숫자를 따왔다. 하지만 이듬해에는 관련 예산이 5억 천만 엔으로 급증했고 이후에도 매년 늘어났다.

　도쿄전력은 닥쳐오는 변화를 주시하고 있었고 1955년 원자력발전부서를 신설했다. 미국과 일본은 같은 해 11월 역사적인 ‘원자력 민간 이용에 관한 미일 협정’에 서명했으며 12월 16일 협정이 통과되었다. 협정에는 사용 후 농축된 우라늄을 모두 미국에 반환한다는 조건으로 일본에 자체 연구를 위한 실험용 원자로 2기를 제공한다는 내용이 담겼다. 자연에서 채취된 천연 우라늄은 일반적인 원자로에서 분열 반응을 계속할 정도로 “강력”하지 않아서 사용하기 전에 정제, 즉 "농축"이 필요하다. 사흘 뒤 일본 국회는 "미래 에너지 자원을 확보하고 과학적·기술적 진보를 이루며 원자력의 연구와 개발, 활용을 촉진함으로써 산업을 부흥해 인간 사회의 안녕과 국가 생활 수준을 향상하는 데 기여"하기 위해 원자력기본법을 승인했다.

원자력기본법은 일본의 원자력 연구가 평화적 목적에 한해 정부의 통제를 받는 조직에 의해 독립적으로 이루어져야 한다고 규정했다. 이때 만들어진 정부 기관을 간단히 정리하면 다음과 같다.[1] 신생 산업의 감독과 관리를 위해 일본 국회는 두 주요 정부 기관의 창설을 승인했다. 정책을 지시하고 국가의 장기적 원자력 계획을 수립하는 초당적 독립 기구인 일본원자력위원회 그리고 원자력 연구와 개발을 촉진하고 국가 원자력 산업 전반을 위한 기반시설을 마련하는 과학기술청이었다.[2] 원자력위원회 아래에는 "원자력의 연구, 개발, 활용과 관련된 문제와 그에 따른 모든 안전 의무를 계획하고 숙고하며 결정"하는 자체 원자력안전위원회가 있었다. 기본적으로는 원자력안전위원회가 안전 규제를 평가하고 작성하는 데 사용되는 지침을 만들었지만 안전과 안전 규제 유지에 대한 최종적인 책임을 지는 조직은 없었다. 그리고 과학기술청을 지원하기 위한 두 개의 준정부조직이 만들어졌다. 일본원자력연구소는 필요한 기술과 훈련을 제공했고 핵연료회사는 핵연료와 농축, 폐기물에 관한 연구를 수행했다. 적어도 초기에는 과학기술청이 원자력위원회가 선택하는 커다란 방향에 상당한 영향을 미쳤으나 원자력 산업 전반의 규제와 발전소 건설 허가에 대한 권한은 통상산업성에 있었다. 원자력 산업을 허가하는 법적 권한은 총리에게 있었지만 현실에서는 과학기술청이 권한을 행사했다. 관리 조직과 감시 조직이 다수 중첩되면서 생긴 문제는 계속 이어졌고 결국 도쿄전력이 후쿠시마 참사를 막을 수도 있었던 권고를 무시하기에 이른다. 1896년부터 시작된 전력 산업 규제와 무척 유사하게 일본원자력위원회와 과학기술청은 사실상 법을 만들어야 하는 본래 성격과 달리 규제보다 권고에 그쳤다. 기업들은 모든 의견에

---

[1] 너무 혼란스러울 수 있어서 여러 관련법과 조직은 본문에 포함하지 않았다. 핵원료물질·핵연료물질·원자료규제법(간단히 "핵원자로규제법"으로 칭할 때가 많다), 방사선위험방지법, 전기사업법(원자력 발전뿐 아니라 전력 산업 전 분야에 적용된다), 원자력 비상조치에 관한 특별조치법, 방사선위험방지기술기준법, 방사선검토위원회 등이다.
[2] 원자력위원회를 초당적 기구라 설명한 이유는 국회 양당의 승인을 모두 받아야 위원이 될 수 있었기 때문이다.

따를 것이므로 법까지 만들 필요는 없다는 것이 일반적인 생각이었다. 일본 원자력 규제의 첫 단계는 이렇게 험난하게 시작되었다.

한 남자가 내각에 입성해 원자력위원회 위원장이자[3] 과학기술청의 수장으로 두 핵심조직을 통제하게 됐다. 언론계 거물이었던 70세의 쇼리키 마쓰타로였다. 1885년 4월 11일 태어난 쇼리키는 22살이 된 1907년 법을 공부하기 위해 일본 최고의 학교이자 전통적으로 미래의 정치 지도자들이 거치는 관문이었던 도쿄대학교에 입학했다. 그리고 이 학교에서 이후의 인생에서 그를 앞으로 밀어줄 많은 이를 만나 친구가 되었다. 쇼리키는 1911년 7월 졸업했으나 학업보다 유도에 더 많은 시간을 쏟았던 탓에 공무원 시험에서 낙방했다. 하지만 사이온지 긴모치 총리 내각에서 관방장관이 된 동향의 유력인사 지인이 추천서를 써준 덕분에 통계성에서 일하게 되었다. 처음에는 따분한 업무라 생각했지만 그는 곧 숫자들과 범죄 통계에 매료되었다. 적성을 찾은 쇼리키는 1913년 도쿄 경시청에 조사관으로 합류해 영민하고 단호하면서 창의적인 리더라는 명성을 얻었으나 공산주의자와 사회주의자에게 엄청난 증오를 품고 있었다. 쇼리키는 1921년 한때 요직에 있었던 먼 친척이 그를 경시청 사무국장으로 추천할 때까지 빠른 승진을 거듭했다. 그는 이 자리에서 중요한 여러 관료들과 친분을 쌓았고 미래에 펼칠 정치적 야망의 씨를 뿌렸다.

2년 뒤인 1923년 9월 1일 규모 7.9의 관동대지진이 일어나 도쿄에서만 10만 명 이상이 사망했고 약 40만 채의 건물이 파괴되었다. 파괴된 건물의 90퍼센트는 화재로 소실되었다. 혼란 속에서 도쿄와 요코하마에 사는 조선인 공산주의자들이 난장판을 틈타 살인과 약탈을 벌이고 우물에 독을 탔다는 유언비어가 퍼져 만 명에 가까운 조선인이 분노한 군중에게 살해당했다. 이후 쇼리키는 학살을 부추겼다는 비난을 받았다. 하지만 1950년대 초반 출판된 그의 전기에서는 "그는 [조선인들의 악행에 관한] 소문을 조사했고 거짓임을 알아냈다. 조급

---

3 쇼리키는 1956년 1월부터 12월까지 위원장을 맡았고, 1957년 7월부터 1958년 6월까지 두 번째로 같은 임무를 수행했다.

해진 동료들이 조선인들을 무더기로 체포하자 그는 놓아주라고 지시했다"며 쇼리키를 고결한 영웅으로 묘사했다. 어느 쪽이 진실인지는 명확히 밝혀지지 않은 듯하다. 이후 나온 연구는 그가 조선인들을 집단 검거하는 데 개입했을 가능성을 시사했다. 하지만 처음에는 대중에게 조선인들을 조심하라고 했던 경찰은 학살이 진행되던 도중 태도를 바꿔 조선인들을 죽이는 폭력배들을 경고했고, 이후 보호를 위해 조선인들을 불러 모으기도 했다. 따라서 쉽게 판단을 내리기는 어렵다.

석 달 뒤 젊은 왕자이자 미래의 천황인 히로히토를 노린 공산주의 무정부주의자 난바 다이스케의 암살 시도가 거의 성공할 뻔하면서 쇼리키의 경력을 망쳤다.[4] 난바는 목숨을 잃었지만 총리와 내각이 총사퇴했고 쇼리키는 도쿄 경시청에서 해고되었다.[5] 그는 내무대신이자 과거 도쿄시장이었던 고토 신페이를 포함하는 광범위한 정치적 연줄을 활용해 더 가혹한 처분을 피했다.[6] 쇼리키는 영향력을 발휘할 새로운 창구를 찾았고 이듬해 2월 신페이에게 빌린 돈으로 당시 고전 중이던 50년 역사의 『요미우리신문』을 인수했다. 그는 10여 년 동안 객관적인 좌파 신문을 선정적인 보도를 일삼고 스포츠면과 게임면을 추가한 우파 신문으로 바꾸었고, 1924년 5만 6천 부였던 연간 판매 부수를 1938년에는 백만 부 이상으로 끌어올려 도쿄 최대의 신문으로 만들었다.

쇼리키의 신문은 비공식적인 정부의 대변자였고 1930년대에는 이 나라가 군국주의로 나아가는 흐름을 열성적으로 격려했다. 개인적으로도 제2차 세계대전이 계속되는 동안 일본의 파시스트적 군사 목표를 열렬히 홍보하고 도왔다고 한다.[7] 전쟁이 발발하기 전부터 내내 여러 정부 기구에 영입되어 자신의 선전 기술을 공식적으로 활용하기도 했다. 전쟁이 끝나고 쇼리키는 자신이 이끄는 직원들과 함께 연합군이 두 번째로 기소한 정부 관료 전범 명단에 포함되었다. 하지만 이상하게도 그의 이름은 미국 전쟁범죄국War Crimes Office이 내무

---

4 난바의 동기 중 하나는 메이지 천황을 암살하려다 사형당한 고토쿠 슈스이의 죽음에 복수한다는 것이었다.
5 쇼리키는 종종 (사실과 달리) 스스로 물러났다고 설명하곤 했다.
6 내무대신은 메이지 시대 내각에서 고위 직책이었다. 국내 치안, 특히 볼셰비키Bolshevik에서 영감을 얻은 노동 소요와 난바 같은 무정부주의자들을 집중적으로 관리했다. 신페이는 다른 두 총리 휘하에서 1916년부터 1918년까지, 그리고 1923년부터 1924년까지 두 차례 내무대신을 맡았다.
7 일본은 사실 파시스트 국가가 아니었으나 편리하고 대체로 정확한 이름표이기는 하다. 일본만의 파시즘은 쇼와 통제주의Showa statism라 알려졌는데 일본 우파의 다양한 정치 이념이 결합된 것이다.

부의 도움을 받아 만든 목록에는 없었고 "[일본 내에서] 수집된 증거를 근거로 포함"된 유일한 인물이었다. 어쨌든 그는 도쿄의 스가모 구치소에 거의 2년간 갇혀 있었다. 그의 친구들은 "쇼리키의 정책은 뉴스와 편집을 편집부원에게 맡기는 것이었고 스스로 무언가를 선택하는 일은 거의 없었다"고 주장했다. 편집부 직원들이 반박했지만 이 주장은 그를 석방하는 근거로 쓰였다. 2년 뒤 미국 중앙정보부CIA가 증거를 "철저히 조사"한 끝에 쇼리키에게 제기된 모든 혐의는 "이념적이고 정치적"인 것으로 정리되었다. 감금에서 풀려난 그는 잃어버린 시간을 보충하기 시작했다. 쇼리키는 『요미우리신문』에 복귀했고 미국 정부의 은밀한 도움을 받아 닛폰티브이Nippon TV를 세웠으며 (텔레비전은 친미와 반공산주의 선전의 좋은 도구로 보았다) 1952년 이전의 어느 시점에는 직접 CIA 비밀 요원이 되었다.

제5 후쿠류마루 사건이 일본 전역에 반미와 반핵무기 시위를 불러일으킨 후 쇼리키는 줄곧 대중 사이에서 공산주의와 소련에 대한 지지가 높아지는 것을 두려워했다. 소련은 '평화를 위한 원자력'을 거울삼아 위성국가와 잠재적인 동맹국들에 평화로운 원자력을 보급하는 운동을 벌였고 이제 일본을 바라보고 있었다. 쇼리키만이 아니었다. 기밀이 해제된 CIA의 한 문서에는 "원자폭탄을 사용한 미국에 [일본] 사람들이 느끼는 분노는 뿌리가 깊다. 공산당은 이렇게 실재하는 감정을 활용하면서 반미와 평화 선전 공격에서 확실히 성공을 거두고 있다. 소련 평화 공격의 강력한 압박을 고려할 때 이러한 민심의 감정적 추세가 그대로 이어지도록 방치하면 일본과 미국 모두 심각한 어려움을 겪을 수 있다"고 적혀 있다. 여론의 흐름을 장악하기 위해 쇼리키는 자신이 소유한 언론 매체에 영국과 미국에서 수입한 원자력으로 깨끗하고 저렴한 전기가 무한정 만들어지는 마법 같은 미래를 홍보하는 기사와 논의를 퍼붓도록 지시했다.

그는 미국의 지원에 의지했다. 쇼리키가 원자력위원회 위원장에 임명되기 1년 전인 1954년 12월 31일 작성된 CIA의 또 다른 문서는 『요미우리신문』과 닛폰티브이가 "아이젠하워 대통령의 '평화를 위한 원자력' 제안을 홍보하는 확장된 캠페인에 참여하길 원하며 우리의 지도와 도움을 간청하고 있다"고 보고했다. 그가 미국인들을 이용했는지 아니면 그 반대인지, 혹은 양쪽 모두 서로에게 득이 되었는지는 분명하지 않다.[8] 하지만 무엇이 그를 움직이는지는 분명

했다. CIA의 한 고위 직원은 닛폰티브이와 다른 조직에서 쇼리키의 사업 파트
너였고 그의 뒤에 숨은 두뇌라고도 알려진 시바타 히데토시를 언급하며 "시바
타는 자신과 쇼리키의 동기는 대부분 정치적이라고 아주 솔직하게 인정했다"
고 적었다. 이 직원은 고전적인 보고서 특유의 딱 부러지는 문체로 야심에 찬
쇼리키가 "민주당에서 권력을 잡으려 하며 각료 자리를 꿈꾼다. … 두 사람 모
두 긍정적인 프로그램을 통해 미국의 주요 인물과 관계를 맺으면 명망이 높아
질 거라 믿는다. 둘 다 다가오는 선거에서 원자력 이슈가 중요한 문제가 될 거
라 확신했다. 보수적인 후보들이 원자력과 관련된 건설적인 평화적 계획을 제
시하지 못하면 선거에서 몹시 고전하게 될 거라고 한다"고 정리했다. 쇼리키는
1955년 앞서 언급된 민주당에 합류했고, 그해 말에는 총리라는 고귀한 자리에
도전해야 할지 진지하게 고민했다.[9] 그는 CIA가 "대중의 마음을 움직인다는 면
에서 아마 [일본 내에서] 가장 영향력이 클" 것이라 평한 미디어 제국의 도움
을 받았다. 야심에 찬 쇼리키는 내각의 농림성 장관이었던 고노 이치로에게 뇌
물 4조 엔(2020년 기준으로 2,300만 달러)을 제안하기에 이르렀다. 자신에게 일본
정부에서 가장 높은 자리를 "확보"해준다는 조건이었다. 고노가 농담처럼 내
놓은 답은 쇼리키가 "먼저 돈을 주면 그 문제를 생각해보겠다"는 것이었다.

쇼리키는 매일 『요미우리신문』을 읽었고 내용에 엄청난 통제를 가했다.
취재반장들뿐 아니라 기자 개개인과도 연락을 유지했고, 루퍼드 머독Rupert
Murdock(호주 출신의 미디어 재벌-역주)과 비슷하게 필요하다고 느끼면 언제나 자
기 뜻에 따라 여론을 뒤흔들었다. 1956년 6월 작성된 CIA 보고서에는 그가 "자
기 의견과 차이가 있는 기사가 나오면 작성자를 알려달라고 요구했고, 직접 당
사자를 찾아가 신문의 편집 방향을 따르지 않은 것을 질책했다"고 적혀있다.
하지만 몇 주 뒤 나온 보고서는 쇼리키가 신문의 일상적 운영에는 불간섭주의
접근법을 취하고 있음을 암시했다. "하지만 요즘 들어 … [제2차 세계대전 기
간에는] 편집부 직원들과 칼럼 필자들은 뉴스 가치가 있는 주제를 선택하고 처
리하는 데 있어 더 큰 자유를 누린다." 또한 그는 일이 뜻대로 풀리지 않으면

⇦ 8 CIA는 분명히 쇼리키가 "[우리를] 대개 이용하기 위한 경로로 여긴다"고 보았다. CIA document
volume 2_0043, p. 2.
9 일본 민주당은 1955년 11월 역시 우파 보수 세력인 자유당과 합쳐 이때부터 지금까지 거의 정권을 놓치
지 않은 자유민주당이 되었다.

『요미우리신문』을 통해 미국을 공격하기도 했다.

쇼리키가 오랫동안 진행해 온 선전 캠페인의 최신판은 1954년 새해 첫날 『요미우리신문』에 실린 "마침내 태양이 붙잡혔다"는 제목의 기사로 시작되었다. 그가 밝힌 의도는 "치열한 논란의 폭풍우를 가라앉히고 좌익세력과 우익세력의 행동과 싸우는" 것이었다. 『요미우리신문』은 또 다른 기사에서 일본인들이야말로 그들에게 엄청난 해를 입힌 기술의 평화적 이용을 촉진하는 존재가 되어야 한다고 주장하며 원자력의 희생자로서 일본의 위치를 재구성하려 했다. 많은 일본인이 공유하고 있던 믿음이기도 했다.

한편 쇼리키의 인맥은 그에게 엄청난 이득을 안겼다. 1955년 2월 그는 일본의 하원에 해당하는 중의원 의원으로 선출됐는데 적어도 한 달 전에는 약속받은 자리였다. 그리고 쇼리키와 그의 그림자 시바타 히데토시는 "디플레이션에 짓눌린 일본인들이 경제를 재건하겠다는 희망을 되찾을 수 있도록" 노벨상을 받은 물리학자 어니스트 로렌스Ernest Lawrence, 전前 미국 원자력위원회 원자로 개발 책임자 로렌스 햄스태드Lawrence Hafstad와 함께 제너럴다이내믹스의 존 홉킨스를 "원자력 평화 사절"로 일본에 초청했다.[10] 홉킨스는 제안을 수락했고 『요미우리신문』은 1면에 그의 방문 소식을 실었다. 세 명의 사절은 1955년 5월 9일 도쿄에 도착해 정치인들과 산업계의 리더들을 만났고 만원 관중 앞에서 원자력의 평화적 이용에 관해 연설했다.[11] 이들의 활동은 모두 『요미우리신문』에 정성껏 보도되었다. 2주 뒤 쇼리키가 대표를 맡고 있던 일본 '평화를 위한 원자력' 자문위원회의 조직위원회가 홉킨스에게 감사 편지를 보냈다. 편지에는 "당신이 도착하고 일주일도 되지 않아 우리나라 지도층 일부와 대중이 갑작스러운 열정에 휩싸인 덕분에 하토야마 내각이 이전까지 가장 어려운 결정으로 여겨지던 농축 우라늄을 공식적으로 수용하게 되었고, 당신의 나라와 협정을 체결하기 위해 움직일 수 있게 되었다"고 적혀 있었다.

쇼리키가 이끄는 일본원자력위원회는 1956년 최초의 장기적 구상인 '원자

---

10 쇼리키는 "주요 정치인과 기업가, 학자들이 모인 위원회"의 위원장으로 움직였다(CIA document vol. 2_0038, p.1). 믿음직한 파트너였던 시바타 히데토시는 보통 미국 대표들과의 소통 과정에 직접 참여했고 어떤 면에서는 쇼리키 본인보다 더 중요한 역할을 했다.

11 보도에 따르면 너무 많은 사람이 몰려 수천 명은 강연장 밖에 설치된 텔레비전을 통해 홉킨스의 연설을 지켜보았다고 한다.

력 연구개발을 위한 장기 계획'을 발표했고 5년마다 새로운 장기 계획을 내놓게 되었다. 이 첫 번째 장기 계획은 "국가의 정책, 민간의 관리"라는 산업 이념을 명시했다. 정부가 길을 놓으면 민간 기업들이 그 길을 걷게 될 것이었다. 일본원자력위원회의 주요 관심사 중 하나는 화석 연료와 우라늄의 공급이 세계적으로 제한되어 있다는 사실이었다. "기본 방침은 가능한 한 일본 내에서 사용 원료의 재처리를 수행하는 것이다. … 원자력을 발전시키기 위한 일본의 노력은 원자력 연료 자원의 효과적인 활용이라는 관점에서 이 나라에 가장 적합한 것으로 여겨지는 원자로인 고속증식로를 개발하는 것을 목표로 할 것이다."

고속증식로는 "폐회로closed-loop" 원자로다. 따라서 재처리를 통해 소비한 플라토늄 연료보다 더 많은 연료를 만들어낼 수 있으며 우라늄에서 뽑아내는 에너지의 양을 다른 원자로와 비교해 100배까지 늘릴 수 있다. 제2차 세계대전 당시 맨해튼 프로젝트의 과학자들이 처음 제안한 거의 무한한 에너지원이었다. 지질학자들이 1955년 11월 일본에서는 처음으로 오카야마현의 외딴 모퉁이인 닌교토게에서 우라늄 매장층을 발견했지만 국내에서 확보할 수 있는 양은 적을 것으로 예측되었다. 따라서 정부 관료들은 고속증식로와 재처리 기술이 필요하다고 보았다. 일본은 이런 목표를 향해 걸음마를 떼는 가운데 보다 즉각적으로는 미국에서 이미 운영 중인 경수형 원자로 기술을 수입하려 했다. 당시 일본 유엔 대사였던 사와다 렌조를 비롯해 몇몇은 미국을 특정해 성숙된 기술을 수입하기보다는 더 넓은 유엔을 향하며 국내 기술을 발전시키길 원했지만, 재계는 미국에 의존하는 접근을 더 선호했다.

홉킨스를 초청한 이벤트는 조짐이 좋은 성공을 거뒀고, 일본 전역에서 항의 시위가 이어지는 와중에도 미국 정부는 『요미우리신문』을 공동 후원사로 삼아 이들이 제안한 "평화로운 원자력 활용" 이동 전시회를 추진했다.[12] 이미 1950년에도 비슷한 전시회가 두 차례 열려 원자력 시대의 장점을 극찬한 바 있었다. 오사카 근처에서 진행된 아메리카페어America Fair와 고베에서 개최된 일본통상산업페어Japan Trade and Industry Fair였다. 지역 신문과 전국 신문, TV 방송에서 몇 주간 매일 홍보한 끝에 1955년 11월 1일 아름답고 청명한 날씨에 도쿄 히비야 공

---

12 다른 지역에서는 여러 단체가 공동 후원사로 참여했지만 도쿄 전시에는 『요미우리신문』만이 후원사로 참여했던 것으로 보인다. 자료마다 설명이 다르다.

원에서 개막된 전시에는 엄청난 인파가 몰렸다.[13] 개막식에 참석한 존 앨리슨 John Allison 주일 미국대사는 "이 전시회는 원자력의 엄청난 힘이 평화라는 예술을 위해 쓰여야 한다는 양국의 공통된 결심의 상징이다"는 아이젠하워 대통령의 메시지를 낭독했다. 하토야마 이치로 수상 또한 관방장관 네모토 류타로를 통해 메시지를 전하며 이 행사를 공식적으로 지지했다. "금세기 원자력 과학의 위대함에 찬사를 보내며, 교육적인 운동으로써 이 전시를 환영한다." 쇼리키도 일본원자력위원회 위원장 자격으로 연설했다. 트레이드마크인 둥근 테 안경을 쓴 그는 이 전시회가 "일본의 원자력 시대를 알리는 역사적 서막"이라 선언했다.

도쿄에서 가장 큰 강당인 히비야 공원의 대형 홀이 원자력 발전소, 원자로, 원자력 기차, 원자의 구조, 방사선 관련 의료 처치와 기구를 설명하는 자료와 축소 모형으로 채워졌고 안내원들은 까다롭게 선택된 긍정적인 용어로 전시물을 설명했다. 친핵 언론들의 보도와 전시회의 다양한 요소들은 원자력이 무한한 에너지가 중단 없이 공급되는 경이롭고 이상적인 미래를 약속한다는 사실을 거듭 강조했다. 메시지는 요란하고 분명했다. 일본은 더는 천연 에너지 자원 부족에 초조해하지 않아도 된다. 유지 보수를 위해 잠시 운전을 멈추는 일도 있겠지만 원자력은 저렴하고 믿을 수 있는 전기를 공급할 수 있다. 원자력 발전소에서 무언가가 잘못됐을 때 어떤 일이 벌어질 수 있는지 언급하는 이는 아무도 없었고 무언가가 잘못될 수 있다는 얘기조차 나오지 않았다.

6주간 75만 명이 관람해 "사람이 넘쳐났던" 이 전시회는 완벽한 성공을 거두고 도쿄에서 막을 내렸다. 이 단합된 노력은 "핵nuclear"과 "원자atomic"라는 두 단어를 떼어내는 데 어느 정도 성공했다. 전자가 핵무기를 떠올리게 한다면, 후자는 인류의 발전을 위한 것이며 기본적으로 평화로운 것으로 묘사되었다. 심지어 핵무기를 반대하는 조직 중 일부도 평화로운 원자력은 지지하는 것으로 나타났다.

이후 몇 달간 남쪽의 규슈섬부터 북쪽의 홋카이도까지 이동하며 계속된 전시회는 후쿠오카, 히로시마, 교토, 나고야, 오사카, 삿포로, 센다이 등의 도시에

---

13 하루에 거의 10건씩 평화로운 원자력에 관한 내용을 전해 총 3,500건의 언론 보도가 나왔다. 출처: Japan Viewed from Interdisciplinary Perspectives: History and Prospects, Yoneyuki Sugita (ed.), p. 270.

서 몇 주씩 문을 열었다. 『요미우리신문』의 라이벌이었던 당시 일본 최대의 신문 『아사히신문』과 『주고쿠신문』도 이 행사를 후원하며 긍정적으로 보도했다. 히로시마 전시회는 이 도시에서 가장 상징적인 건물인 평화기념관에서 1956년 5월 27일에 시작되었고 히로시마시의회, 히로시마현청, 히로시마대학교 등 지역의 여러 민간 · 공공 · 정치 단체가 공동 후원했다. 평화기념관을 전시회장으로 고른 것은 많은 히로시마 시민을 불쾌하게 했고 거센 반대와 논란으로 이어졌다. 주민들은 특히 이 특별 전시를 위해 평화기념관의 전시물들이 치워지고, 지역 정부가 원자폭탄 피해자들을 위한 기금을 제공하지 않으면서도 전시회 개최와 홍보에는 엄청난 돈을 쓰는 데 분노했다. 하지만 타당한 저항이 예상되었던 히로시마에서조차 10만 명이 넘는 관람객이 모였으며, 사람들은 대체로 원자력을 평화롭고 진보적인 노력에 활용한다는 구상을 용인했을 뿐 아니라 열렬히 수용하기까지 했다. 그들은 아마 일본이 이 기술을 개척할 적임자라 믿었을 것이다. 지역의 주요 관료들도 대거 나서 원자력의 전체적인 개념에 찬사를 보냈다. 히로시마현 상공회의소의 회장은 『주고쿠신문』과의 인터뷰에서 "우리는 정말 멋진 시대에 들어섰다"고 평했다. "늦게라도 [보게] 되어서 좋다. 경이롭다. 실제로 만들어낼 수 있는 시설들이다." 이 전시회가 열렬한 관심을 끌자 시 정부는 전시회가 끝난 후에도 평화기념관에 원자력 관련 자료를 계속 두기로 했다. 일부에서는 이런 결정을 비판하며 평화기념관을 공포기념관이라 칭하기도 했다.

'평화로운 원자력 활용' 전시회는 전국에서 250만 명 이상을 모았다. 미국공보원은 "1954년과 1955년 사이 원자력에 관한 여론이 극적으로 바뀌었다. 미국공보원의 집중적인 캠페인을 통해 원자력 히스테리가 거의 사라졌고, 1956년이 시작될 즈음에는 일본인들 사이에서 원자력의 평화적 활용을 수용하는 여론이 일반적이었다. … 미국에 대한 일본인들의 인식을 향상시키는 데 상당한 진전이 있었다"고 보고했다. 쇼리키 본인도 이후 편향과 과장을 한껏 추가해 "원자력을 향해 증오를 내뿜던 일본인들의 충혈된 눈이 갑자기 희망의 여신을 경배하는 평화로운 눈으로 바뀌었다!"고 회상했다.

이 시기 내내 일본 산업계의 실세들은 원자력 발전을 성장시킨다는 공동의 목표 아래 주요 다섯 개 그룹으로 나뉘어 있었다. 모두 종전 후 해체와 구조조정 노력에도 살아남은 과거 재벌의 조직이었고 변함없이 강한 영향력을 발휘하고 있었다. 재벌 구조를 대체한 체계가 몇 가지 차이에도 불구하고 많은 면에서 본질적으로 옛 구조와 동일했기 때문에 그리고 일본 최대의 은행들이 오래된 총수 가문을 대신하는 소위 "은행제banking system" 때문에 이들이 살아남을 수 있었다. 이 다섯 개 그룹은 미국과 영국의 원자력 제조 파트너와 맺어온 기존의 협력을 강화하려 움직였다. 미쓰비시원자력은 웨스팅하우스와, 히타치와 닛산은 제너럴일렉트릭과, 스미토모원자력은 유나이티드뉴클리어United Nuclear와, 미쓰이와 도시바는 제너럴일렉트릭과, 다이이치는 영국의 뉴클리어파워그룹Nuclear Power Group과 협력관계였다.[14]

일본이 원자력 발전을 수용할 길이 열렸고 탄력도 붙었지만 많은 이들이 목격한 대로 먼저 무기로 개발되었던 이 기술을 두려워하는 원자력 반대 연합과 시위대는 그 문을 닫아버리기 위해 바쁘게 움직였다. 일본에서 가장 오래된 신문인 『마이니치신문』은 원자력 선전 캠페인을 맹렬히 비난하며 "먼저 방사능비의 세례가 쏟아진 뒤 외국에서 '평화를 위한 원자력'을 가장한 약아빠진 상업주의가 밀어닥쳤다"고 적었다. 일본 전역에서 엄청난 수의 일본인들이 비슷한 감상을 보였다. 방사선의 영향에 관한 이해가 부족하고 관련 전시회에서 이에 관한 내용을 빠트린 것이 뻔히 눈에 보이는 상황에서도 일부 피폭자들은 악을 선으로 바꿀 희망을 보았으나 보편적인 감정은 아니었다. 하지만 쉬지 않고 계속된 선전전은 기대했던 효과를 얻었다. 1959년 미국공보원이 일본에서 벌인 캠페인의 영향력에 관한 미국 정부의 보고서는 "원자력"을 "해롭다"와 동일시하는 일본 시민의 비율이 1956년 70퍼센트에서 1958년 30퍼센트로 줄었다고 적었다. 일본의 정신은 사실상 커다란 변화를 겪었다. 핵무기는 여전히 반대했지만 원자력 기술의 평화적 이용은 대개 수용하게 되었다. 당분간은 미국으로 이어지지 않는 길이었지만, 어쨌든 일본은 원자력을 향한 길에 들어섰다.

---

14 다이이치의 정식 명칭은 제1원자력산업그룹First Atomic Power Industry Group이다. 1971년 간교Kangyo에 합병되어 다이이치간교Daiichi Kangyo가 되었다.

쇼리키와 『요미우리신문』은 미국인들에게만 구애한 것이 아니었다. 쇼리키가 소유한 신문은 영국의 유명 핵물리학자 존 코크로프트John Cockroft 경과 엔지니어 크리스토퍼 힌턴Christopher Hinton 경도 일본에 초청했는데, 힌턴은 1956년 5월 일본을 찾았다. 그는 이 나라에 두 주간 머물며 총리와 히로히토 천황을 비롯한 많은 사람을 만났고 영국의 원자력 기술에 관해 순회강연을 했다. 두 번의 강연은 쇼리키가 운영하는 닛폰티브이에서 방송되기도 했다. 힌턴은 강연에서 늘 원자력 개발의 초창기에는 영국 과학자들이 "오늘날 우리보다 우라늄의 화학적 성질이나 속성에 관한 정보를 훨씬 적게" 가지고 있었다고 언급하곤 했다. 당시 영국은 그의 감독 아래 콜더홀Calder Hall 발전소를 건설하고 있었다. 힌턴은 일본이 이 발전소에 채택되고 건설 과정에서 추가된 영국의 전문지식을 활용해 커다란 혜택을 볼 수 있을 거라 주장했다. 그는 콜더홀 발전소에 적용된 기체 냉각식 마그녹스형Magnox型("육중하고 크지만 설계가 안전하고 간단하며 거의 재래식이다. 원자로계의 저속 왕복기관이다")[15], 고속증식로("높은 평가를 받으며 더 작고 가볍지만 아직 완전히 확립되지 않는 자재와 기술을 사용한다"), 소듐 흑연 원자로("기체 냉각식보다 높은 평가를 받는 시스템으로 가장 최신식 석탄 화력 발전소와 유사한 증기 압력을 이용할 수 있을 정도로 온도가 높은 열을 만들어낸다") 등 영국에서 개발된 다양한 원자로에 관해 찬사를 늘어놓았다. 힌턴은 미국에서 채택한 경수형 원자로에도 이점이 있다고 인정했지만 거대한 크기와 "당장 해결책이 없는 심각한 부식 문제"를 지적했다. 반면 미국인들은 마그녹스형 원자로가 감속재로 탄소만 사용하는 이유는 더 고급스러운 설계에서 요구되는 농축 우라늄을 생산할 능력이 없기 때문이라며 가난뱅이의 원자로라 비하했다.

힌턴은 이 나라를 떠나기 전 일본의 사절단이 영국을 방문해 원자력 기술을 확인하고 일본에 원자로를 도입하기 위한 계획을 검토해 보라고 제안했지만 계획 수립이 늦어진 탓에 영국 정부가 사절단의 방문을 몇 달간 미뤘다. 하지만 그는 일본 방문에서 얻은 대체적인 반응에 열광했다. 일본에서는 1956년 7월 초부터 영국산 마그녹스형 원자로의 구매를 검토하기 시작했다. 주일 영국 대사 에슬러 데닝Esler Dening 경은 힌턴보다 차분했고 일본인들이 "우리 지식과

---

15 마그녹스형 원자로는 천연 우라늄 금속의 연료 요소를 덮는 데 사용되는 "비산화 마그네슘magnesium non-oxidising"의 머리글자를 따 이름을 지었다.

경험에서 최대한 이득을 얻으려 하면서 그에 대한 답례는 최소한으로 하려" 할 수 있다고 주장했다. 영국을 찾은 일본 사절단이 확실한 약속을 남기지 않고 돌아간 후에는 영국 원자력 업계 대다수도 비슷한 시각을 공유하게 되었지만, 이 신기술에 관해 조금이라도 아는 사람이 극소수였다는 점을 생각하면 일본인들이 조심스러운 것도 당연했다.

일본 정부, 쇼리키, 9개 전력 공급회사는 국방에서의 의존도와 기존에 맺어 온 제너럴 일렉트릭, 웨스팅하우스와의 관계 때문에 처음부터 미국의 경수형 원자로를 사용하길 바랐으나 협상이 뜻대로 풀리지 않았다. 미국의 농축 기술 금수 조치와 핵무기의 재료인 플루토늄을 만드는 데 이용될 수 있는 사용후 우라늄 원료를 둘러싼 불확실성이 미국 원자로 기술 대신 영국을 선택하게 하는 걸림돌이었다. 앞서 체결된 미일 원자력 협정에도 불구하고 미국 정부가 일본 정부나 민간 기업이 농축 연료를 얻게 되는 것을 우려하면서 이런 장애물이 등장했다. 당시 우라늄을 농축하는 노하우는 극비사항이었고 미국은 비밀을 유지할 계획이었다. 반면 영국의 마그녹스형 원자로는 미국 정부의 1965년 6월 보고서에 따르면 "매년 약 30기의 [원자력] 무기에 필요한 플루토늄을 충분히 생산"할 수 있는 설계이면서 복잡한 농축 과정을 거치지 않아도 되는 천연 우라늄을 사용했다. 전 세계에서 채취되는 천연 우라늄을 사용할 수 있다는 사실은 일본인들에게 매력적인 요소였다.

CIA 문건에 따르면 1956년 6월 일본이 원하는 기술을 미국에서 얻을 수 없다는 사실을 깨닫게 되면서 쇼리키는 상당한 충격을 받았고 영국에 원자로 구매를 제안하게 되었다.[16] 9월이 되자 미국 정부는 소련이 앞서 이집트, 인도, 인도네시아, 이란 등에 원조를 제안한 것을 볼 때 미국과 일본의 의견 충돌을 이용해 일본에 자국산 원자로의 도입을 권할 "가능성이 높다"고 판단했다. 미국은 같은 달 후반 금수 조치를 해제했고 이듬해에 미국산 원자로 20기를 납품하는 계약에 합의했다. 하지만 당분간은 진전이 없을 터였다.

---

16 6월 뉴욕 롱아일랜드섬에 자리한 국립브룩헤이븐연구소Brookhaven National Laboratories의 마빈 폭스 Marvin Fox 박사와 그가 이끄는 과학자들이 일본을 방문했다. 폭스는 쇼리키에게 미국이 영국에 비해 기술적으로 5년 정도 뒤처져 있다고 털어 놓았다.

Ⅱ
원자력이 일본에 도착하다

    1956년 10월 춥고 바람이 불었지만 햇살은 눈부셨던 아침에 세계 최초의 산업 규모 원자력 발전소 개막식에 참석한 엘리자베스 2세는 준비한 원고를 흘끗 보며 "핵 과학자들은 훌륭한 발견을 이어오며 우리에게 새로운 시대로 향하는 문턱을 선사했다"고 찬사를 보냈다. 잉글랜드 북서쪽 모서리에 자리 잡은 거대한 윈즈케일Windscale 핵시설은 영국 공학 기술의 자존심이었고 이곳에 콜더홀 발전소의 180메가와트 원자로 2기가 들어섰다.[17] (곧 2기가 추가되었다.) 원자력은 더는 공상의 산물이 아니라 "현실"이었고, 거의 무제한이고 저렴하면서 깨끗한 에너지의 시대를 여는 마법과 같은 신기술로 전 세계의 환영을 받았다. 영국 정부는 10년 안에 국내 전력 소비량의 절반을 원자력 발전소에서 생산할 거로 예상했다. 개막식에 자리한 일본과 다른 10여 개국의 대표들은 깊은 감명을 받으며 자리를 떴다. 영국은 원자력 발전 분야의 세계 선두일 뿐 아니라 미국에 5년 앞서 있었다. 그리고 영국은 이러한 위상을 이용하려 했다. 쇼리키는 당시 신문에 "영국은 콜더홀 발전소에서 합당한 비용에 전력을 생산하게 될 거라 주장한다"고 적었다. 또한 "미국 전문가들은 최소 6개의 유사한 프로젝트를 작업하고 있지만 내게 언제 콜더홀 발전소에 비견할 결과물을 낼 수 있을지 말하지 못했다"고 덧붙였다.

    영국은 일본이 제2차 세계대전 후 일궈낸 경제 확장을 부정적으로 보았고, 호주나 뉴질랜드 같은 영연방 국가들이 일본과 최혜국 대우 무역 협정을 맺도록 종용하는 미국의 압박에 맞서도록 자국의 영향력을 활용하기도 했다. 하지

---

17 2호기는 개막식 당시 완공되어 있었지만 1956년 12월에야 "임계criticality"(일정한 수준의 핵분열이 지속적으로 유지되는 상태–역주)에 도달했다. 1958년 1월과 12월에는 3호기와 4호기도 각각 임계에 도달했다.

만 그들도 일본이 세계 최초의 상업용 제트 여객기 코멧Comet의 공동 제작사인 롤스로이스Rolls Royce, 호커Hawker, 드해빌랜드de Havilland가 생산하는 영국의 군용기와 민간항공기, 훈련기를 요청하자 양국의 공통 관심사를 발견했다. 얄궂게도 수많은 잠재적 거래가 무산되었는데 영국 기업들이 자신들이 일본 시장을 차지하면 미국 고객들과의 관계가 나빠질까 두려워한 것도 영향을 미쳤다. 또한 미국이 일본의 군비를 통제한 탓에 군수품 조달도 불발되었다.

원자력은 달랐다. 이 기막힌 신기술은 경제력 싸움에서 판도를 바꿀 잠재력을 가졌고 이 분야에서 세계 선두를 차지한 영국은 자신들의 위상을 유지하려 혈안이 되어 있었다. 한편 일본 정부는 미국이 아니라 다른 나라의 기술을 채택하면 통렬한 정치적 이점을 얻을 수 있다고 믿게 되었다. 원자력을 둘러싼 미국과 영국의 경쟁 관계를 이용할 수 있다는 사실이 보너스처럼 다가왔다. 양국은 진정한 라이벌이었다. 1956년 7월 10일 도쿄 미국대사관에서 작성한 편지에는 "일본인들은 미국과 영국의 원자력 프로그램이 본질적으로 경쟁 관계라 보는 경향이 있다. 그 결과 현재 원자력 분야에서 가장 논쟁적인 주제는 '영국과 미국 원자로 중 무엇을 택할 것이냐'다"고 적혀있다. 많은 이들이 일본의 원자력 발전소에서 영국산 원자로를 보고 싶어 했지만 일본 산업계의 리더들은 다르게 생각했다. 대사관의 편지는 "[일본] 전력 산업에서는 미국의 협력사들과 무척 가깝게 일해왔다"고 설명을 이어갔다. 그리고 "쇼리키가 현재 영국의 원자로에 열광하는 것과 달리 가능하다면 원자력 개발에서 미국의 원조와 자금 지원을 구할 의향이 있다"고 썼다.

쿠데타로 집권한 이집트의 가말 나세르Gamal Nasser 대통령은 1956년 7월 만국 수에즈 해양 운하 회사Universal Maritime Suez Canal Company가 행사하던 수에즈 운하의 통제권을 빼앗기 위해 군대를 보냈다. 이 회사가 거의 1세기 전 건설한 수에즈 운하는 운하가 통과하는 나라인 이집트와 관계없이 운영되고 있었다. 회사는 영국과 프랑스의 소유였고 양국 모두 수에즈 운하를 중동산 석유의 중요한 원천이자 영국 영연방 제국의 주요 경로로 보았다.[18] 나세르는 운하를 국유화한 데 이어 이스라엘 선박의 통행을 막고 이스라엘이 홍해와 인도양으로 나갈 수 있는 유일한 통로였던 티란 해협을 봉쇄했다.[19] 격분한 이스라엘은 10월 29일 동시다발적으로 이집트 동부에 침입하고 공습을 가해 이집트 군대에 승리를 거뒀지만 수에즈 운하 봉쇄를 막지는 못했다.[20] 영국과 프랑스는 두 나라의 싸움을 끝낸다는 거짓 명분 아래 11월 5일 운하를 따라 낙하산 부대를 떨어트리며 이스라엘을 지원했다.[21] 침략자들은 굴욕적인 정치적 압박 때문에 철수해야만 했고 이집트인들은 나세르를 영웅이라 칭송했다. 수에즈 운하는 6개월간 닫혀 있었고 세계적으로 유가가 올랐다. 일본은 운하를 통과하지 않는 남쪽 경로로 석유를 공급받았기 때문에 직접적인 영향을 받지는 않았다. 하지만 다시 에너지 자원 문제가 불거지자 국내의 논의는 일본 내 자급자족을 강화하고 통제할 수 없는 자원에 대한 의존을 제한하자는 화두로 돌아갔다. 원자력이 확실한 해결책이었다.

원자력 분야의 과학기술 협력을 위한 정부 간 회의인 국제원자력기구는 1957년 7월 29일 미국, 소련, 독일, 아프가니스탄, 인도, 한국, 영국 등 56개 국가를 첫 회원국으로 받아들였다. 몇 주 뒤인 8월 27일 일본원자력연구소는 일본 최초의 원자로인 일본연구원자로 1호의 가동을 시작했다. 미국에서 수입한 비등수형 원자로 설계 기술로 만든 원자로는 작고 액체연료를 사용했으며 평범한 1층짜리 건물 안에 세워졌다. 창문이 없는 건물 가운데에는 직육면체 두 개가 겹친 채 박혀 있었다. 오늘날의 기준으로 보면 박물관에나 갈 법한 물건이었다. 당시 일본연구원자로 1호는 주로 원자로 물리학자들의 연구 그리고 680명에 이르는 운전원들과 엔지니어들, 연구자들의 훈련에 활용되었다. 이 인력은 일본 원자력 산업의 발전에 중요한 역할을 하게 된다. 그리고 원자력 기술을 정부 통제 아래 두고자 했던 쇼리키의 바람과 달리 일본 원자력 산업은 9개 민

⇦ 18 수에즈 운하는 법적으로 이집트에 속했으나 99년간 소유권을 내주었고 1968년 11월 이집트 정부에 반환될 예정이었다.
19 나세르는 나일강에 자리한 아스완댐의 추가 공사 자금을 확보하기 위해 수에즈 운하를 국유화했다고 밝혔다. 소련은 이 프로젝트를 위한 조건 없는 차관을 제안했다.
20 이스라엘 해군은 이스라엘의 도시 하이파Haifa를 노린 이집트의 역습을 막아내는 데 도움을 주었으나 초기 공격에는 거의 참여하지 않았다. 반면 이스라엘의 P-51 무스탕 전투기는 날개와 프로펠러를 이용해 철탑에 달려있던 이집트의 전화 통신선을 잘라내기까지 했다. 용감하며 무모하며 인상적인 활약이었다.
21 심지어 국제연합UN 투표에서 미국이 소련과 같은 편에 서서 영국과 프랑스의 행동에 반대하는 표를 던지기도 했다. 이례적인 일이었다.

간 기업이 9개 지역을 독점하는 기존의 전력 산업 구조를 모방하게 된다.

　1957년 11월 1일 모든 관계자가 일본 원자력 산업의 닻을 올리고 최초의 발전소를 운영하기 위해 일본원자력발전을 설립하는 데 합의했다.[22] 5년 전 만들어진 전원개발을 떠올리게 하는 방식이었다. 초기 투자금을 정부가 20퍼센트, 민간이 80퍼센트 분담하기로 한 것도 유사했다. 민간 투자금의 절반은 전력회사가, 나머지는 다양한 중장비·전기기기 제조업체에서 냈다. 이런 구조에서는 한 전력회사가 원자력 발전소를 건설하는 비용을 위험하게 홀로 부담하지 않아도 되었다. 앞으로는 기업들이 원자력의 상업적 활용을 위한 자금을 대고, 정부의 재정 지원은 더 선진적인 원자력 기술의 연구와 발전에 집중될 것이었다. 오늘날 7개 전력회사가 일본원자력발전의 주식을 86퍼센트 이상 보유하고 있으며 도쿄전력이 최대 주주다. 일본이 원자력 시대를 눈앞에 뒀던 1957년 무렵에는 주로 세 가지 에너지원에서 전력이 생산되고 있었다. 석탄이 39퍼센트, 수력이 37퍼센트, 석유와 가스가 19퍼센트였고 나머지 5퍼센트는 기타 연료로 생산되었다.

　1957년 10월 7일 영국은 콜더홀 발전소와 다른 여러 시설이 위치한 윈즈케일 핵시설에서 세계 최초로 중요한 원자력 사고를 겪었다. 플루토늄을 생산하는 두 기의 원자로 중 하나에서 우라늄연료에 불이 붙었고 며칠간 꺼지지 않았다. 콜더홀 발전소의 원자로가 아니라 따로 떨어져 있는 더 후진적인 형태의 원자로였다. 다양한 수단을 동원한 여러 번의 시도로도 불이 잡히지 않자 부剛 책임자 톰 투오히Tom Tuohy가 원자로 냉각재인 이산화탄소의 투입을 차단해 불꽃에 공급되던 산소를 끊으면서 파국을 막았다. 마그녹스형 원자로의 새로운 모델 설계에는 수정이 필요한 사소한 문제들이 있었고 잠재적인 안전 이슈도 있었다. 예를 들면 대부분의 원자로 설계에서 일반적으로 채택했던 2차 격납용기가 없었다. 하지만 이러한 단점과 사고로 인한 불안에도 불구하고 마그녹스형 원자로의 새 모델은 유일하게 선택할 수 있는 검증된 대안이었다. 결국 8개월 후인 1958년 6월 16일 일본 정부 대표단이 런던에서 영국 정부 담당자들을 만나 '원자력의 평화로운 이용을 위한 협정'에 서명했다. 그리고 이듬해 4월에는

---

22 일본원자력발전은 흔히 약자 JAPCO로 불리나 홈페이지에는 JAPC로 명시되어 있다. 영어 단어 "Company"를 CO가 아닌 C로 줄인 것으로, 이유는 알 수 없지만 일본 기업에서 자주 볼 수 있는 방식이다.

입찰을 통해 일본 최초의 상업적 원자력 발전소를 19세기에 세워진 영국의 두 엔지니어링 기업 제너럴일렉트릭컴퍼니(미국의 제너럴일렉트릭과는 다른 회사다)와 사이먼 카브스 주식회사Simon Carves Ltd가 함께 설계하기로 합의했다.[23] 두 회사는 일본의 14개 회사가 영국 기업들의 감독 아래 발전소를 건설하기 위해 결성한 컨소시엄 '제1원자력산업그룹First Atomic Power Industrial Group'과 협력해 일했다.

1960년 나카소네 야스히로가 이끌던 과학기술청은 국내 원자력 산업을 위한 초기 준비작업의 하나로 원자력 산업계를 대변하는 로비스트들과 기업들이 모이는 일본원자력산업포럼에 원자력 사고에서 발생 가능한 책임 비용에 관한 보고서를 준비하게 했다.[24] 그들이 작성한 최악의 시나리오에서는 당시 일본 전체 국가 예산의 두 배가 넘는 비용이 추정되었고 주변 지역에서 영원히 소개해야 할 수도 있었다. 이 보고서는 일반인들에게 공개되지 않고 재빨리 묻혔지만 (1999년에야 다시 조명되었다) 인구가 밀집된 도시를 피해 시골 지역에 원자력 발전소를 세우기로 한 결정에 영향을 미쳤다. 일본 내륙의 인구가 희박한 지역에는 원자로를 냉각하는 데 필요한 엄청난 양의 물을 제공할 만한 담수호나 강이 없어서 외딴 해안 지역이 선택할 수 있는 유일한 대안이 되었다.

통상산업성은 1960년부터 미국에서 들여온 입지 기준을 활용해 해안선을 따라 조사를 벌였고 다양한 요인을 고려하며 여러 잠재적 후보지를 비교했다. 지형, 현지의 지질적 특성과 과거 지진 활동, 기존 도로나 배를 통해 접근할 수 있는 공간, 주요 전력 수요와의 합리적인 근접도, 해당 위치의 확보 가능성, 주위 해수보다 온도가 높은 냉각수를 배출할 때 발생할 수 있는 환경적 영향 등이 고려 대상이었다. 지질학적 조사의 범위와 타당성은 기술의 한계로 제한되었고 1980년대 초까지는 단층 검사의 기준도 확립되지 않았다. 익명을 조건으로 통신사 유피아이아시아UPI Asia와의 인터뷰에 응한 원자력 부지 지형학자는 자신이 1988년에 조사했던 대지는 업계 표준 관행에 따라 분석되지 않았고 "고의로 활성 단층을 무시했다"고 주장했다.[25]

---

23 제너럴일렉트릭컴퍼니는 입찰에 참여한 영국 기업 세 곳 중 하나였다. 나머지 두 회사는 어소시에이티드일렉트리컬인더스트리Associated Electrical Industries(AEI, 1967년 제너럴일렉트릭컴퍼니에 인수되었다)와 잉글리시일렉트릭English Electric이었다. 사이먼 카브스는 지금도 존재하며 미쓰이의 계열사가 되었다.
24 나카소네는 1959년 6월부터 1960년 7월까지 일본원자력위원회 위원장도 역임했다.

기준을 만족하는 후보지가 몇 군데 있으면 지역 인구 밀도 그리고 지역민과 지방 정부의 태도와 순응도가 결정적으로 작용할 때가 많았다. 미국 노스이스턴대학교의 정치학 교수이자 안전과 회복력 연구 프로그램 책임자인 대니얼 P. 올드리치Daniel P. Aldrich는 후자의 요인을 "지역 시민 사회의 허약성"이라 칭했다. 일본 국토의 73퍼센트가 산지였지만 정부는 여전히 발전소 건설을 위해 인구 밀도가 전국 평균의 삼 분의 일을 밑도는 지역을 찾았다. 지난 50년간 학자들은 일본 시골의 조그마한 지역사회는 막강한 실세를 따라 움직여야 한다는 동료 집단의 압박, 자신의 의견은 중요하지 않다거나 예상되는 결과에 영향을 미치지 못하리라는 믿음, 프로젝트에 방해가 될 수 있는 비영리단체를 공식적으로 인정하지 않으려는 장애물 등의 다양한 이유로 원하지 않는 초대형 건설 프로젝트에 저항할 힘이 부족하다는 사실을 밝혔다. 정부가 부동산을 취득하는 방법을 규정한 일본의 수용권 법에는 토지를 시장 가치로 보상해야 한다는 내용이 없어서 지역사회는 더 높은 가격을 제안하는 초기에 땅을 내놓아야 한다는 압박도 받았다. 이렇게 강요에 가까운 매각이 나리타 국제공항이나 여러 댐과 화력 발전소의 건설 과정에 반복되었지만 원자력 발전소는 달랐다. 대신 정부는 강한 공동체 의식이 없는 "허약한" 도시와 마을을 찾은 뒤 원자력 발전소를 받아들이도록 설득했다. 이바라키현의 도카이라는 조그마한 해안 마을 주변 공동체는 처음부터 원자력 기술을 수용했으나 다른 지역에서는 전력회사와 일본 정부가 전방위적인 저항을 맞닥뜨렸다. 어쨌든 도카이는 일본원자력연구소 캠퍼스가 근처에 있어 적합 후보지 중에서도 가장 선호되는 지역이었다. 이렇게 일본원자력발전이 운영하는 일본 최초의 원자력 발전소가 도카이에 세워져 같은 이름으로 불리게 되었다.

상승세를 탄 연료는 원자력뿐만이 아니었다. 일본 내 발전소에서 저렴한 수입 원유의 수요는 1950년대 동안 거의 무無에서 시작해 매년 25퍼센트 이상 증

⇦ 25 익명 발언은 언제나 걸러서 들어야 하지만 이 정보원의 비판에는 귀 기울일 필요가 있다. 대학교 소속 지질학자나 비슷한 위치가 아니라 실제로 이런 검사를 수행했다고 주장한 사람이 남긴 발언으로는 유일하기 때문이다.

가했다. 통상산업성은 1953년부터 1955년까지 국내 석탄 산업을 구하고 석탄 가격이 오르는 것을 막기 위해 중유의 도입을 제한했지만 대체로 성공을 거두지 못했다. 전국의 탄광들은 경쟁력을 유지하는 데 어려움을 겪었고 일부에서는 가공하지 않은 석탄과 열량이 낮은 불량 석탄까지 판매했다. 이전에는 화력 발전소에 납품하기 전에 폐기하던 석탄들이었다. 특히 제철업계와 전력업계는 석탄에서 석유로 전환하면 정밀한 온도 조절을 통해 효율을 높이는 것을 비롯해 여러 장점이 있다는 것을 알게 되었고 정부의 정책에 저항했다. 1955년에는 석탄이 화력 발전 시장에서 90퍼센트 이상을 차지했고 석유의 비중은 한 자리에 그쳤으나 10년 뒤에는 석탄의 비중이 44.9퍼센트로 감소한 반면 석유는 52.1퍼센트로 급증했다. 1956년과 1957년을 지나며 일본 정부도 석탄만으로는 기하급수적으로 증가하는 국내 전력 수요에 대처할 수 없다고 인정했고, 석유 화력 발전소를 활용하면 전기 가격을 낮출 수 있었기 때문에 이 나라의 경제 성장을 안정적으로 유지하기 위해서는 석유가 필요하다고 생각을 바꾸게 되었다. 타당한 판단이었지만 곧 석유의 가격과 확보 가능성은 국내산 석탄과 달리 변동이 심하다는 사실이 드러났다.

　1958년 교토대학교가 일본 교육기관 중 최초로 원자력공학과를 만들었고 1960년에는 도쿄대학교가 뒤를 따랐다. 같은 해 10월에는 10메가와트의 일본연구원자로 2호가 운전을 시작했다. 미국 일리노이주에 있는 아르곤국립연구소Argonne National Laboratory에서 개발한 CP-5 설계를 적용한 중수형 원자로였다. 일본연구원자로 2호는 주로 중성자 빔과 의학적 방사선 요법 실험에 활용되었다. 1962년 9월에는 10메가와트의 일본연구원자로 3호가 임계에 도달했다. (1990년에는 20메가와트로 규모를 키웠다.) 이 원자로는 일본인 과학자들과 엔지니어들만이 참여해 히타치, 도시바, 미쓰비시중공업, 후지 같은 기업의 국내 기술로 만든 최초의 원자로로 자랑스레 소개되었다. 일본연구원자로 3호는 국제원자력기구가 킬로그램당 35.50달러(2020년 기준으로 약 300달러)에 제공한 캐나다산 우라늄으로 운영되었다. 국제원자력기구가 회원국에 핵연료를 판매한 최초의 사례였다. 그리고 1986년에는 출력을 높여 3M호로 개량되었다. 일본연구원자로 3호는 2007년 원자력 기술과 중성자 과학에 이바지한 바를 인정받아 미국원자력학회의 역사적 랜드마크상Historic Landmark Award을 받았다. 일본연구원자로 3기는 모두 이바라키현의 해안 마을 도카이 근처에 있는 일본원자력연구소의 캠퍼스 안 조그마한 소나무숲에 바다를 내려다보는 길을 따라 나란히 건설되었다. 도쿄에서는 북동쪽으로 100킬로미터, 후쿠시마 제1 발전소에서는 남쪽으로 약 110킬로미터 떨어진 곳이다. 일본원자력연구소의 캠퍼스는 1960년대 초까지 학생들과 여행객들이 즐겨 찾는 장소였고 수천 명의 관람객에게 안내 프로그램을 제공하기도 했다.

미국은 1959년 최초의 원자력 발전 수상함을 진수했고 일본인들도 같은 기술을 개발하고 싶어 했다. 일본원자력위원회와 운수성, 조선업계는 정부와 해상산업의 전문가들로 팀을 구성해 1959년 8월부터 9월까지 미국, 영국, 프랑스, 노르웨이, 국제원자력기구를 방문하며 야심 찬 원자력 선박 프로젝트를 위한 자문을 구하고 필요한 자원을 모으게 했다. 이 팀이 복귀하자 원자력위원회는 도카이에 네 번째 연구용 원자로를 건설하도록 승인했다. 2.5메가와트의 "수영장형swimming pool-type" 일본연구원자로 4호는 미래의 원자력 선박을 위한 연구에 활용될 예정이었다.[26] 이 원자로는 1965년 1월 28일 운전을 시작했지만 더 규모가 큰 동료 원자로들과는 달리 다양한 출력 수준에서 기동과 운전이 가능하고 매일 정지되도록 설계되었다. 1976년 원자력 선박이 만들어진 뒤에는 출력을 개선해 3.5메가와트가 되었고 의학 연구용으로 두 번째 삶을 시작했다.

원자력 산업이 의미 있는 첫 발걸음을 떼는 사이 원자력 반대 정서는 원자력과 관련이 없는 산업 오염으로 야기된 질병 "미나마타병"과 "요카이치 천식"에 대한 광범위한 분노에 힘을 얻어 더욱 조직적인 국민운동으로 발전했다. 미나마타병은 막부 시대에 외국과의 무역이 이뤄졌던 나가사키에서 70킬로미터 떨어진 미나마타라는 일본 남부의 도시에서 1956년 4월 처음 발견되었다. 증상으로는 손과 발의 감각을 잃고 청각, 시각, 언어 능력이 손상되었으며 정신 이상, 마비, 혼수상태를 일으키거나 사망에 이르기도 했다. 같은 해 11월 구

---

26 "수영장형swimming pool-type"은 원자로 노심이 물이 차 있는 웅덩이에 잠겨 있고 보통 위에서 안을 들여다볼 수 있어서 붙은 이름이다. 상당한 양의 물이 감속재와 중성자 차폐 역할을 동시에 해서 안전하지만 상업용 전기 생산에는 쓰이지 않고 연구나 훈련 용도로만 사용되는 설계다.

마모토대학교 연구팀은 미나마타만에 버려진 산업 폐기물의 중금속에 오염된 생선을 섭취한 것이 이 병의 원인이라 결론 내렸다. 3년 뒤 보건복지성에서 파견한 다른 연구진도 수은이 원인인 것을 확인했지만 연구 결과는 무시되었다. 근처의 칫소주식회사Chisso Corporation는 제1차 세계대전이 시작되기 전부터 미나마타만에 산업폐기물을 방류했고 특히 1932년경부터 채취가 가능한 농도로 메틸수은을 흘려보냈다. 이 악명높은 관행으로 인해 이미 1926년과 1943년에 두 차례 유독성 어류에 관한 보상 협약을 맺었지만, 이 회사는 일본에서 가장 크고 선진적인 화학 공장으로 정부에 막강한 영향력을 발휘하고 있었다. 모든 내막을 알고 있던 정부의 고문들은 부패한 물고기 등 다른 원인을 주장하는 과학자들을 찾아냈고 덕분에 칫소의 편을 들 구실을 얻었다. 1968년 회사가 생산 방식을 바꾼 후에야 수은 방류도 중단되었다.[27] 셀 수 없이 많은 물고기와 새, 반려동물은 차치하더라도 2천 명이 훌쩍 넘는 사람이 수은에 중독된 생선을 섭취한 뒤 사망했다. 칫소와 다른 기업들이 수은 방류를 중단했던 방식과 마찬가지로 일본 정부는 1968년 9월 처음부터 수은이 미나마타병을 일으켰다고 갑작스레 인정했다.

또 다른 보건 위기인 요카이치 천식은 일본이 석탄 화력 발전에서 석유 화력 발전으로 전환한 직접적인 결과로 발생했다. 1959년 당시 요카이치에는 주거 지역과 맞닿아 있는 옛 제국해군 연료 저장고 부지에 수십 개 기업이 입주해 일본 최대의 석유 화학 단지를 이루고 있었다. 지금도 주택과 인접한 곳에 석유와 천연가스 정제 공장이 있다. 당시 요카이치 앞바다는 인기 있는 어장이었지만 어부들은 잡은 물고기에서 화학 약품 냄새가 나는 것을 알아챘다. 1960년대 초가 되자 의사들이 심각한 호흡기 질환을 앓는 지역민의 수가 급격히 증가하는 데 주목했다. 조사 결과 황을 3퍼센트 이상 함유한 중동산 석유를 전례 없이 많은 양을 태우면서 요카이치 전역에 관련 오염원의 농도가 법정 허용치를 훌쩍 넘는 유독한 구름이 형성된 것으로 확인되었다. 국내산 석탄 역시 석유보다는 낮아도 석탄 중에는 높은 수준인 1퍼센트의 황을 포함하고 있어 사용량 감소와 대체가 더 급히 진행되었다. 앞서 언급한 불량 석탄은 훨씬 더 심각

---

27 1965년 니가타에서도 근처 2차 화학 공장에서 방류한 산업폐기물 때문에 같은 병이 발생했고 니가타 미나마타병으로 명명되었다.

해서 황 함유량이 4.78퍼센트나 되었지만 석유에 비교해 양이 적었던 탓에 당시에는 거의 간과되었다. 지역 주민들은 시와 현 정부에 진정했고 지방 정부는 1960년대 후반부터 1970년대까지 일본 정부 전체에 확대 적용된 공격적인 공해 방지책을 개척했다. 하지만 경제 확장을 우선시했던 탓에 이런 국가적 규제는 수년에 걸쳐 약화했다.[28] 경제 확장을 뒷받침하는 산업에 반기를 드는 이들은 보통 일본의 주목할 만한 성장에 훼방을 놓으려는 성가신 공산주의자로 취급되었다. 진심으로 분노할 때도 나서기를 꺼리는 일본인들의 일반적인 문화역시 이런 운동이 제대로 된 견인력을 얻는 데 실패한 이유로 꼽힌다.

1950년대 후반부터 1970년대까지 일본의 "고도성장기(특히 1960년부터 1973년까지는 매년 10퍼센트 이상의 경제 성장을 이어갔다)"에 쌓인 이러한 경험들은 보건 위기를 불러올 수 있는 모든 산업적·환경적 요소를 반대하고 두려워하게했다. 원자력은 이 중 어떠한 문제에도 영향을 미치지 않았고 당시에는 화학물질로 인한 오염과 비교해 크게 주목받지도 않았지만 예외가 될 수는 없었다. 원자력 발전소에서는 오염이 발생하지 않으니 다소 모순적인 상황이었지만 방사선에 대한 공포 때문에 하나로 묶였다. 정부, 특히 통상산업성과 전력회사들은 일본에 꼭 필요한 발전 기반시설이 심각한 쟁점이 되어 반대에 부딪히는 걸보았고 대민 관계를 향상시키기 위해 행동에 나섰다.

수에즈 운하 봉쇄의 기억이 서서히 희미해지면서 1960년대 초까지 유가가하락했고, 전력회사들은 상업용 원자력 발전소를 짓기 위한 막대한 투자에 예전만 한 매력을 느끼지 않게 되었다. 같은 시기에 일본 내 석탄 생산량은 전후최대치를 기록한 뒤 줄어들기 시작했다. 그렇다 해도 도쿄가 막 세계 최초로 인구 천만 명을 돌파한 상황에서 이 나라의 전력 수요는 계속 증가할 수밖에 없었고 원자력은 미래를 위한 안전한 한 수였다. 원자력 발전소의 운영 비용은 유가와 달리 변동이 없을 것이었고 광대한 지역에 물을 채워야 하는 수력 발전처

---

28 한 예로 1967년의 환경오염기본법은 규정이 모호하고 강제력이 없어 실제 문제를 해결하는 데는 거의도움이 되지 않는 상징적인 해법이었다.

럼 지질학적·환경적·지리적 문제를 일으키지도 않을 터였다. 일본에 댐을 건설하기에 적당한 땅은 거의 남지 않았고 석탄 가격은 계속 오르고 있었다.

일본원자력연구소 근처에 도카이 원자력 발전소를 건설하는 일본원자력발전의 공사는 1960년 1월 16일 시작되었다. 다른 원자로들이 대부분 냉각재로 물을 사용하는 것과 달리 마그녹스형 원자로는 강력한 팬으로 밀어낸 이산화탄소로 냉각하는 흔치 않은 특징이 있었다. 영국 엔지니어들은 물 대신 이산화탄소를 냉각재로 쓰면 원자로 온도를 더 높게 유지할 수 있어서 증기로 돌리는 터빈의 효율이 높아질 거라 생각했다. 하지만 실제로는 핵연료 피복재의 마그네슘 합금 때문에 650도 이상에서 운전할 수 없었고 초기에는 강도와 수명을 유지하기 위해 평균 414도로 온도를 제한했다. 이러한 조건에서 운전한 결과 일부 강구조물에서 전자가 금속에서 냉각재의 산소 분자로 이동하면서 부식이 일어날 수 있는 높은 산화율이 관찰되었고 이후 원자로 온도를 360도 정도로 더 낮췄다.

도카이의 원자로 1호기는 제너럴일렉트릭컴퍼니GEC가 스코틀랜드 서부 해안에 건설 중이던 헌터스톤Hunterston "에이A" 발전소의 설계를 따라 157메가와트로 만들어졌다. 하지만 동일한 건설 컨소시엄이 동시에 두 개의 발전소를 설계하고 지을 자원이 없었기 때문에 GEC와 사이먼 카브스가 함께 설계한 이 원자로는 마그녹스형 원자로들이 모두 그렇듯 다소 독특했고 고객의 요구를 반영해 만들어졌다. 한 예로 설계자들은 지진에 대한 추가적인 보호책을 제공하기 위해 광범위한 수정을 가했다. 일본 학계와 대중이 전 세계에서 지진이 가장 잦은 지역에 원자력 발전소를 건설하는 데 대해 우려를 나타내자 뒤늦게 수정이 더해지기도 했다. 흑연 감속재 덩어리를 정사각형 모형이 아니라 육각형 격자 모양으로 쌓고, 콘크리트 구조와 상부 구조를 육중하게 보강했다. 또한 노심과 노심 속 흑연 870톤, 연료 187톤이 따로따로 흔들리지 않도록 "압력용기 상부에 용접해 붙인 생물학적 차폐와 원통형 테두리 사이에" 꼭 맞게 증기발생기와 원자로를 위한 특별 지지대와 "지진 안전장치"를 설치했다. 기초가 된 헌터스톤 설계를 완전히 뒤집고 위가 아닌 아래에서 연료를 삽입할 수 있게 해 전체 구조물의 무게 중심을 낮추고 지진 발생 시 가해지는 수평 가속의 영향을 줄이기도 했다.[29] 땅이 조금이라도 흔들리면 기록하고 가능한 한 많은 경고 신호를 주기 위해 건물 주위에 그물처럼 가속도계를 설치했다. 이 감지기들을 작동시킬 정도의 지진이 일어나면 일반적인 제어봉과 별개로 노심 위의 호퍼에서 수천 개의 붕소강boron-steel 공이 활송 장치를 통해 원자로의 전용 통로로 떨어졌다. 발전소 아래 땅이 갈라지고 18.4미터 너비의 거대한 원자로가 어떻게든 45도 각도로 기울어도 앞의 조치가 분열 반응을 중단시킬 수 있었다. 게다가 원자로 건물의 콘크리트 중앙 구조는 건물이 흔들리더라도 안전에 가장 중요한 증기 보일러와 가스냉각 순환기, 기타 부품들이 하나처럼 움직이게 되어 있었다. 터빈 건물이 분리될 정도의 강력한 지진이라도 마찬가지였다.

이렇게 야심만만한 시설을 건설하는 일은 늘 그렇듯 예상보다 더 힘겨운 도전이었다. 도카이의 건설 일정은 계속 지연되었고 경험 없이 지진을 대비해 가한 수정도 어느 정도 영향을 미쳤다. 연료와 냉각수를 넣기 때문에 특히 강해야 하는 원자로의 구형 압력용기에 쓸 80밀리미터와 94밀리미터 두께의 영국산 강판은 도착과 동시에 결함이 발견되어 일본산으로 대체해야 했다. 냉각을 쉽게 하려고 속을 파낸 혁신적인 중앙 연료관은 계획대로 작동하지 않아 일본원자력발전의 불만을 샀고 도카이가 영국 연구진의 시험대로 쓰이고 있다는 불평까지 나왔다. 몇몇 건설 하청 업체가 원자력 시설에 요구되는 극단적으로 높은 기준을 달성하기 위해 고군분투하는 동안 다른 부분에서도 실패가 이어졌다. 완공 후에도 상황은 그다지 좋아지지 않았다. 최첨단을 달리는 원자력 기술의 빠른 발전 속도와 여러 회사를 동시에 활용하면서 발생한 인력 수준 저하, 호환 불가능한 설계 때문에 예측하지 못했던 문제들이 튀어나왔다. 가동에 실패한 뒤 결함이 있는 부품들을 교체해야 했고, 사용후연료 카트리지의 냉각수조에 문제가 발생했으며, 원자로를 운전하는 동안에 개별 연료 카트리지를 교환할 수 있게 한 혁신적인 온라인 핵연료 교환 장치는 신뢰할 수 없는 것으로 확인되었다.

프로젝트 예산이 급격히 불어나면서 일본원자력발전이 GEC에 추가 작업으로 인한 비용을 모두 부담해달라고 요청하자 영국 대사관이 중재자로 나서야 했다. 대사관은 GEC에 책임이 있다는 것을 알았지만 원자력 기술 분야에서 영

⇦ 29 헌터스톤 설계 자체가 위에서 연료를 주입하고 제거할 수 있게 전통적인 마그녹스형 설계를 대거 변형한 결과물이었음을 주목해야 한다. 헌터스톤 설계의 노심은 터빈보다 위에 있었지만 도카이의 노심은 터빈과 같은 높이에 설치되었다.

국의 명성을 의식해 일본원자력발전에 요구한 비용을 주지 않겠다고 통보했다. 이 발전소를 새로 운영하게 된 이들은 경험이 많은 탁월한 과학자들과 엔지니어들이었지만 수많은 새로운 개념과 씨름해야 했다. 1969년 일본원자력발전의 직원 중 일부는 "일본에는 상업용 발전소의 관점에서 방사선을 관리했던 선례가 없었기 때문에 어쩔 수 없이 우리 발전소에서 처음으로 어둠 속을 더듬으며 [방사선 관리] 정책을 확립해야 했다"며, "원래 이 분야의 전문가가 아니었으므로 우리는 모든 문제를 현장에서 실무를 진행할 때 연달아 발생할 수 있는 특별한 사안처럼 열린 태도로 처리해야 했다"고 당시 상황을 떠올렸다.

새로운 도카이 발전소가 형태를 갖춰가던 1961년 국회의원들은 윈즈케일 화재에 자극을 받아 원자력 손해 배상법을 통과시켰다. 이 법에서는 "원자로 운전의 결과 원자력 손해가 야기되었을 때는 … 원자력 운전에 종사한 원전 사업자[즉, 전력회사]가 … 손해에 대한 책임을 져야" 하며 "원전 사업자가 아닌 이에게는 … 책임이 없다"고 명시했다. 이에 따라 제너럴일렉트릭, 웨스팅하우스 그리고 이후의 도시바, 히타치, 미쓰비시는 발전소가 가동되는 동안 발생한 모든 손해에 대한 책임에서 사실상 벗어나게 되었다. 하지만 선견지명이 있었는지 이 법은 보험회사들이 일반적으로 사용하는 '감옥 탈출 카드'도 포함하고 있었다. "이례적인 성격의 중대한 자연재해나 내란으로 인해 손해가 발생한 경우는 예외로 한다." 다시 말해 지진이나 쓰나미가 발전소를 파괴하면 어떠한 보상도 이루어지지 않을 것이었다. 이 법은 당시 유일하게 일본원자력발전이라는 형태로 민간과 정부가 공동 소유했던 원자력 전력시설의 특성을 반영했으며, 정부가 보험료 지급에 기여"할 수는" 있지만 법적 의무는 없다고 인정했다. 이러한 접근법은 전력회사들이 자신들의 실수나 감독을 보상하게 한다는 측면에서 적절했지만, 대형 사고에 포함되는 잠재적 피해를 고려해 볼 때 그때나 지금이나 현실에서는 아무런 의미가 없었다. 그래서 가능성이 있는 재해를 비판적으로 분석해 보면 눈살을 찌푸릴 수밖에 없었다. 결과적으로 원자력 손해 배상법에서는 전력회사의 배상 책임 한도를 1,400만 달러(2020년 기준으로 약 1억 2천만 달러)로 제한했고 이를 넘어가면 국회의 논의를 거치게 했다.

III
일괄시공

  앞서 언급한 대로 일본 내 주파수가 50헤르츠와 60헤르츠로 양분된 상황은 1920년대부터 1960년대 초까지 계속 문제가 되었다. 이 문제를 해결해야 한다는 데는 모두 동의했고, 절반의 장비를 모두 교체하거나 아예 새롭고 미래지향적인 표준을 찾아 모든 걸 뒤집고 새롭게 시작하는 방법이 있었다. 하지만 고집스러운 자존심과 천문학적 비용이 둘 중 어느 쪽도 택할 수 없게 했다. 1962년 2월 이뤄진 타협은 두 주파수가 경계를 이룬 후지 강에서 65킬로미터 떨어져 있고 전원개발의 사쿠마 댐 수력 발전소에서도 가까운 땅에 300메가와트의 변전소를 건설하는 것이었다. 개별적인 두 교류 전력망을 동기화하는 세계 최초의 고압 직류 변환소였다. 3년 6개월 후 변전소가 운영되기 시작했고 일본 역사상 처음으로 진정한 국가적 전력 공유가 이루어졌다.

  일본 내 전력 수요 확대에 발맞춰 세 곳의 변환소가 더 문을 열었다. 먼저 1977년 히타치와 도시바가 건설하고 도쿄전력이 운영하는 신-시나노 변전소가 나가노현에 들어섰다. 1992년에는 변전기가 추가되어 용량이 300메가와트에서 600메가와트로 두 배가 되었다. 그다음에는 토야마현에 300메가와트 규모의 미나미-후쿠미쓰 변전소가 지어져 1999년 3월 가동을 시작했고 주부전력과 호쿠리쿠전기의 전력망을 연결했다. 일본에 네 번째이자 마지막으로 들어선 변전소는 히가시-시미즈 주파수 변전소였다. 역시 주부전력이 운영하고 후지 강에서 겨우 14킬로미터 떨어진 이 변전소는 건설에 어려움을 겪은 끝에 20년이 지난 2006년에야 시운전을 시작했고 2013년 300메가와트 규모로 완전히 가동되었다.

  일본원자력연구소는 다른 연구용 원자로들이 조기에 성공을 거둔 후 아시아 최초의 전력 생산용 원자로인 일본동력시험로의 건설을 승인했다. 제너럴일렉트릭GE의 계열사인 이베스코Ebasco가 지진 조기 보호 조치를 반영해 설계하고 GE와 히타치가 건설한 이 실험용 원자로는 실제 원자력 발전소 건설에 반드시 필요한 연구 플랫폼이자 조기 지진 방어 체계를 갖춘 일본 최초의 경수형 원자로였다. 그리 크지 않은 12.5메가와트의 비등수형 원자로는 약 3년 간의 공사 끝에 1963년 8월 22일 처음 임계에 도달했다. 일본원자력연구소는 중앙집중형 시설 한 곳에 모두 설치된 이 장비들을 활용해 "핵심적인 원자력 기술의 발전"을 주도했고 "일본 기업에 원자력 기술을 축적할 기회를 제공했다". 이제는 일본에 다른 소형 연구용 원자로가 많지만 일본동력시험로와 일본연구원자로 1~4호는 역사적으로 가장 큰 의미가 있다.

1950년대로 돌아가 일본이 영국과 원자력 협정에 서명하고 몇 달 뒤 미국 정부는 미국의 경수형 원자로를 원하는 쇼리키의 요구를 받아들였다. 일본인들은 마그녹스형 원자로 계약을 추진하며 미국의 기술적 경쟁자들을 받아들일 뜻을 비쳤고, 소련의 접근은 서방의 이익을 완전히 망치는 재난이 될 터였다. 실제로 소련은 이후 1958년 4월 오사카에서 열린 일본세계무역박람회에 자국의 원자로 기술과 6개월 전 발사된 세계 최초의 위성 스푸트니크Sputnik 1호의 모델을 포함하는 다양한 과학 전시물들을 선보여 관람객들에게 깊은 인상을 남겼다. 미국은 원자로 운영에 필요한 농축 우라늄연료의 제공에 동의하며 이전 협상의 장애물을 제거했다. 일본에서 연료를 "사용"하고 나면 재처리를 위해 배편으로 미국에 보낼 예정이었다. 미국인들의 호의에 의지해 연료를 확보하는 것은 장기적으로 일본에 바람직하지 않았지만 국내 기술로 자급자족이 가능한 수준에 이를 때까지는 용인할 만했다.

그리고 시장의 상황이 바뀌었다. 텔레비전, 식기세척기, 진공청소기, 냉장고 같은 가정용 전자 제품의 판매가 급격히 증가했고, 에어컨이 발명되면서 겨울에 정점을 찍고 여름이면 감소하던 전력 수요가 일 년 내내 엇비슷해졌다. 또한 기술이 발전하면서 석탄 화력 발전소의 효율이 더욱 높아졌다. 이러한 변화 속에 이미 과한 수준이었지만 점점 늘어나기만 하고 석탄 발전소와 달리 이미 운영 비용을 훌쩍 뛰어넘은 원자력 발전소의 건설 비용이 아직 이륙도 하지 못한 이 기술을 침몰시킬 수도 있는 핵심 쟁점이 되었다. 1963년 12월 미국 뉴저지

주의 도시 오이스터크리크Oyster Creek에 건설하는 발전소에 "일괄시공turnkey"이라는 개념이 도입되면서 모든 것이 바뀌었다. GE가 처음 채택한 이 파격적인 지급 개념에서 전력회사들은 입찰을 통해 결정된 고정 금액만 부담했고 덕분에 화력 발전소와도 경쟁할 수 있었다. 공급업체는 모든 자재를 조달하고, 건설하고, 시운전하고, 직원들을 훈련할 책임을 떠맡았다. 모든 것이 완성되고 제대로 돌아갈 때 전력회사는 말 그대로 "열쇠만 돌려서turn the key" 운전 중인 발전소를 손에 넣을 수 있었다.[30] GE가 650메가와트 비등수형 원자로를 설계한 오이스터크리크 발전소의 건설 비용은 6억 달러였다. 알려진 대로라면 도카이에서 여전히 고된 공사가 이어지고 있는 원자로보다 훨씬 저렴하고 훨씬 강력했다. 웨스팅하우스도 재빨리 일괄시공 개념을 채택했고, 두 회사 모두 원자력 발전 시장을 키우기 위해 손해를 감수하며 발전소를 지어 거의 하룻밤 사이에 시장을 완전히 바꾸어버렸다.[31]

그사이 도카이 원자력 발전소는 크리스토퍼 힌턴 경의 표현을 빌리면 "형편없이 관리되고 있었고 … 극동지역에서 영국 중공업 기술의 권위에 엄청난 손상을 입혔다." 실제로 이 발전소는 전 세계에서 영국 원자력 기술의 권위에 엄청난 손상을 입혔고, 기대에 한참 미치지 못했던 마그녹스형 원자로 수출 실적과 함께 원자력 발전 분야에서 우위를 지키려던 영국의 희망을 망가뜨리는 데 일조했다. 도카이 발전소는 결국 계획보다 2년 늦어진 1966년 7월 25일 상업 운전을 시작했다. 그로부터 몇 주 전 도쿄전력은 계획 중인 후쿠시마 제1 발전소를 미국에서 설계한 일괄시공 방식의 비등수형 원자로로 건설하기로 한 바 있었다.[32] 도카이 1호기는 수명을 다하기까지 일본에 28테라와트시가 넘는 전력을 제공했지만 영국 밖에 지어진 두 번째이자 마지막인 마그녹스형 원자로가 되었다(최초로 수출된 마그녹스형 원자로는 이탈리아 나폴리에서 북서쪽으로 140킬로미터 떨어진 라티나Latina 원자력 발전소에 설치되었고 1963년부터 1987년까지 운영되었다. 이 원자로는 체르노빌 참사의 여파로 여러 발전소와 함께 조기에 해체되었다). 세

---

30 여기서 '열쇠'를 발전소 문의 열쇠라 설명하는 때도 있지만 운전을 시작하기 위한 열쇠라고 하기도 한다.
31 GE와 웨스팅하우스는 실제로 일괄시공 방식에서 엄청난 손해를 보았지만 사실상 전 세계가 자신들의 원자로 설계를 채택하게 하는 효과를 보았다.
32 후쿠시마 제1 발전소 건설 공사는 1963년에서 1964년 사이 시작될 예정이었으나 1966년 7월에야 착공되었다.

계에서 가장 늦게까지 가동된 마그녹스형 원자로는 2015년 폐쇄되었다.[33] 영국은 마그녹스형의 후계자인 개량형 가스냉각형 원자로를 일본이나 다른 외국 정부에 판매하려 했으나 미국이 시장을 독점하게 되면서 뜻을 이루지 못했다. 이후 아시아에서 영국의 역할은 도카이에 새 연료를 제공하거나 사용후연료를 재처리하는 데 국한되었다.

일본인들은 영국 원자력 기술의 운명 따위는 개의치 않았다. 유일하게 확신할 수 있는 것은 불확실성뿐이던 원자력 발전소 현장에서 건설 비용에 대한 공포가 사라지자 일본 전력회사들은 10년 사이 미국에 200기가 넘는 원자로를 주문했다. 1966년 말 국회와 전력회사들은 가스냉각형 원자로는 제외하고 당시 30메가와트였던 경수형 원자로의 전력 생산량을 1985년까지 4만 메가와트로 늘리기로 합의했다. 하지만 전력회사들은 목표를 달성하지 못했고 1987년 중반에야 겨우 28,000메가와트를 생산했다. 하지만 원자력 발전은 1986년 처음으로 석유 발전 생산량을 능가하며 성공을 거뒀다. 도카이 1호기가 시운전에 들어가고 몇 달 지나지 않아 GE와 웨스팅하우스는 외딴 해안 도시 쓰루가 근처의 산이 많은 그림 같은 반도 양쪽에 각각 들어설 원자력 발전소의 작업을 시작했다. 가까운 미래에 GE는 일본에 있는 모든 비등수형 원자로의 설계를 제공하게 되고, 웨스팅하우스는 USS 노틸러스에 설치된 미국 해군의 잠수함 원자로를 바탕으로 일본에 있는 모든 가압수형 원자로의 설계를 맡아 하게 될 터였다. 두 회사는 히타치, 도시바 같은 일본 기업과 협력하며 각자의 발전소를 지었고 일본 기업들은 독자적으로 발전소를 설계하고 건설하겠다는 목표로 일했다.

1966년 11월 24일 반도의 북동쪽 모서리에 있는 목가적인 만 끝에서 언덕 한쪽에 박힌 형태로 357메가와트 비등수형 원자로의 건설이 시작되었다. 일본원자력발전의 쓰루가 원자력 발전소였다. 69일 후에는 서쪽으로 7킬로미터 떨어진 현장에서 오렌지색 건설장비 한 무리가 숲으로 뒤덮인 곳을 깎아내고 땅을 파기 시작했다. 간사이전력이 새로 만드는 미하마 원자력 발전소에 320메가와트 가압수형 원자로를 건설하는 기초 공사였다. 발전소의 이름은 근처 어촌에

---

33 마그녹스형은 처음부터 장기 운영을 염두에 두지 않았고, 1964년부터 이를 대체할 개량형 가스냉각형 원자로 설계를 준비하기 시작했다.

서 따왔다. 그해 말 일본의 국내 총생산은 세계 2위를 기록해 미국을 추격하고 있었다.

한 분석가는 이때를 "열정의 시대"로 보았다. "정부와 산업계는 성큼성큼 전진했고, 지역사회는 기반시설 개발의 혜택을 보았다. 앞으로 어떤 어려움이 찾아올지는 거의 알지 못했다." 도카이 원자력 발전소의 계약과 건설, 운영에 가장 큰 권한을 가졌고 존경받는 인물이었던 일본원자력발전의 회장 잇폰마쓰 다마키 박사는 몇 년 뒤 훨씬 미묘한 평가를 남겼다. 그는 "대중은 원자력 발전을 현대 과학기술이 불러온 용감한 새 시대의 전조로 보고 싶어 했다. 하지만 이 방사성 매머드가 예측할 수 없는 방식으로 다시 히로시마와 나가사키를 만들어내지는 않을까 두려워하기도 했다. … 세계 전역에서 원자력 발전 기술은 아주 초기 단계였고, 제기된 수많은 문제에 확실한 설명을 내놓을 수 있는 사람은 많지 않았다"고 말했다.

일본원자력위원회는 1967년 자급자족이 가능한 원자력 순환 사이클을 만든다는 최종 목표를 재확인하는 새 장기 계획을 내놓았다. 몇 년간 개념적 실물 모형을 만들어온 끝에 도전할 첫 단계는 1970년대 안에 "영원한 태양", 즉 일본어로 '조요'라 하는 실험용 고속증식로를 건설하고 1980년대 동안 조요를 이용해 몬주(일본어로 문수보살을 줄여 부르는 호칭-역주)라는 이름의 실물 규모 작동 원형prototype을 만드는 것이었다. 그리고 그사이 점차 경수형 원자로를 대체할 새로운 유형의 원자로인 개량형 열원자로를 개발해 후젠(보현普賢. 사보살四菩薩의 하나로 석가모니여래의 오른쪽에 있는 보살-역주)이라는 이름의 실증 원형도 제작할 예정이었다. 최종적으로 고속증식로 기술이 상업적으로 활용할 수 있는 수준에 이르면 오래된 발전소의 원자로들을 해체하면서 고속증식로가 표준이 될 터였다. 조요는 이바라키현 건설 예정지 주위 지역의 옛 이름이었다. 두 원형 원자로의 이름은 불교에서 중생을 깨우치는 유명한 보살들에게서 따왔다. 불교 신앙에 따르면 "행원行願"을 대표하는 후젠, 즉 보현보살은 "지혜와 이해"를 상징하는 몬주, 즉 문수보살과 무척 가깝다.

⇩ Photos source: US Government, Department of Energy.

**미하마
원자력 발전소**

Photos source: US Government, Department of Energy.

Photos source:
International Atomic Energy
(Creative Commons BY–SA 2.0)

⇧ Photos source: Copyright © National Land Image Information(color Aerial Photographs),
Ministry of Land, Infrastructure, Transport and Tourism, Government, of Japan

Photos source: US Government, Department of Energy. ⇩

**쓰루가
원자력 발전소**

Photos source:
US Government,
Department of Energy.

3장
성장

후쿠시마와 1970년대

I
제1호

토지를 매립하고 차분한 기공식을 연 지 9개월만인 1967년 4월 1일 후쿠시마현 동부의 현장에서 일본에서는 네 번째로 그리고 도쿄전력에서는 처음으로 건설하는 원자력 발전소의 구조물 설치 작업이 시작되었다. 몇 년간 계속된 건설 공사의 총비용은 148억 엔으로 2020년 기준으로 환산하면 5억 6,100만 달러에 달했고 32퍼센트는 외국 자본이었다. 이 발전소는 몇 년간 후쿠시마 발전소로 알려졌으나 후쿠시마 제2 발전소 혹은 후쿠시마 다이니(2F라는 약어를 붙이기도 했다)의 공사가 시작된 뒤에는 후쿠시마 제1 발전소(또는 1F) 혹은 후쿠시마 다이이치로 불렸다. 제1 발전소의 원자로 6기 중 가장 먼저 건설된 1호기는 1,220메가와트의 열출력을 400메가와트의 전기로 바꾸었다. 도쿄전력은 제너럴일렉트릭GE의 계열사 이베스코가 설계한 2세대 비등수형 원자로[1] 시리즈 3 모델을 일괄시공 방식으로 채택하며 GE와의 오랜 관계를 이어갔다.[2] 1호기의 설계는 GE가 스페인의 산타 마리아 데 가로나Santa Maria de Garona 발전소 건설에 제안했던 안을 그대로 가져왔다. 문제가 생겨도 일본에서 공사가 시작될 즈

---

[1] 2세대 원자로는 본질적으로 마그녹스형을 비롯한 초기의 원형 원자로 다음부터 2000년 전까지 건설된 모든 원자로를 포괄한다. 가압수형 원자로PWR, 캐나다형 중수로 원자로CANDU, 비등수형 원자로BWR, 개량형 가스냉각형 원자로AGR, 체르노빌에 설치되었던 고출력 압력관형 원자로RBMK, 오늘날 RBMK를 대체한 러시아형 원자로VVER 등이 여기에 해당한다. 최초의 비등수형 원자로는 미국 일리노이주에 위치한 드레스덴 원자력 발전소의 1호기인 BWR-1으로 1960년 운전을 시작했다. 이 원자로는 미국에 민간 자본으로 건설된 최초의 발전소 원자로이기도 했다. 1969년 완공된 오이스터크리크 발전소에는 두 번째 가압수형 원자로인 BWR-2가 들어섰고 현재 BWR-9까지 추가되었다.

[2] 이베스코는 1905년 GE가 세운 회사이며 수많은 원자력 발전소를 설계했지만 1993년 포스터휠러Foster Wheeler에 매각되면서 이름이 사라졌다. 이 회사는 후쿠시마 제1 발전소의 원자로 2호기와 6호기도 설계했다. 같은 발전소의 3호기와 5호기는 도시바가, 4호기는 히타치가 설계했다. 원자로마다 "설계자"가 있긴 하지만 GE의 "마크 2Mark II"를 바탕으로 한 6호기를 제외하고는 모두 같은 회사의 "마크 1Mark I" 설계를 따랐다. 두 시스템에 관해서는 이후에 자세히 설명한다.

음에는 모두 해결되었을 거라 짐작했기 때문이었다. 하지만 스페인의 프로젝트가 오랫동안 지연되면서 안타깝게도 오히려 후쿠시마 1호기가 시험작이 되었고 결과적으로 예상할 수 있는 모든 차질을 겪었다.[3]

후쿠시마에 원자력 발전소를 짓자는 제안은 거의 처음부터 나왔다. 후쿠시마현은 일본에서 가장 큰 섬인 혼슈의 최대 탄광이 자리한 지역이었다. 조반 탄광은 후쿠시마현의 도미오카에서 이바라키현의 히타치까지 뻗어 있었다. 하지만 전 세계적으로 석유로의 전환이 일어나면서 후쿠시마에서 단일 산업체로는 가장 많은 인원을 고용했던 탄광의 생산량이 1950년대 후반부터 계속 줄어들었다. 1958년 당시 시골 지역에 발전소를 짓고 싶어 하는 도쿄전력의 바람을 알게 된 후쿠시마현 지사 사토 제니치로는 원자력 발전소가 선사할 경제적 가능성에 마음을 빼앗겼고, 도쿄전력을 염두에 둔 채 비밀리에 타당성 조사를 지시했다. 1960년 10월 한 개인 지주가 이 제안을 듣고 도카이에서 북쪽으로 110킬로미터 떨어진 후타바군Futaba郡의 인구가 적고 자그마한 마을 오쿠마와 후타바 근처에 사용하지 않는 땅을 남겨두었다.[4] 이 땅은 1938년부터 미국의 폭격이 있었던 1945년까지 제국육군 항공대의 훈련 이착륙장으로 쓰였고, 1950년부터 5년 뒤 문을 닫을 때까지는 염전이 운영되기도 했다. 소금을 생산하는 과정에서 생긴 부산물 때문에 농사에 적합하지 않은 땅이 되어 사실상 쓸모없이 방치되어 있었다.

두 마을은 일본에서 가장 가난한 현에서도 가장 가난한 지역으로 꼽혔으므로 쉽사리 국가적으로 중요한 초대형 건설 프로젝트를 유치한다는 결정을 했다. 새로운 발전소의 위치가 결정된 후 1961년 오쿠마와 후타바의 정의회町議會가 도쿄전력과 일본 정부에 비밀 공동 제안서를 제출했고 구체적인 내용은 공개하지 않았다.[5] 역사학자 오니쓰카 히로시는 "현청과 도쿄전력은 이 계획을 비밀에 부치는 데 똑같이 기여했다"며, "도쿄전력의 엔지니어들은 잠재 후보

---

3 스페인의 발전소는 지연에도 불구하고 후쿠시마에 몇 달 앞서 공사를 시작했다. 하지만 시운전은 더 늦었다.
4 이 지주가 누구이고 토지의 지분을 얼마나 보유했었는지는 알려지지 않았다. 한 자료에서는 한때 하원의장이었던 쓰쓰미 야스지로가 이 땅의 90퍼센트를 소유했다고 하고, 다른 자료에서는 부동산계의 거물 게이카쿠 고쿠도가 30퍼센트를 소유했다고 한다. 하지만 다른 자료에서는 주 소유자가 누구인지 밝히지 않았고 (소유자가 고위 정치인이나 대형 기업의 대표였다면 이상한 일이다) 지분도 다르다. 사실을 확인할 수 없어 인물을 특정하지 않았다.

지를 조사하러 올 때 그냥 등산하러 온 행락객처럼 보이려 회사의 젊은 여직원을 대동하기까지 했다"고 주장했다. 지역민 중 이 계획을 알고 있었던 또 다른 이들은 해안선을 따라 3.5킬로미터 너비 지역에서 어업을 포기하기로 한 어업 단체 대표들과 토지 소유자들뿐이었다. 확정된 계획에 따르면 부지 내 11개 가구가 집을 옮겨야 했다.

사토 지사는 1964년 사망했다. 하지만 사토의 후임자가 기반으로 삼고 있던 선거구에는 지금까지 방치당한 후타바가 포함되어 있었고 그도 발전소 건설 계획을 지지했다. 도쿄전력이 보기에 제안된 부지는 완벽했다. 평지였고 터무니없이 저렴했으며 바로 바다 옆이었고 지진도 비교적 드물었다. 도쿄전력이 1966년 정부에 제출한 신청서에는 "후쿠시마현에서는 아이즈를 제외하면 지난 700년간 지진으로 주목할 만한 피해를 본 지역이 거의 없다. … 따라서 이 부지는 지진 활동도가 낮은 지역이라 할 수 있다"고 적혀 있다. 또한 "후쿠시마[제1 발전소] 부지 근처 지역은 이전에 지진 피해를 겪은 적이 없는 듯하다"고 설명했다. 지금에 와서 생각해 보면 기이한 주장이다. 700년은 분명히 긴 시간이고 신청서에서는 단정적인 표현을 피했지만, 수십억 년에 달하는 지구의 역사를 생각하면 700년은 사실 아무 의미도 없다.

초기 원자로들이 설계되던 때에는 실로 기초적인 기술만 사용할 수 있었지만 일본은 이미 지진 분석 분야에서 세계 선두였다. 물론 인류는 몇천 년 전부터 지진의 존재를 알았고 지진이 일어나는 이유에 관해서도 신들의 분노부터 땅속 깊이 갇힌 기체 주머니들까지 다양한 추측이 있었다. 하지만 20세기 중반에서야 지진 활동을 신뢰할 수 있을 정도로 측정하게 되었다. 1948년에는 규모 6.8의 지진이 후쿠이라는 도시를 덮쳐 3,700명이 넘는 사망자가 발생했고 2만 2천 명 이상이 다쳤으며 3만 6천 채의 건물이 무너졌다.[6]

당시에는 기본적인 지진계만 존재했다. 그래서 후쿠이 지진이 일어난 후 일

⇦5 이러한 제안이 비밀이었는지도 불분명하다. 대니얼 올드리치를 비롯한 몇몇 학자들은 1961년 구체적인 방안이 마련된 뒤 지역 주민을 대상으로 당시에는 극히 드물었던 주민 투표가 이루어졌다고 주장한다. 반면 오니쓰카 히로시를 포함해 일부 학자들은 계약이 완전히 마무리될 때까지 반드시 알아야 하는 사람들을 제외하고 모든 내용이 극비에 부쳐졌다고 주장한다. 오니쓰카는 비밀 협상에 참여했던 이들의 정확한 발언을 인용하며 당시의 진행 상황을 무척 상세하게 설명하기 때문에 그의 주장에 마음이 기운다.

6 당시 지면의 진동이 얼마나 강력했는지 정확히 알려지지 않았기 때문에 이후에 역산逆算해 6.8이라는 지진 규모를 얻은 것으로 보인다.

본 과학자들과 정부가 특히 건물을 움직이고 피해를 주는 능력을 중심으로 지진의 강도를 측정하고, 기록하고, 분류하기 위해 함께 노력했다. 그사이 엔지니어링 기업들은 진동을 잘 견디는 건물을 설계하는 데 집중했다. 1963년 일본 정부는 건물 높이를 31미터로 제한하는 지진 관련 법을 폐지했다. 이때부터 엔지니어링 기업들은 자유롭게 내진 기술을 고안할 수 있게 되었고 자신들의 설계가 효과적이라는 사실을 정부에 증명하기만 하면 되었다. 이런 흐름 속에 미이지 시대에 창업한 건설사 가지마Kajima Corporation가 일본 최초의 현대적 고층 건물을 지었다. 최첨단 기법을 적용해 1968년 완성한 36층짜리 가스미가세키 빌딩이었다.[7] 이 건물과 지하층에는 수많은 지진계가 설치되었고 지진을 대비하는 새로운 접근법을 제시했으며 전후 진행되고 있던 일본 경제 부활의 상징이 되었다. 하지만 지진을 탐지하고 예측하며 무엇보다 대비하기 위한 가장 선진적인 기술은 1980년대에야 등장했기 때문에 지진 위험을 제대로 예측하려는 도쿄전력의 노력에는 많은 제약이 있었다.

쓰나미를 정확하고 확실히 예측할 수 있는 과학적 도구가 거의 존재하지 않는 것 역시 문제였다. 일본은 세계 어느 나라보다 쓰나미를 자주 겪어왔기 때문이다. "항구의 물결"을 뜻하는 "쓰나미"라는 이름도 일본인들이 붙인 것이다.[8] 일본에서는 1896년 "모멘트 규모moment magnitude scale"로 8.5였던 산리쿠 지진을 겪은 뒤 쓰나미를 과학적으로 분석하기 시작했다.[9] 육지에서 150킬로미터 떨어진 지점에서 시작된 진동으로 일어난 파도가 땅에 닿았을 때는 높이가 32.2미터에 달했고 산리쿠 해변을 따라 2만 2천여 명의 목숨을 가져갔다. 2011년 전까지 가장 큰 피해를 준 쓰나미였고, 이 사고 소식이 『내셔널 지오그래픽 National Geographic』에 실리면서 영어권에서 "쓰나미"라는 단어가 처음 사용되었다. 산리쿠 해변은 전 세계에서 가장 자주 그리고 가장 강하게 지진이 일어나는 지역으로 악명이 높다. 미야기현과 맞닿아 있는 후쿠시마현의 북쪽 지역, 즉 곧 오나가와 원자력 발전소가 지어질 지역 근처에서 시작되는 이 해변은 북쪽

---

[7] 가지마는 고도 제한법이 폐지된 1963년 "한 해 동안 전 세계 건설회사 중 가장 많은 수주액을 기록했다."

[8] 일본어로 '쓰津'는 항구를, '나미波'는 물결을 뜻한다.

[9] 오늘날 사용되는 지진 척도는 1970년대 개발된 모멘트 규모로, 잘 알려진 리히터 규모를 개선한 것이다. 지진의 강도를 측정하는 방법은 약간 다르지만 동일한 숫자 등급을 사용한다.

으로 뻗어 나가 이와테현을 통과한 뒤 혼슈의 동북쪽 모서리에 있는 아오모리현까지 이어진다. 1896년 지진은 아주 약하고 느린 진동을 일으켜서 사람들이 당시 잦았던 작고 피해가 없는 지진 중 하나라 생각하며 무시했고 결국 엄청난 사상자가 발생했다.

메이지 천황 정부의 지진재난방지위원회는 지진이 대대적인 파괴를 불러온 산리쿠 쓰나미의 원인일 수도 있지만 가능성은 크지 않다고 여겼다. 쓰나미는 수중에서 일어난 격렬한 지구물리학적 사건의 결과로 여겨졌으나 새로운 기록을 세운 이 쓰나미가 닥치기 전에는 지면이 크게 흔들리지 않았기 때문에 화산 폭발이나 산사태 같은 수중 활동이 더 유력한 원인으로 검토되었다. 하지만 당시 파도 기록에서 1910년 즈음부터 쓰나미의 원인을 지진으로 특정하게 하는 지표로 알려진 장파長波 주기가 관찰되었다. 이제 사람들은 지진이 일어난 뒤에는 해안 지역에서 대피해야 한다는 것을 알게 되었다.

1923년 앞서 언급했던 관동대지진이 발생한 후 지진과 쓰나미 대책을 발전시키기 위한 진지한 노력이 시작되었고 이듬해에는 지진에 대비하기 위한 최초의 지침이 마련되었다. 10년 후인 1933년 3월 3일 또 다른 지진이 일본의 산리쿠 해변을 공격했다. 이번에는 사람들이 진동을 느끼고 높은 지대로 도망쳤다. 빠른 대처는 효과가 있었다. 지진의 규모는 37년 전 이 지역을 흔들었던 지진과 동일했고 그 결과 발생한 쓰나미도 정확히 같은 지역을 휩쓸었지만 사망자는 14퍼센트로 줄었다. 3년 뒤 지진재난방지위원회는 정부에 쓰나미에 대비하는 10가지 조치를 채택하도록 권고했다. 여기에는 방파제를 세우고, 주택을 좀 더 높은 지대로 옮기고, 해변 지역에는 더 강한 자재로 건물을 짓는 것이 포함되어 있었다. 또한 몰려오던 물이 흩어지도록 조밀한 "쓰나미 제어 숲"을 조성하는 가운데 모든 마을에서 멀리서 다가오는 쓰나미를 관찰할 수 있게 고지대 대피 경로와 쓰나미 감시인을 지정해야 했다. 중앙 정부는 모든 권고를 받아들였고 지방 정부에서는 쓰나미를 예측하게 하는 지표들을 정리한 소책자를 제작해 지역민들에게 배포했다. 지면의 진동이 약해도 길게 이어지고 천둥처럼 우르릉하는 큰 소리가 나면 바다의 파도가 육지로 밀려들 수 있었다. 이때 시민들은 높은 지대로 도망쳐 최소 한 시간은 머무르라는 권고를 받았다. 해안 가까이에 있던 배들은 멀리 공해로 이동해야 했다.

1941년 일본에 처음으로 쓰나미 전용 경고 체계를 마련되었다. 오늘날까지 활용되고 있는 5개 구의 감시시설 중 하나인 센다이구기상관측소에서 지진계로 암반을 통과한 지진 에너지의 파동을 탐지했다. 그리고 지진의 파진폭波振幅과 추정 거리를 이 지역에서 최근 발생한 지진과 쓰나미를 기록한 도표와 비교했다. 위험 신호가 보이면 관측소에서 라디오로 낙관 대신 주의를 촉구하는 경계 방송을 했다. 11년 사이 일본 전역의 해안에 센다이구의 선구적인 방식에 기초한 시스템이 퍼졌다. 일본에 처음으로 제대로 설치된 방파제와 해안 제방은 1959년 9월 이세만伊勢灣을 휩쓴 슈퍼 태풍 베라Vera의 시험을 받았다. 태풍은 압축된 흙으로 쌓아 바다를 향한 면만 단단했던 제방을 깨끗이 쓸어버렸고 5천 명 이상이 사망했다. 일본인들은 해안 방벽을 다시 설계했고 이번에는 모든 면을 콘크리트로 덮었다. 하지만 후쿠시마 제1 발전소를 건설하던 당시 쓰나미의 높이를 예측하는 방법은 대부분 어림짐작이었다.

전 세계적으로 내진 건물 설계나 지진 탐지 경험이 부족했던 탓에 1977년까지는 원자력 발전소를 위한 공식적인 지진 안전 규제가 존재하지 않았다.[10] 도쿄전력은 지진 관련 논문을 연구하고 이 지역에서 알려진 사고들을 조사한 끝에 후쿠시마 제1 발전소의 원자로 1호기가 265갈Gal의 지반 운동을 견딜 수 있어야 한다고 정했다. 갈은 갈릴레오 갈릴레이Galileo Galilei의 이름을 딴 중력가속도의 단위로, 1갈은 1제곱초당 1센티미터로 정의된다. 다시 말해 발전소가 세워진 땅에 1갈의 가속도가 붙으면 초마다 1초에 1센티미터씩 속도가 빨라진다. 지구의 중력가속도, 즉 1표준중력가속도는 980갈이므로 265갈은 0.27표준중력가속도에 해당한다. 안전을 몹시 중시하지는 않았던 후쿠시마 제1 발전소 1호기의 3차 구역들은 겨우 176갈 또는 0.18표준중력가속도만 견디도록 건설되었지만 이런 기준은 발전소마다 다르다. 예를 들어 쓰루가 발전소는 최근 지진 활동이 더 잦았던 지역에 들어섰고, 그래서 처음부터 368갈에서도 버티도록 설계되었다.

이제는 1,000갈에 달하는 내진 정격도 드물지 않다. 후쿠이현에 건설된 다카하마 원자력 발전소에는 일본 원자력규제위원회가 승인한 최소 기준인 700갈이 적용되었다. 일본에서 가장 높은 정격에 맞춘 발전소는 가시와자키가리와

---

10 1977년 미국 원자력위원회가 '원자력 원자로 설비의 내진 설계 검토를 위한 규제지침'을 만들었다.

발전소가 될 것으로 보인다. 이 발전소에 예정된 개량 작업에서는 일부 원자로에 2,300갈이 적용될 것으로 알려졌다. 하지만 건축기준법이 개정된 1981년 전까지 내진 설계는 아직 초기 단계였고 엔지니어들은 건물이 얼마나 견고해야 할지 확신하지 못했다. 대신 건물의 높이와 무게, 지진 지역으로 구분된 위치로 측면 지진력을 계산하는 공식을 사용해 일반 건물의 강도를 결정했고 기준 지진계수는 0.2였다. 정교한 계산 분석이 아직 존재하지 않았던 1960년대에 원자력 발전소를 건설하면서 일본인들은 간단히 해당 지역 지진계수의 세 배를 적용했다. 즉, 지역 지진계수가 0.18인 오쿠마에서는 0.54를 적용했다. 도쿄대학교 구조공학 명예교수인 아오야마 히로유키는 2011년 "세 배를 적용하는 근거는 없었다"고 인정했다. "깊이 생각해서 만든 방법이 아니었다. … 애매한 목표가 있었다."[11]

2011년 참사가 발생한 후 도쿄전력은 대지를 깎아낸 이유로 1966년 정부에 제출했던 천 페이지가 넘는 신청서에도 포함되었던 공식적인 설명을 되풀이했다. 기반암 바로 위에 발전소의 기초를 세워 지진 대비 능력을 높이고 무거운 원자로 부품들을 배로 옮기려 했다는 것이었다.[12] 실제로 이러한 이유도 영향을 미쳤지만, 1969년 당시 제1 발전소 건설사무소의 부책임자는 공개적으로 "우리는 순환급수펌프의 지면 공사 비용과 운영 비용을 비교한 뒤 지상 높이에 발전소를 짓기로 했다"고 또 다른 동기를 밝혔다. 2011년 7월에는 이 발전소의 건설 감독을 도왔던 전前 도쿄전력 경영진의 인터뷰가 『월 스트리트 저널Wall Street Journal』에 실려 앞의 발언에 힘을 실었다. "우리는 해발 35미터 지대에서 해수를 퍼 올리려면 큰 부담이 될 거라 판단했다." 도쿄전력과 GE 모두 바다를 기준으로 가능한 한 낮은 곳에서 원자로를 돌릴수록 거대한 냉각 펌프로 태평양의 물을 끌어들여 원자로로 퍼 올리는 비용이 줄어든다는 것을 알고 있었다.

일본원자력위원회는 1970년이 되어서야 처음으로 원자력 시설을 위한 쓰나미 지침을 마련했고 그전까지 도쿄전력은 방파제의 높이를 마음대로 결정할 수 있었다. 엔지니어들은 당시까지 기록된 가장 강력한 지진에 주목했다. 1960년 5월 17,000킬로미터 떨어진 칠레의 해안을 강타했던 규모 9.5의 발디

---

11 이러한 접근법은 원자력 시설뿐 아니라 병원 및 기타 필수 시설에도 적용되었다.
12 사실 후쿠시마 제1 발전소가 단단한 규질점토암이 아니라 더 부드럽고 다공성이어서 지진 대비에 적합하지 않은 사암 위에 세워졌다는 강력한 증거들이 있다.

비아Valdivia 지진이었다. 엔지니어들은 후쿠시마 제1 발전소에서 남쪽으로 50킬로미터 떨어진 지점에 같은 강도의 지진이 발생해도 그 결과 일어난 쓰나미는 가장 높은 파도가 3.122미터를 넘지 않을 거로 예측했다. 진원지 근처에서는 파도의 높이가 10미터를 넘는 일이 흔했기 때문에 이러한 추정이 황당해 보일 수도 있다. 하지만 일본에서는 쓰나미가 상대적으로 드물게 일어나며 오히려 태풍이 더 잦고 위협적으로 여겨진다. 신청서에도 "이 해안 지역에서 목격되는 가장 큰 파도는 1960년 2월 겪은 28호 태풍처럼 강력한 바람과 저기압 기후 패턴의 결과물이다. 당시 가장 높은 파도는 7.94미터로 측정되었다"고 적혀있다. 하지만 후쿠시마의 해안 지대에 그렇게 위협적인 파도가 밀어닥칠 수 있다는 것을 알면서도 신청서에는 쓰나미를 막기 위해 특별히 설계된 해안 방어책이 포함되어 있지 않았다.

원래 부지는 해수면을 기준으로 35미터 높이였지만 가지마의 거대한 건설 장비들이 10미터 높이가 될 때까지 사암 바닥 대부분을 깎아냈다. 다음에는 기반암을 14미터 더 파고 들어가 지하 시설을 위한 기초를 세우고 콘크리트를 부었다. 32미터 높이의 1호기 "마크 1" 격납건물은 연결된 두 부분, 즉 "건정drywell"이라 불리는 격납용기와 "수조wetwell"라 불리는 감압실로 이루어졌다. 9월에 시작된 작업에서는 크레인으로 들린 격납건물의 첫 번째 영역이 해안선에서 약 80미터 떨어진 지점에 부드럽게 하강해 함께 용접되었다.[13]

건정은 뒤집힌 전구처럼 좁은 끝이 위쪽을 향하는 상단부였다. 건정에서 구처럼 생긴 구역의 지름은 17.7미터였고 위쪽 원통의 지름은 9.6미터였다. 건정 아래 놓인 도넛 모양 공간인 수조는 횡단면의 지름이 8.45미터였고 전체 너비는 거의 30미터에 달했다. 수조의 3분의 2는 물로 차 있었다. 건정과 수조는 통풍관이라 부르는 두꺼운 관으로 연결되었고 통풍관은 수조의 도넛 윗면에서 건정의 전구 아랫부분으로 이어졌다. 설계에 따르면 사고로 압력이 너무 커지면 통풍관을 통해 증기를 아래로 밀어냈다. 아래쪽에서 물을 만난 증기는 냉각되면서 응결되어 원자로 건물 밖으로 배출되었다.

아주 강한 격납용기는 지진과 원자로 사고가 동시에 일어나는 최악의 상황

---

13 1호기부터 5호기까지는 여기 설명한 대로 "마크 1" 격납건물을 사용했다. 6호기는 "마크 2"를 썼는데 설계가 완전히 다르다. 건물은 원뿔 모양이고 감압실이 압력용기와 같은 공간의 아래에 있다

에도 견디도록 설계되었다. 건설 공사가 진행되는 동안 3센티미터 두께의 일본산 강철로 격납용기의 조각들을 만들었다. 각 조각이 공중에서 찌그러지는 것을 방지하기 위해 지름을 따라 촘촘하게 바큇살을 붙여 두어서 거대한 자전거 바퀴처럼 보였다. 강철 용기 바깥쪽에서는 2미터 두께의 강화 콘크리트로 전체 원자로 장치를 감쌌다. 외부에서 엄청난 압박이 가해지는 것을 막고 길을 잃은 중성자가 노심을 탈출하는 것을 방지하기 위해서였다. 강화 콘크리트의 밀도를 일본에 맞춰 수정했고 기존 설계와는 달랐기 때문에 운영하는 동안 문제가 되기도 했다. 운전 중 강철이 열팽창하는 것을 고려해 두 장벽 사이에는 5센티미터의 틈을 두었다. 전구의 원통에서 가장 위쪽 영역에 원자로의 "심心", 즉 19미터 높이의 압력용기가 자리했다.

양쪽 끝에 반구가 달린 원통 모양으로 똑바로 선 소시지처럼 생긴 비등수형 원자로의 압력용기는 연료가 들어있고 분열 반응이 일어나는 곳이다. 요코하마의 특수 제철소에서 16센티미터 두께의 고품질 철강으로 형태를 만들었고 각 부분을 용접해 연결한 뒤 부식을 방지하기 위해 내부에 5밀리미터 두께로 스테인리스 스틸을 입혔다. 완성된 후에는 결함을 확인하는 압력 시험과 초음파 시험 등 엄격한 검사를 거쳤다. 이 모든 과정을 거쳐 후쿠시마 제1 발전소 1호기의 압력용기를 만들기까지 2년이 걸렸다.

전기를 생산하려면 압력용기 내부의 물이 이산화우라늄연료를 통과하면서 섭씨 285도의 과열 증기로 끓어야 한다. 이 증기는 위로 이동해 압력용기의 위쪽에서 "증기분리기"라 불리는 관 더미를 통과하면서 수분이 제거되고, 후드형 증기건조기를 지나면 남아있던 수분까지 모두 건조기 날개에 남는다. 열효율을 높이고 전기 터빈의 열화를 막기 위한 과정이다. 이제 건조된 증기는 격납건물을 벗어나 거대하고 시끄러운 터빈실의 고압 증기 터빈 한 대와 저압 증기 터빈 세 대를 폭발적으로 움직인다. 터빈들이 돌아가면 연결된 발전기에서 전기가 만들어진다.

저압 증기 터빈 아래에는 각각 콘덴서 탱크가 한 대씩 있다. 근처 수원(후쿠시마 제1 발전소의 경우에는 태평양)에서 온 냉수관이 이 탱크를 통과하고 있어 원자로에서 만들어진 증기가 물로 응축된다. 그러면 펌프들이 차가워진 물을 압력용기의 가운데를 관통해 바닥으로 향하는 관을 따라 흘려보낸 뒤 다시 중앙으로 퍼 올려서 순환이 다시 시작되게 한다. 운전원들은 원자로에 투입되는 냉각수의 양과 순환 속도를 조정하거나 (냉각수가 많아질수록 핵분열은 줄어든다) 분열 반응을 약화하는 물질로 만든 제어봉을 아래에서 노심 위쪽으로 삽입하며 출력을 통제한다.

가압수형 원자로와 비등수형 원자로는 각각 장단점이 있다. 비등수형 원자로는 단일 순환 체계를 사용해 물 또는 증기가 끊김 없이 원자로를 횡단하고 터빈을 돌리며 순환한다. 따라서 원자로가 가동되는 구조가 비교적 단순하다. 또한 가압수형 원자로와 비교해 연료 온도가 더 낮아도 되고 압력도 155기압 atmosphere을 요구하는 가압수형보다 훨씬 낮은 75기압 정도라 누출이나 격납용기 파손이 일어날 가능성이 작다. 이러한 요인을 종합해 보면 결국 비등수형 원자로의 격납용기에 부딪히는 방사선의 양이 가압수형보다 적어서 시간이 흐를수록 강철이 약해지는 정도도 덜하다. 이 모든 이유로 인해 보통 비등수형 원자로가 가압수형보다 더 작고, 건설하고 유지하는 비용이 덜 들며, 건설과 유지를 위한 작업이 더 짧고 간단하다.[14] 후쿠시마 참사 전에는 물을 감속재로 사용하는 비등수형 원자로에서 심각한 사고가 벌어진 적이 없었다.

그렇긴 하지만 비등수형 원자로와 이 원자로에 채택된 단일 냉각재 유로single coolant loops는 몇십 년간 논쟁을 초래했고 다중 유로를 이용하는 가압수형 원자로와 비교해 몇 가지 중요한 단점을 가진다. 가압수형 원자로에서는 1차 유로가 노심에 차가운 물을 공급하며, 뜨거워진 물은 노심을 빠져나와 격납용기 안에 있는 냉수탱크를 통과한 뒤 다시 노심으로 돌아간다. 이 냉수탱크가 2차 유로의 요소 중 하나인 증기발생기다. 1차 유로에서 극도로 뜨거워져 온도가 약 섭씨 320도에 이르는 물과 접촉한 증기발생기 내부의 물은 증기로 증발해 격납용기를 채우다 증기 터빈으로 빠져나간다. 그리고 증기는 외부에서 물을 끌어온 3차 유로의 냉수 파이프와 만나며 다시 물로 응축되어 원자로로 돌아온다.

비등수형 원자로의 단일 유로 시스템에서는 오염된 물이 격납용기를 벗어나 전체 구조물을 돌아다닌다. 이 과정에서 터빈들이 오염될 뿐 아니라 어디에서든 물이 새면 방사성 물이 누출된다. 상당히 위험하게 들리지만 물의 방사선은

---

14 전체적으로는 비등수형 원자로가 더 작지만 압력용기는 같은 출력의 가압수형 원자로보다 크다.

대부분 반감기가 7초에 불과한 질소-16에서 나오기 때문에 방사선의 강도가 7초마다 절반으로 줄어들면서 무척 빠르게 소멸한다. 또한 가압수형 원자로는 제어봉을 위에서 아래로 노심에 삽입하므로 정전이 되거나 다른 비상상황이 발생해도 제어봉 자체의 무게로 하강시킬 수 있다는 안전상의 이점이 있다. 비등수형 원자로의 제어봉은 수압水壓을 이용해 아래에서 위로 삽입한다.[15] 가압수형 원자로와 달리 증기발생기와 건조기가 노심의 위쪽 공간을 차지하고 있어 제어봉을 아래쪽에 배치할 수밖에 없기 때문이다.

점차 후쿠시마 제1 발전소의 틀이 잡혀갔다. 441톤의 압력용기는 완성품이 화물선으로 도착했고 거대한 크레인으로 들어 올려져 육지에 놓였다. 그리고 옆으로 눕힌 뒤 굴림대를 이용해 조금씩 언덕 위로 밀어 올렸다. 따뜻하고 화창하던 날에 마침내 또 다른 크레인이 원자로 건물에 크게 뚫린 구멍에 맞춰 노심을 조심스레 내려놓았다.[16] 터빈 건물과 수처리 공장, 190킬로미터짜리 50만 볼트 송전선, 기타 지원 건물들도 들어섰다. 그사이 터빈 건물 지하에서는 건설 노동자들이 해수면에서 4미터 아래에 정전 상황에서 발전소의 거대한 펌프들을 돌릴 비상 직류 배터리와 개폐기 장치, 바닷물로 냉각하는 비상 디젤발전기들을 설치하고 있었다.

제너럴일렉트릭GE은 미국에서 발전소를 설계하면서 지하에 비상 예비 장치들을 배치했다. 발전소들이 보통 강기슭에 있었고, 수위가 예측할 수 없이 갑자기 높아지는 상황보다 토네이도에 더 취약했기 때문이었다. 지하에 이런 장비를 두면 폭풍에 안전했고 지진으로 인한 진동에도 영향을 덜 받으면서 수리를 위해 접근하기도 쉬웠다. 밀폐된 공간에 설치해야 해서 원자로 건물은 적합하지 않았다. 도쿄전력은 GE의 설계를 수정하지 않는다는 정책을 오랫동안 유지했고 설계 업무가 일본 기업의 손에 넘어간 후에도 태도를 바꾸지 않았지만

---

15 어떤 상황에서든 제어봉을 움직일 수 있게 복수의 비상 중복 체계가 마련되어 있지만 중력을 이용할 수 없다는 사실은 단점으로 여겨진다.
16 유튜브에서 후쿠시마 제1발전소의 공사 현장을 담은 놀라운 영상을 볼 수 있다. "Fukushima Nuclear Power (English Sub) P1"으로 검색해 보라.

Photos source: US Government, Department of Energy.

후쿠시마 제1 발전소

이러한 배치는 이상적이지 않았다. GE에서 일하며 이 발전소의 설계를 도왔던 나카 유키테루는 "지진이 일어나 위쪽 관이 일부 파괴되면 물이 발전기로 쏟아질 수도 있었다"며, "직류 배터리 역시 디젤발전기와 너무 가깝게 놓여 있었다. 안전 측면에서는 전혀 좋지 않았다. 발전소에서 중간 간부급이었던 엔지니어 중 다수가 같은 걱정을 하고 있었다"고 지적했다. 과거 도쿄전력의 경영진으로 발전소 건설을 감독했던 한 인물은 2011년 디젤발전기가 지하실에 있는지 몰랐다고 주장했다. 하지만 도쿄전력과 GE는 분명 어느 시점에는 디젤발전기들이 위험할 수 있다는 사실을 깨달았을 것이다. 제1 발전소의 2호기와 4호기, 6호기에서는 발전기 두 대 중 한 대를 1층에 올렸기 때문이다. 2호기와 4호기는 핵연료 건물에 놓은 두 번째 발전기들을 같이 사용했고 6호기에는 발전기를 위한 건물이 따로 있었다. 6호기는 세 번째 발전기를 사용했다는 점에서 독특했지만 모든 예비 장치를 위한 개폐기 장치는 대부분 계속 지하에 남아있었다.

제1 발전소의 거대한 해안 방벽이 들어설 곳에서는 트럭들이 줄을 지어 개당 20톤에 이르는 테트라포드를 실어날랐다. 모두 1만 개였다. 노동자들이 테트라포드를 단단한 줄로 감싸면 바다에 떠 있는 크레인으로 높이 들어 올려 방파제를 쌓았다. 주로 선박들을 대피시키고 쓰나미가 아닌 태풍에서 보호하기 위한 시설이었다. 도쿄전력은 1996년 신청서에 썼던 것처럼 "바로 근접한 지역에서는 심각한 지진을 겪었다는 기록이 없다"는 데 주목해 5미터 높이면 자연에서 상상할 수 있는 가장 높은 파도를 막기에 충분하다고 결정했다. 이 지역이 지진으로 유명했다는 사실을 생각해 보면 도쿄전력이 "바로"를 어떻게 이해하고 썼는지 알 수 없다.

후쿠시마에서 공사가 후반부에 접어들었던 1970년 일본원자력위원회는 처음으로 산업 안전 지침에 자연 현상과 관련된 내용을 추가하고 "제대로 작동하지 않으면 안전에 심각한 영향을 미치는 사고의 직접 원인이 될 가능성이 있는 시스템과 기기는 반드시 발전소 부지와 주위 지역의 일반적인 자연조건을 고려할 때 예상할 수 있는 가장 가혹한 자연의 위력을 견딜 수 있도록 설계되어야 한다"고 명시했다. 이러한 안전 시스템은 상상할 수 있는 최악의 기상 상황뿐 아니라 "존재할 수 있는 모든 사고 상황의 동시적인 효과"도 견딜 수 있어야 했다. 하지만 미래에 어떤 일이 벌어질지 모르는데 어떻게 준비해야 할까? 근처의 오나가와 원자력 발전소가 실마리를 제공할 수도 있다.

II
최악을 예측하기

미야기현 정부는 1968년 1월 도호쿠전력의 첫 번째 원자력 발전소가 들어설 곳으로 오래된 어촌 마을인 오나가와 근처를 선택했다고 발표했다.[17] 미야기현에 처음으로 지어지는 원자력 발전소이기도 했다. 다음 달부터 전문가 9명으로 구성된 팀이 역사 기록을 뒤지고, 지역 주민을 인터뷰하고, 근처 고야도리 해변의 쓰나미 퇴적물을 분석하면서 과거 그리고 미래에 발생할 수 있는 해안 침입을 파악하는 2년간의 조사를 시작했다. 전문가들은 발전소를 지으려는 부지 근처에 쓰나미가 발생해도 파도의 높이가 3미터 이하일 거라 결론 내렸지만 도호쿠전력의 전前 부사장이었던 히라이 야노스케는 이런 추정치에 만족하지 않았다.

1902년 미야기현에서 태어난 히라이는 당시 도쿄제국대학교에서 토목공학을 공부했다. 그리고 24살이던 1926년 마쓰나가 야스자에몬이 몸담고 있던 도호전력에 입사하면서 그의 후배가 되었다. 1941년 초대형 기업이었던 일본발송전으로 이직해 토목공학 부서를 책임졌고 전후에 파괴된 전력시설을 재건하는 데 중요한 역할을 한 뒤 1951년 도호쿠전력에 합류했다. 세월이 흐르면서 히라이는 진부하고 비굴한 관료들을 무시하는 옛 멘토의 태도를 물려받았고, 복종이 당연한 일본 사회에서는 예외적으로 자기 목을 내놓는 것도 두려워하지 않으며 평생 신념을 굳건히 지켜냈다. 한 예로 니가타에 화력 발전소를 건설하던 1957년 히라이는 지진이 일어나면 발전소 아래 토양이 액화할 수 있다고 우려했고, 엄청난 반대에도 불구하고 무척 비싼 특수 지지대를 더하도록 지시

---

17 도호쿠전력Tohoku Electric Power Co의 약어는 TEPCO여서 같은 약어를 쓰는 도쿄전력Tokyo Electric Power Co과 헷갈리기 쉽다.

했다. 7년 후 예상했던 일이 벌어졌고 그의 예방조치가 발전소를 구했다. 1962년 도호쿠전력에서 은퇴한 히라이는 비영리조직인 전력중앙연구소의 기술 연구 책임자가 되었다. 전력중앙연구소는 마쓰나가가 1951년 정부가 다시 전력산업을 통제하는 것을 막기 위해 전력회사들의 연구 자원을 조직화하는 수단으로 창설한 일본 최초의 민간 싱크 탱크였다.

6년 후인 1968년 히라이는 앞서 설명했던 연안시설계획위원회에 합류했다. 도쿄대학교 명예교수이자 도호대학교 교수였던 혼마 마사시가 리더를 맡은 이 조직은 토목공학과 지구물리학 분야의 전문가 9명으로 구성되어 오나가와 원자력 발전소 건설을 위한 준비작업을 수행했다.[18] 히라이는 근처에서 발생한 쓰나미로는 3미터 이상의 파도가 일지 않을 것이라는 위원회 다수의 결론에 반대했다. 그는 위원들이 어린 시절 배웠던 869년 7월 9일의 조간 지진처럼 아주 오래된 사고들을 간과했다고 믿었다. 이 지진은 당시 일본의 공식 역사서였던 『일본삼대실록日本三代実録』에 기록되어 있다. 책에서는 "바다가 커다란 뇌우처럼 으르렁대기 시작했다"는 극적인 문장으로 당시 상황을 설명하기 시작한다. "갑자기 해수면이 솟아올랐고 거대한 파도들이 육지를 공격했다. 악몽처럼 격렬한 파도가 순식간에 도심에 닿았다. 파도는 해안에서 수천 미터까지 퍼져나갔고 얼마나 많은 지역이 파괴되었는지 파악할 수 없었다. 길과 들판이 완전히 바다에 잠겼다. 천 명에 가까운 사람이 파도에 휩쓸려 죽었다."

히라이는 이렇게 엄청난 일이 다시 벌어질 수 있다고 우려했다. 그의 동료들은 도호쿠전력 사장에게 12미터 벽이면 상상할 수 있는 최악의 쓰나미도 막아낼 수 있다고 보고했지만 여전히 만족하지 못했던 히라이는 14.8미터로 높여야 한다고 주장했다. 이론적으로 계산한 추정치의 5배에 달하는 높이였지만 그의 지식과 경험, 업무 철학은 아주 높은 평가를 받고 있었다. 도호쿠전력 사장은 마지못해 히라이의 요구를 받아들였다. 히라이는 이렇게 강력한 리더십을 통해 자신이 일하는 곳에 "안전 문화"를 불어넣었다. 도쿄전력과 비교하면 감탄을 자아내는 접근법이었다. 그는 심지어 오나가와의 주입 펌프들이 우연히

---

[18] 조직 자체의 이름은 자료에 따라 다르게 명시되어 있지만 연안시설계획위원회가 언급될 때 히라이는 항상 구성원 중 하나로 언급된다. 팀을 이끄는 역할은 아니었으나 승인과 발표 단계에 어느 정도 개입했다. 혼마 교수의 이름을 혼마 히로시라 쓴 자료도 있다. 자료에 따라 팀원의 숫자도 다르지만 도호쿠전력은 9명이었다고 밝혔다.

수위가 일반적인 해수면보다 낮아지는 쓰나미의 파도 가운데에 위치하게 되면 어떤 일이 생길지도 고려했다. 이 발전소의 설계에는 이런 상황에서 추가로 40분간 원자로에 냉각수를 공급할 수 있는 특수 목적의 저수지가 포함되었다.

히라이가 1975년 전력업계를 완전히 떠난 후에는 도호쿠전력도 사회적 책임을 다해야 한다는 그의 확고한 신념 중 일부를 잃어버렸고 몇몇 동료만이 유산을 이어갔다.[19] 1980년대 후반 오나가와에 두 번째 원자로를 건설하게 되자 도호쿠전력의 엔지니어들은 당시 최첨단이었던 시뮬레이션 기법을 활용해 9.1미터의 쓰나미를 예측했고, 이후 해안 방비를 강화하기 위해 새로 9.7미터 콘크리트 벽을 세웠다. 그리고 2002년 다시 최신식 기법을 적용해 확인했을 때는 13.6미터의 쓰나미가 예상되었다. 히라이는 1986년 세상을 떴지만 2011년 발생한 13미터의 쓰나미는 다시 그가 옳았음을 증명했다. 그는 언젠가 "나는 법을 존중하지만 엔지니어들은 법과 규제에 명시된 기준과 지침을 넘어 결과에 책임이 있다"고 밝힌 바 있다. 도호쿠전력은 후쿠시마 참사가 일어난 후 재빨리 히라이를 회사의 얼굴로 내세웠고 자신들의 회사를 믿을 수 있는 증거로 걸출한 리더십을 발휘했던 그의 명성을 이용했다. 하지만 그전에는 어디에도, 심지어 히라이가 현역에서 활약하던 시절 산업계 간행물에도 그의 이름은 거의 등장하지 않았다.

후쿠시마 제1 발전소의 1호기가 처음으로 임계에 도달했던 1970년 10월 10일에는 이 발전소에 원자로 두 기를 더하는 공사가 순조롭게 진행되고 있었고 미하마에는 두 번째 원자로가 지어지고 있었으며 새로운 원자력 발전소 두 곳의 건설도 시작되었다. 그중 첫 번째는 오사카전등에서 시작된 전력회사인 간

---

19 한 예로 도호쿠전력은 아키타현에 들어설 노시로 화력 발전소를 설계하며 해수면을 기준으로 4.2미터 높이에 발전소를 지으면 쓰나미에도 안전하리라 판단했다. 초기 공사가 진행되던 1983년 아키타현에서 서쪽으로 100킬로미터 떨어진 동해의 한 지점에서 지진이 일어났다. 이어진 쓰나미가 공사 현장을 덮쳐 현장에 있던 306명 중 34명이 사망하고 58명 이상이 다쳤다. 하지만 도호쿠전력은 주요 전력시설의 공사가 시작되지 않은 상황이었는데도 발전소 대지의 고도를 높이지 않기로 했다. 출처: Tsunami Disaster Prevention Research Institute Research Report No. 1, May 26, 1983: A paper and research report on the Tsunami of the Japan Sea Chubu Earthquake(일본어 자료). Toshio Iwasaki, Takehiro Nakamura and Ito II.

사이전력이 운영하는 다카하마 원자력 발전소로, 오랫동안 협력관계를 이어온 웨스팅하우스의 가압수형 원자로를 설치할 예정이었다. 후쿠이현에 세 번째로 들어서는 원자력 발전소로 쓰루가와 미하마에서 서쪽으로 약 50킬로미터 떨어져 있었다. 두 번째는 시마네현 마쓰에시 바로 외곽에 지어질 시마네 원자력 발전소로 이때까지 일본에 지어진 발전소 중 가장 서쪽에 있었다.

도쿄전력은 6개월간의 엄격한 검사 끝에 후쿠시마의 첫 원자로를 시운전했고 전력망에 연결한 뒤 1971년 3월 26일 금요일 상업 운전을 시작했다. 바로 전날 『아사히신문』에는 새로운 발전소가 곧 "여름의 전력 부족을 단숨에 해결"할 것이라는 기사가 실렸다. 원자력의 엄청난 잠재력을 두고 낙관주의가 득세했다.

하지만 1972년에는 미국에서 제너럴일렉트릭GE의 비등수형 원자로 마크 1 격납건물에 대한 우려가 나왔고 이 구조물이 극단적인 사고 상황에서 버틸 수 있을지 의구심이 제기되었다. 원자력 발전소는 미국 원자력규제위원회가 "원자력 시설이 공중 보건과 안전을 보장하는 데 필요한 체계, 구조물, 구성요소의 손실 없이 견딜 수 있게 설계되고 건설되어야 하는 가상사고"라 정의한 "설계 기준 사고"에서 버티도록 지어진다. 원자력 발전소는 최악의 시나리오에서도 안전을 보장할 수 있게 다층적으로 중복된 안전 조치를 포함하며, 이는 경쟁 상대인 화력 발전소와 비교해 초기 비용이 무척 커지는 이유 중 하나다. 원자력 발전소는 무엇이든 잘못될 수 있다는 가정하에 설계된다. 1975년 엔지니어들로 구성된 한 팀이 미국 원자력규제위원회의 원자로 예비 요건을 만들었다. "노심이 냉각되지 않는 상황이 발생할 수 있는" 사고가 일어나면 "두 가지 비상 냉각 계통을 활용할 수 있어야 하며 그중 하나는 자체적으로 폐쇄된 노심을 냉각할 수 있어야 한다. 그리고 두 계통 모두 상당한 내부 중복을 확보해야 한다."

비등수형 원자로는 2011년 참사에서처럼 오랫동안 냉각수가 공급되지 않을 때 노심 용융을 방지할 수 있게 설계되지 않았다. 이런 사고가 일어나 냉각수가 공급되지 않으면 연료, 피복, 수관 같은 원자로 노심의 내용물들이 너무 뜨거워져서 방사성 슬러지로 녹아내리며 최악의 경우에는 압력용기를 태우고 밑으로 흘러나온다. 반면 비등수형 원자로의 설계 기준 사고는 몇 시간 동안만 일시적으로 1차 냉각수가 공급되지 않는다고 가정해 과열된 연료로 인한 압력은 안전하게 수조로 배출되고 비상 용수가 제공되게 했다. 하지만 이때까지는 심각한 사고를 방지하는 데 집중했던 터라 실제로 노심 용융 상황이 발생할 거라 생각한 이는 많지 않았다. 발전소 현장 내부 그리고 외부에서 어떤 이유로든 모든 비상조치가 이루어지지 않는 가운데 전기 공급이 완전한 끊어지는 것을 포함해 너무나도 많은 일이 동시에 잘못되어야 했다. 그냥 있을 수 없는 일이었다.

그래도 일이 원하지 않는 방향으로만 진행되는 머피의 법칙이 위력을 발휘하며 대재앙이 벌어지는 시나리오를 상상하는 일이 불가능하지만은 않았다. 냉각수 공급이 금세 재개되지 않고 모든 것이, 말 그대로 모든 것이 잘못될 수 있다. 미국 원자력위원회 자문위원회는 1966년 처음으로 GE와 웨스팅하우스의 설계를 인증하는 과정에서 이러한 우려를 드러냈다. 이에 따라 두 회사는 "노심 용융의 결과에 대처하는 목적의 시스템들과 관련된 …… 문제에 소규모의 강화 노력을" 기울이라는 지시를 받았다. 하지만 자문위원회는 근본적으로는 정치적 이유로 이 문제를 간과하는 쪽을 택했다. 원자력 발전은 전 세계로 퍼져나가고 있었고, 미국 회사들은 원자로 배치를 설계하고 시험하기 위해 이미 몇 년간 수십억 달러를 쏟아부으며 이 기술을 인류가 가진 독창성의 끝까지 밀어붙였다. 자문위원회는 도무지 일어날 것 같지 않은 사고에도 견딜 수 있도록 원자로를 재설계하려면 "상당한 양의 기초 연구와 실용적인 응용 연구가 모두 필요할 수도 있다"고 판단했다. 그러면 몇 년이나 늦춰질 수도 있었다. 미국 내 원자력 발전소들은 물론이고 쓰루가와 미하마의 발전소 모두 원활하게 건설되고 있었다. 얼마 지나지 않아 미국 원자력위원회는 자신들이 선을 그어야 한다는 데 동의했다. 기존의 안전 조치들은 광범위하고 믿을 만했으며 "당분간은 기존의 원자로 안전장치 유형, 주로 비상 노심냉각으로 [안전을] 보장할 수 있다."

기존의 격납건물 설계를 개선하기 위한 정부 연구는 계속되었지만 미국 원자력위원회는 이 문제를 중요하게 보지 않았고 결국 연구도 중단되었다. 1972년 스티븐 하나우어Steven Hanauer라는 시운전 고위 담당자가 미국 원자력위원회의 기술 검토 부副 책임자 조지프 헨드리Joseph Hendrie에게 감압 격납건물 방식을 우려하는 편지를 보냈다. 이후 미국 원자력규제위원회 3대 위원장이 되기도 한 헨드리는 1972년 9월 25일 이 문제에 관한 메모를 하나 남겼다. 그는 "감압 격납건물 방식을 금지해야 한다는 하나우어의 생각은 여러 측면에서 매력적이다"고 썼다. 메모는 다음과 같이 이어진다.

> [대부분의 가압수형 원자로에서 사용되는] 건식 격납건물은 주요 냉각관이 파열될 때 아주 간단히 대처할 수 있는 중요한 이점을 가지며 그 결과 우회 누출 *bypass leakage* 위험에서 자유롭다. 하지만 원자력 분야의 모든 요소에서 감압 격납건물 개념을 받아들이는 것은 … 통념에 확고히 기초하고 있다. 특히 이 시점에 신성시되어온 이 정책을 뒤집는 것은 원자력 발전의 종말을 부를 수도 있다. 허가를 받은 발전소들의 운영에 의문을 품게 하고, 현재 검토 중인 GE와 웨스팅하우스의 얼음 응축기 발전소를 승인할 수 없게 하며, 내가 감당할 수 있는 것 이상의 혼란을 불러올 것이다.

이 시기에 일본에서는 석유를 이용한 화력 발전이 80퍼센트라는 놀라운 점유율을 기록하며 전력 시장을 독점하다시피 했지만, 몇몇 회사는 과거처럼 외국에서의 수입에 의존하는 대신 석유 탐사와 추출이라는 수익성 높은 사업에서 성공을 거두고 있었다. 수력 발전 용량은 정체되어 있었으나 십여 년간 일정한 수준을 유지했고 석탄 화력 발전은 몰락했다. 석탄 화력 발전은 탄광 가까이 발전소가 있고 배전 비용을 최소화할 수 있는 지역에서조차 경제성을 확보하지 못했다.

1972년 5월 미국이 일본의 섬 오키나와로 돌아왔다. 오키나와전력이 만들어져 이 섬에서 전력을 생산하고 배전하는 책임을 맡았고, 지역별로 9개 회사가 있던 전력 산업이 10개 회사로 재편되었다. 그리고 1973년 석유 위기가 일어나자 세상이 다시 한번 바뀌었다.

Ⅲ
에너지 다변화

이제 인류는 석유에 의존하고 있었다. 플라스틱과 도로의 아스팔트, 사진 필름 모두 석유로 만들어졌고 기계의 윤활유와 자동차, 선박, 비행기, 기차 등의 연료, 가장 산업화된 국가에서 전기를 만들어내는 가장 중요한 수단 모두 석유였다.

일본은 1973년이 되기 전 13년이 넘게 값싼 외국산 석유가 유입된 득을 크게 보며 경제 호황을 누렸다. 당시에는 세계 석유 거래가 미국 달러 단일 통화로만 이뤄져 달러가 실질적으로나 정치적으로나 엄청난 안정성과 가치를 누렸다. 1969년과 1970년 국내 석유 생산이 정점을 찍은 후 미국은 석유수출국기구 OPEC와 합의해 중동산 석유를 수입하며 증가하는 부족분을 메웠다.[20] 리처드 닉슨Richard Nixon 대통령은 1971년 8월 15일 달러의 가치를 금의 가치와 연동해 온 국제금본위제도에서 미국을 탈퇴시키면서 석유수출국기구와의 합의를 깨트렸고, 그 결과 달러가 다른 모든 화폐의 가치를 평가하는 본위교환화폐standard exchange currency가 되었다.[21] 제2차 세계대전이 끝난 후 일본 엔의 환율은 달러당 360엔으로 고정되어 있었으나 새로운 체계에서 가치가 하락했다. 다른 선진국들은 자국 화폐를 방어하기 위해 화폐 비축분을 늘리는 것으로 대응했고 그 결과 달러 가치가 하락했다. 이에 따라 석유수출국기구도 달러 대신 금 가격을 기준으로 유가를 책정하기 시작해 미국 내 유가 상승을 불렀다.

2년 뒤인 1973년 10월 6일 이집트와 시리아가 이스라엘이 점령하고 있던 지역에 공동 기습 공격을 가했다.[22] 이날은 유대력에서 명절로 기리는 속죄일, 즉

---

20 당시 석유수출국기구의 중동 회원국은 이라크, 사우디아라비아, 이란, 쿠웨이트, 리비아, 카타르였다. 그 외 회원국은 그보다 훨씬 서쪽인 북아프리카에 있었다.
21 '닉슨 쇼크'로 알려진 이 조치는 인플레이션을 억제하려는 노력의 일부였다.

욤키푸르Yom Kippur였다. 요르단 국왕의 경고에도 공격에 대비하지 않았던 이스라엘은 수적 열세 속에 영토와 군인, 장비를 잃었다. 전투가 시작되고 3일 만에 닉슨은 이스라엘에 22억 달러 규모의 물품을 지원하도록 승인했는데, 이스라엘이 참패를 목전에 두고 자국의 핵무기를 준비하기 시작한 것도 영향을 미쳤다. 격분한 석유수출국기구는 10월 16일부터 이스라엘이 아랍 지역에서 물러날 때까지 매달 유가를 21퍼센트씩 올리고 생산량은 5퍼센트씩 감축하기로 했다. 후쿠시마 제1 발전소에서 원자로 6호기와 7호기 공사가 시작되기 일주일 전이었던 18일, 석유수출국기구의 회원국인 리비아가 미국 그리고 일본을 포함하는 미국의 주요 연맹국을 상대로 석유 금수 조치를 제안하며 실질적으로 석유 생산을 무기화했다.[23] 사우디아라비아와 다른 회원국들이 동의하면서 금수 조치가 시작되었다.

미국의 주요 정유회사들은 금수 조치가 적용되는 동안 자국에서는 생산량을 늘리고 가격을 내려 국가의 부담을 덜어주는 대신 일본을 비롯한 모든 외부 고객에 적용하는 가격을 30퍼센트 인상하며 상황을 이용했다. 며칠 뒤 아랍 기업들과 다른 국제 정유회사들도 일본에 수출하는 석유량을 10퍼센트 줄인다고 발표했다. 11월이 되자 석유수출국기구는 약속한 대로 생산량을 더 줄였고 원유 생산량은 욤키푸르 전쟁이 발발하기 전을 기준으로 95퍼센트에서 70퍼센트까지 줄어들었다. 그 결과 유가가 급등해 넉 달 사이 배럴당 가격이 3달러에서 11달러로 네 배 가까이 치솟았다. 1957년의 수에즈 봉쇄가 아무것도 아닌 것처럼 느껴질 정도였다.

일본은 곤경에 처했다. 당시 외무성 차관이었던 호겐 신사쿠는 "일본의 외교 정책은 미국과의 협력 관계를 바탕으로 한다"며, "일본의 무역은 미국 없이 존재할 수 없다. 우리가 친미 정책을 버리고 아랍 국가들을 지지하면 주요 [정유] 회사의 석유 공급이 중단되고 일본의 대미 수출 역시 타격을 입을 수 있다. 그런 일이 벌어지면 일본에 엄청난 영향을 미칠 것이다"고 주장했다. 하지만 일본은 석유가 필요했다. 일본 경제와 전력 공급은 석유에 의존하고 있었다. 갑자

⇦ 22 이 지역은 이스라엘이 1967년의 6일 전쟁에서 손에 넣은 곳이었다. 당시 대부분의 전투가 이집트의 시나이반도와 시리아 동쪽 국경의 골란고원에서 벌어졌다
23 상당히 복잡한 사건이고 이 책의 주제를 벗어나는 내용이기 때문에 금수 조치에 관한 전체적인 설명과 전개 과정, 이유는 극히 단순화하여 서술하였다.

기 외국산 석유에 대한 의존이 안보 문제가 되었고, 다나카 가쿠에이 총리는 자신이 미국 편을 들면 미국은 일본이 놓칠 것으로 추정되는 경제 성장분을 보상해 줄 것인지 물었다. 일본은 1973년 세계에서 두 번째로 높은 국내 총생산을 기록했고 몇 퍼센트라도 떨어지면 경기 불황이 촉발될 수 있었다. 미국은 확실히 거절했다. 대안이 거의 없는 가운데 재계 인사들에게 거센 압박을 받던 다나카 정부는 11월 22일 다시 제한 없이 석유를 공급받기 위해 아랍을 지지하고 이스라엘에 반대한다는 뜻을 공식적으로 밝혔다. 제2차 세계대전 이후 일본이 국제 외교에서 공개적으로 미국의 반대편에 선 것은 처음이었다. 하지만 이후 석유 수입량이 위기 발발 이전 수준으로 회복되기까지는 몇 달이 걸렸다. 이듬해 1월 일본은 10년간 원유 1억 6천만 톤을 수입하는 조건으로 이라크에 10억 달러를 빌려주었고 페르시아만의 여러 국가와 비슷한 계약을 맺었다. 이제 통상산업성 장관이 된 나카소네 야스히로가 사우디아라비아와의 협상에서 핵심적인 역할을 했다.

다나카 총리가 위원장을 맡은 내각의 비상정책위원회는 곧바로 일본 내 석유 사용에 관한 새로운 국가 정책 체계를 수립했다. 필요할 때만 자가용을 사용하는 등 수요를 줄이기 위한 에너지 절약 지침을 시행하는 데 더해 정부는 일본의 에너지 공급 방식을 다변화해 1985년까지 석유 소비량을 15퍼센트 줄인다는 목표를 세웠다.[24] 상대적으로 가격이 저렴하고 화력 발전소에서 태울 때 고급 기술이 필요하지도 않은 액화 천연가스LNG는 환경에 나쁜 영향을 거의 미치지 않는다는 장점도 있어 중단기적으로 좋은 대안이었다. 액화 천연가스, 에너지 절약과 함께 원자력 발전이 장기적 해결책으로 꼽혔다. 2000년이 되면 원자력이 가장 많은 전력을 생산하는 에너지원이 될 터였다.

석유 위기는 몇 달밖에 지속되지 않았지만 일본 경제와 주요 산업에 막대한 타격을 입혔다.[25] 1960년대부터 1970년대까지 급격히 발전했던 석유화학공업

---

24 일본이 석유수출국기구와 석유 수입을 재개하는 합의를 맺은 1973년 성탄절 이전에는 감축 목표를 20퍼센트로 할 예정이었다. 예를 들어 에너지 효율이 더 높은 장비를 구매하는 기업에는 저금리 대출 등의 인센티브를 줬다.

25 동시에 석유 제품의 가격도 급격히 올랐다. 석유 제품에 매기는 세금은 1973년 이후 5년간 극적으로 인상되었다. 자동차 휘발유의 세금은 1974년의 리터당 34.5엔에서 53.8엔으로, 연료용 석유는 15엔에서 24.3엔으로, 비행기 연료는 13엔에서 26엔으로 각각 올랐다. 출처: Fuels Paradise: Seeking Energy Security in Europe, Japan, and the United States. John S. Duffield, JHU Press, 2015.

은 앞서 승인을 받았던 석유화학 공장의 건설이 취소되고 투자가 줄어들면서 25년 만에 처음으로 성장을 멈췄다. 알루미늄 산업 그리고 정도는 덜하지만 철강 산업 역시 주문과 성장이 급격히 감소하며 고통을 겪었다. 1973년 공사량을 기준으로 전 세계에서 건조된 선박의 절반 이상을 생산했던 일본의 조선업계는 수주량이 급격히 감소해 1973년 3,500만 톤에서 1974년 1,280만 톤으로 줄었다. 1973년의 석유 위기를 겪은 후 중공업 중심에서 벗어나 경제를 다각화하려 했던 시도는 일본이 이후 전자제품 개발에 주력하게 되고, 결국 이 분야의 세계 선두가 되는 결과를 낳았다. 석유 위기는 또 다른 변화도 낳았다. 전력회사들이 독립심을 잃고 점점 정부에 의지하기 시작한 것이다.

일본의 정부 관료들은 1960년대 후반 전력 소비량이 회복되던 시점에 전기세를 도입했었다. 처음에는 도카이 원자력 발전소만 혜택을 누리긴 했지만 전기세가 생기면서 대형 도시의 돈이 원자력 발전소가 건설되던 비교적 인구가 희박한 지역에 다시 유입되게 되었고 초기 세율은 비용의 4퍼센트 선이었다. 전기를 많이 소비하고 발전소가 많이 지어질수록 발전소를 유치한 자그마한 지역사회가 더욱 부유해졌다. 이 세금은 1971년 다른 지역도 포함하도록 확대되었고, 1974년 6월 다나카 정부가 3대 전력원 발전법이라 알려진 3개 법안을 제정했을 때 다시 개정되었다. 제안만 나오던 시절부터 원자력 발전소 건설을 지지했고 자신의 고향인 니가타현 가시와자키가 발전소를 유치하면 경제적으로 부흥할 거라 기대했던 다나카 총리는 전기세가 원자력 발전에 대한 국민의 지지를 높여주기를 기대했다.[26]

새로운 3개 법안, 즉 "발전 시설 주변지역 준비법", "전력개발 촉진법", "전력개발 촉진 특별 회계법"은 일본 전역의 전기 요금에 국세를 추가하면서 기존에 존재했던 지역별 보조금을 제도화하고 확대했다.[27] 이렇게 조성된 기금은 크게 두 갈래로 나뉘었다. 일부는 대안적 에너지원, 주로 원자력 연구에 사용되었

---

26 다나카는 원래 니시야마 출신이나 이 지역은 2005년 가시와자키로 통합되며 이름이 사라졌다.
27 이 세금의 이름은 전력자원개발촉진세였다. 1980년에 급격히 인상되어 1979년의 천 킬로와트시당 85엔에서 300엔으로 올랐다.

고 나머지는 모든 유형의 발전소 근처 지역사회로 흘러 들어갔다.[28] 하지만 원자력 발전소 주변 지역은 다른 지역의 두 배에 달하는 보상을 받았다. 발전소를 짓고 첫 몇 년 동안은 자그마한 소도시에 1년마다 1970년 당시 기준으로 몇백만 달러에 달하는 재산세가 들어왔다. 이 세금이 지역의 원래 연간 예산과 비슷하거나 더 많은 경우도 있었다. 일본 정부는 이런 시골 지역에 평균적으로 설치 용량 1기가와트당 총 3억 7천만 달러에 달하는 세금을 넘겼다.[29] 주변 지역 또는 도시에서는 전기 요금 할인에 더해 정부 보조금을 받았고, 전력회사들은 직접 현 정부나 더 작은 지역 공동체의 사업에 세금 이외의 막대한 돈을 기부했다. 이렇게 기부한 금액은 원자력 발전소를 건설하고 운영하는 비용에 포함되었으므로 전력회사의 수익은 놀랍게도 지출이 늘어나면 함께 증가했다.

위에 언급한 세 가지 법에서 명시한 대로 이 모든 돈은 평소에는 유의미한 정부 예산을 따내기 어려웠던 방치된 지역에 학교 시설을 새로 짓거나 개선하고 새로운 도로, 병원, 체육 시설, 복지 시설, 기타 다양한 기반시설을 만드는 데 사용되었다.[30] 보상 체계는 눈으로 볼 수 없게 작동했고 국가 예산에서도 확인할 수 없었기 때문에 올드리치는 "자신들이 낸 전기 요금의 일부가 원자력 발전소를 유치한 공동체에 지원금으로 배부된다는 사실을 아는 시민은 얼마 되지 않았다. 역시 이러한 장치에 무지했던 정치인들은 제도에 영향을 미칠 힘이 거의 없었다"고 지적했다.[31]

1976년 12월에는 발전소들이 "특별 조치가 필요한 중요 전력자원"으로 지정되었고 발전소를 유치한 지역은 더 많은 보조금을 받게 되었다. 이전까지 죽어

---

28 원자력 발전소 건설에 비하면 저항이 덜해서 확실히 광범위하고 까다로운 작업을 할 필요까지는 없었으나, 새로운 공항이나 댐 근처에 사는 사람들을 "설득"할 때도 비슷한 방법이 사용되었다.

29 2020년 기준으로 환산했으며 단순하게 계산하였다. 정확한 금액은 발전 용량과 근접도에 따라 달라졌다. 1980년대까지 1,000메가와트 규모 발전소 근처에 사는 사람들은 매달 개인당 300엔의 보조금을 받았다. 용량이 6,000메가와트가 넘으면 개인별 금액이 900엔으로 올라갔다. 상가는 매달 75엔에서 225엔을 받았다. 원자력 발전소에서 생산한 전력을 수출하는 현도 보상금을 받았고 금액은 다양했다. 숫자는 다음 자료에서 확인했다. Fuels Paradise: Seeking Energy Security in Europe, Japan, and the United States, John S. Duffield, Johns Hopkins University Press, 2015. 관련 자료 목록은 다음과 같다. IEA 1979, 94; Suttmeier 1981, 121,23; IEA 1981, 185; Oshima et al. 1982, 97; Shibata 1983, 141; Samuels 1987, 246; Kohalyk 2008, 72.

30 2003년 관련 법이 개정되면서 이 돈을 관광 홍보, 사회 복지, 직업 훈련처럼 유형의 결과물을 남기지 않는 일에도 쓸 수 있게 되었다.

31 올드리치는 일본의 시민 사회가 정책 입안자들의 결정에 어떤 영향을 미치는지 특히 원자력 발전소와 관련해 분석하며 오랜 시간 다른 이들의 연구 결과를 살폈다. 이 책에서는 그의 작업을 여러 번 끌어오게 될 것이다

가던 경기가 살아났다. 곧 지역 공동체가 발전소 유치를 고려하기만 해도 혜택을 얻게 되었고, 특히 역사적으로 민간 분야의 투자보다 정부 보조금을 선호해 온 지역들이 원자력 발전소를 노릴 가능성이 컸다. 이에 따라 전통적으로 젊은 이들이 일자리를 찾아 도시로 떠났던 시골 지역의 많은 인구가 원자력 발전을 지지하게 되었다. 원자력 발전소를 건설하는 것은 가난하고 방치되었던 지역에 돈을 들여올 쉽고 빠르면서 믿음직한 방법이었다. 이러한 이유로 관련 보조금은 "협력 자금"으로 알려지게 되었다.

발전소가 있는 지역에 노동자 수천 명이 몇 주씩 머무르면서 쉬는 시간에 호텔, 술집, 관광지에서 돈을 쓰는 원자로 연례 점검 시기면 이런 효과가 가장 극적으로 드러난다. 인구 감소가 멈추고 지역 경제가 성장했다. 돈이 흘러들어오자 지역 주민들은 원자력 시설의 안전이나 환경에 미치는 영향에 관한 정보가 부족한 데서 오는 불안을 무시했다. 이렇게 긍정적인 강화나 설득, (토지 수용이나 경찰력 같은 "강성hard 통제"와 대비되는) "연성soft 사회적 통제"는 역시 강력한 원자력 정책을 추진했던 프랑스 등에서 선택했던 접근법과 극명한 대조를 이루었고, 1970년대 후반부터 1980년대까지 반대 진영을 침묵시키고 지역사회가 원자력 발전을 수용하도록 부추기는 데 탁월한 효과를 발휘하는 것으로 확인되었다.

3대 전력원 발전법은 도입 이후 여러 차례 개정되었으나 처음부터 세금 지원에는 5년의 제한이 있었다. 건설 공사 시작부터 종료까지 그리고 시작부터 5년이 될 때까지 중 더 짧은 기간을 적용했다. 필연적으로 주민들은 새로 돈이 유입되도록 이미 지어진 발전소에 새로운 원자로를 더하길 바랐다. 하지만 대가가 따랐다. 처음에는 돈이 쏟아져 들어왔지만 곧 양이 줄었고 장기적으로는 지역 경제를 갉아먹는 것으로 확인되었다. 각 지역은 전력회사가 초기 작업과 환경영향평가를 수행하는 동안 매년 얼마 안 되는 금액을 받았고 공사가 진행되는 기간에는 규모에 정확히 비례해 훨씬 더 많은 돈을 받았다. 이후에는 금액이 널뛰었고 운전이 시작되면 크게 줄었다.

후쿠시마현이 3대 전력원 발전법이 도입된 1974년부터 2011년까지 발전소에서 보조금으로 받은 돈을 2020년 기준으로 환산하면 약 38억 달러에 달한다. 대부분은 제1 발전소와 잇따라 지어진 제2 발전소에서 나왔다. 더 자세한 예를 살펴보자. 다나카 전 총리가 꿈꿨던 가시와자키가리와 발전소 근처의 마을 가리와는 마지막으로 건설된 7호기 원자로가 시운전에 들어간 1997년에만 발전소에서 17억 엔에 상당하는 보조금을 받았다. 이듬해에는 보조금이 57억 엔으로 늘었고 2000년에는 255억 엔으로 치솟았으나 2001년과 2002년에는 한 푼도 받지 못했다. 곧 원자력 발전소가 위치한 지역들은 풍요로운 자금을 다시 원하게 되었고 보통은 예전에 건설한 시설들을 모두 운영할 돈도 필요했다. 그래서 일본 경제가 팽창하는 동안 기꺼이 또 다른 원자로를 건설하도록 허가를 내주었다. 해당 지역사회의 거의 모든 수입을 원자력 발전소에 의존하게 될 때까지 이런 패턴이 반복되었다. 이런 현상을 "원자력 발전소 중독"이라 부른다. 이런 중독 현상은 전력회사들에 유리했다. 새로운 발전소를 지을 시골 지역을 찾아내는 일이 점점 더 어려워졌기 때문이다.

합리적 진실과 관계없이 방사선에 대한 공포는 존재했고 앞으로도 사라지지 않겠지만 조그마한 소도시나 마을의 사회 조직에서는 이런 공포가 실제적인 영향력을 발휘한다. 연구에 따르면 연령대가 낮은 가구들은 보통 원자력 발전소 근처 지역으로 이사하지 않을 것이며 거주하던 가구도 빠져나올 것이다. 가구 수가 줄어들면 지역의 인재가 줄고 경제가 성장할 가능성도 줄어든다. 어업과 농업 지역에서는 생계를 잃게 되지 않을까 우려하기도 했다. 그들은 옳고 그름을 떠나 더 큰 마을이나 도시에서 시장을 찾는 이들이 어떤 식으로든 오염되었을 수 있는 원자력 발전소 근처 지역에서 생산된 상품을 사지 않을 거라 믿었다. 어부들은 오염이 일어나지 않더라도 원자력 발전소가 생태계의 균형을 망쳐 어류들이 떠나지 않을까 걱정했다. 비등수형 원자로는 시간당 16만 톤에 달하는 엄청난 양의 물을 배출하는데 원자로 냉각에 사용되었던 물이라 온도가 주위 수온보다 몇 도 더 높다.[32]

통상산업성의 홍보 예산은 이러한 우려에 맞서 싸우며 풍선처럼 불어났다. 잠재적인 후보지에 발전소의 안전을 알리고 원자력 발전에 대한 대중의 공포를 누그러뜨리는 것이 중요한 과제가 되었다.[33] 통상산업성은 정보를 담은 소책자를 배포하고, 전력회사와 정부의 연사를 보내 마을회관에서 사람들을 대

---

32 16만 세제곱미터에 달하는 이 물로 한 시간에 약 7,500톤의 증기를 만든다.
33 처음부터 홍보 작업이 진행되었으나 이 시기에 통상산업성은 전체적인 수준을 끌어올렸다.

접하게 했으며, 이미 지어진 원자력 발전소에서 같은 일을 하는 사람들과 만나 대화할 수 있게 여행을 보내주었다. 아이들도 빠트리지 않았다. 올드리치는 정부가 "원자력 교재 같은 교육자료부터 가동 중인 원자력 발전소를 방문하는 현장 학습까지 중고등학교 학생들을 위한 다양한 프로그램을 제공한다"고 적었다. 통상산업성은 농부들과 어부들을 안심시키기 위해 경제 잡지에 원자력 발전소가 거주지 주변에 나쁜 영향을 미치지 않는다는 기사를 내보내기까지 했다.

일본 정부는 1948년 해안선을 따라 경쟁이 치열했던 어장을 나누기 위해 지역 어민들을 더 큰 규모인 어업협동조합으로 조직화하고 각 조합에 해안 구역을 분배한 바 있었다.[34] 법에 따라 특정 영역의 바다를 통제하려는 기업은 관련 어업협동조합에서 3분의 2가 넘는 조합원의 승인을 얻어야 했다. 제2차 세계대전이 끝날 즈음에는 일본 노동인구의 약 50퍼센트가 여전히 어업을 포함하는 농수산업에 종사하고 있었고, 이후 그 수가 급격히 감소하긴 했지만 지금도 시골과 해안 지역에서는 강력한 힘을 발휘한다. 따라서 보통 어부 개개인의 지지를 얻는 것이 지역민들의 저항을 가라앉히는 열쇠였다.

대지 선정 과정에서 지역민들을 대표해야 했던 지방 정부는 "침묵하는 다수"의 감정을 파악하지 못하는 문제를 자주 겪었다. 초기 단계에서는 이들의 의견을 쉽사리 알아내거나 예상할 수가 없었다. 평범한 시민들은 구체적인 제안이 나온 후에도 의도적으로 반응을 자제했고, 어떤 경우든 지방 정부는 원자력 시설의 기술적·환경적 계획이나 장기적인 사회경제적 효과를 낱낱이 평가할 지식과 자원이 부족했다. 1950년대부터 60년대까지 원자력 낙관주의가 팽배했던 초기에는 지방 관료들이 일관되게 중앙 정부와 전력회사 편에 섰다. 하지만 1980년대 이후 이런 추세가 반전되었다.

---

34 무척 단순화한 설명이다. 어업협동조합은 몇십 년 전부터 존재했으나 이들의 법적 권리와 한계를 명시한 관련 법이 1948년 제정되었다.

Ⅳ
일본 최초의 방사선 사고

석유 위기 이후 일본에서는 원자로들이 세를 넓혔고 1976년의 2차 석유 위기도 이런 흐름을 부추겼다. 자급자족이 가능한 에너지원의 필요성이 분명해진 외중에 두 번의 석유 위기를 겪고 산업공해 규제가 강화되면서 원자력에 대한 반대도 누그러졌다. 1974년부터 1990년 사이 18곳의 발전소에서 원자로 29기를 건설하는 공사를 시작했다.[35] 그리고 전력회사들이 원자로를 많이 지을수록 일본 내에 50헤르츠와 60헤르츠의 경계가 만들어지고 한 세기 가까이 유지되었던 것과 비슷한 패턴이 만들어졌다. 동부의 전력회사들이 제너럴일렉트릭의 비등수형 원자로를 들여오는 동안 서부의 회사들은 웨스팅하우스의 가압수형 원자로를 택했다. 시간이 흐르면서 도시바와 히타치는 비등수형 원자로를 주로 건설했고 미쓰비시중공업은 가압수형 원자로를 세웠다. 이런 차이는 1991년 홋카이도전력의 토마리 발전소에서 발생한 터빈 고장 사고처럼 종종 예상하지 못했던 문제를 낳곤 했다. 이 발전소는 50헤르츠 지역에서 처음으로 가압수형 원자로를 채택했으나 60헤르츠 설계를 사용했다. 터빈의 회전수는 주파수마다 다르지만 미쓰비시는 고정 날개를 수정해 이를 보완하지 않았고, 그 결과 수백 개의 균열이 생겼다.

일본은 발전소에서 핵분열을 활용하는 데서 더 나아가 1963년부터 공학기술 선진국인 소련, 미국, 독일 등과 마찬가지로 원자력 동력선 개발에 나섰고

---

35 1990년에 착공한 2기를 제외하면 27기다.

일본원자력선연구개발사업단과 이에 앞서 발족한 민간단체 원자력선연구협회가 이 임무를 맡았다. 1959년 소련 엔지니어들은 세계 최초의 비군사적 원자력 선박인 쇄빙선 레닌Lenin을 완성했고, 미국과 독일은 각각 화물선 서배너Savannah와 벌크선 오토 한Otto Hahn을 건조했다.[36] 독일의 오토 한은 방사선 연구를 개척한 자국 과학자의 이름을 땄다. 전통적인 내연기관과 점점 더 비싸지는 석유를 원자력으로 대체하면 아직 현실에서 검증되지는 않았지만 무시할 수 없는 장점이 몇 가지 있었다. 먼저 축마력이 5만에서 10만에 달하고 25~30노트knot의 속도를 낼 수 있는 대형 선박에는 원자로가 더 경제적일 수 있었다. 비교를 위해 예를 들면, 이 글을 쓰는 현재까지 건조된 가장 큰 컨테이너선인 OOCL(세계적인 해운사 오리엔트해외컨테이너라인Orient Overseas Container Line에서 운항하는 배에 붙는 약어-역주) 홍콩은 최고 속도가 21노트밖에 되지 않지만 석유를 연료로 하는 84,000축마력 엔진을 사용해 원자력이 더 경제적인 범위에 있다. 또한 원자력 선박은 재급유를 할 필요 없이 거의 무기한으로 바다에 머무를 수 있고, 탄소를 배출하지 않으며, 거대한 연료 탱크가 없어서 선체에 화물을 실을 수 있는 공간이 넓어진다. OOCL 홍콩은 거의 15,000세제곱미터의 연료를 싣고 다닌다. 여전히 자체 원자력 선박을 고민하던 영국을 비롯해 전 세계의 콧대 높은 참관인들이 일본의 배가 어떤 성능을 발휘할지 지켜보고 있었다.

1년이 지나도록 인가된 조선소 7곳과 원자로 제작사 5곳 중 한 곳도 입찰에 참여하지 않자 일본조선업협회는 1965년 3월 선체와 엔진 제작을 위해 각각 이시카와지마하리마중공업, 미쓰비시원자력과 협상을 시작했다. 원래 36억 엔(2020년 기준으로 약 1억 5,700만 달러)이었던 예산은 거의 두 배로 뛰었다. 엄청난 비용으로 인해 2년간 사업 추진이 중단되었고 그사이 정치인들과 관료들은 다시 간단히 미국 기술을 수입할지 아니면 자체 설계를 밀고 나갈지 논쟁을 벌였다. 결국 자체 원자로를 개발하자는 의견이 승리했고, 이후 30년간 세계적으로 거의 300대의 원자력 컨테이너선이 필요하리라는 일본원자력산업회의의 낙관적 전망도 힘을 보탰다.

매슈 페리가 일본에 도착했던 해에 도쿠가와 나리아키라는 다이묘가 창립

---

36 쇄빙선 레닌도 흥미진진한 역사를 지녔다. 이 배는 일본이 만든 배보다 더 심각한 문제를 겪었는데, 부분적으로 노심 용융이 일어나 증기발생기와 펌프들을 포함하는 원자로실 전체를 제거해야 했다.

한 이시카와지마하리마의 노동자들은 1968년 11월 27일 도쿄의 자체 조선소에서 원형原型 원자력 상선에 용골(이물에서 고물에 걸쳐 선박 바닥의 중앙을 받치는 길고 큰 재목-역주)을 내려놓았다.[37] 건조 작업은 인상적인 속도로 진행되었고 고향이 될 지역의 이름을 따 무쓰Mutsu라 불리게 된 새 배는 1969년 6월 12일 리본과 풍선, 색종이가 나부끼는 가운데 수많은 인파 앞에서 진수되었다. 군중 속에는 미래에 아키히토 천황이 될 히로히토 천황의 아들과 총리도 있었다. 무쓰는 원자력 보일러가 아니라 보조 석유 보일러를 이용해 모항母港이 될 아오모리현 최북단의 도시 무쓰로 향했다. 관료들은 요코하마 같은 대형 항구는 "해상 교통 혼잡이나 원자력 오염의 공포 때문에 배제하고" 이 외딴 지역을 택했다. 곧 미쓰비시가 고베의 자체 조선소에서 완성한 36메가와트 가압수형 원자로를 납품했고, 8월 16일 크레인으로 들린 원자로가 선체에 실렸다. 이 원자로는 8,240톤의 단추진 선박single-screw ship을 16.5노트의 순항 속도로 움직이는 10,000축마력 터빈에 증기를 공급했다. 우라늄연료 1회분이면 무려 14만 5천 해리를 이동할 수 있을 것으로 추정되었다.

무쓰는 아이젠하워 대통령의 제안으로 개발된 미국의 NS(Nuclear Ship, 원자력선 앞에 붙는 약어-역주) 서배너와 달리 실용적이고 별 특징이 없었다. 1950년 대풍의 아름다움을 지닌 길이 181미터의 서배너는 눈부신 흰색으로 칠한 선체가 매끈했고 배 뒤쪽에 상층부가 솟아 있었다. 무쓰는 원래 해양조사선을 의도했으나 투입한 예산 일부라도 회수해야 해서 상업적으로 활용할 수 있도록 가장 실용적인 핵연료 운송선으로 재설계되었다. 갑판은 탁한 황록색으로, 주 선체는 바랜 오렌지색으로 칠했고 서배너와 비교하면 기교와 규모 모두 밋밋했다. 무쓰는 일부러 130미터로 작게 만들었지만 기술에서는 부족할 것이 없었다. 육지에서는 접할 수 없는 지속적인 상하좌우의 요동으로 부하가 갑작스레 변할 때도 대처할 수 있게 영리한 설계를 적용했고, 충격을 겪어도 배가 바로 서고 연료의 덮개가 벗겨지지 않도록 크로스플러딩cross-flooding 배관을 채택했다. 가정용 라디에이터와 유사하게 선체 아래에 거대한 균형 밸브가 두 개 있어서 배가 침몰하더라도 외부 수압으로 격납용기가 우그러지지 않게 했다. 미로

---

37 엔지니어들은 일본원자력연구소의 일본연구원자로 4호에서 수행된 선박용 원자로 차폐 연구를 바탕으로 이 선박을 설계했다.

처럼 얽힌 펌프, 밸브, 관은 배가 바다에 있는 동안 액체나 고체 폐기물이 격납용기를 빠져나가지 못하게 했고, 1미터 두께의 콘크리트 격납용기 벽을 다시 19센티미터 납판과 15센티미터 폴리에틸렌판으로 둘러싸 감마선이 승무원들과 주위 환경에 닿지 않게 했다.[38] 또한 서배너와 비교해 원자로 선체에 직접 더 큰 충격을 받아도 견뎌낼 수 있었다.

무쓰에 장비를 채우는 작업은 1972년 7월 마무리되었다. 예정된 일정에 따라 항구에 정박한 동안 저전력 임계 실험을 해야 했으나 지역민들의 반대와 정부 관료들의 무성의한 소통으로 인해 계획이 어그러졌다. 대신 9월에 해상 시험을 시작하고 2년간의 시험 항해 후 연료 운반선이라는 원래 임무를 수행하기로 했다. 하지만 실험적인 이 배가 어장을 오염시킬까 두려워했던 어업협동조합이 항구의 출구를 봉쇄하겠다고 협박하면서 다시 출항이 좌절되었다. 어업협동조합, 지방 정부, 중앙 정부가 참여한 협상은 무려 2년을 끌었고 결국 중앙 정부는 문제가 생길 때를 대비해 중앙보상기금을 마련하는 데 동의했다. 그런데도 무쓰가 마침내 모항을 떠나기로 한 1974년 8월 26일에는 수백 명에 이르는 결연한 어부들이 항구에 몰려들어 9미터 남짓한 조그마한 배 백여 척을 밧줄로 묶고 길을 막아섰다.[39] 심지어 한 남자는 일본에서 전통적으로 용기를 상징하는 머리띠 하치마키와 속옷만 착용한 채 물에 뛰어들어 자신의 배와 다른 배 십여 척을 무쓰의 닻에 묶기도 했다. 그날 저녁 불길한 폭풍이 불어 반대자들과 그들의 자그마한 배가 물러난 덕분에 무쓰는 마침내 어둠을 틈타 출발할 수 있었다.

무쓰의 강인한 승무원 80명은 원래 계류장 검사 후 오미나토만 근처에서 원자로를 시험할 계획이었다. 하지만 정부와 어촌 단체의 협상 결과에 따라 보조 전력을 이용해 동쪽으로 항해해 동해까지 나아가야 했다. 무쓰의 원자로는 28일 기본적인 저전력 임계를 달성했지만 3일 뒤 출력을 최대 출력의 1.4퍼센트까지 올리자 방사선 센서에서 중성자들이 노심을 벗어나는 것이 감지되었다.

---

38 무쓰의 폐기물 저장소는 6개월 용량밖에 되지 않아서 오염 제거를 위해 6개월에 한 번씩 모항으로 돌아와야 했다.
39 일본 해상보안청에 따르면 약 500척의 어선이 참여했고 언론에서도 "300척이 넘는" 배를 밧줄로 묶었다고 보도했으나 현장 사진을 보면 수가 훨씬 적어 보인다. 당시 무쓰는 북위 41도 16분 41.5초, 동경 141도 10분 41.6초 지점에 있었다. 무쓰시 오미나토항에서 북동쪽으로 4킬로미터 떨어진 곳이다. 아마 최초의 원자력 동력 항해를 앞두고 옮겨진 것으로 보이나 위치가 다른 이유는 정확히 알 수 없다.

요란한 경보음이 울렸지만 비상 대비 계획이 형편없었던 탓에 배에는 바다에서 어떻게든 임시로 수리할 도구나 자재가 거의 없다시피 했다. 중성자들의 탈출이 시작된 지점을 찾아냈을 때 승무원들이 할 수 있었던 일은 중성자의 속도를 늦추는 탄수화물이 포함된 쌀밥과 중성자들을 흡수하는 붕소를 섞어 만든 임시변통의 실링제로 그 틈을 막는 것뿐이었다.[40] 승무원들은 지름 70센티미터, 두께 55밀리미터로 만든 이 격납용기용 만두피를 틈을 따라 손으로 펴 붙였고 놀랍게도 효과를 보았다. 함께 승선한 과학자들은 고속 중성자들은 그대로 지나갔어도 전체적으로는 탈출하는 중성자가 3분의 1로 줄었다고 기록했다.

하지만 노심을 벗어난 중성자들은 근본적으로 유해하지 않았고 승무원들은 더 이상의 사고 없이 원자로를 폐쇄했다. 반면 일본 언론은 이 나라에서 일어난 최초의 원자력 사고에 광분했다.[41] 핵물질이 전혀 누출되지 않은 상황에서 무쓰의 "방사능 누출"에 관해 광범위한 보도가 나왔지만 방사선radiation과 방사능radioactivity의 차이를 부각하지 못했고, 곧 이 나라에서는 두 번째로 오염된 어류에 대한 공포가 일었다.[42] 쌀을 이용한 즉흥적인 원자로 수리법을 두고 승무원들의 창의력에 찬사를 보내는 대신 조롱하는 기사들은 화룡점정이었다. 어부들은 바로 무쓰가 향하는 모든 항구를 봉쇄하겠다고 위협했고 배는 바다에서 발이 묶였다. 바다를 떠돌며 무쓰의 연료와 승무원들의 식량이 떨어져 가는 사이, 가장 두려워하던 일이 현실이 되어가고 자신들의 값진 가리비 어장이 오염되었을 수도 있다는 데 분노한 아오모리의 어업협동조합은 일본 정부와 몇백만 달러에 달하는 합의를 맺었다. 합의에는 실제로 오염이 일어나지 않아도 방사선의 위협에 대한 부적절한 공포로 인해 이들이 잡은 해산물의 가격이 떨어지면 중앙 정부가 보상한다는 내용이 담겼고, 무쓰의 귀환을 반대하며 시위하는 동안 놓친 소득도 지급하기로 했다. 결국 이 배는 바다로 나간 지 50일 만인

---

40 승무원들이 격납용기의 틈을 막는 데 양말을 사용했다는 소문도 돌았다. 하지만 쌀밥 이야기와 달리 이 소문에 대한 증거는 찾지 못했다.
41 아마 일본의 원자력 시설에서 우발적으로 발생한 최초의 사고는 아니었겠지만 처음으로 널리 보도된 사건이었을 것이다.
42 한두 문장으로는 제대로 설명할 수 없어서 언론도 둘의 차이를 밝히지 못한 듯하다. 하지만 어쨌든 시도해보자면, 방사선은 기본적으로 이동하는 입자를 가리키는 단어다. 방사능은 방사성 붕괴에서 원자들이 쪼개지는 과정을 말한다. 핵분열은 방사능의 한 예다. 언론은 '방사능'이 누출되었다고 보도하면서 일부 물질이 새어나갔고 환경을 계속 오염시킬 거라 했지만 사실과 달랐다.

10월 15일 뼈만 남은 승무원들을 싣고 보조 전력을 이용해 모항에 일시 귀항했고, 1978년 10월에는 수리를 위해 역시 어선들이 잔뜩 모여든 남쪽의 사세보항으로 향하며 고향을 완전히 등졌다. 사세보에서는 대형 조선사였던 사세보중공업이 파산 위기에 처하자 지역 관료들은 무쓰의 입항을 허가했던 터였다.

이미 1960년대에 웨스팅하우스가 무쓰의 원자로 설계를 검토하고 납 격납용기에 약점이 있다고 지적한 바 있었다. 일본의 다른 연구진도 무쓰가 완성되기 전 일본연구원자로 4호기와 격납용기 모형을 이용해 차폐 실험을 했다. 처음 설계할 때보다 발전한 시뮬레이션 기술을 결합한 결과 중성자가 누출되는 문제가 분명히 확인되었지만 이미 공사가 시작된 후였고 변경 없이 설계가 적용되었다. 정부 사고조사위원회는 항구에 정박해 있던 무쓰의 원자로를 가동해 검사할 수 없어서 어려움을 겪었지만 결국 사고를 초래한 여러 이유를 알아냈다. 아마 가장 근본적인 원인은 일본원자력연구소와 원자력선연구개발사업단이 감독하긴 했어도 무쓰라는 배와 원자로가 3개 조직의 연구를 기초로 다른 두 민간 기업에서 개별적으로 설계되고 건조되었다는 사실이었을 것이다. 두 회사가 외부 격납 차폐의 구역을 나누어 설계하면서 파라핀으로 밀봉한 차폐 부품과 압력용기 사이 경계에 틈이 생겼다. 상업적으로 사용되는 대형 원자로와 비교하면 규모가 작은 선박 원자로에서는 작은 문제만 생길 것이라는 과신도 이러한 결함에 어느 정도 영향을 미쳤다. 일본실패학회는 무쓰의 원형 원자로를 설계한 엔지니어들이 "모양이 복잡해 계산이 어려웠던 용량 차폐에 관해 형편없는 판단을 내렸다"고 분석했다.

그리고 앞으로 반복될 문제도 발생했다. 원자력 안전을 책임져야 할 사람들이 이 문제를 심각하게 받아들이지 않았다. 보고서는 원자로 안전 검토 패널의 구성원들이 모두 시간제로 일하고 방사선 차폐 분야의 전문가가 없으며 현장 안전 점검 대신 서면 점검만 시행한다고 지적했다. 무엇보다도 보고서는 원자력안전검토패널이 "합격할 수 있는 결론을 내리는 경향이 있어 결과물에 대한 자신들의 책임과 역할 사이의 경계를 흐려놓았다. 검사와 실제 설계 사이에 공학적이고 기술적인 격차가 남아있는 것처럼 보였다"고 결론 내렸다. 하지만 이런 현상은 일본의 원자력 산업에 국한된 것이 아니라는 사실에 주목해야 한다. 어느 정도는 앞으로 보게 되듯 권위에 강한 경의를 표하고, 결함을 강조해 "문제를 만드"는 일을 일반적으로 꺼리는 일본 문화에서 기인한 듯하다.

무쓰호 사고가 일어나고 2년 뒤 총리실은 원자력 발전에 관한 의견을 묻는 국민 여론조사를 실시했다. 조사 결과 1970년대 내내 실체가 드러나지 않던 현지인들의 불만이 제대로 된 조직으로 응집되면서 대중의 반대가 1969년 같은 조사의 5퍼센트에서 15퍼센트로 급격히 증가했다. 여전히 긍정적인 답변이 49퍼센트로 압도적이었지만 이 수치 역시 1969년 조사의 62퍼센트에서 급감했다. 격차가 좁혀지기 시작했다.

무쓰는 이후 16년을 거의 항구에서 보냈다. 처음에는 사세보에 있었고 1982년 9월에는 세키네하마에 특별히 지은 조그마한 항구로 옮겼다.[43] 원자로 선체는 재설계한 뒤 원래 격납용기보다 3,650만 달러를 더 들인 9천만 달러짜리 강화 콘크리트 격납용기와 함께 다시 만들었다. 1990년 6월부터는 18개월 동안 실험선으로 운영되며 8만 킬로미터를 항해했고, 승무원들은 배가 물에 떠 있는 동안 배의 움직임이 원자로에 미치는 영향을 기록하고 연구했다. 무쓰는 1992년 해체되었는데 이때까지 이 배를 운영하는 데 들어간 비용이 당시 기준으로 약 1,200억 엔, 2020년 기준으로 약 12억 달러에 육박했다. 2020년 8월 일본조선학회日本造船學會는 무쓰의 기술적 · 역사적 가치를 인정해 이 배를 '선박 유산Heritage Ship'으로 지정했다.

---

43 항구의 위치는 북위 41도 21분 54.4초, 동경 141도 14분 19.7초였다.

V
재처리와 새로운 규제

　에너지 독립이라는 일본의 장기적 목표는 전적으로 원자력 연료를 농축하고 재처리하는 능력을 확보해 닫힌 연료 순환을 만들어내는 데 달려있었다. 우라늄의 국내 매장량은 한정적이었고 원자로들은 서구에서 수입한 농축 우라늄에 의존했다. 하지만 농축을 위한 천연 우라늄은 이론적으로는 소련과 아프리카 일부 국가를 포함해 우라늄 광산이 있는 십여 개국에서 바로 수입할 수 있었다.

　원자 구조에 관한 기본적인 지식이 있으면 농축과 재처리를 이해하는 데 도움이 된다. 원자는 세 가지 유형의 원자 구성 입자로 이루어진다. 모여서 핵을 이루는 양성자와 중성자 그리고 그 주위를 두는 전자다. 원자에 있는 양성자의 수에 따라 원소와 원자 번호, 질량이 결정된다. 1개의 양성자를 가지는 수소는 원자 번호가 1번이고 8개인 산소는 8번, 11개인 소듐은 11번, 29개인 구리는 29번, 79개인 금은 79번, 92개인 우라늄은 92번이다. 각 원소에는 변종이 존재하는데 중성자의 수로 정의되는 이 변종들을 동위원소라 한다. 당신이 혼다에서 나온 시빅Civic이라는 차를 산다고 생각해 보자. 같은 차라도 모델마다 다양한 옵션이 있다. 기본적인 옵션은 가장 싸고 부가 장치도 적지만 가격이 올라갈수록 차체가 날렵해지고 운전자 보조 기능과 선택권이 많아지며 바퀴 휠이 커지고 엔진도 강력해진다. 옵션이 다른 차들도 여전히 시빅이지만 각각 비교하면 명백히 다르다. 같은 원리가 동위원소에도 적용된다. 동위원소들은 대개 자신만의 이름을 갖는 대신 원소 이름에 양성자와 중성자의 수를 더해서 나타낸다. 우라늄-235는 양성자 92개와 중성자 143개를 가지며, 우라늄 238 역시 양성자는 92개지만 중성자가 146개로 더 많다. 우라늄-238은 핵분열을 일으키지 않아 원자로에서 쓸모가 없지만 핵분열에 필요한 우라늄-235는 천연 우라늄 중 0.7퍼센트에 불과하다.

사용후연료를 재처리하면 그냥 태우는 것보다 몇 가지 잠재적 이익이 있다. 가장 중요하게는 고속증식로에도 사용되는 플루토늄을 추출할 수 있으며, 유독遺毒한 기간이 몇천 년 줄어들고, 유해 폐기물의 양이 95퍼센트까지 감소한다. 하지만 영국, 미국, 캐나다와 맺은 원래 수입 계약에 따르면 일본은 사용후연료를 재처리하는 대신 수입한 나라로 모두 돌려보내야 했고, 이 조건을 준수하도록 보장하기 위한 안전장치도 있었다. 농축과 재처리 장비가 핵폭탄을 제조하기 위한 물질을 만드는 데 사용될 수도 있다는 우려가 제기되면서 해당 기술의 공유가 연기되었다. 서로 다른 원소를 사용하는 두 가지 방법으로 핵폭탄을 만들 때 필요한 물질을 얻을 수 있었다. 먼저 핵연료 사이클의 초기 단계에 천연 우라늄을 원자로에서 요구하는 수준, 즉 우라늄-235를 3~4퍼센트 정도로 농축하는 데서 훨씬 더 나아가 95퍼센트 언저리까지 농축할 수 있었다. 두 번째로, 일본의 기존 원자로에서 핵분열의 부산물로 인공 원소 플루토늄이 만들어졌다.[44] 영국의 마그녹스형 원자로는 원래 동위원소 플루토늄-239가 전체의 93퍼센트 이상인 무기 제조용 플루토늄을 생산하기 위해 설계되었지만 일반적인 비등수형 원자로와 가압수형 원자로에서도 플루토늄-239가 0.9퍼센트 정도 소량 만들어졌다. 하지만 사용후연료를 이용할 수 없고 각 원소를 화학적으로 추출해 재활용할 능력도 없었던 일본은 설령 원한대도 핵무기를 만드는 것이 금지되어 있었다.[45]

일본원자력위원회가 잠시 자체 핵연료 재처리 시스템을 개발하는 것을 미루고 돈과 시간을 아낄 목적으로 외국에서 기술을 들여오는 사이 정부는 1960년대 중반 미국과 맺었던 협정 조건을 철회했다. 일본원자력위원회는 미국의 재

---

44 핵분열은 중성자들이 연료의 핵분열성 동위원소를 계속 때리는 중성자 충격 과정으로 시작되며 대개 우라늄-235가 표적이 된다. 양성자 92와 중성자 146개로 이루어진 비핵분열성 동위원소 우라늄-238은 중성자를 흡수 또는 포획하면 양성자 92개와 중성자 147개의 우라늄-239가 된다. 이 새로운 동위원소는 34분의 반감기를 가지며, 붕괴해 양성자 93개와 중성자 146개로 구성된 넵투늄-239가 된다. 반감기가 2.3일인 넵투늄은 다시 붕괴해 양성자 94개와 중성자 145개로 구성된 플루토늄-239가 된다.
45 일본이 1950년대부터 1970년대까지 양다리를 걸치며 뒤로는 핵무기를 만들려 노력했는지는 여전히 명확히 밝혀지지 않았다. 사토 에이사쿠 총리 시절 핵무기 개발을 시도했다는 증거가 있으며, 이런 구상을 옹호하는 거침없는 정치인들이 분명히 존재했고 지금도 존재한다. 이런 정치인들은 대개 실제로 핵무기를 만들어서는 안 되지만 그럴 수 있는 능력은 보유해야 한다고 주장한다.

처리 공장을 인수하기 위한 1차 협상을 계속하는 동시에 미국에 의존하지 않는 시설을 개발하기 위한 막후 논의를 계속했다. 먼저 1963년에는 영국 기업 뉴클리어케미컬플랜트Nuclear Chemical Plant와 협력해 시험 공장을 짓기로 했으나 1년 뒤 설계 작업을 입찰에 부쳤고 1966년 프랑스의 생고뱅누클리어Saint-Gobain Nucleaire에 낙찰되었다. 설계가 늦어지면서 원래 1970년 완성될 예정이었던 도카이 재처리 시설은 1971년 6월에도 착공하지 못했다. 그사이 미국은 일본에 재처리 권한을 주기로 합의했으나 거부권을 유지하며 허가를 철회했다.

1972년 자꾸 몸집이 커지는 도카이 캠퍼스의 새로운 플루토늄 연료 제조 시설에서 일본의 실험용 50메가와트 고속증식로 조요를 위한 연료 제조가 시작되었다(위에 언급한 재처리 시설과는 다른 시설이다). 미쓰비시가 설계한 액체금속 냉각 원자로를 채택한 조요는 1970년대 봄 오아라이연구소에서 20킬로미터 떨어진 곳에 건설되기 시작했다.[46] 실험용 원자로로 전기를 생산하기 위한 장치는 없었고, 고속증식로라는 미래 기술에 대한 증거이자 시험대로 활용할 예정이었다.

미국은 1970년대 중반부터 원자력 기술을 공유한 것을 후회하기 시작했다. 일본 내 에너지 소비량은 1960년부터 1975년 사이 세 배가 되어 일본의 3분의 1에 그친 미국 내 에너지 소비량 증가율을 훌쩍 넘어섰으며, 증가량의 50퍼센트를 산업시설에서 소비했다. 핵연료 재사용 문제는 뜨거운 논란거리가 되었다. 일본원자력연구소는 자체 핵연료 재처리 연구시설과 검증되지 않은 재처리 공장을 보유하고 있었지만 국내에 재처리 산업을 구축하려는 시도는 1976년 10월 28일 난관에 부딪혔다. 불안정한 이란, 수상하게 움직이는 파키스탄, 자체적으로 원자력 발전 산업을 발전시키는 인도에 두려움을 느낀 제럴드 포드 대통령은 미국 내에서 진행되던 사용후연료 재처리와 재처리 관련 수출을 모두 중단했다.[47]

---

46 오아라이연구소는 현재 사용하는 이름이고 지난 수십 년간 몇 차례 명칭이 바뀌었다. 책에서는 편의를 위해 이 이름만 사용한다.
47 미국 국가안보국의 한 보고서는 "1974년 국무부 관리들은 이란 국왕의 독재 정권이 붕괴되고 이 나라가 불안정해지면 '이란 내 반체제 인사들이나 외국 테러리스트들이 폭탄에 사용할 목적으로 이 지역에 보관된 특별한 핵물질을 쉽사리 손에 넣을 수도 있다'고 적었다. 게다가 '이란 국왕의 공격적인 후계자는 핵무기를 이 지역에서 완전한 군사적 지배권을 확립하는 데 필요한 최후의 도구로 생각할 수도 있다'"고 기록했다. 1979년 일어난 이란 혁명은 이러한 우려가 틀리지 않았음을 보여주었다.

포드 대통령은 성명서에서 "1973년의 에너지 위기는 모든 나라에 수입 석유에 대한 지나친 의존의 위험성을 일깨웠을 뿐 아니라 전 세계에 공급되는 화석연료가 고갈되어 가는 현실을 극적으로 보여주었다. 그 결과 이제 여러 나라에서 원자력을 증가하는 에너지 수요를 만족시킬 수 있는 필수적인 방법으로 제대로 인식하고 있다"고 인정했다. 하지만 그는 이런 평가에도 불구하고 "세계 공동체가 관련 기술의 확산을 효과적으로 극복할 수 있다는 결론을 내릴 확고한 근거가 없다면 플루토늄의 재처리와 재활용을 진행해서는 안 된다"고 믿었다. 미국은 재처리 기술 개발을 잠시 멈추고 다른 "공급자" 국가에도 자신들을 따르길 권장했고, 동시에 사용후연료의 장기 보관이라는 문제로 시선을 돌렸다.[48] 미국의 재처리 시설을 노리던 일본인들의 희망은 무너졌다. 그 결과 일본 정부는 영국과 프랑스의 기업들과 합의해 유럽에 사용후연료를 보내기 시작했다.[49]

1975년과 76년 제너럴일렉트릭GE의 비등수형 원자로에 관한 우려가 다시 제기되었는데 이번에는 GE의 내부 보고서가 시발점이었다. 이 보고서의 저자들은 "가압수형 원자로 설계는 [비등수형 원자로와 달리] 원자로 용기를 더 아래에 배치하고 [냉각수 공급이 중단되는] 더 큰 부담에 대비하는 설계가 필요해서 근본적으로 지진에 더 강하다"고 적었다. 이들은 "최근에 발견된 현상으로 인해 비등수형 원자로의 모든 차폐 형태는 구조적 타당성을 평가하기 위한

---

48 연방 정부 차원의 재처리, 즉 핵무기 제조를 위한 재처리는 계속했다.
49 "원자로 수준" 플루토늄을 핵무기에 사용할 수 있는지에 관해서는 논란이 있다. 분명히 가능하겠지만 이런 플루토늄에는 비핵분열성 동위원소인 플루토늄-240이 너무 많고 플루토늄-239는 부족해서 일반적인 핵무기의 폭발력을 내지 못할 것이다. 플루토늄-240이 많고 플루토늄-239이 적을수록 무기를 만들기가 어렵다. 하지만 핵폭발은 어떤 형태든 끔찍한 일이기 때문에 엄격한 국제안전보장조치로 사용후연료를 보호해야 한다. 미국은 1962년 영국 콜더홀 발전소 원자로의 영국산 플루토늄을 이용해 핵무기 실험을 했고 그 핵무기는 폭발했다. 하지만 콜더홀의 원자로는 무기 수준의 플루토늄을 생산한다는 특수한 목적으로 설계되었기 때문에 이 실험의 결과를 오늘날 운전되는 대부분의 원자로에 적용할 수는 없다. 영국 정부는 당시 그리고 30년 후에도 콜더홀에서 생산한 플루토늄은 무기 수준이 아니며 핵무기에 사용할 수 없다고 주장했다는 사실에 주목하자. 미국의 시험 무기에 이 플루토늄이 사용되었다는 사실은 1994년에야 알려졌다. 물론 사용후연료를 이용한 어떤 종류의 폭탄이든 방사능이 많은 "더러운 폭탄dirty bomb"이 될 수 있으며 어떤 면에서는 더 나쁠 수도 있다.

광범위한 추가 분석을 거치고 있다"며 마크 1과 마크 2 격납건물이 "다시 설계되고 개조되어야 할 것 같다"고 결론 내렸다.

1976년 2월 2일에는 경력을 모두 합치면 50년에 달하는 세 명의 고급 엔지니어가 마크 1 설계에 환멸을 느끼고 GE를 떠났다. 그 전해에 미국 브라운스페리 원자력 발전소에서 발생한 화재도 어느 정도 영향을 미쳤다. 1975년 3월 22일 정오, 브라운스페리 발전소 제어실 바로 아래 케이블실에서 전기 기사 한 명과 전기 검사관 한 명이 공기 누출을 막는 작업을 하고 있었다. 최대 용량으로 운전 중이던 발전소의 두 원자로에 신호를 보내는 전기 케이블들이 이 방을 통과했다. 둘은 약 75센티미터 두께의 벽에 있는 케이블 관통부에 폼시트를 쑤셔 넣은 뒤 양초를 켜서 공기의 흐름을 확인하려 했다. 강한 바람이 불면서 폼시트에 불꽃이 옮겨붙었고 불이 건물 전체로 번졌다. 당황한 사이 혼란이 벌어졌고, 다른 직원들이 문제의 전기 기술자들이 일부러 꺼두었던 발전소의 이산화탄소 화재진압 설비를 활성화했지만 이미 불이 한껏 커진 후였다. 마침내 화재진압 장비가 작동하기 시작했을 때는 이산화탄소로 불을 끌 수 없었을 뿐 아니라 케이블실의 연기와 이산화탄소가 위의 제어실로 올라가는 역효과만 났다. 질식할 지경이 된 운전원들은 앞을 볼 수 없었다.

1호기 제어실의 운전원들은 경보음이 울리고 제어반에 경고등이 켜졌는데도 화재 경보가 울리고 16분이 지날 때까지 원자로를 멈추지 않았고, 자신들이 계속 가동을 중단해도 비상 펌프가 자체적으로 여러 차례 작동을 시작하자 그제야 원자로를 세웠다. 갑자기 발전소에서 일하는 이들이 상상할 수 있는 가장 끔찍한 악몽이 현실이 되었다. 전기 장치가 멈춰버린 것이었다. 비상 펌프와 디젤발전기를 포함해 모든 장치를 아무리 조작해도 반응이 없었다. 심지어 제어실의 전화와 방사선 점검기, 온도감시기도 모두 작동하지 않았다.[50] 몇 분 뒤 2호기의 장비들도 작동을 멈추기 시작했다.

사고가 일어나길 기다리기라도 한 것처럼 있어서는 안 될 일들이 줄줄이 이

---

50 교대 조의 한 엔지니어는 "제어반의 등은 색이 바뀌며 켜졌다 꺼졌다를 반복했다. 디젤발전기 4대의 제어 회로 신호 표시기에 모두 접지 경고가 떠 있는 것을 알아챘다. 교대 조 엔지니어에게 상황을 알리고 이 설비들을 작동시킬 수 없을 것 같다고 했다"고 증언했다. 1호기의 운전원은 "확인 결과 제어봉구동펌프가 유일하게 원자로에 물을 공급하고 있다는 사실을 알았다. 그래서 그 펌프의 출력을 최대로 올렸다"고 회상했다. 이 펌프만으로는 원자로의 냉각을 유지할 수 없었지만 아무런 조치도 하지 않는 것보다는 나았다.

어졌다. 근처에 불꽃을 가져간 것까지는 문제 삼지 않더라도 사용해서는 안 되는 상황에서 가연성 물질을 사용했고, 정해진 절차를 따르지 않았으며, 적절한 이들에게 알리지 않았고, 소방관들의 호흡 보조기가 완전히 충전되어 있지 않았으며, 무엇보다도 예비 계통을 위한 전기 케이블이 모두 같은 방을 통과하고 있었다. 미국 원자력규제위원회는 규정집을 다시 작성했다.[51]

이후 GE를 떠났던 세 남자 중 한 명은 상급자들에게서 "마크 1 발전소들을 모두 폐쇄해야 한다면 GE의 원자력 사업도 영원히 끝나는 것이다"는 말을 들었다. 하지만 결국 GE는 엄청난 비용을 들여 기존 발전소들을 개보수하고 새로운 설계를 도입하면서 많은 문제를 바로잡았다. 일본에서도 1975년 시작된 통상산업성의 '개선과 표준화Improvement and Standardisation' 프로그램 중 하나로 10년간 모든 마크 1 원자로의 개보수 작업이 진행되었다. 극단적인 상황에서 아주 짧은 시간 내에 손상될 수 있는 취약점으로 판명된 일부 배관 통과 지점과 감압실을 구조적으로 강화하는 작업도 진행되었으나 여전히 후쿠시마 참사에서와 같은 극단적인 압력은 예상하지 않았다. 새로운 안전 조치들이 설계에 통합되면서 건설 비용이 극적으로 증가해 때로는 3배가 되었다. 예를 들어 후쿠시마 제1 발전소 1호기의 건설 비용은 1976년까지 986억 엔에서 2,728억 엔으로 늘어났다.

1975년 11월 후쿠시마 제1 발전소는 12킬로미터 떨어진 곳에 새로운 원자로를 건설하는 공사가 시작되면서 동생을 얻게 되었다. 후쿠시마 제2 발전소의 원자로 4기는 모두 히타치나 도시바가 설계한 비등수형 원자로였고 마지막 4호기는 1987년 8월 상업 운전을 시작했다.

일본 정부는 무쓰 사고를 겪은 뒤 기존 정부 기구와 법, 관행에 관한 검토를

---

51 전기 기술자들만 폼러버foam rubber가 가연성이라는 사실과 양초가 검사 도구로 사용되었다는 사실을 모두 알고 있었던 듯하다. 이후 한 전기 기술자는 "그 전기 기사가 [전기 기술자들의] 무리를 모으더니 이 방법이 얼마나 위험한지 경고했다. 그는 '며칠 전에는 그 고무에 불을 붙여 보고 손으로 끄려 했는데 모두 타버렸다'고 했다"고 회상했다. 화재를 일으킨 전기 기술자 중 한 명은 2년 이상 양초를 사용해 왔다면서도 "우리가 관통부의 틈을 메우는 데 사용했던 자재가 불에 탄다는 사실은 모두 알고 있었다고 생각한다. … 늘 마음에 들지 않았다"고 주장했다.

의뢰했다. 1976년 7월 제출된 결과 보고서는 일본 원자력 규제 역사의 첫 장을 마감하게 하는 근본적인 변화들을 권고했다.[52] 두 번째 장을 여는 새로운 규제는 홍수, 쓰나미, 바람, 태풍, 혹한, 폭설, 산사태 같은 자연재해를 포함하는 다양한 상황에서의 안전을 고려하도록 했으며 1978년 법으로 제정되었다. 하지만 지침에서는 여러 자연재해 중 지진에 관해서만 자세한 보호 조치를 제시하고 있었다. 게다가 명시된 내용조차 사고 완화가 아닌 사고 방지만을 다뤘다. 예를 들어 발전소에 "짧은 시간" 전기가 끊기면 분열 반응을 멈추고 원자로의 냉각을 유지할 수 있어야 했다. "짧은 시간"을 정확히 규정하지는 않았고 몇 시간 정도로 여겨졌다. 해당 발전소에 외부 전기를 공급할 수 있는 설비처럼 높은 확실성을 기대할 수 있는 전력 공급 설비들이 동시에 기능을 상실하는 상황까지 고려할 필요는 없었다. 전력회사들은 2011년 후쿠시마에서 벌어질 일처럼 긴 시간 전기가 끊기는 상황에 관해서는 언급하지 않았고 진지하게 고심한 적조차 없었다.

원자로 허가 권한은 과학기술청에서 통상산업성으로 넘어갔다. 당장은 없지만 미래에 상업용 선박 원자로가 건설되면 운수성이 관리하기로 했고 연구용 원자로 허가 권한은 여전히 총리실과 과학기술청에 있었다. 새롭게 허가 권한을 갖게 된 통상산업성은 원자력 발전소의 전반적인 감독에 관한 권한도 유지했다. 다만 각 발전소 현장에서 개별 부품과 요소에 관한 일상 검사를 수행하는 것은 과학기술청의 몫이었다. 현장 검사의 범위는 1978년 전과 비교해 극적으로 증가했다.

가장 주목할 만한 변화는 일본원자력위원회의 하위 기구로 일부 안전 책임을 공유해 온 원자력안전위원회를 개별 기구로 분리한 것이었다. 새로운 원자력안전위원회는 총리가 임명한 전문가 위원 5명으로 구성되었고 (이후 20년간 20명으로 늘어났다) "이중 확인" 체계라 불리는 구조에서 모든 원자력 안전 문제를 감독하고 교차 검증하는 책임을 맡았다. 통상산업성과 다른 관련 부처는 원자력 시설을 직접 규제하면서 개념 설계부터 해체까지 원자력 시설 생애주기의 모든 단계에서 원자력안전위원회의 견해를 듣고 감독을 받아야 했다. 하지

---

[52] 이 1976년의 보고서는 원자력관리자문위원회 위원장으로 임명된 도쿄대학교 명예교수 아리사와 히로미의 이름을 따 아리사와 보고서라고도 알려졌다.

만 통상산업성이 실제로 상업용 원자로의 안전 규정을 작성하는 동안 원자력안전위원회는 자문단으로만 남아있어 논란을 낳았다.[53] 통상산업성 직원들은 원자력안전위원회의 권고를 존중해야 했으나 법에 반영해야 할 의무는 없었다. 원자력안전위원회가 법을 제정하는 권한을 가지면 본질적으로 정부의 일부가 되어 독립적이지 않고 중립적이지도 않은 조직이 되기 때문에 정당화되는 이상한 구조였다. 그 결과 규제들은 아마도 응당 그래야 하는 만큼 엄격하지 않았다. 미국 연방에너지규제위원회에서 대외 문제를 총괄했던 로저 W. 게일Roger W. Gale은 이 관계를 "통상산업성은 도쿄전력에 마음대로 할 수 있는 자유를 주지는 않지만 규제를 통한 원하지 않는 통제로부터는 폭넓은 자유를 보장한다"고 훌륭히 요약했다.

이런 구조가 혼란스럽게 느껴진다면 당연하다. 전체적인 체계가 복잡하게 얽힌 스파게티처럼 난장판이었다. 정부는 나무만 보였고 숲은 볼 수 없었다. 관 하나하나까지 사소한 모든 것에 안전을 책임지는 사람과 부서가 정해져 있었지만 발전소 전체의 안전을 관리하는 사람은 없었기 때문이었다. 개별 요소에 대한 검사를 지나치게 강조한 탓에 엄청난 문서 작업이 요구되었고 두 가지 문제가 발생했다. 첫째, 점검해야 할 항목 수가 너무 많아 조사관들이 개별 항목에 관심을 덜 두게 되었다. 둘째이자 더 큰 문제로, 아주 작은 결함에도 서류 기록이 길어져서 전력회사들이 불편함을 느끼게 되었다. 1980년대가 되자 모든 전력회사, 특히 도쿄전력은 불합격 검사 보고서를 조작하기 시작했고 20년간 이런 행태가 계속되었다.

게다가 일본 관료제의 또 다른 특징인 정기적인 직무 순환으로 인해 정부에 고급 핵물리학이나 공학 지식을 지닌 인재가 매우 부족했다. 일본에서는 공공 부문이든 민간 부문이든 관리자들이 보통 2년이나 3년마다 직무를 바꾼다. 이런 현상은 사법부에도 영향을 미쳐 대법관들조차 거의 은퇴하기 전 6년이나 7년 정도만 근무한다.[54] 직장 내 훈련을 병행하면서 (때로는 공무원들이 민간 부분에

---

53 당시 사람들은 이러한 구조가 야기할 수 있는 명백한 문제들을 알아채지 못했다. 국회에서 대립하던 정당들은 일본전력관련산업노동자조합연맹과 함께 원자력안전위원회에 법적 권한을 주라고 요구했으나 보다 실질적인 권력을 부여하는 것에 반대하는 주장이 더 많았다.
54 법원의 잦은 업무 순환을 설명하면서 대법원을 예로 들었지만 대법관은 직무를 바꿀 필요가 없다. 단지 70세에는 은퇴해야 하고 64세가 되기 전에는 거의 대법관에 오르지 못해서 6~7년 정도만 근무하게 되는 것이다.

파견되어 훈련을 받기도 한다) 여러 직무를 거치면 거의 모든 일을 처리할 수 있는 종합적인 지식을 지닌 인력이 된다는 논리다. 이런 체계는 여러 면에서 타당하다. 서구에서는 기업과 정부의 최고위직에 있는 사람들이 종종 현실을 모르고 자신들이 통제하는 대상을 이해하지 못한다는 비난을 받는다. 일본에서는 관리자들이 해당 업무의 다양한 측면을 직접 경험할 수 있어 일과 그 일을 하는 사람들을 제대로 이해하게 된다. 하지만 후쿠시마 참사가 터진 후 도쿄전력이 내놓은 비굴한 보고서는 자신들의 기업 문화 문제를 부분적으로 정당화하는 구실로 인력 교체를 열 번 가까이 언급하고 있다.

일본 정부의 기본 구조 역시 다른 선진국들과 차이가 있다. 중앙 기구는 아주 작고, 다양한 산업의 리더들과 상대적으로 규모가 큰 지방 정부의 부서에 온갖 종류의 업무를 위탁하며 의존한다. 그 결과 때로는 직무 순환 탓에 한심할 정도로 자격이 부족한 정부 관료들이 민간 기업의 기술 전문가들에게 도움과 조언을 구한다. 하지만 정부 부처들이 미로처럼 복잡한 원자력 시설들을 감시하고 규제해야 할 때는 진퇴양난이다. 넓지만 얕은 지식을 지닌 사람들의 세계에 전문가가 거의 없다면 내가 알고 있어야 하는 것들을 모두 들었는지 어떻게 알 수 있을까? 공무원들은 새로 맡은 일이 얼마나 광대한지 경험하고 원자력을 감독하는 데 필요한 기준을 익히기도 전에 또 다른 직무를 맡아 떠난다. 일본재건이니셔티브 독립조사위원회는 보고서에서 "모든 행정기관에 직무 순환이 있어 필요한 전문성을 가진 공무원을 찾고 배정하는 데 지속적인 어려움을 겪었다. … 얼마 지나지 않아 상대적으로 전문가라 할 수 없는 이들이 안전 규제 정책을 제안하고 계획하는 업무를 맡게 되었다"고 지적했다. 직무 순환이 초래한 또 다른 불행한 결과는 새로 배치된 직원들이 같은 실수를 몇 번이나 반복하는 것이었다. 사실상 규제를 받아야 하는 사람들이 규제하는 사람들을 가르치게 되었다.[55] 2018년 11월 세상의 비웃음을 샀던 유사한 사례가 있다. 68세의 사이버보안 전략 부본부장 사쿠라다 요시타카는 직장 생활을 하며 컴퓨터를 사용해 본 적이 없다고 인정했다.

이러한 문제에도 불구하고 당사자들이 자신들만의 규칙을 만들기 좋았던 중

---

55 2012년 10월 비슷한 역할 반전이 드러났다. 일본 법무상 다나카 게이슈는 범죄 조직과의 유대 관계가 폭로되어 취임 3개월 만에 사임했다.

앙화된 옛 시스템을 없앤 것은 적어도 이론적으로는 더 일관된 안전 규제를 가능하게 했다. 한 예로 과학기술청은 이제 연구용 원자로를 책임지는 조직이 되어 과학 연구용 원자로에 집중하게 되었고 통상산업성이 상업용 발전 산업에 적용할 규제를 작성하게 되었다. 하지만 통상산업성이 대립하는 두 가지 역할을 동시에 하게 된 부작용도 있었다. 통상산업성은 이제 관련 산업을 촉진하는 동시에 안전 규제를 따르는지도 점검해야 했다. 규제는 기업들에 시간과 비용을 요구한다. 이러한 체계가 거리를 두고 윤리적으로 유지될 수도 있었지만 현실은 달랐다.

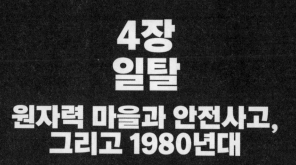

4장
일탈

원자력 마을과 안전사고,
그리고 1980년대

I
하늘에서 내려오다

　일본의 우파 정당인 자유민주당은 1955년 창당 이래 1993년에서 1994년까지, 2009년에서 2012년까지의 짧은 예외를 제외하면 줄곧 정권을 유지하면서 자유민주당의 정치적 엘리트들이 일본 사회에 단단히 자리 잡고 영향력을 발휘하게 했다. 1974년 정부는 석유 위기를 이유로 요금을 57퍼센트 인상하게 해달라는 전력회사들의 요청을 받아들였고 정부와 기업들 모두 소비자들의 거센 비난을 샀다. 2년 뒤 요금이 다시 21퍼센트 오르면서 일본인들은 세계에서 가장 비싼 전기를 쓰게 되었다. 전력회사들이 보수 정치인들에게 일종의 뇌물로 보이는 거액의 기부금을 낸다는 사실이 알려지자 상대 진영 정치인들이 이 문제를 선거 쟁점으로 삼았다. 그 결과 1977년 전력회사의 정치자금 기부가 금지되었지만 2011년까지 전력회사 경영진들이 개인 자격으로 낸 기부금이 자유민주당이 모은 총액의 절반 이상을 차지하곤 했다. 72퍼센트를 기록했던 2009년처럼 그 비율이 70퍼센트를 넘는 해도 있었다. 그러니 직업 정치인들이 전력회사들의 심기를 거스르는 것은 현명한 일이 아니었다.

　특히 도쿄전력의 최고 경영진은 가늠할 수조차 없는 영향력을 발휘했다. 첫 번째 파도가 후쿠시마 제1 발전소의 해안 방벽을 넘어섰던 2011년 도쿄전력 사장 시미즈 마사타카는 일본 내 가구와 산업시설에서 30퍼센트 이상의 점유율을 자랑하는 세계 최대의 민간 전력회사를 이끌고 있었을 뿐 아니라 일본 전기사업연합회와 일본원연의 회장이었으며 일본기업커뮤니케이션학회를 이끌었고 일본경제단체연합회 부회장이었다. 전기사업연합회는 전력회사들의 논의와 협력을 위한 포럼이었고 자신들이 원하는 국가 정책 방향을 정부 관료들에게 제시하기도 했다. 일본원연은 일본의 유일한 사용후연료 재처리 시설인 로카쇼 재처리 공장을 보유하고 있는데 더 자세한 내용은 뒤에 다루기로 한다. 일본기업커뮤니케이션학회 홈페이지는 이 단체가 "기업, 정부와 같은 경영 주체의 홍보와 소통에 관한 연구 활동을 한다"고 소개한다. 당시 이 학회 간부진에는 주요 대학교 교수들은 물론이고 일본 최대 주류업체 아사히 맥주, 일본 최대(이자 세계 2위의) 자동차 제조회사 도요타, 세계에서 가장 큰 홍보회사 덴쓰 등 다양한 기업의 전현직 최고 경영진이 망라되어 언론에 비치는 자신들의 모습을 통제하려 함께 싸웠다. 일본경제단체연합회는 이 나라에 가장 큰 영향력을 발휘하는 기업 로비 단체이며 원자력을 강력히 지지했다.

소수에게 힘이 집중된 상황에서 정부의 일반적인 계획과 감독 역할뿐 아니라 원자력 발전소의 위치를 정하고, 승인하고, 규제하고, 촉진하고, 주변 지역에 보조금을 지급하는 과정까지 제도화되면서 예측할 수 있는 문제들이 발생했다. 원자력 발전의 성공이라는 공통된 이해관계를 두고 모인 개인과 조직의 비공식적인 집합은 1950년대에 등장했으나 1970년대부터 온전히 힘을 발휘하기 시작했고, 외부인들은 이들을 통칭해 "원자력 마을"이라 불렀다. 미쓰이[도시바], 미쓰비시, 히타치, 스미토모를 포함하는 5대 제조 · 원전공급 그룹, 전력회사, 학자, 언론사, 금융기관, 건설회사, 관료가 모두 원자력 마을에 속했고 양대 정당의 유력한 중앙 · 지역 정치인들 역시 빠지지 않았다. 이 나라에서 가장 강력하고 영향력 있는 존재였던 이들은 함께 '안전에 중점을 둔 민주적 개방'이라는 일본 원자력 정책의 기본 원칙을 조금씩 갉아먹었다.

이들이 모두 대중의 눈을 피해 완벽히 보조를 맞춘 것은 아니었다. 일본이 제1세계 국가 중에는 특이하게 제2차 세계대전 기간을 제외하면 에너지 산업이 국유화되지 않고 민간이 모든 단계를 맡는 나라로 남은 것은 우연이 아니다. 정부가 각 단계를 노릴 때마다 기업들이 싸워 이겼기 때문이다. 오히려 원자력 마을은 리처드 J. 새뮤얼스Richard J. Samuels가 "상호 동의"한 교환 체계라 칭한 협력 관계를 진화시켜 왔다. 기업은 시장을 계속 통제하는 대가로 국가가 시장을 관할하게 했다.

하지만 예나 지금이나 이 마을의 집단적인 목표는 모두의 자원을 결합하고 활용해 원자력을 확산하고 에너지 자급자족을 확보하는 동시에 서로를 맹렬히 방어하는 것이다. 원자력 마을의 핵심 그리고 이 전체적인 체계가 등장하고

존속한 중요한 이유는 정부 고위 관료들과 전력회사 경영진들의 얽히고설킨 관계였다. 이 공생은 관련은 있지만 개별적인 두 가지 요소로 나누어볼 수 있다. 서양인들에게는 황당해 보일 수 있는 아마쿠다리天下り와 가쿠바쓰学閥다.

둘 중 가쿠바쓰는 더 추상적이어서 서양인들에게 설명하기 어렵지만 한국어에는 대응하는 "학벌"이라는 단어가 있다. 일본 사회에서는 어느 대학교를 졸업했느냐가 엄청나게 중요한데 봉건적 전통의 영향인 듯하다. 같은 대학교를 졸업한 동창들은 평생 유대 관계를 유지한다. 직장인 두 명이 퇴근 후 술집에서 만나 둘 다 교토대학교를 나왔다는 사실을 알게 되면 거의 나이와 지위에 상관없이 끈끈한 관계가 된다. 사람을 채용할 때 고용주들은 대학교를 졸업하고 이미 몇십 년이나 지났는데도 같은 학교를 졸업한 지원자들을 선호한다. 여러 기업이 협력하는 업무에 오사카대학교 출신이 여러 명 참여하고 있다면 그 외에는 공유하는 배경이 없다 해도 공통점을 찾아낸다. 심지어 일터에서의 일상에 가까운 일본식 직장 정치도 개인들이 순수하게 자신을 위한 길을 도모하는 전형적인 서구 스타일과 달리 이런 동창 관계를 중심으로 돌아간다.

1886년 세워진 도쿄대학교는 일본에서 가장 오래된 학교이며 가장 영광스러운 타이틀이다. 가쿠바쓰라는 연대감이 가장 강력하게 작용하는 학교이기도 하다. 놀랄 것도 없이 도쿄대학교의 엘리트 졸업생들은 한 세기가 넘게 이 나라의 경제계와 정치계, 정부에서 최고위직을 차지하고 있다. 1963년 텍사스대학교 정치외교학 교수 제임스 R. 수컵James R. Soukup 박사는 "일본의 정당은 결국 경력, 학교, 가족관계를 기초로 한 파벌의 연합체. 정치인 대부분의 충성심은 전체적인 당보다 이런 파벌을 향한다"고 주장했다. 이런 무형의 연대가 얼마나 중요한지는 아무리 강조해도 지나치지 않고 특히 일본의 기업 문화 전반에 깊이 배어 있다. 후쿠시마 참사가 진행되는 동안 가쿠바쓰는 총리의 행동에까지 영향을 미쳤다.

"하늘에서 내려오다"로 옮길 수 있는 아마쿠다리는 다음의 적절한 예로 설명할 수 있는 관료적 보상의 한 형태다. 후쿠시마 참사가 터지고 몇 주 뒤 1960년대부터 통상산업성에서 원자력 산업 규제를 담당했던 고위 관료들이 70명 가까이 공직 은퇴 후 전력회사의 경영진이나 고문을 맡았다는 사실이 알려졌다.[1] 최고위 관료들은 70명 중 5명을 받아들인 도쿄전력을 비롯해 가장 영향력이 큰 전력회사들에 합류했고 그보다 지위가 낮았던 이들은 더 작은 회사로 갔다. 원자력 부흥을 맡은 통상산업성의 산하기관 자원에너지청 청장을 지내며 2010년 신규 원자로 14기에 관한 계획을 수립했던 이시다 도루는 도쿄전력에 자리를 잡은 5명 중 하나였다. 이시다는 같은 해 8월 자원에너지청에서 사직했고 이듬해 1월 도쿄전력에 수석 고문으로 합류했다. 이시다 그리고 그와 비슷한 경로를 밟은 인물들은 정부와의 협상에서 더 유리한 조건을 얻어내는 수단으로 옛 동료들과의 관계를 이용했다. 1959년부터 2010년까지 도쿄전력의 부사장을 지낸 인물 중 4명은 원자력을 규제하는 기관에서 최고위 관료를 지냈던 이들이었고 부사장 자리 자체가 통상산업성에서 가장 높은 자리를 맡다가 물러난 이들을 위해 준비된 것처럼 여겨졌다. 당연히 정부에서 일하는 동안 도쿄전력에 우호적이었던 인물들이었다. 이런 퇴직 관료들은 우연히 돈을 두둑이 챙겨주는 산업에서 아주 높은 자리를 얻은 것이 아니었다. 미래의 후원자들에게 관대함을 보였을 때 주어지는 보상이었다. 후쿠시마 참사 당시 퇴직 관료 13명이 도쿄전력에 몸담고 있었다. 대중의 분노를 산 이시다는 2011년 4월 어쩔 수 없이 "개인적인 이유"로 사임했다.

논란이 많은 이직은 고위급 관료들의 전유물이 아니다. 1990년대 후반 원자력허가패널의 지진학자이며 일본 원자력안전보안원의 고문이었던 기누가사 요시히로는 인근의 단층을 연구한 보고서를 바탕으로 시카 원자력 발전소의 두 번째 원자로 건설 면허를 승인했다. 보고서에 따르면 이 지역에는 길이가 건설 공사를 금지해야 하는 기준인 10킬로미터에 살짝 못 미치는 단층선이 세 개 있었다. 기누가사는 패널 일을 그만둔 2005년 시카 원자력 발전소의 소유주인 호쿠리쿠전력 직원 한 명과 논문을 공동 집필해 지역 주민들이 발전소 용지가 위험하다며 소송을 제기한 데 대해 반박했다. 호쿠리쿠전력은 소송에서 패했다. 2년 뒤인 3월 25일 노토반도 지진이 시카 발전소 주변을 뒤흔들어 한 명이 사망했고 350명이 다쳤으며 25,000채 이상의 건물이 손상되었고 광범위한 지역이 정전되었다. 정부를 대변하는 전문가였던 기누가사가 승인의 근거로 사용했던 호쿠리쿠전력의 보고서는 잘못된 내용을 담고 있었다. 세 개의 단층선이 실은 18킬로미터에서 21킬로미터에 이르는 하나의 단층선이어서 허용치

⟻1 통상산업성은 이후 경제산업성으로 바뀌었다.

를 넘는 강도로 발전소를 흔들 수 있었다. 다행히도 당시 원자로는 정지 상태였다. 히로시마기술원의 지진학자로 한때 정부의 지진조사위원회에도 참여했던 나카타 다카시는 "같은 사람들이 규정을 만들고 점검을 하며 검사 결과를 승인한다. 규제 기관은 전력회사들이 올린 보고서에 도장을 찍을 뿐이다"고 꼬집었다.

아마쿠다리가 원자력 산업계에 만연하긴 했지만 사실 일본에서는 특정 영역에 한정되지 않고 널리 퍼진 관행이었다. 사회학자 리처드 A. 콜리그넌Richard A. Colignon은 "일본 경제의 숨겨진 뼈대"라 칭하기도 했다. 숨기는 일도 아니다. 정부 부처들은 이런 관행을 공개적으로 지지하고 권장하며 종종 가담하기도 한다. 후쿠시마 참사 당시 총리였던 간 나오토는 자신의 당이 선거에서 승리한 이듬해에 4,240건의 사례를 보고받았다. 2017년의 교육성 스캔들은 또 다른 예다. 이런 관행을 불법으로 규정한 법이 생긴 2007년 후에도 교육성에서 "은퇴"한 관료 62명이 거액의 연봉을 챙겨주는 전국의 대학교에 합류했다. 왜일까? 일본의 대학교들은 기부금에 열을 올리는 미국의 대학교들과 달리 정부 재정 지원에 의존한다. 따라서 교육성 고위 관료들과 사이가 좋을수록 자신들이 원하고 필요로 하는 돈을 따낼 가능성이 커진다. 실제로 이렇게 전직 공무원들을 고용한 학교나 기업이 규제를 담당하는 정부 관료들에게 잘 보여서 계약을 따내거나 자금 지원을 받곤 한다. 또한 원자력 산업에 힘을 실어주는 대학교나 씽크탱크에 아낌없이 베푸는 전력회사들과도 관련이 있다. 반대로 2021년 현재 일본 행정개혁 장관인 고노 다로가 외무성 장관을 맡았던 2011년 "원자력을 비판하면 승진할 수 없고, 교수도 될 수 없으며, 분명히 중요한 위원회에 발탁되지도 않는다"고 지적한 바 있다. 지금도 대체로 맞는 말이지만 최근, 특히 후쿠시마 참사 이후에는 논쟁적인 학자들도 드문드문 중요한 위원회에 참석하고 있다. 그러나 이러한 전략도 대체로 공정성을 고려한 냉소적인 연습처럼 느껴진다. 이들의 발언은 대개 차단되곤 한다.

일본에서는 공공 영역과 민간 영역을 오가는 경력 이동이 보통 한 방향으로 진행되지만 아마쿠다리보다 덜 알려진 자매품도 있다. 아마아가리天上がり, 즉 "하늘로 올라가다"다.[2] 가노 도키오가 좋은 예다.[3] 가노는 22살이던 1957년 대학을 졸업하고 바로 도쿄전력에 입사했다. 30년간 근무한 끝에 도쿄전력 원자

력부서의 부서장이 되었고 9년 뒤인 1998년에는 일본의 상원 격인 참의원에 당선되었다. 가노는 참의원에서 12년간 두 번의 임기를 보냈는데 그의 경력이 수상해 보인다고 하면 너무 절제된 표현이다. 그는 이 나라에서 가장 강력한 기업 로비 그룹으로 도쿄전력이 핵심 구성원인 일본경제단체연합회의 지원을 받았다. 한 번은 『뉴욕타임스』에 "그는 전력회사들을 위해 모든 것을 새로 썼다"고 불평하는 같은 당 당원의 발언이 실리기도 했다. 가노는 2001년 문부과학성 장관이 되었고 원자력에 대한 의존을 키우는 데 집중했다. 그리고 후쿠시마 참사가 터지기 8개월 전 공직에서 물러나 도쿄전력에 복귀했다.[4] 가노가 젊은 시절 졸업한 학교는 어디였을까? 바로 도쿄대학교였다.[5]

다시 강조하자면 정부와 산업계 사이에 의견 충돌이 없었던 것은 아니었다. 둘은 늘 충돌하며 앞으로도 마찬가지일 것이다. 정부와 산업계 사이에 회전문이 존재하는 것이 본질적으로 나쁜 것도 아니며 책임감 있고 윤리적인 방식으로 작동할 수도 있다. 정년도 요인으로 작용한다. 공무원은 대부분 60세에 은퇴해야 하고 고위직으로 올라갈수록 자리는 적어진다. 그래서 많은 이가 일찍 은퇴하게 된다. 많지 않은 연금까지 고려하면 왜 수십 년의 경력을 지닌 장년기 인력들이 일을 계속하려는지 이해할 수 있다. 그리고 보통 민간 기업은 이들이 택할 수 있는 유일한 길이다. 하지만 고위급에 초점을 맞추면 문제는 명백하다. 현대 사회에 없어서는 안 될 영역을 감독하며 선의를 갖고 행동하도록 임명된 특권층의 사람들이 현실에서는 자신들이 감시해야 하는 기업들, 기관들과 관계를 맺고 있다. 다른 나라에도 비슷한 관행이 존재하지만 좀 더 효과적인 점검이 이뤄진다. 미국 원자력규제위원회 위원은 공직을 떠난 후 1년간 원자력 업계를 대변할 수 없으며, 자신들이 과거 관여했던 주제에 관해 정부와 접촉하는 역할은 평생 맡을 수 없다. 반면 일본에는 점검과 균형을 위한 장치가 거의 없어 상류층의 정직성이 쪼그라들었고 전체적인 체계가 공모와 부패를 위한 뿌

⇦2 아마아가리라는 단어는 원래 농담으로 여겨졌지만 점차 흔하진 않아도 사회적으로 통용되는 단어가 된 듯하다.

⇦3 한자로 쓰면 加納時男. 이름에 해당하는 時男는 대개 '도키오'라 읽지만 '다치오'로 읽을 때도 많다.

4 문부과학성Minister for Education, Culture, Sports, Science and Technology이라는 이름만 보면 하늘 아래 모든 업무를 총괄하는 것 같지만 중앙 정부 부처 중 하나에 불과하다.

5 그는 과학이나 기술이 아닌 법학을 전공했다. 또한 마쓰나가 야스자에몬이 졸업한 게이오기주쿠대학교도 다녔다.

리 깊고 제도적인 수단에 잠식되었다.

❖

지금 일본 언론은 기업과 정치인에게 책임을 묻는 임무를 적절히 수행하고 있지만 2011년 이전까지는 원자력 업계에 관련된 일에 이상하게 몸을 사렸다. 쇼리키의 『요미우리신문』처럼 보수적인 매체들은 처음부터 원자력에 목을 맸지만 전통적인 진보 언론으로 원자력에 반대했던 『아사히신문』 등 몇몇 매체는 초기에 이 나라의 안전 규제에 관해 다소 비판적이었다. 하지만 1973년 석유 위기를 겪은 후에는 이런 매체들조차 조용해졌다. 왜 그랬을까? 언론사의 광고 수입이 전체적으로 줄어드는 상황에서 적자를 만회하기 시작한 전력회사들이 홍보에 많은 돈을 썼다. 히로시마 원폭 29주년이었던 1974년 8월 일본 전기사업연합회가 신문 한 면의 3분의 2에 방사선이 환경에 미치는 영향에 관한 광고를 실으며 대대적인 공격이 시작됐다. 전기사업연합회 홍보 책임자였던 스즈키 다쓰루는 1983년 펴낸 회고록에서 "『아사히신문』은 지식인 독자가 많았기 때문에 독립적인 주체가 벌이는 홍보 캠페인 같은 광고를 만들려고 학자들과 연구자들을 동원했다"고 회상했다. 이 광고를 2년간 매달 신자 『요미우리신문』이 문을 두드렸다. 스즈키를 찾아온 이 신문의 대표는 "원자력 발전을 소개한 이는 작고한 우리 사장 쇼리키 마쓰타로였다. 라이벌인 『아사히신문』에만 그 광고가 실려 우리 체면이 깎였다"고 했다고 한다. 곧 일본에서 세 번째로 큰 신문이자 역시 원자력 반대를 외쳐왔던 『마이니치신문』도 광고를 요청했다. 스즈키는 조롱하듯 "당신네 회사는 원자력 발전에 반대하는 캠페인을 벌이고 있다. 그런 일을 하는 건 당신들 자유다. 사회의 이익을 위해 [원자력을] 반대한다고 생각한다면 계속 그런 태도를 고수하라. 광고 수익처럼 사소한 일을 신경 쓰면 되겠나"고 답했다. 『마이니치신문』은 입장을 바꿨다.

이렇게 일본에서 가장 큰 언론들이 사업을 유지하기 위해 원자력 업계에서 나온 돈에 의지하게 되었다. 안전사고를 규탄하는 것은 허용됐지만 더 넓은 원자력 산업이나 원자력에 대한 일본의 의존을 비판하면 돈줄이 말랐다. 개인 차원에서 감히 이 업계를 비판한 기자들이나 정치인들은 경력이 망가질 수 있었지만 지지한 이들은 보상을 얻었다. 한 예로, 2011년 지진이 일어난 그 날에도 기자 한 무리는 중국 베이징에서 도쿄전력의 회장 가쓰마타 쓰네히사가 동반한 호화로운 출장을 자비 부담 없이 즐기는 중이었다.

무엇보다도 원자력 마을은 쇼리키가 전시회를 열던 시절부터 대중 여론이 반대자들의 외침에 무너지는 것을 막기 위해 '완벽하고 절대적인 안전'이라는 단 하나의 메시지를 제시해 왔다. 이 메시지는 원자력 산업이 다른 모든 산업과 마찬가지로 전적으로 그리고 본질적으로 안전하지 않다는 간단한 이유 때문에 "안전성 신화"라고도 알려졌다. 절대적인 안전이란 규제 당국이 그러한 정점은 존재하지 않는다는 암묵적 이해 속에 성취하려 애쓰는 이상적이고 영원히 닿을 수 없는 막연한 목표다. 일본 전역의 전력회사들은 독점적 지위를 누리면서도 이 신화와 다른 믿음들을 주입하기 위해 1970년부터 2011년까지 광고와 홍보에 총 175억 달러 이상을 썼으며 특히 도쿄전력이 가장 많은 돈을 퍼부었다. 정부가 지출한 비용까지 포함하면 연간 홍보비가 24억 달러를 넘어선다. 비교를 위해 예를 들면 후쿠시마 참사가 일어나기 바로 전인 회계 연도 2010년에 일본에서 홍보비를 가장 많이 쓴 기업은 8억 8천만 달러를 넘긴 파나소닉이었다. 도쿄전력은 3억 2,400만 달러를 써서 전력회사 중 가장 높은 10위에 올랐다.[6] 원자력 업계의 광고비는 2011년 이후 감소하고 있지만 이 업계의 구성원들은 여전히 주요 언론사에 영향력을 발휘하는 고객이다.

안전 대비와 절차는 언제나 개선될 수 있으며 그러지 못하면 근본적인 위험이 따른다. 하지만 다지마 에이조 교수를 포함해 일본의 양심적인 사람들이 알아낸 것처럼 이 나라에서는 후자가 현실이 되었다. 핵물리학자로 방사능 전문가인 다지마는 1945년 히로시마에서 피해 조사를 도왔고 도쿄의 성바울대학교(현재의 릿쿄대학교-역주)에서 수십 년간 강의하며 1980년대까지 셀 수 없이 많은 논문을 써냈다. 그는 1961년 일본원자력위원회 원자력안전전문가워킹그룹의 일원이 되었고 13년간 자신의 임무를 다했다. 다지마는 워킹그룹에 참여하면서 원자력위원회 신임 위원장에게 일본의 안전 규제가 부실하다고 따졌

---

6 일본 엔으로 표기하면 파나소닉은 733억 5,600만 엔, 도쿄전력은 269억 300만 엔이다. 출처: Advertising Expenditure of Leading Corporations (fiscal year 2010). Nikkei Advertising Research Institute. 도쿄전력이 회계 연도 2010년에 홍보비로 116억 엔을 썼다는 자료도 있으나 더 신뢰할 수 있는 자료에서 확인한 수치를 썼다. 어느 쪽이든 엄청난 액수다.

으나 그의 지적은 묵살되었고 대신 이 위원회는 기존 안전 조치의 완벽성을 따지는 자리가 아니라는 답만 돌아왔다. 어쨌든 원자력위원회에는 법적 권한이 없었고 그저 자문단으로만 존재했다.

II
미국의 영향

　일본은 일본원자력연구소에서 남쪽으로 약 1.6킬로미터 떨어진 도카이에 시험용 연료 재처리 시설을 완공했다. 바로 제럴드 포드 대통령의 후임인 지미 카터Jimmy Carter가 1977년 4월 7일 미국 내 핵연료 재처리를 전면 금지하겠다고 발표했던 때였다. 카터 행정부는 세심한 검토 끝에 경수형 원자로에 내재된 원래의 연료 순환 개념을 폐기하고 강력한 과학적·경제적 증거들 그리고 안전 및 안보에 대한 직접적인 영향과 [원자력] 확산이라는 진지한 결과가 미국 내 원자력 정책과 프로그램에 중대한 변화를 요구한다고 결론 내렸다. 미국은 핵연료 폐기물을 재활용하는 대신 매장하기로 했다. 나라 밖에서는 우라늄 농축과 화학적 재처리를 가능하게 하는 장비나 기술의 수출을 계속 금지할 예정이었다. 2주 뒤인 4월 24일 일본의 실험용 고속증식로 조요가 처음으로 임계에 도달했다. 최악의 타이밍이었다.[7]

　카터 행정부의 결정은 당연히 일본 정부를 당혹스럽게 했다. 일본은 이미 연료 재처리를 위해 많은 양의 사용후연료를 영국과 프랑스에 보내고 있었다.[8] 정부 관료들은 계획 중인 고속증식로에서 사용할 플루토늄 연료를 도카이의 새로운 시설에서 생산할 수 있는 허가를 받기 위해 수 개월간 로비를 이어갔다. 미국 국무부의 7월 30일 메모를 보면 일본 협상단은 "엄청난 에너지 의존 때문에 일본의 장기적 에너지 프로그램에서는 재처리 문제가 극히 중요하다"고 주장했다. 후쿠다 다케오 총리는 심지어 공개적으로 핵연료 재처리는 "생사가 걸린" 문제라 선언하기도 했다. 사용후연료를 "매장"하는 정책에 반대하는 것은

---

7 조요가 열출력 100메가와트의 전출력에 이르기까지는 6년이 더 걸렸다.
8 일본은 영국의 영국핵연료공사와 프랑스의 콩파니 제네랄 데마티에 뉘클레에르Compagnie Generale des Matieres Nucleaire를 이용했다. 둘 다 정부가 소유한 기업이었다.

일본뿐만이 아니었다. 프랑스도 사용후연료 재처리와 재활용을 강력히 지지했으며 오늘날까지 이런 태도를 유지하고 있다.[9]

세 번의 회담을 하고 일본이 14차례 제안한 "기술적 대안"을 검토한 끝에 카터 행정부는 1977년 9월 1일 일본의 새로운 재처리 시설을 "아주 제한적"인 "실험용"으로 2년간 운영하는 데 동의했다.[10] 대신 일본은 1년에 100톤 이하의 사용후연료만 재처리하고 최북단 로카쇼에 준비하던 훨씬 더 큰 시설의 건설을 무기한 연기하기로 합의했다. 사용후연료에서 추출한 물질들을 새로운 연료로 변환하는 시설이었다. 『뉴욕타임스』는 이러한 연기 조치가 "일본의 야심찬 원자력 개발 프로그램을 몇 년은 지연시킬 것으로 예상"된다고 보도했다. "도카이가 사실상 실제로 활용할 수 없는 원자력 시설로 판명될 수도 있다"는 뜻이었다. 어쨌든 여러 장비가 문제를 일으키면서 도카이 재처리 시설은 1981년 1월에야 완전히 가동되었다.[11]

1979년 3월 20일 쓰루가 현장에서 거의 10년간 건설과 검사를 진행한 끝에 자체 기술로 제작한 165메가와트 전력의 원형 개량형 열원자로 후겐이 운전을 시작했다.[12] 이 현장은 1967년 일본 국내에서 새로운 원자력 기술을 만들어내기 위해 창설된 과학기술청 산하 준정부 연구조직 동력로·핵연료개발사업단이 개발하고 운영했다. 처음에는 일본원자력연구소에서 후겐을 관리했으나 1950년대 초반 박봉과 다른 문제들로 인한 노동쟁의, 법적 갈등, 전반적인 관리 부실로 인해 신뢰를 잃었고 정부는 장기적인 이론적·과학적 연구 외의 모든 작업에서 이 기관을 배제하게 되었다. 그 결과 1967년 과학기술청의 다른 조직들을 흡수하며 만들어진 새로운 기업 핵연료회사가 민간에서 수행하기에는 너무 위험하고 비용이 많이 든다고 판단된 네 가지 임무를 물려받았다. 연료 농축 상업화와 연료 재처리, 고속증식로 개발, 개량형 열원자로 개발이었다.

시험용 개량형 열원자로였던 후겐은 재활용 플루토늄과 농축 우라늄을 연

---

9 프랑스는 파키스탄과 한국에 재처리 공장을 판매하려 계획했으나 포드 행정부가 수출을 막았다.
10 미국 국무부 메모에 따르면 이런 대안들은 기술적 실현 가능성, 비확산 이점, 안전과 규제 특성, 일본의 연구개발 프로그램에 미치는 영향 등의 기준으로 평가되었다.
11 1977년 9월의 합의 이후 진행된 첫 번째 시운전은 손상된 전열관 때문에 실패했다. 이후 산화수증발기, 용해탱크 두 기, 다른 여러 장비가 문제를 일으켰다.
12 건설은 1970년 12월 시작됐고 1978년 초부터는 검사가 진행되었다. 일본원자력연구개발기구JAEA 홈페이지의 후겐해체기술센터 관련 메뉴에서 후겐 프로젝트의 역사를 확인할 수 있다.

료로 사용하는 원자력 발전소라는 일본의 장기적 목표를 위한 시험대였다. 개량형 열원자로는 감속재로 중수重水를, 냉각재로 경수輕水를 쓰는 흔치 않은 조합을 활용한다. 경수는 여과와 정제를 거치긴 했어도 일반적인 물이기 때문에 기계를 손상시키지 않는다. 가압수형 원자로나 비등수형 원자로처럼 전통적인 경수로 원자로들은 연료 안에서 날아다니는 중성자들의 속도를 낮춰 서로 충돌할 가능성을 높여주는 감속재로 경수를 사용한다. 경수보다 밀도가 높은 중수는 흑연과 마찬가지로 농축하지 않은 우라늄연료를 사용할 수 있게 한다. 1930년대 초 수소 동위원소를 처음 발견하고 흥분한 과학자들은 1933년 미국 물리학회 모임에서 이런 급진적인 노력이 "격해질 위험이 있다"고 경고했음에도 원자 번호를 이용해 단순히 명명하는 대신 새로운 이름을 짓기로 했다. 결국 수소의 첫 번째 동위원소에는 듀테륨deuterium이라는 이름이 붙어 명명 규칙의 예외가 되었고 바로 이 듀테륨이 물을 "무겁게" 만든다. 더 자세한 설명은 각주에서 확인할 수 있다.[13]

일본 경수형 원자로의 사용후 원료에서 분리된 플루토늄을 이용하는 새로운 연료는 혼합산화물로 알려졌으며 역시 경수형 원자로에서 재사용될 예정이었다. 혼합산화물연료를 만들면 치명적인 부산물인 플루토늄의 비축량이 더는 늘어나지 않는다는 장점도 있었다. 연료 재활용 프로그램은 진행 과정에서 여러 문제를 겪었으나 전반적으로는 순탄하게 흘러갔고 후젠은 혼합산화물연료로만 채워진 세계 최초의 원자로가 되었다. 일본 과학계의 자존심을 드높인 성과였다.[14] 후젠의 부차적인 역할은 원자로 설계와 제조 분야에서 일본의 과학적 이해와 기술력을 높이고, 이후 일반적인 경수로에서 고속증식로 기술로 전환하는 과정에 디딤돌 역할을 하는 것이었다.

---

13 곧 세 종류의 수소 동위원소가 명명되었다. 수소-1, 즉 정상적인 수소는 프로튬protium, 수소-2는 듀테륨, 수소-3은 트리튬tritium이 되었다. 물은 H_2O로 2개의 수소 원자와 1개의 산소 원자가 결합한 것이다. 경수는 양성자 하나가 핵을 이루는 일반적인 수소를 사용한다. 중수에 포함된 2개의 수소 원자는 듀테륨이며, 각각 핵에 양성자 하나와 중성자 하나를 가져 일반적인 물보다 두 배 무겁고 10.6퍼센트 더 조밀하다. 일본의 개량형 열원자로에 사용된 중수는 경수보다 중성자를 덜 흡수해 더 많은 중성자가 핵분열을 일으키게 하므로 연료를 농축할 필요가 없다. 게다가 이렇게 확보한 여분의 중성자는 비핵분열성 우라늄-238에 흡수되는데 그러면 우라늄-2380이 플루토늄-239로 바뀐다. 버락 오바마가 이란과 합의한 내용 중 엄청난 격분을 샀던 부분은 대부분 이란의 듀테륨 생산 능력과 관련된 것이었다. 듀테륨은 핵무기에 필요한 플루토늄을 만드는 데 사용될 수 있기 때문이다. 2018년 트럼프 행정부는 이란과의 핵 협상을 무효화했다.

하지만 이 초기 단계부터 플루토늄 재활용과 혼합산화물의 경제성에 물음표가 따라붙었고 몇몇 국가는 포부를 줄이기 시작했다. 반면 일본은 1979년 민간 기업도 자체적으로 재처리 작업을 할 수 있게 법을 개정했고 이후 외국 재처리 업체를 이용하는 기업에 대한 지원을 줄이며 국내 재처리를 강요하는 강수를 두었다. 그 결과 이듬해 일본 내 전력회사들과 다른 수십 개 기업이 모여 일본 원연서비스라는 기업을 만들었다. 오늘날 일본원연으로 알려진 이 회사는 로카쇼에 핵연료 순환 시설을 3기 짓기 위한 사전 작업에 들어갔다.

일본 동력로 · 핵연료개발사업단은 계속 도카이 재처리 시설에서 사용후 혼합산화물연료를 재처리한 뒤 새로운 혼합산화물연료 집합체로 다시 제작했다. 1988년 5월 후젠에 이 재활용 연료 집합체가 투입되며 연료 순환이 완성되었고 일본원자력위원회의 장기 에너지 계획이 현실에서 작동한다는 사실이 증명되었다. 이러한 성공에도 불구하고 후젠은 약 25년간 일본에서 혼합산화물연료를 사용하는 유일한 원자로로 남았다. 비용과 로카쇼 현장의 지연, 대중의 강력한 반대가 가장 큰 이유였다.

하지만 당시 일본원자력위원회는 후젠이 원형 원자로로 성공을 거두었다고 판단했고, 1979년 이 프로젝트를 한 단계 더 진행하기 위해 600메가 규모의 대형 실증 개량형 열원자로를 건설하기로 했다. 건설 예정지로는 무쓰에서 겨우 34킬로미터 떨어진 북쪽 마을 오마가 선택되었고 건설 비용은 정부가 30퍼센트, 전력회사들이 30퍼센트, 전원개발이 30퍼센트 부담하기로 했다. 모든 준비가 끝났지만 전력회사들이 의구심을 품었다. 설계에 따라 저출력으로 운영되면 원자로의 경제성이 너무 떨어졌다. 전력회사들은 반대에 나섰고 결국 이 프로젝트는 1995년 7월 무산되었다. 후젠은 2003년 5월까지 계속 운영되었으나 지금까지 일본에 건설된 유일한 중수 원자로가 되었다.

⇐ 14 프랑스와 영국 역시 혼합산화물연료만 사용하는 노심을 자체적으로 건설하고 있었으나 일본은 이런 노심을 최초로 가동한 나라였다. 미국 원자력규제위원회는 "1970년대에 여러 상업용 원자로에서" 혼합산화물연료가 시험되고 있다고 밝혔고 형태와 관계없이 원자로에서 혼합산화물을 처음 사용한 때는 1963년으로 기록되어 있다. 따라서 일본인들이 이 연료를 처음으로 실험한 것은 아니다. 하지만 노심에 혼합산화물만 사용하는 경우는 지금도 흔치 않다. 혼합산화물연료를 둘러싼 흥미로운 배경은 국제원자력기구의 자료 "Overview of MOX Fuel Fabrication Achievements"에서 확인할 수 있다.

∗

　1978년 12월 1일 전前 총리 다나카 가쿠에이의 소망이 현실이 되었다. 건설사 가지마의 노동자들은 세계 최대 발전소가 될 도쿄전력의 가시와자키가리와 원자력 발전소 건설 예정지에서 연안 모래를 파내기 시작했다. 애석하게도 다나카 본인은 이때 체포 상태였고 곧 잘 알려진 '록히드Lockheed 스캔들'에서 180만 달러의 뇌물을 수수했다는 혐의가 인정되어 유죄 판결을 받게 될 터였다. 어쨌든 도쿄에서 북서쪽으로 215킬로미터 떨어진 이 니가타현의 발전소는 근처에 있는 마을 가시와자키와 훨씬 더 가까운 마을 가리와에서 이름을 따왔다. 도쿄전력은 일찌감치 다나카가 운영하는 부동산 회사에 천문학적인 돈을 주고 이 땅을 사들였으며 1969년 발전소를 짓겠다는 계획을 발표했다.[15] 이 발전소는 도호쿠전력의 사업 구역에 지어졌기 때문에 도쿄전력은 이 발전소에서 생산한 전력을 도쿄 지역과 니가타 지역에 공급하기로 합의했다.

　건강과 환경에 발생할 수 있는 위험을 우려하며 자신들을 돈만 생각하는 사람들로 보는 데 분노한 지역 주민들과 어업협동조합이 격렬히 저항한 탓에 10여 년이 지나서야 기초 공사가 시작되었다. 그동안 통상산업성은 반대 세력을 가라앉히기 위한 새로운 방법들을 도입해야 했다. 처음에는 발전소를 수용하는 것이 국가에 대한 의무라고 지역민들을 설득하려 했으나 이런 전략이 통하지 않자 공무원들은 1959년부터 법으로 보장된 공청회를 열기로 했다. 공청회의 원래 목적은 시민들이 참석한 전문가들과 관료들에게 자유롭게 질문하는 것이었다. 하지만 목적과 달리 사전에 질문들을 심사했고 사람마다 발언할 수 있는 시간도 한정되어 있었다. 사회 연구 교수 스즈키 아키라는 공청회가 "하루 만에 끝났"고 "인허가 절차나 건설 허가 부여에 아무런 권한도 발휘할 수 없었다"고 정리했다. 그저 보여 주기용 행사였다. 거의 20년이 지나 가시와자키가리와 발전

---

15 이 토지 매각 뒤에 숨어있는 이야기는 다소 난해하다. 이 땅은 원래 호쿠에쓰제지 소유였으나 1966년 근처 가리와의 시장이었던 기무라 히로야스가 매입했다. 그리고 기무라는 이 땅을 다나카의 회사인 무라마치산교에 팔았다가 다시 사들인 다음 다나카의 지시에 따라 도쿄전력에 팔았는데, 도쿄전력이 낸 가격은 기무라가 무라마치산교에 지급했던 금액의 1600퍼센트에 달했다. 다나카가 결국 일본 역사상 가장 부패한 정치인으로 악명을 얻은 이유는 이런 거래 때문이었다. 그는 수상쩍은 여러 기업을 운영했으며 무치마라산교는 그중 하나일 뿐이었다. 다나카가 이 토지 거래에서 개인적으로 남긴 돈을 2020년 기준으로 환산하면 1300만 달러에 달한다고 한다. Kakuei Tanaka: A Political Biography of Modern Japan, Steven Hunziker and Ikuro Kamimura, Times Editions, 1996

소가 완공되었을 때는 엄청나게 큰 비등수형 원자로 7기를 자랑하고 있었다. 6호기와 7호기는 세계 최초의 개량형 비등수형 원자로로 최신 설계가 적용되어 앞서 건설된 비등수형 원자로들보다 더 안전하고 강력했다. 원자로 7기에서 총 8,212메가와트, 즉 8.2기가와트의 전력이 생산되어 1,600만 가구에 전기를 공급할 수 있었다.[16]

후쿠시마 참사가 터지기 전에도 건설 일정을 무기한 연기한 사례는 많았지만 지역 주민들이 아예 원자력 발전소 건설을 막아낸 일은 거의 없었다. 이렇게 흔치 않은 일이 가시와자키가리와에서 겨우 40킬로미터 떨어진 니가타의 작은 마을 마키에서 일어났다.[17] 이 지역은 쌀로 유명하지만 20세기 중반부터 경제가 기울기 시작했다. 1960년대 중반 해안 지역의 땅을 사들이던 도호쿠전력은 마키를 원자력 발전소 건설 후보지로 고려했지만 의도적으로 리조트를 개발하려 한다는 거짓 정보를 퍼뜨렸다. 그리고 1971년 원자력 발전소 건설 계획을 공개했으나 1982년까지 공식적인 신청서를 제출하지 않았다. 1년 뒤 도호쿠전력은 건설 예정지 일부에 소유권 분쟁이 있으며 특히 한 곳은 원자력 반대단체가 소유하고 있다는 사실을 알게 되었다. 결국 전체 계획이 보류되었다.

빠르게 시간이 흘러 1990년대 초가 되자 대부분의 땅에서 분쟁이 끝났고 소유권은 마을로 넘어갔다. 도호쿠전력이 원자력 반대 단체의 땅을 배제하는 것으로 계획을 수정하자 적어도 겉으로는 원자력을 반대하던 마키의 시장 사토 간지가 태도를 완전히 바꿨고 가라앉은 지역 경제를 되살리자며 거의 잊혔던 발전소 건설 계획을 다시 밀어붙이려 했다. 몇 년 전 일어난 체르노빌 참사가 영향을 미쳤는지 1994년 진행된 시장 선거에서는 원자력 반대를 외친 두 후보의 득표 합계가 사토보다 많았지만 발전소 건설 계획을 지지하는 시민들의 표를 독점한 그가 재선에 성공했다. 양조장을 운영하던 사사구치 다카아키를 비롯해 지역의 주요 인사들은 여론과 엇갈린 선거 결과에 불만을 품었고 주민들의 의견을 확실히 확인하기 위한 투표를 요구했다. 이들은 공정하고 편파적이

---

16 1~5호기의 출력은 각각 1,100메가와트였고 5호기와 6호기는 각각 1,356메가와트였다.
17 제안된 계획이 무산된 시점을 언제로 보느냐에 따라 최초로 발전소 건설이 무산된 사례라고 볼 수도 있다. 엄격히 따져 2003년 대법원 판결로 건설 계획이 무산되었다고 하면, 1963년 최초로 건설 계획이 나온 후 2002년 2월 취소된 아시하마 원자력 발전소가 더 빠르다. 다음 자료를 참고하라. "Japan cancels nuclear plant." BBC, 22nd February 2000.

지 않은 선거를 보장하기 위해 몹시 애를 썼지만 사토는 이 제안을 거부했다. 그러자 사사구치를 중심으로 모인 주민들이 1995년 1월 자체적으로 비공식 "시민 투표"를 진행하는 이례적인 행동에 나섰다. 발전소를 반기는 유권자들은 투표를 거부했으나 발전소에 반대하는 투표수가 전해에 열린 시장 선거에서 사토가 얻은 투표수를 넘어섰다. 하지만 사토는 시민 투표 결과를 인정하지 않았고 이후의 노력에도 귀를 닫았다. 결국 실험용 시설 문주에서 화재가 발생하기 며칠 전 그를 시장직에서 끌어내리기 위한 서명 운동이 시작되어 전국적인 스캔들이 되었다(문주의 화재는 5장에서 자세히 다루기로 한다). 분노가 폭발하면서 원자력에 대한 의구심이 커졌고, 처음에는 불가능해 보였던 필요한 수의 서명을 모으는 일도 두 주 만에 끝났다.

사토를 대체한 신임 시장은 다름 아닌 사사구치 다카아키였고 그는 이 문제를 해결하기 위해 다시 주민 투표를 시행했다. 투표율이 전례 없는 88퍼센트에 이른 가운데 투표자의 60퍼센트 이상이 발전소 건설 계획을 반대했다. 사사구치는 임기 내내 그 땅을 내주지 않았다. 그리고 미래의 시장이 투표 결과를 뒤집는 일도 방지하기 위해 1999년 9월 개인 간의 소규모 미승인 매매를 허용하는 법을 이용해 이 땅을 몇몇 시민들에게 넘겼다. 이러한 조치는 몇천 명이 국가적 전력 공급에 지장을 주어도 되는지 전국적인 논쟁을 초래했고 결국 2003년 12월 대법원까지 갔다. 크리스마스이브에 나온 판결에서는 놀랍게도 도호쿠전력이 패해 해당 대지의 소유권은 대부분 유지했으나 40년을 끌어온 건설 계획은 포기해야 했다.

그보다 2주 전 간사이, 추부, 호쿠리쿠의 전력회사들 역시 이시카와현 스즈시에 합동으로 발전소를 건설하려 했던 계획을 중단한다고 발표했다. 지역민들의 확고한 반대, 1995년의 상업 전기 규제 완화에 따른 경쟁 격화, 경기 침체의 3연타를 맞은 세 기업은 "발전소 건설이 안정적인 에너지 공급으로 이어진다는 개념이 변하고 있다"고 느꼈다. 사사구치는 후쿠시마 참사가 터진 후 마키의 싸움을 언급했다. 그사이 지역 경제는 계속 내리막을 걸었지만 그는 조금의 후회도 비치지 않았다. 사사구치는 "우리는 원자력 산업의 안전 보장에 깊이 반향을 불러일으킨 의심의 씨앗을 심었다"고 주장했다. "후쿠시마 사람들에게 마음이 간다. 발전소가 이곳에 지어졌다면 우리가 같은 일을 겪을 수도 있었다."

처음부터 끝까지 예외적인 전개가 이어진 사례였다. 2006년 당시 호쿠리쿠 전력에 불리한 판결을 내렸던 전前 지방법원 판사는 『뉴욕타임스』와의 인터뷰에서 "더 안전한 길을 선호하는 심리가 작동하는 건 부정할 수 없다"고 인정했다. "판사들은 소수의 전문가를 지지하며 실수를 범할 때보다 정부의 편에 서며 실수를 범할 때 비판받을 가능성이 더 작다."

1979년 3월 후젠이 시운전에 들어가고 8일 후, 안전에 있어 범접할 수 없는 명성을 누리던 미국의 민간 원자로에서 전 세계를 두려움에 떨게 하는 사고가 일어나 작은 기술적 결함들이 이어지고 인적 오류와 결합하면 얼마나 심각한 사고로 이어질 수 있는지 완벽히 보여주었다. 1979년 3월 28일 새벽 펜실베이니아주 스리마일섬 발전소에서 응축액여과기 8개 중 하나가 막혔고 이를 뚫기 위해 주입한 물이 전기회로로 새어 나갔다.[18] 그 결과 응축수펌프가 작동을 멈췄고 계속 물이 흐르도록 해야 하는 여과기의 바이패스밸브도 열리지 않았다. 주 냉각수펌프가 멈춰서면서 냉각수 공급이 완전히 중단됐고 세 개의 예비 급수펌프가 활성화되었다. 전체 원자로는 최초의 미작동 이후 8초 만에 자동으로 폐쇄되었다.

이때까지는 안전 시스템이 의도대로 기능했으나 다른 문제가 있었다. 예비 펌프들의 밸브가 유지 보수를 위해 잠겨 있어 예비 펌프들이 작동하지 않은 것이었다. 원래는 순차적으로 작업해야 하므로 규정 위반이었다. 이때까지의 모든 고장은 발전소 설계 단계에 예상된 것이었고 그 자체로는 원자로가 파괴되는 사고를 유발하지 않았지만 마지막 단계의 밸브가 균형을 깨트렸다. 다시 원래 설계대로 일차 냉각 회로의 파일럿구동방출밸브PORV가 10초간 열려 이차 냉각 회로의 냉각수 부족으로 급격히 증가한 압력을 떨어트렸으나 그 후 제대로 닫히지 않았다. 지나치게 복잡한 제어반에는 PORV가 닫혔다는 신호가 떠

---

18 응축액여과기는 기본적으로 물 여과 장치다. 터빈에서 넘어온 증기가 물로 응축된 뒤 불순물들을 제거하는 데 사용되며, 비등수형 원자로의 이차 냉각 회로에 포함되어 있다.

있었지만 "닫힘" 신호를 받고 그대로 표시한 것일 뿐 실제 밸브의 움직임을 감지한 것이 아니었다. 원자로를 가득 채운 증기를 잘못 인식한 센서들은 회로 내수위가 높다고 표시해 운전원들을 혼란스럽게 했다. 실제로는 회로에서 물이 쏟아져 나오고 있는데도 물이 너무 많아 보였다. 귀를 먹먹하게 하는 경고음과 감각 과부하에 압도된 운전원들은 원자로에서 냉각수가 빠져나가고 있다는 명백한 신호들을 무시했다. 손상된 노심을 벗어난 방사성 핵분열 생성물들은 물과 섞인 후 PORV를 통해 차폐 경계를 빠져나갔고 곧 보조 건물까지 밀려가 분출된 액체가 방출탱크relief tank에 모였다.

아침 7시가 되자 노심 내 냉각수가 끓어 증발하면서 연료가 노출되었고 발전소에 비상사태가 선언되었다. 한 시간 뒤에는 연료가 절반 가까이 녹아내려 압력용기 바닥에 고였지만 결국 발전소 부근을 벗어난 방사성 입자는 많지 않았다. 사망자는 없었으나 운전원들이 원자로를 통제하느라 분투하던 며칠간 14만 명에 달하는 인근 주민들은 다른 지역으로 대피해야 했다. 스리마일섬 사고는 7개 등급을 사용하는 국제원자력사건등급에서 5등급에 해당해 역사상 네 번째로 심각한 원자력 사고로 남았다. 1957년 윈즈케일 화재, 1987년 브라질 고이아니아 사고, 그리고 수소 폭발이 여러 차례 일어나 원자로가 심각하게 손상되고 방사선 방출이 일어난 1952년 캐나다 초크리버연구소Chalk River Laboratories 실험실 사고와 비슷한 수준이다.[19] 미래에 미국 대통령이 된 지미 카터는 잠수함 승무원으로 복무하며 초크리버연구소 사고로 인한 정화 작업에 참여하기도 했다.

이 사고는 주위 지역 주민들에게 광범위한 불안을 불러일으켰고 관련 보도를 주요 뉴스로 다룬 일본을 포함해 세계 나머지 지역에도 경종을 울렸다. 4월 5일 작성된 미국 국무부 전보에 따르면 "스리마일섬에서 일어난 이른바 재앙까지 이어질 뻔했던 사건들과 원자력 발전이 전반적으로 환경에 미치는 부정적 영향에 집중하면서 일본의 원자력 프로그램을 철저히 재평가하기를 요구하는 선정적인 기사가 압도적"이었다. 또한 이 전보는 대부분의 보도에 "사실에 기반한 정보나 분석이 전혀 없다"고도 지적했다. 스리마일섬 사고 이후인

---

[19] 고이아니아 사고는 내 첫 책 『체르노빌』에서 비교적 상세히 다뤘다. 버려진 의료시설에서 방사성 부품을 훔친 도둑들이 부품을 깨트려 열었고 상당히 위험한 물질이 주위 사람들과 도시로 퍼져나갔다. 국제원자력기구 홈페이지에 157페이지짜리 사고 보고서가 있다.

1979년 6월 『아사히신문』이 진행한 국민 여론조사에서는 원자력 발전에 반대하는 비율이 23퍼센트에서 29퍼센트로 소폭 증가했고 찬성률은 55퍼센트에서 50퍼센트로 감소했으나 이런 흐름은 곧 뒤집혔다. 12월 『아사히신문』의 후속 조사에서는 스리마일섬 사고 전보다 찬성률이 몇 퍼센트 더 높게 나왔다. 원자력에 관한 대중의 관심과 반대 여론은 어쩔 수 없이 스리마일섬과 같은 대형 사고가 터졌을 때 급격히 증가했지만 덜 떠들썩한 시기에는 찬성률이 더 높은 안정된 수치를 유지했다. 하지만 일본 통신사 지지프레스Jiji Press가 실시하는 여론조사에서 1978년 54퍼센트로 역사상 최고치를 기록했던 찬성률은 19퍼센트로 바닥을 찍은 1989년까지 계속 떨어졌다.

일본 원자력안전위원회는 1979년 5월과 9월 두 편의 보고서를 발간해 미국 내 원자력 발전소의 결함 10여 가지를 나열하고 일본에서 비슷한 사고를 피하기 위한 다양한 안전 권고를 제시했다. 불행히도 이 권고들은 거의 다 무시되었다. 일본은 그 전해 전체적인 규제 체계를 정비했고 이제는 그 체계가 작동하게 하는 데 집중하고 있었다. 설계 기준 사고, 즉 이론적으로 최악의 상황을 가정한 시나리오를 견디는 발전소의 능력과 관련된 주요 안전 문제는 바로잡았으나, 사소한 잘못들이 겹쳐 어떻게 중요한 사고로 이어지는지 연구한 결과 찾아낸 해결책들을 비롯해 나머지 쟁점들은 그대로 잊혔다. 원자력안전위원회가 일본의 동일한 설비에 동일하게 작용할 수 있는 다양한 결함을 찾아냈지만 이 기관의 위원장은 일본이 스리마일섬 같은 사고를 절대 겪을 수 없다고 주장하며 기관 이름을 원자력안전홍보국으로 바꾸려 했던 것도 도움이 되지 않았다. 그와 수많은 정치 지도층 인사들은 사람들이 어떤 일이 자신에게 일어날 수 없는 이유를 찾을 때 동원하는 "차별화를 통한 거리두기" 현상의 전형적인 특성들을 보여주었다. 이들은 유사점 대신 차이점에 집중하며 수많은 위험 신호를 간과했다.

스리마일섬 사고 원인을 조사한 미국 정부의 공식 보고서는 세계 원자력 산업에 관해 더 실용적인 논평을 제공하며 안전과 관련된 현황을 논박할 여지 없이 냉혹하게 묘사한다. 일본 전력회사들은 이 보고서를 더 진지하게 검토했어야 했다. 보고서는 "원자력 발전소가 충분히 안전하다는 믿음은 신념이 되었다"고 지적했다. 또한 "스리마일섬 사고를 막을 수 있었던 여러 주요 단계가 제대로 작동하지 않은 이유를 이해하려면 이런 현실을 인정해야 한다. 위원회는 이러한 태도가 원자력 발전소는 본질적으로 그리고 잠재적으로 위험하다고 이야기하면서 이미 존재하는 보호 장치가 주요 사고를 예방하기에 충분한지 계속해서 질문하는 태도로 바뀌어야 한다고 확신한다"고 적었다.

Ⅲ
노동자들의 역경

일본 정부는 두 차례 석유 위기 이후 다른 선진국들과 함께 규제 철폐의 길에 들어서며 두 번째 대규모 성장에 박차를 가했다. 1980년이 되자 일본의 전력 생산 용량은 140기가와트에 달해 미국과 소련의 뒤를 이었다. 1980년부터 1989년까지 원자로 21기의 공사가 시작되었고 16기는 상업 운전에 들어갔으며 그중 4기는 아예 새 발전소에서 가동되었다(몬주를 포함하면 5기다). 도쿄전력은 이제 인구의 31퍼센트 그리고 산업시설의 35퍼센트에 전기를 공급하며 세계에서 가장 큰 민간 소유 전력회사가 되었다.

이 기간에 일본의 원자력 기술은 후원자인 미국을 뛰어넘어 1980년대 초에 일본 전체 전력 사용량 중 17퍼센트를 차지했고 2000년까지 점유율을 30퍼센트로 높인다는 계획을 세웠다. 전체 전력 사용량 중 70퍼센트 가까이 생산했던 석유는 하락세였으나 여전히 46퍼센트라는 커다란 비중을 차지했다. 1986년 원자력이 처음으로 석유의 비중을 앞섰지만 이듬해 유가가 하락하면서 다시 역전되었다. 나머지 연료 중 수력의 비율은 17퍼센트로 원자력과 비슷했고 액화 천연가스LNG도 15퍼센트를 차지했다.[20] 40년 전만 해도 전력 생산의 대부분을 차지했던 석탄의 비율은 5퍼센트로 급락했고 사실상 모두 외국산이었다. 이제 정부가 원자력 기술의 연구와 개발에 투자하는 돈이 과학기술 예산

---

20 도쿄전력은 1969년 일본 전력회사 중 처음으로 알래스카에서 액화 천연가스를 수입했다. 요코하마에 세운 세계 최초의 액화 천연가스 전용 발전소를 가동하기 위해서였다. 환경 오염에 대한 우려에 대처하기 위한 선택이었다. 액화 천연가스에는 사람에게 유독한 황이나 질소산화물이 거의 없기 때문이다. 오염을 일으키지 않는 연료를 사용한다는 선구적이고 논쟁적인 결정을 홀로 내린 이는 당시 도쿄전력 사장이었던 기카와다 가즈타카였다. 마쓰나가의 또 다른 후배였던 그는 대형 전력회사 경영진 중 배기가스가 환경 오염과 관련이 있다고 생각했던 몇 안 되는 인물 중 하나여서 엄청난 비판을 받았다. 결국 도쿄전력은 1980년 세계에서 액화 천연가스를 가장 많이 수입하는 기업이 되었다.

의 18퍼센트에 달했고 매년 원자력 보조금으로 지출하는 금액은 1954년 2억 5천만 엔에서 1980년대 초 1조 6천억 엔으로 증가했다(각각 2020년 기준으로 환산하면 1,460만 달러에서 194억 달러로 늘어난 것이다). 2003년에는 보조금의 종류가 28개에 달했고 보조금을 관리하는 데 대한 보조금도 포함되었다.

이러한 보조금은 원자력 발전소가 향하는 지역 공동체에 엄청난 부가 제공된다는 것을 의미했지만 1980년대 후반 통상산업성의 한 관료는 이제는 "원자력 발전소를 건설하려 계획하는 곳에 지역 주민들의 거센 반대가" 있다고 인정했다. 12월 과학기술청에서 작성한 보고서 역시 이 문제를 인정하며 불충분한 안전 예방책에 대한 대중의 공포가 원자력 확대의 가장 큰 장애물로 작용하고 있다고 결론 내렸다. 여전히 발전소들을 짓고 있었지만 지역민들의 반대가 조직될수록 공사 기간이 늘어났다. 시골 지역사회가 발전소를 받아들이도록 설득하기 위해, 혹은 시각에 따라 강요하기 위해 들이는 돈은 그 어느 때보다 늘어났는데도 그랬다. 1970년대에는 발전소 건설을 공개 제안하고 공사를 마무리하기까지 걸리는 기간이 평균적으로 약 7년에서 10년 사이였으나 1990년대에는 25년 이상 걸렸다.[21]

1981년 4월 말 신문들이 쓰루가 발전소 사고 은폐와 관련된 일련의 스캔들을 보도하면서 원자력 산업에 대한 대중의 인식이 나빠졌다. 누군가 밸브를 잠그는 것을 잊은 탓에 폐기물 처리 공장에서 방사성 폐기물 40톤이 유출되었고 이후 56명의 노동자가 3월 8일부터 16일 동안 방사선에 노출되었다는 사실이 밝혀졌다.[22] 이들은 4월 15일까지 한 달이 넘게 방사성 폐기물이 건물 밖으로 새어 나오는 것을 막으려 "양동이와 걸레"를 들고 24시간 교대하며 일했지만 16톤은 배수관을 따라 근처 와카사만으로 흘러 들어갔다. 후쿠이현 공중보건 연구소의 정기 해조류 검사에서 유출 사실이 밝혀졌고 25년 전 일어났던 제5 후쿠류마루 사건 때 그랬듯 근처에서 잡은 어류는 판매가 금지되었다. 지역 어업협동조합은 불매 운동을 겪었고 결과적으로 피해를 보상받았다.

불과 며칠 뒤 1월 말에 있었던 비슷한 사고가 밝혀졌다. 알려진 순서는 바뀌었지만 실은 3월 8일의 사고도 이 사건을 검토하던 정부 조사관들이 찾아낸 것

---

21 전력회사들은 토지 소유주들이 가격을 올리는 것을 방지하는 등의 이유로 초기 단계의 특정 시점까지 건설 계획을 비밀로 했다.
22 138명이라 적힌 자료도 있지만 56명이 가장 일반적인 숫자다.

이었다. 금이 간 관을 수리하는 사이 "급수가열기의 배수관"에서 유출이 일어나 29명에서 45명의 노동자가 방사선에 오염되었고, 더 많은 인원이 유출된 물질들을 정화하는 작업을 하던 중 방사선에 추가 노출 되었다.[23] 당시까지 일본에서 일어난 최악의 원자력 사고였다. 『후쿠이신문』은 전력회사의 하청 업체들이 일부러 가난한 실업자를 찾았고 심지어 간이 숙박소에서 노숙자들을 데려와 난장판을 정리할 "자살 특공대"로 고용했다고 전했다. 이 사태에 개입한 두 하청 업체 중 한 곳의 대변인은 "노동자들의 건강이 위험하다는 것을 알았지만 이들을 두 번 고용할 일은 없을 거라 판단했다. 보통 오사카에서 이 가미카제 일꾼들을 데려와 발전소 근처 여관에 묵게 했다"고 인정했다. 이런 노동자들은 계약 기간 내내 쓰루가나 다른 원자력 발전소 근처의 숙소에서 지내고 해당 비용은 임금에서 차감하는 것이 일반적인 관행이었다.

1월 말의 사고가 보도되고 얼마 되지 않아 다시 폭탄이 떨어졌다. 쓰루가를 운영하는 일본원자력발전이 지난 4년간 근처 하수관과 만으로 방사성 물이 새어나갔다고 인정한 것이다. 모두 끔찍하게 들리는 사고였지만 개개인의 선량(물질이나 생물체가 받은 방사선의 양-역주)은 비교적 적었다. 원자력 산업에 종사하는 인력에 적용되는 정부의 일일 안전 한도보다 훨씬 낮은 1밀리시버트 millisievert에 노출된 사람도 없었고 의학적 치료가 필요한 사람도 없었다.[24] 쓰루가 발전소에서 주변에 방사능을 배출하긴 했지만 다행히 적은 양이었다. 하지만 신문들은 만의 코발트-60 수치가 일반적인 수준보다 5,000배 많이 검출되었다고 보도해 오해를 불렀다. 방사선 치료 기기와 방사선 살균 장치에 사용되는 코발트-60은 실제로 상당히 해로운 동위원소다. 하지만 원자로에서 만들어지는 이 합성 동위원소는 자연에 존재하지 않아 거의 없는 정도보다 5,000배 많다고 해도 미세한 양에 불과하다.[25]

사람들은 일본원자력발전이 공중 보건과 환경에 대한 잠재적 위협에도 불구

---

23 최초의 피해자가 29명 이상인 것은 확실하나 전력회사는 45명까지 되지는 않을 거라 주장했다. 회사 대변인은 『뉴욕타임스』와의 인터뷰에서 "회사 기록을 보면 45명이 방사선에 노출되었다고 적혀 있지만 누군가 두 차례 방사선에 노출되었다면 2명으로 반영했을 수 있다"고 밝혔다.
24 개인이 노출된 최대량은 92밀리렘millirem으로 알려졌다(100밀리렘이 1밀리시버트와 동일하므로 92밀리렘은 0.92밀리시버트가 된다-역주).
25 오해를 피하고자 분명히 해두자면, 심각한 결과를 낳지 않았다고 해서 이러한 사고들을 용납할 수 있다는 뜻은 아니다. 다만 당시 보도에서 시사한 것처럼 절망적인 상황은 아니었다는 것이다.

하고 사고들을 은폐해 왔다는 데 분노했다. 일본원자력발전의 사장 스즈키 슌이치는 사임하기 며칠 전 "변명의 여지가 없다"고 인정했다. "정부가 원자력 발전에 역점을 두고 있는 시기에 이런 사고들과 은폐가 발생해 원자력에 대한 국민의 신뢰를 떨어트린 데 대해 깊이 사과드린다." 쓰루가의 책임자였던 이와고시 요네스케 역시 물러났으나 곧 이 발전소에서 비밀에 부쳐진 다른 사고 21건이 더 알려지면서 정부가 개입할 수밖에 없었다. 5월 19일 먼저 통상산업성이 해당 사고들을 보고하지 않은 책임을 물어 쓰루가에 6개월 운전 정지를 명했다. 지역 주민들은 쓰루가시 검사에게 태만에 의한 과실로 일본원자력발전을 기소하라고 요구했지만 법에 오염이 "과도한" 정도가 정의되어 있지 않아 기소할 수 없었다. 통상산업성은 먼저 6개월을 보낸 후 추가적인 영향에 대처하기로 해 앞으로 수많은 불행을 부를 나쁜 선례를 남겼다. 총리실에서 주기적으로 시행하는 여론조사에서는 "원자력 발전소에 적절한 안전 조치가 적용되어 있다"고 믿는 비율이 50퍼센트를 상회하는 수치에서 24퍼센트로 떨어졌다.

일본원자력위원회는 1982년 초 "무사고 기록을 통해 … 지역민들에게 확신을 주고 안전한 운영을 위한 가능한 조치를 모두 취했을 때 원자력 발전소의 안전에 대한 대중의 신뢰를 얻을 수 있을 것이다"고 언급했다. 원자력위원회는 앞서 설명한 사고들이 "원자력 발전소의 관리자들은 반드시 발전소 운영과 관련 있는 모든 사건을 사람들에게 계속 알리며 대중의 신뢰를 얻을 수 있게 특별히 조심해야 한다는 사실을 보여준다"고 강조했다. 사고 소식이 잇따랐지만 1981년 12월 진행된 『아사히신문』 조사에서는 원자력에 반대하는 의견이 1퍼센트 늘어났을 뿐 여론에 큰 변화가 없었다. 하지만 일본에서도 외딴 지역의 선출직 공무원들은 해당 지역에 제안된 원자력 발전시설을 거부하지 않으면 다음 선거에서 표를 주지 않겠다는 주민들의 더 강한 압박을 받게 되었다. 공무원들이 이런 압박에 대처하며 자신들의 정책에 따르게 하려고 중앙 정부는 "전력원 부지 기획자 표창식"이라는 연례행사를 만들어 말을 잘 듣는 관료들의 이름을 알리고 총리와 만나게 하는 보상을 제공했다.

일련의 사고들은 1979년 처음으로 대중의 관심을 끈 일본 원자력 산업의 어두운 이면을 더욱 주목하게 했다. 호리 구니오라는 잠입 취재 전문 언론인은 여러 발전소에서 일용직 노동자로 일한 경험을 책으로 출판했다. 그는 발전소에서 발전소로 계속 옮겨 다니며 일하는 이들을 "원자력 집시"라 칭했다. 호리는 1978년 12월 몇 분 만에 일자리를 찾았고 배로 후쿠시마 제1 발전소에 도착했다. 그곳에서 추락사고를 당해 갈비뼈가 부러졌으나 그를 고용한 이들은 도쿄전력에 사고를 알리지 않으려 호리를 승합차에 태워 병원에 데려갔고, 침묵하는 조건으로 치료비를 대주겠다는 제안까지 했다. 일용직 노동자들은 모두 제2차 세계대전의 군산 복합체가 현대적으로 변형된 체계지만 그 기원은 몇백 년 전까지 거슬러 올라가야 하는 오래된 고용 제도 아래서 착취당하고 있었다.

발전소는 고등교육을 받고 많은 훈련을 거친 운전원, 엔지니어, 기타 전문가 등의 핵심 인력은 직접 고용하지만 방사성 물질 주위에서 이루어지는 거의 모든 노동을 포함해 유지보수나 일상 업무 대부분을 차지하는 기본적인 육체노동을 맡는 인력은 피라미드 구조로 외부에 위탁한다. 도쿄전력 등이 소유한 발전소에서 무언가를 하려면 보통 2장에서 언급했던 다섯 군데의 주 계약업체 중 한 곳에 의뢰한다. 히타치, 도시바, 미쓰비시처럼 원자로를 설계하고 건설하며 유지보수하는 초대형 기업들이다. 이 주 계약업체들은 자체적으로 물리적인 공사를 진행하지 않는다. 업무 대부분을 하나 또는 둘 이상의 일본 내 주 하청 업체에 맡기는데 가지마 같은 건설업체가 여기에 해당한다. 결과적으로 가지마는 오래된 프로젝트들이 끝나고 새로운 프로젝트들이 시작될 때마다 필요한 노동자의 수가 계속 바뀌므로 인력을 조달해줄 재하청 업체를 고용한다. 프로젝트의 규모에 따라 각 재하청 업체는 더 많은 재재하청 업체를 사용한다. 이런 사다리의 제일 아래쪽에는 개별적인 인력 중개업자들이 있다. 이런 중개업자들은 승합차나 미니버스를 몰고 특정 도시의 비공식적인 일용직 노동 경매가 열리는 장소인 요세바寄場나 비숙련 노동자들이 몰려 사는 주위 빈민가로 향한다. 그리고 노동자를 찾는 다른 회사에서 파견한 중개업자들과 경쟁하며 하루의 노동을 협상한 후 그날의 일꾼들과 함께 떠난다. 피라미드에 있는 모든 회사는 전력회사가 특정 노동자에게 배정한 돈 중 일부를 가져가며 실제로 일을 한 사람들은 원래 금액의 4분의 1밖에 손에 쥐지 못한다. 노동자들의 복지는 무시되기 일쑤였다.

일본의 주요 도시마다 구직자들이 몰리는 요세바가 한 군데 이상 있으며 대개 오사카의 가마가사키나 요코하마의 고토부키처럼 쇠퇴한 지역이다.[26] 가장 오래되고 가장 유명한 요세바는 도쿄 동쪽의 다이토구 전체를 포괄하며 산야山谷라 불린다. 산야는 제2차 세계대전 이후 임시 일자리를 찾는 사람들이 모이는 장소가 되었고 1960년대부터 1970년대, 1980년대까지 일용직 노동자가 가장 많이 모여 사는 슬럼가로 지목되었으나 실제 역사는 이보다 오래되었다. 막부 시대였던 1848년에 만들어진 이 지역은 사회에서 추방된 이들과 범죄자들, 부라쿠민部落民들의 보금자리였다. 부라쿠민은 일본 사회에서 천대받고 배척당하던 최하층 계급으로 몇백 년 동안 차별의 피해자가 되었던 이들을 말한다. 이들은 종종 "오물"이라는 멸칭으로 불리기도 한다. 일본은 1871년 공식적으로 봉건적 계급제를 폐지했고 1970년대에는 정부 차원에서 제삼자가 예비 결혼 상대의 부라쿠민 조상을 찾아내지 못하게 하는 등의 개혁을 추진했다. 하지만 국제연합UN은 백만 명에서 3백만 명에 이르는 일본인이 여전히 요세바 구역처럼 혜택받지 못한 지역사회에서 살아가고 있다고 추정한다. 오늘날 하청 노동자로 고용되는 모든 사람이 부라쿠민처럼 소수 집단으로 인식된 이는 아니겠지만 많은 수를 차지하는 것이 사실이다.

이런 빈민가에서는 정신적·물리적 건강의 악화로 인해 일본의 평균적인 사회에서보다 더 심각한 문제들이 발생하며 한 사람의 생활 공간은 보통 밀실 공포증을 선사하는 혼잡한 공동 침실에서도 가로 1미터, 세로 2미터의 다다미 돗자리에 한정된다. 평범한 시민들은 약간의 공포와 경멸 속에 산야를 바라보고 다른 나라에서 이민자나 소수 인종을 보듯 그곳에 거주하는 사람들을 인식한다. 근처 혈액은행에서 일했던 한 의사는 "[산야의 노동자들은] 돈이 급해지면 피를 팔러 온다. 대부분은 너무 자주 온다. 헌혈하려면 일정 체중 이상이어야 한다. 이 사람들이 체중계에 올라가면 표준 체중을 넘기려 주머니에 돌을 넣지 않았는지 알 수 있다"고 회상했다. 이 지역의 이미지를 바꾸려 했던 지방 정부

---

26 요세바라는 단어의 기원은 18세기 후반까지 거슬러 올라간다. 농촌 지역의 실업률이 높아지면서 소작농들이 도시로 향했으나 도시들은 늘어난 인구에 제대로 대처하지 못했다. 최초의 요세바는 도쿄 바로 밖에 범죄자가 아닌 노숙자 노동자들을 수용했던 섬이었다. 하지만 점차 도시가 원치 않는 시민들과 범죄자 등이 모이는 쓰레기장이 되었다.

가 1970년대 중반 미화 작업의 하나로 도시 지도에서 산야라는 이름을 지워버렸지만 지금도 많은 노동자가 남아있다.[27]

첫 번째 석유 위기가 일어났던 해인 1973년에는 임시 일용직 노동자가 일본 전체 노동인구의 17퍼센트를 차지했지만 2년 뒤에는 실업률이 급격히 증가하면서 같은 비율이 14.4퍼센트까지 줄어들었다. 예전에는 광부로 일했으나 더는 젊은 동료들과 경쟁할 수 없게 된 45세 이상의 남성들이 대부분 실업자로 전락했다. 여전히 가파른 상승세를 누리는 몇 안 되는 분야 중 하나였던 원자력 발전은 이렇게 나이가 많고 더 절박한 노동자들에게 하청 노동자로 일할 기회를 제공했다.

발전소를 유지하려면 건강을 위협하는 업무가 수반되었으나 당연히 모든 하청 노동자가 해로운 물질을 취급하는 것은 아니었다. 한 예로 경비원 역시 하청 노동자들이었다. 하지만 법적 방사선 노출 한도 등을 따지지 않아도 되는 다른 작업장들과 달리 원자력 발전소에서는 연례 유지 작업을 위해 원자로들을 멈춰 세울 때면 떠돌이 노동자들의 공급이 부족해지기도 한다. 이 기간에는 작업자들이 끈적이는 원자로 내부나 다른 방사선 구역에 진입해 표면을 문질러 세척하면서 짧은 시간에 많은 양의 방사선을 흡수한다. 그래서 인력 중개업자들은 거리와 노숙자 숙소를 비롯해 잠재적인 노동자들을 찾아낼 수 있는 곳이라면 어디든 가야 한다. 지적 장애인이나 18세 이하 청소년을 고용한 사례는 없다고 알려졌지만 확보할 수 있는 인력이 줄어들면서 중개업자들은 점점 더 멀리까지 이동하게 되었다. 『후쿠이신문』은 1981년 4월 오사카에서 140킬로미터 떨어진 곳에서 왔다고 주장하는 하청 노동자들의 발언을 실었다. 그래도 인력이 부족할 수 있다.

그래서 일본 특유의 범죄 조직인 야쿠자가 끼어든다. 야쿠자 연합체가 일부 하청 업체를 운영하고 원자력 발전소에 조달한 노동자들의 임금을 빼돌려 자금을 모은다는 사실은 잘 알려진 이야기다. 1970년대 중반에는 2,500개 이상의 건설사가 야쿠자 조직과 관련이 있는 것으로 추정되기도 했다. 이 기간 4만 명에 가까운 조직원을 자랑하며 쓰루가에서 여러 지부를 운영했던 야마구치파

---

27 공식 기록과 지도에서 산야라는 이름이 지워진 시기는 1966년부터 1978년까지 다양하게 기록되어 있다. 하지만 대부분 70년대 중반 즈음이어서 이렇게 서술했다.

는 사람들이 방사선 근처에 일하도록 위협하기까지 했다.

노동자들은 진 빠지는 하루를 보낸 뒤 밤이 되면 "불법이지만 용인된" 은신처에서 도박을 하며 시간을 보냈다. 그날 아침 그들을 모집한 바로 그 야쿠자가 연료가 되는 술과 마약을 공급하며 이러한 생활 방식에서 벗어날 수 없게 했다. 이상한 일이지만 많은 야쿠자가 본인도 제대로 교육을 받지 못한 부락쿠민 출신이며 재일 한국인도 상당수를 차지한다.

쓰루가에서 유출 사고가 발생했던 1981년 한 해 동안 하청 노동자들은 전력회사 직원들과 비교해 15배 이상의 방사선에 노출되었고 하청 노동자의 수는 정규직 노동자의 거의 열 배에 달했다.[28] 가장 오염된 구역을 점검할 때는 해당 구역에 겨우 몇 분, 심지어 몇 초만 있어도 안전 허용치에 도달했기 때문에 훨씬 많은 하청 노동자가 필요했다. 노동자들은 교대를 마친 후 항상 주머니에 가지고 다니는 방사선 측정기의 수치를 확인했고, 보통 역시 같은 하청 업체에 고용된 조장이 그 수치를 연필로 기록했다. 이런 체계는 이후 체르노빌에서 그랬듯 노동자들이 선량을 꾸며내는 것이 장려되고 때로는 심지어 사후에 기록을 고치는 상황이 반복되게 만들었다.[29] 법정 허용치를 채운 사람은 적어도 며칠 간 발전소에서 일할 수 없었고 수입도 사라졌다. 노동자가 일을 하지 않으면 그를 고용한 하청 업체 역시 돈을 받지 못하기 때문에 거짓말을 하도록 압박한다고 알려졌다. 반면 낮은 숫자를 써내면 그 사람은 계속 일을 할 수 있었고 모두 임금을 받으며 더 빨리 작업을 마칠 수 있었다. 한 달에 한 번 정도 노동자들이 보고한 숫자를 착용형 보조 방사선 탐지기로 재확인하는 작업이 이뤄졌다. 열 발광선량계가 있는 필름 배지였다. 이때는 기록을 고칠 수 없었으므로 필름 배지를 동료들과 바꾸거나, 극단적으로는 아예 착용하지 않는 일까지 드물지 않

---

28 역사학자이자 정치학자이며 『아시아퍼시픽 저널Asia-Pacific Journal』의 편집자인 다나카 유키가 소개한 데이터가 있다. 일본 경제산업성 산하 자원에너지청 방사선관리국에서 발표한 데이터를 보면 1970년에는 하청 노동자들이 흡수한 방사선 총량이 전력회사 직원들의 총량과 비슷하다(하청 노동자: 326렘, 전력회사 직원: 236렘. 렘은 생체에 대한 방사선의 효과를 나타내는 단위로 오늘날에는 잘 사용되지 않는다). 하지만 1980년에는 전력회사 직원들의 방사선 노출 총량이 828렘이었던 반면 하청 노동자들의 총량은 11,105렘에 달해 격차가 커졌다. 노동자 1인이 흡수한 평균 방사선량을 따지면 1975년 이전에는 전력회사 직원이 하청 노동자보다 많았고, 이후에는 하청 노동자가 더 많았다. 출처: Tanaka, Yuki, "Nuclear power plant gypsies in high-tech society." Bulletin of Concerned Asian Scholars, vol. 18, no. 1, January?March 1986.
29 사진가 히구치 겐지는 원래 썼던 선량을 지우개로 지우고 더 낮은 숫자로 고쳐 쓰는 순간의 사진을 가지고 있다.

게 벌어졌다.

하청 노동자들을 위한 감시 체계와 절차가 더 있었지만 어떤 식으로든 의도적인 변형이 이루어졌다. 전력회사나 주 계약업체의 직원들은 더 철두철미하고 빈번한 점검의 대상이었다. 예를 들어 역사학자 다나카 유키는 후쿠시마 제1 발전소에서 1980년대 중반까지 "하청 노동자들은 수족手足 경보기와 몸의 나머지 부분을 위한 간단한 소형 가이거 계측기만을 사용했다"고 소개했다. 반면 "[도쿄전력] 직원들은 한 번에 신체 표면을 모두 점검하는 '출입구형 감시기gate monitor'를 사용했다"고 덧붙였다. 하청 노동자들은 석 달에 한 번씩만 전신 탐지기 검사를 받았고 전력회사 소속 노동자들보다 높은 안전 허용치를 적용받았다. 당시 법에는 허용치가 연간 5,000밀리렘, 즉 5렘으로 정해져 있었으나 전력회사에서는 자체 규정으로 직원들의 허용치를 1,500밀리렘으로 제한하곤 했다. 앞서 각주에서 설명한 것처럼 렘은 방사선의 효과를 측정하는 단위이나 오늘날에는 사용되지 않는다.

다시 말해 이렇게 이름이 없는 노동자들의 건강은 중요하게 취급되지 않았고 실은 그 반대에 가까웠다. 도쿄전력의 한 경영진은 몇십 년 후 『애틀랜틱Atlantic』과의 인터뷰에서 "발전소에서 임시 노동자들의 복지를 우려하는 목소리를 내면 사고뭉치나 잠재적인 골칫거리로 찍힐 것이다. 그 주제를 꺼내는 것조차 금기시된다"고 인정했다. 원자력 산업을 규제하는 이들은 하청 업체가 제공한 노동자들의 방사선량이 정확한지 검증하려 하지 않았고 전력회사들도 마찬가지였다. 2011년 『로스앤젤레스타임스Los Angeles Times』를 만난 56세의 하청업자는 "사람들은 일이 필요해서 절차를 무시했다. 발전소 책임자는 그런 사실을 알고 있었지만 못 본 체했다"고 주장했다. 1977년 3월 『아사히신문』은 한 중의원 의원이 최근 11년간 일본 내 원자력 발전소에서 사망한 하청 노동자 현황을 조사한 결과를 보도했다.[30] 이 통계에는 낙하로 사망한 15명과 방사선과 관련이 없는 "기타" 사유로 사망한 16명이 포함되었다. "방사선 노출로 인한 사망"이 의심되는 이들 중 32명은 암으로, 23명은 뇌 손상으로, 12명은 심장병

---

30 이 중의원 의원은 나라자키 야노스케였고 자체 조사를 통해 하청 노동자들의 사망 원인을 밝혔다. 나라자키는 고위층의 비행을 파헤치며 명성을 얻었으며 아마 록히드 스캔들이 가장 유명한 사례일 것이다. 4장 앞쪽에서도 언급했던 록히드 스캔들은 다나카 가쿠에이 총리가 전일본공수가 록히드에서 트라이스타Tristar 항공기를 구매하는 거래에 개입해 개인적으로 3백만 달러를 챙겼던 사건이다.

으로, 3명은 백혈병으로, 5명은 "기타" 사유로 목숨을 거뒀다. 하지만 선량 기록이 형편없이 관리된 데다 실질적인 증거나 법률 지원을 위한 자금이 부족했던 탓에 건강이 좋지 않은 전직 노동자들이 전前 고용주들을 상대로 법정에서 승리를 거두는 일은 역사적으로 거의 없었다.

후쿠이현의 여러 원자력 발전소에서 일하며 이런 푸대접에 염증을 느낀 노동자들은 1981년 7월 '겜파쓰분카이原発分숲'라는 자체 노동조합을 결성했고 원자력 발전 자체는 찬성하며 더 안전하고 공정한 작업 조건을 요구했다. 초기에는 일본원자력발전과 하청 업체들의 저항이 있었으나 현장의 문제들은 차츰 개선되었다.[31] 하지만 겜파쓰분카이는 존속 기간 내내 변두리 조직으로 남았다. 이후 십 년 사이 선량이 펜으로 기록되기 시작했고 노동자들은 자신의 기록에 접근할 수 있게 되었으며 평균 선량도 확연히 줄었다. 하지만 힘없고 취약한 노동자들에 대한 구조적인 착취는 사라지지 않았다. 정부 관료들의 냉담한 태도에도 변함이 없었다. 1999년 한 노동자가 급성 방사선 피폭으로 사망한 뒤 이름을 밝히지 않은 노동성의 한 관리는 『로스앤젤레스타임스』에 "지금과 같은 에너지 공급이 유지되길 원하는 한 방사선을 쬐면서 처리할 수밖에 없는 업무가 있다"고 말하며, "그들은 차별이라고 하지만 우리나라에는 노동의 자유가 있다. 그런 일을 하고 싶지 않다면 그만두면 된다. 누구도 그 일을 하고 싶어 하지 않으면 결국 해당 업계가 문을 닫아야만 할 것이다"라 주장했다.

당시에는 선량계가 디지털이라 측정치를 수정할 수 없어서 노동자들은 한도에 도달하면 그냥 선량계를 꺼버렸다. 1990년대에 BBC와 인터뷰한 한 노숙자는 "우리가 먼지를 쓸어내고 있을 때 방사선 수치가 너무 높아서 경고음이 울렸다. 하지만 관리자들은 경고음이 계속되는 데도 우리더러 걱정하지 말라고 했다. 나는 속이 울렁거리기 시작해서 자리를 떴다"고 증언했다. 일본원자력발전은 발전소에서 일하며 병을 얻었다는 사실을 증명하지 못했다며 그에게 보상금을 주지 않았다.

야쿠자는 원자력 산업에서 발전소를 계획하고 건설하는 초기 단계에 또 다

---

31 "저항"이라는 단어로 부족할 수도 있다. 일본원자력발전은 오랫동안 조합의 요구를 무시했고 하청 업체들에 이 조직을 파괴하라고 지시했다. 그 결과 야쿠자 조직원들이 조합원들을 위협하거나 불쾌한 말들을 던지기도 했다. 일본원자력발전은 겜파쓰분카이가 확장되고 전국적인 공감을 얻은 후에야 그들의 요구에 귀를 기울였다.

른 역할을 맡았다. 하버드대학교 일본 법학 미쓰비시 교수인 J. 마크 램지어Mark Ramseyer는 "계획 중인 발전소는 강탈과 보장을 요구했다"고 썼다. 전력회사들은 하나의 발전소를 위한 계획과 조사, 취득, 정치적 공작, 법적 도전, 건설, 검사에 수십억 달러의 돈과 수십 년의 시간, 막대한 노동을 투자한다. 불가피하게 다른 현장으로는 이전할 수 없는 투자다. 이런 상황은 범죄 조직이 놓쳐서는 안 될 금광이다. 범죄 조직들은 효과적으로 반대 세력을 조직해 전력회사의 계획을 무산시킬 수 있는 이들을 위협하고 공포의 불길을 불어넣을 줄 알며, 뇌물을 쥐여주면서 모든 저항을 가라앉힐 제안을 할 줄도 안다. 두 가지 전략 모두 효과가 없으면 폭력을 암시하며 위협하고 실제로 행사하기도 한다. 한 야쿠자는 잠입 취재 중인 기자에게 "원자력 발전소가 동네에 들어오면 왜 우리가 그렇게 많은 돈을 벌까?"라 물었다. 그는 "간단하다. 우리는 불평하는 사람이 누구든 닥치게 할 수 있어서 돈을 번다"고 말했다. 공항처럼 거대한 규모의 건설 프로젝트에도 같은 원리가 적용된다. 부정을 저지르는 비용은 몇십 년간 이어지는 법정 다툼 비용보다 훨씬 저렴하다. 그래서 모든 반대를 잠재우려는 기업들은 허울뿐인 눈속임용 회사를 통해 시장이나 현지사縣知事에게 아낌없이 선물을 안기고 폭력배들에게 대가를 지급한다. 이런 관행이 언제부터 시작되었는지는 알 수 없으나 적어도 1980년대 초부터 계속되었다. 하지만 2011년 전에는 눈이 가장 밝은 이들 말고는 이런 관행을 눈치채지 못했다.

1981년 10월 로널드 레이건Ronald Reagan이 미국 대통령에 선출되면서 이 나라의 원자력 정책에 커다란 변화가 일었다. 레이건은 재처리 금지령을 해제하고 정부에 "고속증식로 실증을 진행"하도록 지시했다. 이듬해 6월에는 일본과 관련이 있는 원자력 외교 정책의 변경을 승인해 "특정한 재처리, 재처리를 위한 재이송, 미국이 통제하는 물질의 사용"을 허용했다. "도카이 공장의 가동 연한 이내의 재처리 그리고 일본 내 증식로, 개량형 원자로, 열적 재활용 프로그램에서의 플루토늄 사용"에 제한을 없애는 것도 이러한 변화에 포함되었다. "일본 내 시설을 위한 미국의 민감한 재처리 기술이나 장비" 수출도 재개되어 일본

원자력의 장기적 목표에 힘을 실어주게 되었다. 모든 것이 제 궤도에 오른 듯했다.

IV
체르노빌

　1986년 4월 28일 전 세계가 충격적인 소식을 접했다. 이틀 전 우크라이나 북쪽에 자리한 소련의 체르노빌 원자력 발전소에서 강력한 1,000메가와트짜리 원자로가 폭발해 광대한 지역에 방사성이 강한 잔해들을 몇 톤이나 쏟아냈다는 것이었다. 역사상 가장 유명한 이 산업재해의 결과 동부 유럽 전역에서 원자력에 대한 두려움이 방사선 히스테리로 나타났고 "수천 명"이 사망했다는 언론의 오보도 공포를 부추겼다. 소련 정부 당국은 엄청난 방사능이 감지된 발전소 주변 2,600제곱킬로미터를 접근 금지 지역으로 선포했고 60만 명 이상의 군인들과 징집 인력들이 평시 동원으로는 역사상 가장 큰 규모로 몇 년간 오염 제거 작업을 벌였다. 전례 없는 사고였고, 지금까지도 많은 면에서 유일무이한 사건으로 남아있다.[32]

　체르노빌 참사가 벌어지고 4개월 후 『아사히신문』이 진행한 여론조사에서는 처음으로 원자력을 반대하는 의견이 찬성 의견을 넘어섰고 세계적으로 그렇듯 여성들이 훨씬 높은 반대율을 보였으나, 놀랍게도 초기의 일부 조사에서는 전반적인 무관심이 드러났다. 『요미우리신문』을 비롯해 일본에서 가장 큰 신문들은 사설에서 소련의 원자력 산업과 일본 원자력 산업의 차이를 부각했고, 일본의 기술과 안전 실천이 훨씬 뛰어나며 일본이나 서구에서는 이런 사고가 일어날 수 없다고 주장했다. 『요미우리신문』은 한 달 뒤 원자력에 반대하는 반체제 인사들에게 철퇴를 가해야 한다며 일본은 "원자력에 대한 공포 때문에

---

32 체르노빌에 비길만한 사건은 없었지만 사실 소련에서는 방사선 방출로 이어진 사고가 셀 수 없이 많이 일어났고 특히 1950년대에 집중되었다. 한 예로, 마야크Mayak 핵무기 시설에서는 폐기물 저장 탱크가 폭발한 뒤 광범위한 지역에 많은 방사선이 방출되었다.

원자력을 포기하기보다는 원자력 안전을 확보"해야 한다고 선언했다.『아사히신문』등 다른 신문들도 비슷한 접근법을 취해 어떤 일이 벌어졌는지 자세히 들여다보고 지금의 안전 정책을 강화해야 한다고 주장했다. 하지만 체르노빌 참사는 일본 주류 언론들이 다룰 수밖에 없는 중요한 사건이 되어가고 있었다.

일본원자력위원회는 1986년 말 백서를 발행해 일본이 원자력 안전 확보를 위한 모범적인 노력의 세계적 기준이 될 수도 있다는 믿음을 드러냈다. 언론은 그 내용을 그대로 받아들여 "일본은 원자력 폭탄의 영향을 받은 유일한 나라였기 때문에 이 나라의 국민은 원자력 분야의 안전 관리를 비판적이고 엄격하게 지켜봐 왔다"와 같이 교만한 문장들을 써냈다. "우리는 원자력 폭탄의 피해자이므로 가장 훌륭한 원자력 안전 관행을 가졌다"는 이런 착각은 기이하게도『요미우리신문』을 제외한 다양한 언론 매체에 등장했다. 일본 언론은 체르노빌 참사가 계속 전 세계에 영향을 발휘하는 것을 근심하며 국내에서 비슷한 사고가 일어날지도 모른다는 공포를 가라앉히려 했다.[33] 이들의 노력은 완전한 성공을 거두지 못했고, 핵무기 반대 세력과 원자력 발전 반대 세력이 잠시 연합하면서 항의 시위가 열린 횟수가 1987년 12번에서 1988년 83번으로 급격히 증가했다. 한 번은 도쿄에서 열린 시위에 2만 명 가까이 모이기도 했다.

일본 원자력안전위원회는 1년 가까이 이 사고를 연구했다. 위원회의 마지막 보고서는 기존의 인력 훈련과 사고 예방조치로 충분하다는 통상산업성의 1986년 8월 보고서 내용을 반복하며 체르노빌의 고출력 압력관형 원자로와 일본 내 원자로는 극명히 다르다고 언급했다. 그리고 좀 더 개선이 필요한 부분이 있다면 인적 오류, 제어실 사용자 인터페이스, 비상 절차 지침, 사고 처리 안전 분야라고 정리했다. 원자력안전위원회는 운전원에 대한 안전 훈련의 중요성을 강조했으나 일본의 원자로 기술 자체는 결함이 없다고 간주했다. 하지만 이 보고서는 사고 직후 널리 퍼진 믿음과 달리 체르노빌 참사가 운전 절차의 고의적 위반에만 기인한 것이 아니라 원자로 자체에 심각한 설계 결함이 있었다는 사실이 밝혀지기 오래전에 나왔다는 점을 기억해야 한다.

---

33 결론은 동일했지만 접근법은 다양했다. 일부 언론은 정부가 더 많은 대화에 나서야 한다고 요구했고, 몇몇 언론은 이런 공포를 비합리적인 것으로 치부했으며, 두려워할 이유가 없다고 설명하는 언론들도 있었다.

원자력안전위원회는 체르노빌에서 겪었고 결국 후쿠시마에서도 반복되었던 집단 소개의 문제도 다루었다. 보고서는 자신감 있게 서술했다.

체르노빌 원자력 발전소 사고와 유사한 상황이 일본에서 일어날 거라 생각하기는 극히 어렵다. … 그리고 광범위한 지역의 주민들이 소개해야 하는 상황으로 이어지지는 않을 듯하다. … 또한 재난에 맞서 소개와 같은 조치를 취해야 한다고 해도 여유가 있을 것으로 판단된다. 따라서 사회적 혼란 없이 철수와 소개 조치를 실행하는 것이 가능할 것으로 보인다.

하지만 보고서는 사람들이 이런 상황에 어떻게 반응하는지 그리고 어떻게 해야 순조롭게 소개를 진행할 수 있을지 추가 연구를 수행하는 것이 현명하다고 인정했다. 우연히도 당시 총리는 바로 나카소네 야스히로였다. 나카소네는 일본 총리로는 흔치 않게 1982년부터 1987년까지 긴 임기를 누리며 이 나라를 이끌었다.

1986년 6월 9일 미국 원자력규제위원회 원자로규제국 국장 해럴드 덴턴 Harold Denton은 후쿠시마 제1 발전소에도 설치된 비등수형 원자로에 관해 새로운 우려를 제기했고 정부 관료들에게 "격납건물에 다양한 작업을 해 왔지만 특히 수조가 있는데도 설계 압력이 낮아 규모가 작아진 마크 1 격납건물은 … [심각한 사고에서] 차폐에 실패할 확률이 90퍼센트에 달할 것"이라 알렸다. 그는 체르노빌 참사 후 열린 정부 공청회에서도 마크 1에 관한 의견을 고수했고 "[마크 1 원자로는] 모두 설계 기반 사고를 기초로 설계되었으나 노심 용융에 견딜 수 있는 능력은 원자로에 따라 다르다"고 덧붙였다. 1989년 제너럴일렉트릭GE은 기존 원자로 배기 계통을 보완할 새로운 강화 배기 계통을 설치하기 위해 미국 원자력규제위원회의 허가를 받았다. 기존 계통은 이론적인 비상 상황에서 압력이 극단적으로 높아지면 제대로 작동하지 않을 수 있었다. 1999년부터 2001년까지 후쿠시마 제1 발전소에 설치된 새로운 배기 계통은 폭발을 막기 위해 평상시의 경로인 미세입자집진기를 우회하고 방사성 증기와 기체들을 곧장 대기로 내보낼 수 있었다. 도입 이후 적용된 다양한 개량 설비들 덕분에 마크 1은 설계 기반 사고에서 여러 가압수형 원자로보다 안전하다고 할수도 있었지만 극단적인 상황을 견뎌내는 능력은 여전히 미지수였다.

일본은 1987년 원자력 발전소를 위한 더 철저한 새 지진 지침을 내놓았고 전력회사들은 모든 발전소에 이 지침을 적용해야 했다. 과거의 지각 단층 활동을 조사해야 하는 기간을 5만 년으로 늘렸고, 각 발전소가 겪을 미진을 더 훌륭히 예상하기 위해 현대적 이론 예측 모델을 활용하면서 계산에 지금까지 덜 활용되어 온 포괄적 데이터와 더 많은 무작위 이상치를 사용하도록 권고했다.

쓰나미는 형식적으로 언급되었다. "지진"이라는 단어는 1,675회 사용되었지만 "쓰나미"는 참고문헌과 색인 일부에 겨우 25회 등장한다. 천 페이지에 가까운 문서에서 실제로 쓰나미를 다룬 내용은 한 페이지가 겨우 넘었다. "[발전소] 대지를 선택하고 설계할 때는 쓰나미의 영향을 충분히 고려해야 한다"고 강조했지만 함께 제시된 정보는 쓰나미의 규모와 속도를 계산하는 수학 공식 두 개뿐이었다. 수해를 방지하기 위해 가능한 조치에 관한 내용은 전혀 없어서 지진으로 인해 발생할 수 있는 이차 위험을 얼마나 등한시하는지 알 수 있었다. 원자력 업계 외부에서 나온 경고는 대부분 방해로 간주해 묵살되었고, 결과적으로 후쿠시마 참사가 터진 후에야 이 업계가 학계의 충고를 얼마나 무시해왔는지 광범위한 논쟁이 벌어지기도 했다.

1988년 12월 8일 후쿠시마 제2 발전소의 원자로 3호기에서 재순환펌프 중하나가 오작동하면서 갑작스레 출력이 증가해 자동으로 원자로가 중지되었다. 이후 원자로 운전을 재개했으나 3주 뒤인 1월 1일 약한 진동 신호가 나타나기 시작했다. 운전원들은 출력이 경고 단계 바로 아래가 되도록 3퍼센트 줄였다. 1월 6일 아침 펌프베어링에 연결되어 있던 볼트 몇 개와 와셔, 100킬로그램짜리 고리가 빠지면서 날개들이 산산이 조각나 가루처럼 미세한 입자부터 길이가 10.5센티미터에 이르는 조각까지 수백 개의 금속 파편들이 노심으로 날아들었고 일부는 터빈까지 이동했다. 이런 상황을 알지 못했고 이어진 비정상적인 진동 경고에도 분명히 무심했던 운전원들은 펌프의 속도를 늦췄으나 원자로를 멈춰 세운 것은 14시간 후였다. 도쿄전력은 몇 달간 회복 작업과 조사를 진행하며 압력용기에서 약 30킬로그램의 금속 파편을 회수했고 1989년 10월 770개의 연료봉을 모두 교체해야 한다고 발표했다. 이 원자로는 1990년 10월 5일까지 가동되지 못했고 그사이 정부는 펌프 진동 경고가 울리면 원자로를 완전히 멈추도록 안전 규정을 고쳤다.

후쿠시마 제2 발전소의 원자로 3호기가 멈춰있던 1989년 10월 제1 발전소에서는 마크 2 차폐건물이 적용된 1,100메가와트의 시리즈 5 비등수형 원자로인 6호기와 7호기를 시운전하며 80년대를 마감했다. 이 발전소의 1호기는 시리즈 3, 2호기부터 5호기까지는 시리즈 4 모델인데 각 버전의 차이는 뒤에 설명하기로 한다. 1호기부터 4호기까지는 오무카에 위치한 반면 5호기와 6호기는 이웃 후타바에 있었고, 후타바의 시의원들이 보조금을 받겠다고 완강히 고집한 탓에 5호기가 4호기보다 6개월 먼저 가동을 시작했다. 도쿄전력은 5호기와 6호기를 지상 10미터에 건설한 1~4호기보다 3미터 더 높이 지었는데 뒤늦게 쓰나미의 위험을 알았다는 방증으로도 볼 수 있다. 비슷하게 후쿠시마 제2 발전소의 원자로들은 모두 해면보다 12미터 높게 건설했다.

1980년대가 끝나갈 즈음 일본이 에너지 연구개발, 특히 원자력에 투입하는 예산은 매년 4퍼센트 이상 증가해 다른 나라를 모두 능가하고 국민 총생산GNP의 1퍼센트에 달했다. 1980년대에 이루어진 개선 덕분에 사고, 운전, 자동 운전 정지의 횟수가 줄어들면서 노동자들의 평균 선량이 절반으로 감소했고 일본 내 원자로들의 가동 시간은 영국과 미국, 서독, 프랑스를 앞섰다. 그사이 일본 전력회사들은 자신들의 능률적인 예방 정비 계획과 안전 기준이 세계 최고라 믿기 시작했다. 1988년 한 해 동안 계획하지 않은 원자로 가동 정지가 평균적으로 미국 4.0회, 프랑스 5.3회였던 것과 비교해 일본은 0.4회에 불과했다는 사실을 생각하면 아마 정확한 판단이었을 것이다. 미래는 밝아 보였다.

5장
잃어버린 10년

1990년대

I
내리막

1990년이 되자 38기의 원자로가 일본 내 전력의 27퍼센트를 공급하게 되었다. 용량을 따져도 일본을 앞서는 나라는 프랑스와 미국밖에 없었다. 석유 위기에서 회복한 경제는 급성장을 이어갔고 원자력 발전 점유율 40퍼센트라는 목표도 달성할 수 있을 듯했다. 하지만 1991년 말 거품이 터지면서 주식시장이 붕괴하고 실업률이 치솟았으며 임금이 하락했고 국내총생산GDP 손실 누적액이 1조 달러에 달했다. 이른바 "잃어버린 10년" 동안 몬주를 제외하면 새 원자로 15기가 8개 발전소에서 가동되기 시작했는데 거의 1980년대에 공사가 시작된 원자로였고 발전소 자체가 새로 지어진 곳은 하나뿐이었다. 전기 수요는 계속 증가했지만 불경기로 인해 수많은 프로젝트가 취소되어 1990년대에 건설이 시작된 원자로는 5기에 불과했다. 1980년대의 19기, 1970년대에 21기와 비교하면 크게 줄어든 숫자였다. 일본 최초의 상업용 원자로였던 도카이의 영국산 마그녹스형 원자로는 수명이 끝나 1998년 3월 완전히 폐쇄되었다. 이 원자로는 277,752시간 동안 가동되며 약 290억 킬로와트시의 전기를 만들어냈다. 20세기의 마지막 10년이었던 1990년대에는 주목할 만한 진보가 드물었던 반면 대중의 관심을 끄는 사고들과 은폐가 이어지면서 전국적으로 제대로 조직된 원자력 반대 운동이 일어났다. 하지만 다음 10년이 시작되기 전에는 이러한 움직임이 정부의 정책에 별다른 영향을 미치지 못했다.

1991년 초 미하마 원자력 발전소 2호기의 증기발생기 2대 중 하나에서 유출이 발생하면서 일본에서는 처음으로 주 비상 안전 메커니즘인 비상 노심냉각 계통이 가동되었다. 해당 모델의 가압수형 원자로에 설치되는 증기발생기 안에는 수관이 3,260개 있었다. 내부 직경 20밀리미터, 외벽 두께 1.27밀리미터에 영어 소문자 "엔n"자 모양인 각 관에는 원자로에서 나온 1차 냉각 회로의 뜨거운 물이 들어있다. 2차 냉각 회로의 차가운 물이 1차 냉각 회로 수압의 3분의 1에 해당하는 압력으로 두께가 얇은 관 주위를 지나면 열교환이 일어나며 끓어 증기가 된다.[1] 그리고 비등수형 원자로와 마찬가지로 이 증기가 터빈들을 돌려 전기를 만든다. 미하마에서는 그물망 같은 관들을 유지하는 데 사용되는 진동 방지봉 하나가 잘못 설치되었는데 물이 빠르게 관들을 통과하면서 관 하나가 구부러져 봉과 충돌하는 바람에 진동방지봉이 약해졌다. 1990년의 정기 점검에서는 이 문제가 발견되지 않았다.

2월 9일 오후 12시 40분 문제의 관이 구부러지며 조그마한 구멍이 났고 고압의 방사성 물이 그 구멍으로 빠져나와 저압의 2차 냉각 회로로 흘러들었다.[2] 새어 나오는 물 때문에 이후 80분간 제어실에 방사선 경고가 네 번 떴다. 1시 20분 진행한 표본 분석에서 증기발생기 내부에 방사능이 증가한 것이 확인되었지만 일본에서는 일어날 수 없는 일이라 여겼던 이러한 사건에 대비하는 훈련을 받지 못했던 운전원들은 아무런 조치도 취하지 않은 채 원자로를 정지하는 극단적인 선택을 할지 아니면 측정치가 잘못된 거라 이해해야 할지 토론을 벌였다. 미국 연합통신Associated Press은 "이런 일을 겪은 적이 없어서 방사선이 그렇게 빨리 증가할 수 있으리라고는 생각하지 못했다. 감시 장치가 고장 나서 그런 증가치를 보여주고 있을까 봐 모든 것을 멈춰 세우기가 어려웠다"는 한 안전 관리자의 말을 전했다. 압력과 냉각수 수위가 내려가면서 노심의 물이 끓기 시작했고 방사선 수치가 올라갔다. 1시 45분이 되자 해당 관이 마지막으로 구부러졌다가 완전히 끊어졌다. 여전히 혼란스러워하던 운전원들은 1시 48분 마

---

[1] 정확히 말하면 이 시스템에서 '차가운' 물은 없다. 모두 압력이 높고 무척 뜨겁지만 원자로 밖의 물이 안의 물보다 온도가 낮다. 1차 냉각 회로의 압력은 150그램당제곱센티미터(㎠/g)이고 2차 냉각 회로는 50그램당제곱센티미터다.

[2] 사고 당일에는 기자들에게 오후 1시 40분에서 50분 사이에 진동방지봉이 파열되었다고 알렸다. 다음날 본문에 언급한 정확한 시간으로 정정했지만 일부 언론에서는 계속 첫날 알려진 시간으로 보도했다. 미국 원자력규제위원회 보고서나 다른 자료들의 사고 시각 역시 일본원자력연구개발기구JAEA 보고서와 완벽히 일치하지 않는다. 이 책에서는 사고들을 재구성할 때 가급적 일본원자력연구개발기구의 자료를 기초로 삼았다.

침내 불균형을 바로 잡기 위해 예비 펌프를 작동시켰고 천천히 출력을 줄이기 시작했다.

2분 뒤 센서들이 1차 냉각 회로의 압력이 급격히 떨어진 것을 탐지했고 원자로에 모든 제어봉을 삽입하는 "긴급정지"가 진행되었다. 그 결과 압력이 더 떨어지면서 7초 뒤 비상 노심냉각 계통의 고압냉각액주입펌프 2대가 가동되었다. 두 펌프는 원자로 구역에 물을 쏟아내기 시작했다. 운전원들은 이제야 증기발생기가 문제의 원인인 것을 알고 시스템에서 분리하려 했으나 정상 작동 시에는 열려 있다가 비상상황에 닫혀야 하는 주증기격리밸브가 열린 채로 고정된 것을 발견했다. 누군가 밸브의 위치를 찾아내 손으로 잠가야 했다.

비상 노심냉각 계통의 주입펌프들은 빠른 속도로 1차 냉각 회로의 압력을 지나치게 올렸고 물을 투입하는 데 어려움을 겪기 시작했다. 운전원들은 먼저 2시 15분경 압력배출밸브 2개를 개방해 보려 했지만 움직이지 않았다. 지난 여름 한 조사관이 실수로 밸브들을 잠갔으나 그의 점검표를 검토한 세 사람 모두이 실수를 발견하지 못했다. 결국 운전원들은 여압계 자체 내부에 있는 예비 물분무설비를 이용해 압력을 낮추려 했다. 2시 37분 비상 노심냉각 계통을 끄면서 상황이 해결되었고 덕분에 1차 냉각 회로와 2차 냉각 회로의 압력이 같아지면서 누출이 멈추었다. 대담하지만 살짝 위험했던 이 조치는 운전절차서에 없는 것이었다. 비상 노심냉각 계통이 멈추며 다시 일시적으로 연료 주변의 물이 끓긴 했지만 이제는 원자로의 보충펌프[3] 3대가 물을 주입할 수 있었고 상황이 정리되었다.

핵분열이 중단되면서 2호기는 냉각수 온도가 섭씨 100도 아래로 떨어지는 "저온 정지cold shutdown"에 성공했으나 이미 1차 냉각 회로의 물 20톤이 비방사성인 2차 냉각 회로에 유출된 후였다. 간사이전력 직원들은 처음에는 방사능이 빠져나가지 않았고 비상 노심냉각 계통이 의도대로 기능했다고 주장하며 시간을 벌었고, 이후 몇 주간 숫자들을 몇 번이나 고치고 늘렸다. 유출된 양은 전체적으로 얼마 되지 않았으나 원자력 안전에 대한 대중의 신뢰에 다시 타격을 입혔고 이틀이 지나서야 방사선이 발전소를 벗어났다는 사실을 인정하는 행

---

3 미쓰비시중공업에 따르면 종종 충전펌프filling pump로도 불리는 보충펌프가 "1차 원자로 냉각수의 양이 감소해 줄어들었을 때 부피를 유지할 수 있는 보충수를 공급한다. 또한 1차 원자로 냉각액펌프의 봉합 부분에 봉수sealing water를 공급한다"고 설명했다.

태가 상황을 악화시켰다. 근처 쓰루가와 미하마 지역 공무원들은 한 시간 후에 사고 발생을 통보받았으나 주민들은 가까운 거주민들에게 소식을 알려야 했던 간사이전력을 통해서가 아니라 신문과 TV를 보고 사고가 난 것을 알았다. 그래도 간사이전력은 1992년 3월 이 사고에 대한 직접적인 조치로 원자력안전체계연구소를 설립하는 흔치 않은 선택을 했다. 원자력안전체계연구소의 훌륭한 목표는 "원자력 발전의 안전과 신뢰성을 높이기 위한 다양한 조사와 연구"를 수행하고 "그 결과를 일본과 외국에 공유"하는 것이다. 이 연구소는 매년 모든 연구 결과를 담은 학술지를 발행한다.

　체르노빌 참사 이후 일본 원자력안전위원회는 원자력 발전소의 중대사고 대항 조치와 재앙적 사고 대응법에 관한 두 번째 장기 연구를 시작했으나 진행이 느렸다. 서구에서 가장 많은 원자력을 소비하는 두 나라 프랑스와 미국은 참사가 터지고 5년이 지나기 전에 안전 정책을 새롭게 고쳤고 대부분의 변화를 법에 반영했다. 그에 비해 일본은 1992년 5월 말이 되어서야 보고서를 공개했다. 보고서 내용에는 일본은 중대 사고의 "위험이 적다"고 선언했지만, 원자로와 안전 절차 모두 개선이 가능하고 이러한 개선이 합리적이라 인정하면서 다양한 변화를 제안했다.[4] 원자력안전위원회는 무엇보다도 "원자로[관리 주체]는 자발적으로 효과적인 사고 관리[준비]를 발전"시키고 심각한 사고라는 "있음직하지 않은 사건에서도 이를 적절히 이행할 수 있게 하는 것을 강력히 권장한다"고 밝혔다. 보고서는 사고 대항 조치가 최신 연구에 기초해야 한다고 명시했고 훌륭한 제안을 다수 내놓았다. 20년 후 후쿠시마에서 일어날 시스템 장애 목록을 길게 나열해 둔 듯한 목록도 있었다. 하지만 모든 제안은 "권장한다"는 단어 하나에 힘을 잃었다. 일본 원자력안전위원회는 여전히 법적 권한이 없어

---

4 가장 합리적인 사람들도 기술적인 면에서는 위험이 적다는 사실을 받아들였을 것이다. 하지만 인적 요소는 다른 문제다. 일본 전력회사들은 기술적 위험이 적다는 이유로 더 심각한 위험을 진지하게 받아들이지 않았다. 위험 요소들이 항상 개입되어 있지만 이 시점까지 일본은 "심각한" 사고로 고통을 겪은 적이 없었으므로 이 보고서의 평가를 무조건 깎아내려서는 안 된다. 다만 일본이 자연 때문에 지진이나 이와 관련된 현상에 취약하다는 사실이 이 나라를 원자력 시설이 있는 다른 나라들보다 더 위험하게 만드는 것이다.

도쿄전력과 같은 회사가 극단적인 상황을 대비하는 데 늑장을 부려도 제재할 수 없었다. 모든 것이 전력회사들의 계획대로 흘러갔다. 이들은 규제에 맞서 열심히 로비를 펼쳤다. 안전 조치들이 향상될 수 있다고 인정하는 것은 더 이상의 위험이 있다고 시인하는 것이라는 사실도 어느 정도 영향을 미쳤다. 원자력안전위원회는 이런 자발적 실천이 돈과 시간을 낭비해야 하는 소송을 피하며 원자로의 가동 시간을 최대화하는 방법이라 정당화했다.

고베대학교 교수였던 지진학자 이시바시 가쓰히코는 1994년 『지하 격변의 시대: 지진학자가 경고한다An Era of Underground Convulsions: A Seismologist Warns』는 제목의 책을 출판해 감히 일본 건물들의 케케묵은 지진 대비책을 비판했다. 그를 고용했던 학교는 이시바시에게 건설성에 사과하도록 지시했다. 하지만 겨우 몇 달 뒤인 1995년 1월 17일 규모 6.9의 한신 대지진이 1,500만 명이 사는 이시바시의 고향 고베를 강타했다. 규모는 6.9에 "불과"했지만 현대에 들어 이렇게 인구가 밀집한 도시가 지진의 영향을 직접 받은 것은 처음이었다. 도시를 길게 잇는 고가 고속도로가 옆으로 넘어지며 아래에 있던 차들을 뭉개버리는 등 진동으로 많은 기반시설이 훼손되었고 거의 6,500명이 목숨을 잃었다. 이에 대한 대응으로 정부는 같은 해 말 "지진 재해 예방 대책을 강화하기 위한 지진 연구를 추진"하는 지진연구추진본부를 설립했다. 이 기구는 향후 30년간 후쿠시마에서 북쪽으로 겨우 60킬로미터 떨어진 지역인 미야기현 해변에 규모 7.5 이상 지진이 발생할 확률이 99퍼센트라 예측했다. 이시바시의 책은 베스트셀러가 되었다.

II
몬주

대부분의 선진국은 이제 원자력에서 손을 떼고 있었다. 체르노빌 참사가 전 세계에 이 기술을 버리라는 격렬한 외침을 불러일으키기 전에도 일부 국가에서는 원자로들을 안전하게 만드는 비용 자체가 경제적이지 않다고 판단했었다. 원자력을 유행시킨 나라인 미국에서는 1990년에만 원자로 3기가 시운전을 시작했지만 2020년 현재까지 3기가 추가되었을 뿐이고 그중 2기는 1990년대에 지어졌다. 그에 앞서 미국은 근면했던 40년간 무려 127기의 원자로를 건설했었다.

일본은 경기 침체기에도 고삐를 늦추지 않고 이전과 같이 에너지 자립의 꿈을 좇기로 했다. 조요는 실험용 고속증식로로 훌륭히 기능했고 일본원자력위원회는 1968년부터 진화상 다음 단계인 몬주에 돈을 퍼붓기 시작했다. 1985년 10월 마침내 작고 언덕이 많은 후쿠이 반도의 북동쪽 모서리에 자리한 현장에서 공사가 시작되었다.[5] 미하마, 쓰루가의 발전소들과 후겐도 후쿠이 반도에 몰려 있었다. 몬주는 일본의 진보한 기술이 이뤄낸 놀라운 업적으로, 대규모 고속증식로가 상업적 발전소처럼 운영될 수 있다는 사실을 보여주는 증거가 될 터였다. 그래도 일본 안팎의 비판자들은 점점 더 몬주의 장기적 근거에 의문을 표했다.

1950년대와 60년대에는 우라늄이 세계적으로 몇십 년밖에 공급되지 않을 거라 예측되었고, 증식로 계획이 시작된 것도 어느 정도는 원료 조달에 대한 우려 때문이었다. 하지만 1990년대 초 지질학자들이 세계 전역에서 풍부한 매장량을 발견했고 새로운 원자로의 건설은 지연되고 있었으며 우라늄 가격도 저렴했다. 그래서 많은 일본인이 이렇게 돈이 많이 드는 계획을 왜 계속 추진해야 하는지 궁금해했다. 언론은 주기적으로 이 문제를 다뤘고 대중은 단순히 엄청

---

5 건설을 위한 준비는 1983년 5월 시작되었으나 실제 공사는 1985년에야 시작되었다.

난 비용 때문만이 아니라 전기 생산에 사용하기에는 너무 비싸면서 한없이 해로운 플루토늄을 연료로 사용한다는 이유로도 몬주의 개발을 반대했다. 일본 관료들은 자국이 보유한 플루토늄 기술의 위대함에는 환호했지만, 북한 영변의 핵무기 플루토늄 재처리 시설 폐쇄를 요구하는 모순된 모습은 증식로 계획에는 도움되지 않았다. 둘 사이에는 불편한 유사점이 또 있었다. 1986년 가동을 시작한 영변의 원자로는 지진 대비를 강화한 도카이 발전소의 원자로에 기초한 마그녹스형 모델이다. 아시아의 몇몇 이웃 국가는 심지어 일본 정부가 남몰래 자체 핵무기 개발을 계획하는 것은 아닌지 의심하기도 했다.[6] 한 고위 관료는 1992년 12월 『뉴욕타임스』에 "그토록 좋은 구상이 이렇게 나쁜 구상으로 바뀔 수 있다니 거의 상상할 수 없는 일이다"고 한탄했다. 그리고 놀라운 선견지명으로 "우리는 지난 20년간 이 프로젝트를 만들어왔고 아마 다음 20년은 이 프로젝트를 끝장내는 데 쓸 것 같다"고 덧붙였다.

유럽에서 일본의 플루토늄을 다시 들여오기 위해 계획된 여러 차례의 해상 운송 중 프랑스에서 오는 첫 번째 배는 두 달간의 항해가 거의 끝나가고 있었고, 테러리스트들이 배를 침몰시키거나 공격할지도 모른다는 공포가 더해지며 대중의 반대와 국제 관계의 긴장이 극심해졌다. 1995년 8월에도 상황은 나아지지 않았고 매사추세츠공과대학교MIT는 전 세계가 일본의 플루토늄 프로그램을 우려하고 있다는 보고서를 내놓았다.

일본이 재처리와 증식로 계획의 기본적인 윤곽을 마련한 뒤 30년이 넘는 시간이 흘렀고 환경이 바뀌었다. 처음에 플루토늄 사용을 찬성하게 했던 안보 · 정치 · 경제의 이점이 모두 변했다. 하지만 일본 플루토늄 프로그램의 명분과 주요 요소는 변하지 않았다. … 일본이 "플루토늄 경제"로 나아가기 위해 국내에서 어떤 논쟁을 벌이든 간에 책임감 있는 수많은 관찰자는 전 세계가 원자력 프로그램에 플루토늄을 상업적으로 광범위하게 이용하는 것을 받아들인다면 아주 위험해질 거라 믿고 있다.

---

6 일본 정부는 국제원자력기구의 사찰단이 안전장치를 확대하고 보다 철저한 현장 조사를 시행할 수 있게 하면서 통지 기간은 줄인 IAEA의 1996년 추가의정서에 처음으로 서명한 국가가 되어 이런 우려를 잠재우려 했다.

실제로 가동되는 원형 증식로를 건설한 몇 안 되는 나라 중 하나인 영국은 그 전해에 국내 던레이Dounreay 시설을 해체했고 프랑스의 페닉스Phenix와 쉬페르페닉스Superphenix 모두 계속 문제를 겪고 있었다. 하지만 일본의 장기 개발 계획은 이에 개의치 않고 또 다른 이정표에 도달했으며 무엇도 이들을 막을 수 없었다.

1995년 일본 내 발전 용량의 21퍼센트를 차지한 원자력은 전체 전력 생산량의 34퍼센트를 담당해 역사상 최고치를 기록했다. 신규 원자로를 건설하는 비율은 1970년대 이후 눈에 띄게 줄었으나 1995년은 원자력이 석유와 다른 에너지원을 누르고 우위를 차지한 동시에 몰락의 신호가 나타났다고 할 수 있는 흥미로운 해였다. 또한 전력 산업계의 또 다른 패러다임 전환을 불러왔고 이후 16년간은 별 탈 없이 진행될 '규제 완화'가 등장한 해이기도 했다.

이 나라가 수직적으로 통합된 지역별 에너지 독점 체제를 구축한 뒤 43년이 흘렀고 많은 것이 변했다. 10대 주요 전력회사가 국가 발전 용량의 76퍼센트를 차지했고, 14퍼센트는 전력을 생산해 개인이 아닌 전력회사들에 공급하는 일본원연과 같은 56개 전력 도매기업의 몫이었다. 나머지는 대부분 중공업 설비에 딸린 자체 발전소였지만 전체적인 체계는 높은 요금과 비효율성에 시달리고 있었다. 한 예로, 도쿄전력과 다른 회사들은 왜 경쟁자가 없는데도 광고에 어마어마한 돈을 쓰고 있을까? 수익이 보장되어 생산성을 높이거나 가격을 낮출 유인이 없었기 때문이었다. 사회학자 폴 스컬리스Paul Scalise 박사는 자유민주당이 역사상 처음으로 정권을 잃고 "호소카와 내각에 포퓰리스트가 등장한 후에야 통상산업성이 마지못해 개혁을 연구하고 '에너지 안보'가 아닌 '에너지 효율'을 강조하기로 했다"고 지적했다. 산업계의 불평 역시 입법부에 있는 정치인들에게 고압高壓 고객들을 위한 시장에 진입할 수 있는 기업에 관한 규제를 완화하고 전력회사들이 미리 효율성 목표를 달성하게 하는 변화를 추진하도록 압력을 가했다. 1995년 4월 14일 전력 산업개혁법안이 통과되었다. 덕분에 요금이 약간 내렸지만 전반적인 가격은 여전히 높았고 일반 시민들은 거의 주목하지 않았다.

앞선 후젠과 마찬가지로 일본 동력로 · 핵연료개발사업단PNC이 몬주를 운영했고 1991년 5월 18일 시운전에 들어갔다. 몬주는 수십 년간 이어진 연구와 설계의 정점이자 일본의 주요 기업 히타치, 도시바, 미쓰비시, 후지전기와 그보다 작은 수많은 기업이 8년간 공사에 몰두한 결과물이었다. 공사 비용만 무려 63억 달러에 달했다.[7] 추가 검사에 3년, 연료 적재에 몇 달을 더 보내고 여러 결함을 바로잡은 뒤 원자로는 1994년 4월 5일 처음으로 임계에 도달했다. 그리고 1995년 8월 일본에서는 처음으로 고속증식로에서 전기가 생산되었다. 꿈이 손에 잡힐 듯했지만 몬주가 가동된 지 겨우 넉 달 만에 사고가 발생했다.

이 원자로의 독특한 설계에서는 무척 특이하고 복잡한 액체금속냉각 삼중 순환 체계를 채택했고 각 순환 회로에는 1차와 2차 열 수송 및 보조 냉각 기능이 있었다. 처음에는 증식로 감속재로 탄소를 고려했으나, 고도로 농축되어 스스로 분열을 일으키는 우라늄과 플루토늄 연료에서는 초고효율 냉각제인 소듐을 사용할 수 있어 감속재가 필요 없어졌다. 아주 기본적으로 보면 몬주는 소듐 주 냉각 회로가 노심을 지나는 가압수형 원자로라 할 수 있었다. 소듐은 노심에서 온도가 섭씨 400도에서 530도까지 올라간 후 2차 회로의 열교환기를 통과했고, 이 모든 과정이 주 원자로 격납 구조물 안에서 이루어졌다. 비방사성 2차 냉각 회로는 격납 구조물을 벗어났지만 터빈을 통과하는 대신 3차 회로와 연결된 열교환기를 지났다. 2차 회로에도 액화 소듐이 사용되어 바로 터빈으로 보낼 수 없었기 때문이다. 3차 회로에 있던 물이 증기로 끓으면 터빈을 폭발적으로 움직이면서 280메가와트의 전기를 만들어냈다. 실제 설계는 도표를 동원하지 않고는 설명할 수 없을 정도로 훨씬, 훨씬 더 복잡했지만 기본적인 구조는 이랬다.

작업자들은 1994년과 1995년의 많은 시간을 출력 시험으로 보냈다. 서서히 출력을 올리며 시스템을 점검한 뒤 다른 나라들이 소듐 원자로에서 겪었던 어려움을 모두 극복했다고 자신했다. 1995년 12월 8일 저녁 작업자들은 또 다른 검사를 위해 출력을 올리기 시작했고, 열용량의 43퍼센트에 도달했던 7시 47분 제어실에 경고가 울려 모두를 놀라게 했다. 구불구불하게 이어지는 몬주의 배관실 중 한 곳에서 안쪽 깊숙이 설치된 온도 센서가 깜빡이더니 2차 회로가

---

7 일본 화폐로는 5934억 엔에 해당한다. 이 시설은 1991년 문을 열었으므로 1991년부터 2020년까지의 물가 상승률을 반영하고 달러로 환산했다.

Photos source: International Atomic Energy (Creative Commons BY-SA 2.0)

몬주

원자로 격납 건물을 빠져나가는 지점에서는 측정치를 벗어났다. 몇 초 뒤 같은 방의 연기 감지기와 소듐 누출 탐지기가 작동했고 몇 분이 지나자 온도 센서가 엄청난 고온에 작동을 멈췄다.

2차 회로는 원자로 노심을 통과하지 않았으므로 방사선 위험은 없었다. 하지만 원격 카메라가 부족했던 탓에 운전원 한 명이 배관실로 달려가야 했고 도착했을 때는 이미 연기가 자욱했다.[8] 원자로는 몇 분 만에 취수밸브를 잠그고 모든 것을 멈춰 세울 수 있는 수력 발전소와 다르다. 정말 긴급한 상황이 아니라면 정교한 부품을 훼손할 수도 있는 갑작스러운 온도 변화를 피하려고 시간을 들여 서서히 출력을 낮춘다. 그래서 교대 조 책임자는 오후 8시에 정상 정지를 지시했다. 혼란스럽게도 이런 결정은 화재 경고가 발생하면 원자로를 비상 정지해야 한다는 지침을 위반했지만 소듐이 소규모 유출되었을 때의 절차는 따른 것이었다. 다시 화재 경보가 울려 8시 50분에 재차 배관실로 갔을 때는 방에 하얀색 연기가 두텁게 가득 차 앞이 제대로 보이지 않을 정도였다. 휘발성이어서 원자로 밖의 일반적인 환경에서는 석유와 분리해 두어야 하는 소듐 냉각재

---

8 여기까지의 묘사를 보면 무척 긴급한 상황처럼 보이지만 다른 시스템은 모두 정상적으로 작동하고 있었다. 1차 회로에 자체 냉각이 가능한 예비 시스템이 있었을 뿐 아니라 비상 정지는 시스템에 부담을 주기 때문에 바로 원자로를 정지하지 않았다.

는 누출된 즉시 바로 산소와 반응해 강렬한 오렌지색 불꽃으로 타올랐다. 이러한 반응은 용융된 소듐을 하얀 산화소듐 가루로 바꾸었고 부풀어 올랐던 이 가루가 벽과 바닥, 기계에 내려앉으며 연기 감지기 66개를 작동시켰다. 심각한 문제가 생겼다는 사실을 깨달은 발전소 직원들은 정상 정지 절차를 뛰어넘어 오후 9시 20분 원자로를 긴급 정지했다. 발전소의 예비 계통이 원자로를 냉각하는 동안 2차 회로의 흐름이 멈추고 냉각재가 빠져나갔다.[9]

손상된 관에서 약 640킬로그램의 소듐이 흘러나왔고 배관실 주위 환기장치와 접근 통로를 녹였다.[10] 한쪽 모서리는 영화 「에일리언」에서 주인공 리플리 Ripley의 식민지 해병대가 처음으로 "해들리의 희망Hadley's Hope" 전초기지에 진입해 녹슨 통로와 파괴된 장비들을 발견하는 장면을 떠올리게 했다. 벽 옆에 고여 너비 3미터, 높이 30센티미터의 덩어리를 이룬 소듐은 섭씨 700도로 타올랐지만 철골을 내장한 바닥은 이런 상황에도 견딜 수 있게 만들어졌다. 온도가 훨씬 더 높고 흐름이 빠른 방사성 1차 회로에서 유출이 일어나지 않은 것은 행운이었으나 발전소 직원들은 이미 벌어진 난장판 외에 다른 피해 없이 사고를 수습했다.

PNC 임원들이 어떤 일이 벌어졌는지 솔직히 밝혔다면 엄격한 공개 조사를 피할 수 있었을지도 모른다.[11] 유출이 일어나긴 했지만 발전소가 대처하도록 설계된 양의 1퍼센트에도 못 미쳤고 유출 자체는 전 세계에 있는 모든 종류의 가압 시스템에서 흔히 일어나는 사고다. 심지어 다른 고속증식로에서 소듐이 유출되었던 전례도 있었다. 아무도 다치지 않았고 운전원들은 거의 올바르게 대처했으며 시설은 최소한의 피해를 보았다. 문제를 인정하고, 고치고, 절차상의 결함을 모두 찾아내고, 다음 단계로 넘어가면 됐다. 그러나 그들은 이 사고를 은폐하려 했고, 정보를 숨기려다 되려 확산되게 만드는 "스트라이샌드 효과 Streisand effect"를 일으키고 말았다. 그 과정에서 이 사고는 국가적 스캔들이 되었

---

9 냉각재 배출은 23시 40분부터 23시 55분 사이에 시작되어 약 1시간 반 동안 계속되었다(보도에 따라 시작 시각이 다르다). 3개 회로에서 모두 배출되었지만 2차 회로가 사고와 가장 밀접한 관련이 있다.
10 일본원자력연구개발기구는 총 640킬로그램±42킬로그램이며 "410킬로그램은 건물 내에서 회수되었다"고 주장했다. 여러 기술 보고서도 이들의 주장을 뒷받침한다. 초기의 5톤부터 이후 널리 보도된 2~3톤까지 모두 과대추정된 수치다.
11 PNC는 동력로·핵연료개발사업단의 영어명, 즉 Power Reactor and Nuclear Fuel Development Corporation의 머리글자를 딴 약어다. PNC 대신 일본어명의 머리글자를 딴 DONEN으로 표기하기도 한다.

다.

먼저 사고 발생 즉시 지방 정부에 보고해야 했으나 한 시간 가까이 늦었다.[12] 한 시간 지연이면 과거 사고들과 비교해 상당히 빨랐지만 후쿠이 현지사 구리타 유키오에게는 충분치 않았다. 그는 "통보가 늦었을 뿐 아니라 이어진 보고서들도 부실했다. 몬주의 전반적인 안전에 관한 현의 신뢰를 매우 유감스러울 정도로 떨어트렸다"고 불평했다. 사고를 알리던 원자력 업계 특유의 둔감한 태도에 질린 구리타는 대민 관계의 "의식 변화"도 요구했다.

유출이 시작되고 6시간 후 그리고 2차 회로의 소듐 냉각재가 배출된 직후였던 새벽 2시 즈음 안전 장비를 착용한 남자들이 사고 현장을 찾아 사진과 영상을 찍었다. 알려진 대로 이 "2시 영상"의 사본들은 다음 날 밤 9시 PNC 본사로 옮겨졌고 한동안 그 존재가 비밀에 부쳐졌다. PNC는 멀쩡한 벽과 장비를 담은 애매한 사진 몇 장을 공개했지만 후쿠이현 공무원들이 손상된 배관실을 방문하고 원자력 반대 단체들이 투명성 부족을 규탄하면서 더 많은 자료를 내놓으라는 압박을 받았다. 그러자 1분짜리 영상을 공개했는데, 사고 다음 날 아침 10시에 촬영했다고 주장한 이 영상은 실은 첫 번째 촬영이 이루어지고 14시간 후이자 사고가 발생하고 19시간 후인 오후 4시 즈음 두 번째로 촬영한 영상을 대거 편집한 것이었다. 이 "4시 영상"에도 별 내용은 없었다. 10초씩 이어지는 각 장면에서 촬영 기사는 움직이지 않고 카메라를 크게 회전시키지도 않으며, 연기의 흔적도 보이지 않는다. PNC는 곧 두 번째로 촬영한 영상의 4분짜리 버전도 공개하며 더 이상의 촬영분은 없다고 주장했다. 이 영상에도 손상된 배관실의 모습은 담겨 있지 않다.

12월 18일부터 운전원들의 사고 대처에 잘못이 있었다는 보도가 나오기 시작했다. 규정에 따르면 연기 탐지기가 울렸을 때 바로 발전소의 공기조화 계통을 봉쇄해야 했다. 이번 사고에서 그랬던 것처럼 소듐 혼합물이 격납 건물을 빠져나갈 수 있고 소듐으로 인한 화재는 일반적인 방법으로 진화할 수 없기 때문이다. 물을 부으면 폭발적인 수소 반응이 일어나고 할론(할로젠 계열 브로민 원소를 함유한 소화기용 소화제-역주)과 이산화탄소 소화기 역시 같은 효과를 낸다.[13]

---

12 과학기술청과 후쿠이현 정부가 PNC의 연락을 받은 것은 오후 8시 40분이었고 구리타 현지사는 9시 25분에야 사고 소식을 접했다.

소듐 화재에 대항할 수 있는 유일한 방법은 산소를 차단하는 것이어서 앞서 말한 방법으로 공기의 순환을 막아야 했다. 하지만 몬주의 운전원들은 세 시간 반동안 환풍구를 닫지 않았다. 게다가 PNC 직원들은 운전원들이 허가 없이 바로원자로를 긴급 정지하는 것이 두려워 처음에는 서서히 출력을 줄였다고 인정했다.

그사이 후쿠이현 공무원들은 자신들이 몬주를 방문했을 때 촬영한 영상과 PNC가 공개한 영상에 큰 차이가 있다는 사실을 알아챘다. 12월 22일 과학기술청 조사관들은 PNC가 발전소 작업자들이 실제로 배관실에 들어가 원본 영상들을 촬영한 시간을 속였다고 발표했다. 얼마나 당황했을지 익히 짐작할 수 있는 PNC의 대변인은 "촬영본을 더 이해하기 쉽게 만들라"는 오모라 야스히토 이사의 지시에 따라 편집본을 만들었다고 변명했다. PNC 몬주 사무실의 부책임자였던 사토 이사오는 12월 23일 기자회견에서 "이 사고를 덮기로 했다"고 편안하게 인정했다. 다음날 사토를 비롯한 세 명의 임원이 문제의 편집 영상을 책임지고 직위를 내려놓았지만 새로 발령을 받았고 일자리를 잃지는 않았다. 편집하지 않은 원본 영상은 마스크를 착용한 촬영 기사의 거친 호흡 소리가 그대로 담긴 가운데 전국 텔레비전 방송에서 방영되었다. 작업자들이 머리부터 발끝까지 덮는 덩치 큰 은색 안전 장비를 착용한 채 배관실에 들어가고 주위에는 벽과 기계들밖에 보이지 않는다. 소듐 연기가 너무 자욱해 6~7미터 앞은 보이지 않고 모든 것이 새하얘서 한동안은 흑백으로 촬영한 영상이라 착각하게 된다. 마침내 다른 색상이 보이면 그제야 소듐 가루가 모든 표면을 덮고 있었다는 사실을 깨닫는다. 한순간 카메라는 아래쪽으로 회전해 소듐 가루가 눈처럼 쌓인 바닥에 남은 발자국을 비춘다. 소듐이 누출된 관의 손상 부분도 분명히 확인할 수 있지만 그저 얼마나 많은 가루가 사방을 덮고 있는지 놀라울 뿐이다.

과학기술청, 원자력안전위원회, 후쿠이현청이 직원들의 위법 행위를 파헤치는 가운데 PNC도 49세의 총무차장 니시무라 시게오가 지휘하는 자체 조사를 시작했다. 니시무라는 3주 뒤인 1월 12일 도쿄호텔 지붕에서 뛰어내려 자살했다. 기자회견을 열어 조사 결과를 발표한 다음 날이었다. 그는 기자회견에서

⇦13 할론 소화기는 대기를 해치는 프레온 가스를 사용해 2000년대 초부터 사용이 금지되었다.

PNC 사장이 본사에 2시 영상의 복사본이 있다는 사실을 알게 된 때가 1월 10일이라고 거짓말을 했지만 과학기술청에는 원래 날짜인 12월 25일로 전해진 후였다. 니시무라가 왜 거짓말을 했는지는 분명하지 않고 그냥 말실수였을 수도 있다. 하지만 분명히 자신이 조사한 결과에 따라 평생 함께해온 동료들이 처벌을 피할 수 없다는 슬픔이 영향을 미쳤을 것이다. 니시무라는 유서에서 그들의 행동을 정당화하려 했고 그들은 "자신들의 기술적 능력을 확신했다. 하지만 사고에서 겪은 극심한 공포와 혼란을 설명하기는 어려웠을 것이다. 타인을 판단하고 진실을 발견하는 것은 인간에게 가장 어려운 일이다"고 썼다. 그리고 삶을 끝내기로 한 자신의 결정을 설명하며 "[우리가] 신뢰를 회복하지 못한데 대해 무거운 책임감을 느낀다. 무척 유감스럽게 생각한다"고 밝혔다.[14] 놀랍게도 니시무라가 사망한 후 은폐된 2시 영상에 쏠렸던 언론의 관심이 흩어졌고 결국 그 문제는 수면 아래로 가라앉았다. 아마 답을 요구하며 그를 괴롭혔던 언론도 어느 정도 책임감을 느꼈을 것이다. 하지만 이 모든 사건은 다시 한번 대중의 신뢰를 약화시켰다. 1996년 일본원자력위원회의 후지에 요이치 박사는 몬주 사건을 설명하며 "이제는 기술적인 문제가 아니라 사회적인 문제가 되었다"고 평했다. 2007년 일본 대법원은 회사가 니시무라에게 거짓말을 하도록 지시했다는 사실을 입증하지 못했다며 그의 부인이 PNC를 상대로 제기한 소송을 기각했다.[15]

원래 사고는 관 안에서 열전대전기온도측정기의 보호 피복이 분리되면서 발생했다. 원자로를 건설한 도시바는 부차적인 배관 건설 작업을 바로 무쓰를 만들었던 이시카와지와-하리마중공업에 맡긴 바 있었다. 측정기가 구부러지자 용융된 소듐이 측정기 아래의 틈을 통해 빠져나왔다. 레이저 현미경으로 분석한 결과 설계에서 고려되지 않은 유동유발진동 피로가 초래한 측정기 피복의 균열이 발견되었다. 측정기 자체는 조요에서 얻은 교훈을 반영해 상세한 요구 사항을 만족하고 광범위한 기술 검토를 거친 후 승인을 받았으나 측정기를 덮는 피복에는 요구 사항이 많지 않았다. 그런데도 과학기술청에 따르면 설계 단

---

14 여기서 "우리가"는 내가 유추해 삽입했다. 확인할 수 있는 모든 번역문에 영어도, 일본어도 아닌 오자처럼 보이는 단어가 있다. 그는 아내에게 보내는 메모, 동료들에게 보내는 메모를 포함해 모두 세 가지 기록을 남겼다.
15 이 재판을 담당했던 변호사 히스미 가즈오는 개인 블로그에 이 사건에 관한 흥미로운 글을 남겼다.

계에서 문제가 발견되어 퇴짜를 맞고 수정을 요구받았다. 하지만 측정기 설계자 네 명은 유체 역학 전문가가 아니었고 측정기 주변에 생기는 유동성 와류를 예상하지 못했다. 그래서 열응력을 줄이기 위해 관에 피복을 부착하는 방법을 바꿨고 형태는 수정하지 않기로 했다. 조요부터 몬주까지 주 계약업체가 넷이나 되고 역할이 혼재되었던 것도 아마 혼란을 더했을 것이다. 조요에서는 히타치가 원자로, 도시바와 후지가 핵연료 취급 장비, 히타치는 주 냉각 계통, 미쓰시는 2차 회로의 설계를 각각 맡았다. 몬주에서는 책임이 바뀌어 미쓰비시가 원자로를, 후지가 핵연료 취급 장비와 일부 폐기물 처리 시설을, 히타치가 주 냉각 계통을, 도시바가 2차 회로를 설계했다. 사라졌던 피복 조각은 넉 달 가까이 지난 3월 28일에야 발견되었다.

1995년은 일본의 위기관리 능력과 대비가 무척 부족하다는 사실이 명백히 드러난 해였다. 먼저 1월에는 미리 경계했어야 했던 고베 지진으로 한 도시가 초토화되었다. 두 달 뒤에는 옴진리교 광신도들이 조직적으로 혼잡 시간대 도쿄 지하철에 사린가스를 다섯 차례 살포하는 공격을 가해 12명을 살해하고 천여 명을 다치게 했다. 그리고 몬주 사고가 터졌다. 정부 당국과 구조대는 이 세 사건에 모두 느릿느릿 반응해 조직 구조, 응급 절차, 의료 역량의 변화를 요구받았고 그 결과 2004년 주에쓰 지진에는 더 효과적으로 대응할 수 있었다. 몬주 사고 이후 원자력 재난 준비에 대한 검토가 이루어졌을 거라 생각하는 것이 합리적이지만 그런 일은 없었다.

여전히 몬주 사고를 둘러싼 논란에 시달리던 일본 동력로·핵연료개발사업단PNC은 1997년 3월 11일 도카이의 방사성 폐기물 고화처리시설에서 발생한 화재로 다시 거센 비난을 샀다. 이 시설에서는 저준위 폐기물을 보관하기 위해 용융된 아스팔트, 즉 역청으로 감싸고 고체화했는데 사고 당일에는 원래보다 아스팔트를 20퍼센트 적게 사용하는 새로운 아스팔트와 폐기물의 조합을 시험하고 있었다. 오전 10시에 새로 만든 통 안에서 서서히 화학 반응이 일어나며 이미 뜨거워진 내용물에 불이 붙었고 빠르게 근처에 놓인 다른 통으로 번졌다. 화재 경보가 울리자 작업자들은 과거 실험으로 화재 진압에 대략 8분이 걸린다는 사실을 알면서도 겨우 1분간 수동으로 작동시키는 소화장치로 물을 뿌린 뒤 불을 껐다고 생각했다. 하지만 방은 연기로 가득 찼고 작업자들은 직접 찾아가 폐기물 통을 확인하지 않았다. 한 직원이 소화장치와 화재 경보장치를 모두 껐지만 방사선 수치와 온도가 빠르게 올라 모두 대피해야 했다. 7분 뒤 환기 필터가 막혔고 압력을 대기압 아래로 유지하던 장치도 작동을 멈췄다.[16] PNC는 화재 발생을 보고했으나 이어진 방사선 노출은 보고하지 않았다. 작업자들이 다시 건물에 진입하려 준비하던 오후 8시에 축적된 인화성 기체에 불이 붙으며 대규모 폭발이 일어났고 납으로 만든 두꺼운 차폐문이 파괴되어 소량의 방사성 물질들이 주위로 뿜어져 나왔다. 주위에 있던 37명은 선량을 추적 관찰해야 했다. 과학기술청이 이때까지 일본에서 일어난 최악의 원자력 사고로 칭한 이 사건은 국제원자력사건등급으로 3등급에 해당했다.

인력이나 환경 피해는 없었지만 PNC는 다시 과거의 잘못을 반복해 언론의 뭇매를 맞았다. 이후 사고 청문회에서야 밝혀진 사실과 달리 작업자들이 대피하기 전 불을 껐다고 거짓말했을 때, 그리고 그다음 사진 증거를 없앴을 때, 분명히 바뀐 것이 있었어야 했다. PNC의 한 대변인은 기자들에게 "몬주에서 배운 게 없었다. 우리 엄마가 '너희 회사에서는 무슨 일이 벌어지고 있는 거냐?'고 묻는다"고 실토했다. 몇 달 후 후젠 원자로에서 방사성 트리튬이 유출되자 (PNC는 불법적으로 24시간 넘게 이 사고를 보고하지 않았다) 비슷한 사고 11건이 공개되지 않았다는 폭로가 나오면서 이 조직의 운명을 결정했다. 과학기술청은 "기술적인 감각에서의 '안전'과 사람이 인식하는 '마음의 평화' 사이에는 차이가 있고 현재 원자력 분야에서는 둘이 일치하지 않는다"고 인정했다. 여섯 차례의 공청회가 진행된 뒤 PNC는 조직과 조직의 운영에 대한 전국적인 불신을 줄이기 위해 제한적인 개혁을 시행하고 이름을 바꾸기로 했다. 1998년 10월 PNC는 일본핵연료사이클개발기구[JNC]가 되었다. PNC의 일부 기능은 민영화되었지만 고속증식로 연구와 다른 업무 대부분, 직원들은 일본핵연료사이클개발기구로 넘어갔다.

---

16 이 구역은 방사성 물질을 취급하는 "레드존red zone"이어서 오염물질이 빠져나가지 않게 음압을 유지했다.

고베대학교의 거침없는 지진학자 이시바시 가쓰히코는 1997년 10월 발행된 일본판 『사이언스』에 다시 무시무시한 예측을 내놓았다. 그는 14년 뒤 후쿠시마에서 발생할 사건들의 개요를 거의 완벽히 정리했다.[17] 그리고 거대한 지진이 발전소의 기능을 망가뜨리고 방사선이 누출되어 복구가 불가능해진 와중에 외부 세계와의 연결이 끊어져 도움을 받지 못하게 되는 시나리오를 묘사하기 위해 겐파쓰신사이原発震災, 즉 "원자력 발전소 지진 재해"라는 말을 만들었다. 이시바시는 비판을 즐기는 사람이 아니었지만 전문가로서 가졌던 확신에도 불구하고 건물들의 취약점에 대한 자신의 예언이 고베 지진에서 현실이 되자 불안해하기 시작했다. 도쿄대학교 공학 교수이자 존경받는 학자로 이후 후쿠시마 참사에 중요한 역할을 하게 될 마다라메 하루키는 이시바시의 예측을 아마추어의 작업이라 일축했고 "원자력 공학 분야에서 이시바시 씨는 별 볼 일 없는 사람이다"는 말을 남겼다. 그는 미국 원자력규제위원회가 1990년 12월 벌어진 심각한 사고에서 원자로를 손상한 외적 원인으로 "가장 가능성이 큰" 것은 지진이 유발한 전력 손실이라 결론 내린 보고서에 관해서는 아무런 말도 하지 않았다.

---

17 이시바시 교수는 이 시나리오가 후쿠시마 제1 발전소에서 400킬로미터 떨어진 도쿄 남서쪽의 하마오카 원자력 발전소에서 현실이 될 가능성이 가장 크다고 예상했다. 출처: Ishibashi, Katsuhiko, "原発震災－破滅を避けるために" (in Japanese). Science, vol. 67, no. 10, October 1997.

III
도카이의 비극

1999년은 세계 원자력 역사를 통틀어 가장 심란한 사고가 일어난 해였다. 9월 30일 아침 3명의 기술자가 작업을 위해 일본핵연료컨버전JCO이 소유한 가로 20미터, 세로 20미터의 1층짜리 핵연료전환건물에 들어섰다. JCO는 일본의 원조 5대 재벌 중 하나인 스미토모금속광산이 1980년 12월 설립한 민간 기업으로 핵연료를 농축하고 재처리했다. 스미토모는 1969년 핵연료 전쟁에 합류했고 이제 JCO는 연료 취급량을 기준으로 일본 최대의 민간 핵연료회사로 꼽혔다. 1988년부터 가동된 이 시설은 도카이에 자리한 15개의 원자력 시설 중 하나였다.

JCO는 1990년대 들어 극심한 경쟁을 맞닥뜨렸다. 1991년부터 1998년 사이 매출이 절반 가까이 떨어지자 경영진은 비용을 줄이기 위한 노력의 하나로 직원 3분의 1을 해고했다. 150여 명이 남았지만 전문 기술진의 수는 34명에서 20명으로 줄었다. 그리고 남은 직원들에게는 카이젠改善이라는 효율성 향상 운동을 통해 더 빨리 일하도록 권장했다. "개선"을 뜻하는 카이젠은 속도를 높이고 비용을 줄이며 완벽한 품질 관리를 달성하기 위해 계속 변화를 만드는 업무 철학이다. JCO는 일본 업체로는 유일하게 도쿄전력과 다른 5개 전력회사가 운영하는 비등수형 원자로들의 연료를 처리했고 동시에 일본핵연료사이클개발기구의 조요, 후젠, 몬주 원자로와 맺은 계약에 따라 끊임없이 변하는 요구에 대응해야 했다. 이러한 위상을 유지하기 위해 계속해서 기업 운영을 간소화하는 사이 안전은 뒷전이 되었다. 미국 원자력규제위원회에 따르면 전문가들을 내친 탓에 JCO에는 어떤 공정이든 정통한 사람이 없었고, JCO의 핵연료전환시설이 위험하다는 인식도 없어서 정부나 기업 내부의 감독이 이뤄지지 않았다.

1999년 JCO는 조요 원자로를 위해 생산 속도가 느리고 수율이 낮은 18.8퍼센트의 특수 농축 우라늄연료를 대량 생산해야 하는 긴급 주문을 받았다.[18] 설상가상으로 회사에는 거의 일반 경수형 원자로를 위해 3퍼센트에서 5퍼센트로 농축한 연료밖에 없었고, 우라늄-235의 비율이 18.8퍼센트가 되도록 농축할 때 요구되는 추가 예방 조치에 관해서도 아는 바가 거의 없었다. 일본 과학기술청은 자연적 핵분열의 위험을 피하기 위해 이러한 공정에서 한 번에 처리하는 우라늄의 최대량을 2.4킬로그램으로 엄격히 규정한 바 있었다. 이 공정에서는 특수 용해탱크에서 질산에 산화우라늄 가루를 녹인 후 아질산우라닐이 용해된 혼합물을 호스와 펌프를 이용해 추출탑[19]으로 옮겨 불순물들을 제거했다. 추출탑들은 중성자들의 임계질량이 형성되어 핵분열이 일어나는 것을 피하려 높고 좁게 만들어졌다. 이후 액체는 열을 제거하기 위해 수냉각 덮개가 장착된 침전탱크로 옮겨졌고 고체는 이곳에서 모두 여과되었다. 이렇게 특이한 방식으로 아질산우라닐 용액을 만들어야 했던 배경에는 1970년대에 핵무기 확산을 막으려 했던 미국의 압박이 있었다. 하지만 JCO는 1995년 더 빠른 자체 방식을 만들어냈고 이후 인정한 것처럼 고의로 정부에 보고하지 않았다. 이 비밀스러운 공정에서는 기술자들이 일반적인 휴대식 조리용 전기난로로 가열하는 금속 들통에 가루로 만든 산화우라늄을 녹인 후 바로 임계를 방지할 수 없는 모양의 침전탱크에 부었다. 그리고 추출탑 부분은 완전히 생략했다.

그날 아침 35세의 기술자 오우치 히사시는 어깨높이의 침전탱크 옆에 서서 오른손으로 탱크 뚜껑에 있는 구멍에 깔때기를 대고 있었다. 사다리에 올라가 조금 더 위에 있던 40세의 시노하라 마사토는 오우치가 잡고 있던 깔때기를 통해 탱크에 계속 들통의 내용물을 부었다. 그들의 감독자였던 56세의 요코카와 유타카는 두 사람이 일을 끝내는 동안 오른쪽에 있는 얇은 분리벽 뒤의 책상에 앉아 있었다. 세 사람 모두 3퍼센트에서 5퍼센트로 농축하는 공정은 많이 경험했지만, 이후 법원 기록에 따르면 18.8퍼센트로 농축하는 공정에는 익숙하지 않았다. 그나마 요코카와는 몇 해 전 핵분열의 임계와 그 위험성에 관한 기본적

---

18 엄밀하게 말해서 조요의 연료는 일반적인 의미의 "농축" 연료가 아니었다. 이물질을 제거하는 특수 화학 정제공정을 거치면 우라늄-235가 18.8퍼센트인 연료가 남았다.
19 추출탑은 자료에 따라 "용해탑", "완충탱크" 등 다양한 이름으로 언급된다. "추출탑"이 정확한 기술 용어로 보이나 내가 틀렸을 수도 있다.

인 교육을 받은 적이 있었지만 (그는 "무슨 의미인지 제대로 이해하지 못했다"고 고백했다) 우라늄 용액의 형태와 질량이 영향을 미친다는 사실은 알지 못했다. 오랜 시간 사고가 없었기 때문에 그는 교육에서 설명한 위험이 과장되었다고 믿기 시작했다. 그래도 조요를 위한 이 작업은 낯설었으므로 요코카와는 회사의 간소화된 절차에 관해 상급자에게 질문했고 안전하다는 확신을 얻었다. 하지만 이후 몇몇 목격자는 답을 준 전문가는 요코카와가 일반적인 저농축을 이야기 한다고 생각하는 것 같았다고 증언했다. 어쨌든 세 사람은 자신들의 작업이 절대적으로 안전하다고 믿었다. 시노하라가 7번째 들통을 부어 탱크 안에 규정치의 7배에 가까운 농축 우라늄 16킬로그램이 모였던 오전 10시 35분 무렵 혼합물이 예고 없이 핵분열을 일으켰고 세 사람은 체렌코프 방사선Cherenkov radiation의 청색 빛을 목격했다.[20] 이들은 차폐되지 않은 원자로 옆에 서 있었다.

대부분의 방사선은 '불안정한' 동위원소가 방사성 붕괴할 때 발생하며 이때 동위원소는 원자의 양성자와 중성자의 비율이 맞지 않아 쪼개지면서, 다시 말해 붕괴하면서 다른 동위원소로 변한다.[21] 보통 방사선 사고와 관련이 있는 방사선은 알파, 베타, 감마 세 종류이며 각각 위험이 다르다.[22] 알파 입자는 대기에서 몇 센티미터밖에 이동하지 못하며 사람의 피부를 뚫고 들어가지도 못하지만 삼키면 치명적이다. 베타 방사선은 종이 뭉치로 막을 수 있으나 가까이 있을 때는 피부를 뚫고 들어간다. 감마 방사선은 먼 거리를 이동할 수 있고 납처럼 밀도가 몹시 높은 물질 외에는 모두 통과할 수 있어 일반적으로 가장 해롭다. 중성자 방사선도 있지만 핵분열에 직접 노출될 때 발생하기 때문에 도카이무라 사고 전까지 겨우 6건이 보고되었을 정도로 이 방사선에 피폭되는 일은 극히 드물다. 분열 중성자의 99퍼센트 이상은 핵분열 중 생성되며 나머지는 방사성 붕괴에서 만들어진다. 중성자 방사선은 신체, 특히 물과 지방이 풍부한 조직에 큰 피해를 준다.

대량의 중성자 방사선과 감마선이 오우치와 시노하라를 관통하는 사이 방사

---

20 체렌코프 방사선은 전자와 같은 하전입자가 물이나 공기처럼 투명한 매질을 빛보다 빠른 속도로 통과할 때 발생하는 가시적인 빛의 파동이다. 소련 물리학자 파벨 알렉세예비치 체렌코프Pavel Alekseyevich Cherenkov(1904~1990)의 이름을 따 명명되었다.
21 붕괴가 방사선을 발생시키는 유일한 원인이 아니라는 사실에 주의해야 한다. 하지만 이 개념은 간단히 설명할 수 없을 정도로 복잡하다.
22 방사선 치료에서도 엑스레이가 과하게 축적될 수 있지만 임계 사고와는 관련이 없다.

선 경고음이 아득한 침묵을 찢어놓았다. 요코카와는 경고음과 불길한 청색 빛이 임계를 의미한다는 것을 알았다. 그는 두 사람에게 소리를 질렀고 오우치와 시노하라는 가까운 탈의실로 도망쳤다. 탈의실에서 오우치가 바로 발작을 일으켰다.[23] 이들을 찾아온 다른 직원까지 함께 "이 사이에 젓가락을 끼우고 고개를 옆으로 돌려" 오우치가 질식하지 않게 막고 살려보려 했다. 빠른 판단이 일단 그의 생명을 구했다. 몇 분 지나지 않아 오우치는 토하기 시작했다. 피폭 후 한 시간이 지나기 전 시노하라 역시 구토를 시작했지만 탱크에서 조금 더 멀리 있었던 요코카와는 둘보다 적은 방사선에 노출되었다.[24] 그는 몇 분 더 근처에 남아 탱크를 점검했고 10시 43분에 도카이 소방서에 전화한 뒤 아무런 도움도 받지 않고 걸어서 핵연료전환건물을 빠져 나왔다.

15분이 지나기 전 세 명의 소방관이 구급차를 타고 도착했다. 이들은 피폭 가능성이 있는 환자들을 받아줄 병원을 찾느라 거의 한 시간을 허비한 뒤 24킬로미터를 달려 미토국립병원으로 향했다.[25] 미토국립병원 의사들은 전문가의 치료가 시급하다고 판단했다. 다시 의료용 헬기가 세 사람을 모두 싣고 남서쪽으로 75킬로미터 떨어진 일본 유일의 방사선 연구시설인 치바의 방사선의학종합연구소로 날아갔다. 일본 최고의 방사선 의학 전문가들이 이들을 기다리고 있었다. 이동하는 동안 오우치는 "메스꺼움과 구토, 설사"를 반복하며 괴로워했다(첨언하자면, 일본 내 핵시설이 가장 밀집해 있는 도카이에 방사선 부상을 위한 조그마한 치료 센터 하나 없었다는 사실도 충격적이다).

방사선의학종합연구소의 의료진은 처음에는 눈에 보이는 증상과 체온 상승을 근거로 오우치가 최소 8시버트sievert의 방사선을 흡수했을 거라 추정했다. 시노하라의 선량은 6~8시버트, 격렬한 증상을 보이지 않은 요코카와는 4시버트 이하로 예상되었다. 시버트는 과거 사용되던 뢴트겐을 대체한 단위로, 인체가 흡수한 이온화 방사선의 양을 측정하는 데 쓰인다. 1시버트는 1000밀리시버트이며, 1밀리시버트는 1000마이크로시버트다. 사람이 1시버트 이상의 방

23 한 자료에서는 오우치가 인접한 건물의 오염제거실에서 발작을 일으켰다고 묘사했다.
24 치료에 참여했던 이들이 믿을 만한 의학 학술지에 기고한 글도 세세한 부분은 다르다. 누군가는 시노하라가 피폭 후 30분 만에 구토하기 시작했다고 썼고 다른 이는 "거의 한 시간" 후였다고 썼다.
25 왜 이런 상황이 벌어졌는지는 정확히 알려지지 않았다. JCO는 소방서에 전화를 걸었지만 화재가 아니라 부상자들이 있다고 해서인지 소방관들이 탄 구급차가 왔다. 번역 실수가 아니다. 초기 단계에는 항상 의료진 없이 세 명의 소방관만 언급된다.

사선을 흡수하는 일은 극히 드물어 대개 밀리시버트나 마이크로시버트로 값을 나타낸다. 예를 들어 가슴 엑스레이에서는 10마이크로시버트(0.00001시버트), 전신 컴퓨터 단층 촬영CT에서는 10밀리시버트(0.01시버트)를 쬐게 된다. 해수면 높이에 사는 사람들은 모두 1년에 약 2~3밀리시버트의 자연 방사선에 노출되며, 1년에 100밀리시버트 이상의 방사선을 쬐면 암에 걸릴 확률이 확실히 증가한다.

한 번에 1시버트의 방사선에 노출되면 메스꺼움, 구토, 실신, 대량 출혈의 증상이 나타나는 급성방사선증후군이 발생하지만 이로 인해 건강한 성인이 사망하지는 않는다. 1945년 히로시마와 나가사키 원폭 당시 4.5시버트의 방사선을 흡수한 사람 중 절반이 숨을 거두었다. 반면 6시버트에 노출된 사람들은 모두 사망했는데, 6시버트는 1986년 체르노빌에서 제일 먼저 사고에 대처하다 희생된 이들의 선량 평균이었다. 추정치이긴 하나 오우치처럼 8시버트의 방사선을 한 번에 겪은 이는 거의 예외 없이 목숨을 잃었지만 지금은 1999년이었다. 대부분의 임계 사고는 몇십 년 전에 일어났으며 체르노빌 참사도 13년 전일이었다. 국제 의학계는 그 사고에서 많은 것을 배웠고 공유했다. 그렇게 많은 양의 방사선에 노출된 환자를 위한 확실한 치료법은 없었지만, 방사선의학종합연구소의 의료진은 현대 의학과 실험적인 치료법을 활용한다면 오우치도 승산이 있다고 낙관했다.

같은 양의 방사선을 흡수했다 해도 노출된 기간에 따라 살아남을 확률이 달라진다. 드문 일이긴 하지만 장기간에 걸쳐 8시버트 이상의 방사선에 노출되었다면 생존할 가능성이 훨씬 커진다. 가장 많은 양의 방사선을 흡수하고도 살아남은 것으로 알려진 사람은 앨버트 스티븐스Albert Stevens로 20년간 자신도 모르게 무려 64시버트의 방사선을 축적했다. 1990년대 퓰리처상을 받은 아일린 웰섬Eileen Welsome의 탐사보도로 소름 끼치는 인간 실험이 폭로되면서 스티븐스의 사례도 공개되었다.

맨해튼 프로젝트에서 플루토늄을 다루던 과학자들의 사고가 이어지자 플루토늄 가루를 들이마실 때의 위험을 우려하는 목소리가 커졌다.[26] 누군가의 몸에 축적된 플루토늄의 양을 분석하는 진단 도구를 개발하기 위해 연구자들은 미국 샌프란시스코의 캘리포니아대학교 병원에서 환자 중 18명에게 플루토늄 용액을 주입하는 비밀 실험을 시작했다. 플루토늄 주입을 감독했던 이 병원의 수석 방사선 전문의 얼 밀러Earl Miller는 "이 사람들은 이런 종류의 연구에 주로 선택되는 사람들이 그렇듯 운이 다한 이들이었다. 죽음을 준비하고 있었다"고 주장했다.

50대 후반의 페인트공 스티븐스는 말기 암으로 캘리포니아대학교 병원에 입원했고 1945년 5월 14일 모르는 사이에 플루토늄을 주입받았다. 하지만 암이라 진단했던 조직 대부분을 수술로 떼어낸 후 검사한 결과 암이라 생각했던 조직은 사실 커다란 악성 궤양이었다. 스티븐스는 플루토늄을 주입한 연구자들의 인간 실험동물이 되었고, 이후 20년간 자신의 기적적인 회복을 분석하고 있다고 주장하는 의사들에게 매주 충실하게 소변과 대변 표본을 제공했다. 그는 치사량의 방사선을 여러 차례 주입당하고도 살아남아 79세에 심장병으로 사망했다. 그가 반복해서 피폭당했다는 사실을 알려준 이는 아무도 없었다.

방사선의학종합연구소에 도착할 즈음 오우치의 증상들은 가라앉았고 건강에 거의 문제가 없는 것처럼 보였다. 이후 간호사들은 그가 쾌활했고 또렷하게 말을 했으며 어떤 일이 일어났는지 기억하고 있었다고 회상했다. 눈으로 확인되는 이상 신호는 얼굴과 오른손이 약간 불그스름하게 부어오른 것뿐이었다. 덕분에 의사들은 희망에 찼으나 이내 조직 검사 결과 오우치의 실제 선량이 무려 17~20시버트라는 사실이 밝혀졌다(사후에 실시된 검사 결과 오우치의 우측 상단 복부가 가장 많은 방사선을 흡수해 선량이 61.8시버트에 달했다).[27] 방사선에 특히 민감한 백혈구의 한 종류인 림프구는 일반적으로 전체 백혈구의 25퍼센트에서 48퍼센트를 차지하나 오우치는 1.9퍼센트까지 떨어졌다. 강한 방사선은 항상 먼저 세포를 재생하는 신체 능력을 손상하기 때문에 예상했던 일이었지만 감소

---

26 플루토늄은 당시까지 충분히 연구된 라듐이나 폴로늄과 달리 일단 인체에 들어가면 탐지가 어렵다.

폭이 감염과 싸울 수 없을 정도로 컸다. 의료진 중 몇몇은 이때부터 실패했다고 생각했고 무엇도 그를 살릴 수 없을 거라 생각했다. 하지만 나머지 의료진은 오우치를 치료해보기로 했다.

면역 체계가 기능하지 못했으므로 긴급 세포 이식이 필요했다. 더 구체적으로는 백혈구를 재생하는 말초조혈모세포peripheral hematopoietic stem cell 이식이 필요했다. 1958년 유고슬라비아 빈차Vinca에서 원자로 임계 사고가 일어났을 때 처음 사용된 방법이었다. 이식을 위해서는 보통 체르노빌 피폭자들을 치료할 때 그랬듯 적합한 기증자를 전신 마취한 뒤 골수를 채취했지만, 암 환자 치료에서 개척된 새로운 기술에서는 혈액 세포를 사용했다. 대부분의 조혈모세포는 골수에서 자랐으나 특별한 약물을 이용하면 기증자의 혈류에 존재하는 소수의 조혈모세포를 채취할 수 있었다. 의사들은 정맥에서 세포를 확보해 환자에게 고통 없이 주입했다. 신체가 허약해진 방사선 피해자들에게 이상적인 방법이었다. 방사선의학종합연구소는 이런 종류의 수술을 시행한 적이 없었으므로 3일 후 마에카와 가즈히코 교수의 제안에 따라 오우치와 선량이 10시버트로 확인된 시노하라를 도쿄대학교 병원으로 이송했다.

마에카와는 두 사람이 도쿄대학교 병원에 있을 때 살아남을 가능성이 가장 커진다는 사실을 알고 있었던 이 병원의 응급의학 전문의였다. 그는 사고가 발생하기 전 정보를 교류하는 회의에 참석했고 "원자력 시설 근처에서 일하는 병원 의료진과 직원들이 방사선 응급의학에 관해 얼마나 부적절한 교육을 받는지 알고 경악했다"고 인정했다. 마에카와는 일본이 더 잘할 수 있다는 것을 알고 있었지만 두 환자가 도착했을 때는 놀랐다. 그는 1년 뒤 "오우치 씨가 흡수했다고 추정되는 방사선의 양은 치명적이었다"고 회상했다. 또한 "의료진 중 누가 봐도 확실했다. 하지만 당시 오우치 씨는 무척 건강해 보였고 그렇게 많은 양의 방사선에 노출되었을 거라는 생각이 들지 않았다. 그래서 할 수 있는

---

27 실제 선량은 61.8 "그레이gray"였으나 이후에 등장하는 수치들과 비교하기 쉽게 시버트로 표기했다. 그레이는 질량 1킬로그램당 방사선 에너지 1줄을 흡수한 것으로 정의한다. 오우치의 선량은 중성자 방사선 27그레이와 감마 방사선 34.8그레이로 분리되었는데, 중성자 방사선과 감마 방사선은 각각 그레이에서 시버트로 환산하는 비율이 다르므로 본문에 표기한 수치는 제대로 환산한 값은 아니다(내가 왜 간단히 넘어가는지 이해가 되지 않나?). 관련 정보는 다음 자료에서 확인할 수 있다. Brief noté and evaluation of acute-radiation syndrome and treatment of a Tokai-mura criticality accident patient, Journal of Radiation Research, September 2001.

모든 것을 해보기로 했다"고 당시 상황을 설명했다.

그사이 도카이에서는 간헐적으로 차폐되지 않은 임계가 발생했고 그럴 때면 일본핵연료컨버전JCO의 직원들도 접근할 수 없었다. 우라늄 용액이 끓으면 연료 내에 증기 거품이 생성되었고 분열 반응도 멈췄다. 하지만 불행히도 수냉각 덮개가 침전탱크 외부에 계속 냉각수를 순환시켜서 우라늄 혼합물이 식으며 거품이 터지고 다시 분열 반응이 일어나게 했다. 경찰이 이 지역의 출입을 통제했지만 허술한 긴급 대책 때문에 (이 시설의 면허를 검토할 때는 "임계 사고의 가능성이 없다"는 결론을 내렸었다) 어떤 일이 벌어졌는지, 지금도 계속되고 있는지, 그리고 어떻게 해결해야 할지를 두고 엄청난 혼란이 벌어졌다. 이렇게 대책 없는 상황을 더 악화하는 것은 이제는 거의 전통이 되어버린 무기력한 대응이었다. 과학기술청이 방사선 측정팀을 파견해 현장을 인수하기까지 3시간 이상이 걸렸고 중성자 탐지 장치는 6시간이 지나서 도착했다. 일반인들은 5시간이 지날 때까지 위험을 알지 못했으며, 자신의 판단에 따라 움직인 지방 공무원들 덕분에 소식을 접한 이들도 있었다.

근처 도로와 철도가 폐쇄된 가운데 오후 3시에 시설에서 350미터 이내에 거주하는 161명이 2킬로미터 떨어진 복지관으로 소개되었다. 오염 위험은 없었지만 7시간 뒤에는 서쪽으로 5킬로미터 떨어진 일본원자력연구소 본원을 포함해 반경 10킬로미터 안에 있는 31만 명 이상의 사람들에게도 실내에 피해 있으라는 예방적 지시가 떨어졌다.[28] 사실상 건물을 빠져나간 핵분열생성물은 전혀 없었고 시설을 벗어난 방사능은 거의 먼지나 의류, 머리에 남지 않는 중성자 방사선이나 감마선이었다. 사고가 계속되는 동안 24시간 이어진 언론 보도는 대중에게 "임계 사고"라는 새로운 단어를 소개했고, 상황이 완전히 통제 불능

---

28 이바야키현 정부는 다음과 같은 지침을 제공했다. "실내에 머무른다. 창문을 모두 닫고 환기장치를 끈다. / 피치 못한 사정으로 차를 이용해 이동할 때는 모든 창문을 닫고 환풍기를 사용하지 않는다. / 수원水源을 바꾸었으므로 수도꼭지에서 나오는 물은 안전하다. / 우물물이나 빗물은 마시지 않는다. / 자발적으로 바람이 부는 방향에 있는 피난처로 이동한 사람들은 그 지역을 떠나 다른 피난처를 찾기를 권고한다." 익히 짐작하겠지만 이런 지침은 사람들의 마음을 불편하게 했다. 실내에 머무르라는 지시는 10월 1일 오후 4시 30분에 해제되었다.

인 것처럼 묘사해 일본 전역에 공포를 퍼뜨리고 지역사회에 두려움을 안겼다. 혼란 속에 근처 골프장의 직원을 비롯해 46명이 저강도 방사선에 노출되었다.

정부는 결국 저녁 9시 첫 번째 기자회견을 열었고 관방장관 노나카 히로무가 "비정상적인 반응이 시설 내에서 계속되고 있을 가능성이 크다. … 주위 지역에는 방사선에 대한 우려가 있다"고 인정했다. 이 기자회견 자체도 지연되었는데 총리실에서 확보할 수 있었던 기술적 조언이 별 도움이 되지 않았던 것도 영향을 미쳤다. "총리의 팀에 보고하는 전문가들은 이런 사고가 일어나서는 안 됐다고만 주장해 모두를 화나게 했다." 다행히 비가 내려 얼마 안 되는 방사능이 이웃 지역으로 퍼지는 것을 막는 데 도움이 되었다.[29] 2년 전 사고를 겪어 손상된 도카이의 방사능 폐기물 고화처리시설 사진이 인터넷 게시판에서 현재 사고 현장인 것처럼 오인되며 퍼지자 더 많은 은폐가 있는 것은 아닌지 분개하는 추측들이 터져 나왔다. 로이터통신과 여러 매체가 "[9월 30일] 목요일 밤이 깊어가는 현재 시간당 3.1밀리시버트의 중성자, 즉 평소의 15,000배에 달하는 방사선이 감지되었다"는 한 이바라키현 공무원의 말을 전한 것을 비롯해 밤새 이어진 언론 보도도 기름을 부었다. 이런 수치가 건강에 실제로 어떤 영향을 미치는지에 관한 적절한 설명 없이 "평소의 15,000배에 달하는 방사선"이라는 말을 들은 사람들은 당연히 공황 상태에 빠졌다. JCO의 한 임원은 응급대피소를 찾아 피난민들의 용서를 빌며 "뭐라 사과드려야 할지 모르겠다. 책임을 피할 수 없다"고 밝혔다.

일본원자력연구소는 제멋대로 진행되는 반응을 멈추기 위한 계획을 세웠다. 사고가 터지고 16시간이 지난 새벽 2시 30분 JCO, 일본원자력연구소, 일본핵연료사이클개발기구의 직원들이 침전탱크의 수냉각 덮개에서 흐르는 물을 멈추기 위한 4시간짜리 작업을 시작했다. 이 물이 계속 감속재 역할을 하면서 임계에 도달하게 하고 있었다. 먼저 급수탑밸브를 잠그고 배수밸브를 연 뒤 관을 해체했다. 그리고 아르곤가스를 억지로 주입해 계통 내의 모든 것을 밀어냈다. 다음에는 분열 반응을 무력화하기 위해 소방차로 붕산 용액을 집어넣었다. 방사선이 시간당 대략 몇 시버트나 될 것으로 추정되었기 때문에 오염된 지역에

---

[29] 방사성 입자는 빗방울에 붙들려 함께 땅으로 떨어지고 주위 환경을 오염시킨다. 도시에 비가 내리면 상황이 더 나빠질 수 있지만 이 경우에는 유리하게 작용했다. 인구가 밀집한 지역까지 방사능이 퍼지지 않도록 막아주었기 때문이다.

는 한 번에 몇 분씩만 접근할 수 있었다.

작업이 계속되는 동안 56명이 방사선에 노출되었다. 처음에 JCO는 작업을 계획하는 단계에서 배관을 촬영하러 갔던 한 명이 방사선 20밀리시버트를 흡수했다고 보고했다. 실은 두 자리만 표시할 수 있는 그의 방사선 측정기가 99를 넘어 다시 처음으로 돌아갔던 것이었고 실제 선량은 그보다 훨씬 높은 120밀리시버트였다. 원자력안전위원회에 따르면 피폭자들의 선량은 별 의미 없는 0.6밀리시버트부터 120밀리시버트까지 다양했다. 대부분은 50밀리시버트 이하였으나 6명은 법적 허용치를 넘었다. 오우치, 시노하라, 요코카와를 이송했던 세 명의 소방관도 각자 약 13밀리시버트의 방사선을 흡수했다. JCO가 원자력 사고라고 미리 밝혔다면 피할 수 있었던 피해였다. 과학자들은 근처 거주민들이 최대치로 계산해도 평균 21밀리시버트의 방사선에 노출되었을 거라 추정했다. 좋을 수야 없었지만 다행히도 생명을 위협하는 수준은 아니었다. 새벽 6시 마침내 거의 20시간 만에 분열 반응이 멈췄다. 이후 열흘간 만 명이 넘는 주민이 건강 진단을 요청했다. 정부 수석대변인은 "현대 국가에서 이런 사고가 발생한 것은 수치스러운 일"이라며 사과했다.

JCO는 먼저 오우치와 시노하라, 요코카와에게 책임을 전가했고 그들을 무능하고 한심한 바보로 몰아갔지만 며칠 지나지 않아 이들의 주장이 사실을 왜곡하고 있다는 것이 분명해졌다. 이에 따라 과학기술청은 10월 6일 JCO의 운영 면허를 취소했고 경찰이 본사와 도카이 사무실을 압수수색했다. 같은 날 오부치 게이조 수상은 도카이 지역을 방문해 지역 농작물을 시식하는 쇼를 선보였다. 게이조 수상은 이후 이런 사고가 다시는 일어나지 않게 관련 규제를 강화하겠다고 밝히며 "이 사고는 일본뿐 아니라 전 세계의 걱정거리가 되었다. … 예방책을 찾아내는 것이 원자력에 대한 사람들의 신뢰를 회복하는 방법이다"고 주장했다. 이틀 뒤 스미토모금속광산의 사장이 사임했다. 한편 국제원자력기구는 오우치와 시노하라가 생존할 가능성이 낮다고 인정했다.

간호사들은 이틀에 한 번씩 다양한 최첨단 검사를 위해 오우치의 혈액 표본을 채취했다. 감염성 박테리아가 체내에 진입하지 못하도록 막는 것이 아주 중요했다. 병원은 드나드는 의료진을 위해 그와 시노하라의 병실에 근처 무균실을 연결하고 자체 공기 정화 시스템을 설치해 특수한 무균 환경으로 바꾸었다. 일주일이 지난 후 충격적인 소식이 전해졌다. 오우치의 골수세포를 현미경으로 들여다보자 일반적으로 예상하는 규칙적인 구조가 아니라 구부러지고 뒤얽혀 알아보기 어려운 DNA가 관찰되었다. 혈액의 혈소판 수치 역시 건강한 사람의 10퍼센트 정도로 떨어져 피가 흐르기 시작하면 응고되지 않을 터였다.

의사들은 사고 당일부터 적합한 말초조혈모세포 기증자를 찾으려 일본의 혈액은행을 뒤지기 시작했다. 기증자를 찾아낼 확률은 수만 분의 1이었지만 오우치는 운이 좋았다. 그에게는 기증에 적합한 여동생이 있었다. 오우치의 여동생은 이틀간 피를 뽑았고 의사들이 조혈모세포를 채취해 오빠의 혈류에 조금씩 주입했다. 방사선 사고 피해자에게 이런 방식의 이식이 진행된 것은 처음이었고 진행은 순조로웠으나 결과를 알려면 일주일을 기다려야 했다. 3일 후에는 시노하라도 이식을 받았지만 적당한 기증자를 찾을 수 없어 신생아의 탯줄에서 채취한 조혈모세포를 사용했다.

날이 갈수록 오우치의 증상은 점점 더 심각해져 끊임없이 갈증을 느끼고 먹고 자는 데 어려움을 겪기 시작했다. 하루는 간호사들이 붕대를 갈아주면서 정맥 내 투여기와 감시 센서를 고정했던 외과용테이프도 떼어내고 새로 붙여주려 했는데 화장지에 강력 접착테이프를 붙였다 뗀 것처럼 그의 피부가 뜯겨나갔다. 방사선이 피부의 재생 능력을 망가뜨려 위쪽의 층들은 떨어져 나가고 가장 아래쪽의 손상되기 쉬운 층이 노출된 것이었다. 의료진은 열흘이 되었을 무렵부터 고정용 테이프를 사용하지 않았으나 곧 물로 씻기는 마찰에도 피부가 떨어져 나갔다. 병원의 부서장들은 오우치를 최대한 잘 돌보기 위해 국내에서는 구할 수 없는 약물을 수입하기 위한 특별 면허를 확보했고 하루에 두 번씩 회의를 열었다. 하지만 일본에서는 이런 임계 사고를 겪은 적이 없었으므로 의료진은 로버트 게일Robert Gale이라는 미국의 조혈모세포 이식 전문가를 찾았다. 게일 박사는 방사선 피해자를 위한 이식 치료법의 선구자였고 체르노빌 참사 직후 모스크바에서 소련 의료진을 도왔다. 그는 도쿄의 병원에서 진행되는 일일 보고에 항상 참석해 자신이 할 수 있는 조언을 제공했다.

이때쯤에는 특히 매일 가족들을 면회할 때면 겉으로는 한껏 용감하고 쾌활한 척하던 오우치도 괴로워하며 울부짖기 시작했고, 그만 죽게 해달라고 애원하기도 했다. 또한 오른쪽 폐에 음영으로 나타나는 알 수 없는 액체로 인해 호흡 곤란을 겪기 시작했다. 일반적인 상황이었다면 외과의가 폐에 구멍을 내고 호흡을 방해하는 물질을 제거했겠지만 방사선으로 몸이 망가진 상태에서는 그런 치료를 시도할 수 없었다. 11일째 되는 날에는 목을 따라 인공호흡기를 삽입할 수밖에 없었고 오우치는 영원히 말을 할 수 없게 되었다. 그때부터는 간호사들이 목의 정맥 주사로 양분과 물을 공급했다.

많은 이들이 이때부터 오우치에 대한 치료는 방사선 손상에 대한 의학적 이해를 높이기 위한 냉정한 착취에 지나지 않았다고 규정한다. 모든 일이 끝난 후 당시 상황을 돌아보면 그렇게 생각할 수도 있다. 하지만 당시 그를 돌보았던 사람들의 인터뷰를 읽거나 보면 얼마나 사실과 동떨어진 판단인지 분명해진다. 체르노빌 참사와 마찬가지로 이 사고에서 엄청난 지식을 얻기는 했지만 그런 사실이 치료를 중단하지 않았다고 비난하는 근거가 될 수는 없다. 도리어 의료팀은 오우치가 실제로 들을 수 있다는 징후가 없을 때도 그가 가장 좋아하는 음악을 틀어주고 말을 걸며 기운을 북돋아 주려 했다. 많은 이가 그가 살아날 확률이 희박하다는 사실을 알고 있었지만 그런 생각을 밀어내려 애쓰며 그를 살리려 노력했다. 그들의 노력은 실낱같은 희망으로 보상받았다. 이식 수술은 성공이었다. 오우치의 몸은 여동생의 조혈모세포를 받아들였고 18일째가 되자 혈소판 수치가 정상 범위로 돌아왔다.

그는 한동안 안정적인 상태를 유지했지만 27일째 되는 날 장의 점액층이 사라져 더는 영양분을 소화하거나 흡수할 수 없게 되었다. 이제 그의 몸은 모든 것을 물기가 많은 초록색 설사로 쏟아내고 있었고 그때부터는 모두 뭘 해야 할지 몰랐다. 미국, 러시아, 프랑스, 독일의 전문가들이 오우치를 살리기 위한 싸움에 자신의 지식을 빌려주려 날아와 있었고 모두 기다려야 한다는 데 동의했다. 새로운 세포들이 인체를 공격하는 것처럼 보였지만 이 가정이 맞다면 대형 출혈이 일어나는 엄청난 위험을 겪을 수도 있었다. 이때쯤 그의 오른팔 피부가 떨어져 나가 선홍색과 노란색 조직이 드러났다. 다음 몇 주간 점점 온몸의 피부가 사라져 결국에는 몸의 전면前面이 끈적이는 덩어리로 변했고 매일 1리터의 액체가 흘러나왔다. 심지어 눈꺼풀마저 떨어져 나가 보호를 위한 특수 연고를 발라도 종종 눈에서 피가 흐르곤 했다. 잠도 병원에서 자는 마에카와 교수를 비롯해 10명의 강인한 의료팀은 매일 그를 가제와 방부제로 단단히 싸맸다. 오우치의 중심 체온에 맞춰 온도가 30도로 유지되는 병실에서 이루어지는 작업은 조심스럽지만 대단히 힘들었고 모든 이를 땀에 젖게 했다.

새로운 피부가 조금 생겨나 그들의 의지에 힘을 실어주었다. 급히 실험실에서 여동생의 피부 표본을 채취해 오우치의 몸에 옮겼지만 자리를 잡지 못했다. 하지만 방사선에 노출된 지 한 달 반이 지났고 꾸준히 진통제와 진정제가 주입받으며 몸에서 매일 10리터에 가까운 액체와 피를 쏟고 있는 상황에서도 그는 잠시 의식이 돌아온 사이 작은 몸짓을 통해 소통을 계속했다. 하지만 시간이 지날수록 사기가 떨어졌던 의료진은 점점 더 자신들의 노력에 의문을 가졌고 심지어 마에카와를 의심하기도 했다. 그는 부하 직원들의 의구심을 공유하고 인정하면서도 오우치를 위해 계속해 나가자고 격려했다.

방사선에 노출되고 59일이 지난 11월 27일 아침 오우치의 심장이 세 차례 멈추었다. 그는 살아났지만 갈등이 돌아왔다. 오우치의 가족을 포함해 몇몇은 심장이 뛰고 있다는 것 자체가 살기 위해 싸우고 있는 것이라 믿었고 그를 돕겠다는 새로운 의지를 느꼈다. 하지만 마에카와를 비롯한 다른 사람들은 실의에 빠졌다. 마에카와는 이번 일이 영속적인 손상을 유발했다는 사실을 알고 있었다. 의료진은 오우치가 심장 마비를 일으킨 사이 인공적인 처치 덕분에 꼭 필요한 산소가 뇌에는 도달했지만 간과 신장은 기능을 잃었다고 생각했고, 그는 반사 자극에조차 거의 반응하지 않았다.

81일째가 되던 날 마에카와는 마지못해 자신들의 노력은 의미가 없었다고 인정했다. 그들은 지난 두 달 반 동안 계속해서 기적을 만들어왔지만 이제 오우치는 회복할 수 없는 상태가 되었다. 몸에 곰팡이가 퍼지기 시작했고 소화기 출혈, 호흡기와 신장의 기능 상실이 나타났으며 전적으로 기계에 의존하고 있었다. 마에카와는 1년 뒤 "우리는 할 수 있는 모든 치료와 약을 시도했다"고 밝힌 뒤 잠시 생각에 빠졌다. "지금 생각해 봐도 소화관 출혈에는 더 손을 쓰기가 어려웠을 것 같다." 오우치의 부인과 어린 아들, 아버지, 어머니는 또다시 그의 심장이 멈추면 의사들이 소생시키지 않을 거라는 통보를 받았다.

방사선에 노출된 일본핵연료컨버전JCO의 세 번째 직원이었던 요코카와는 방사선의학종합연구소에 남았고 혈소판 수혈의 도움으로 꾸준히 회복했다. 그는 12월 20일 퇴원했다. 바로 다음 날 밤 11시 21분 오우치 히사시의 혈압이 급격히 떨어졌고 끝내 35세로 숨을 거뒀다. 가족과 병원 의료진은 비탄에 빠졌다. 한 간호사는 NHK의 다큐멘터리에서 "그가 우리에게 고마워하지 않았으면 한다"고 털어놓았다. 그는 인터뷰에 응한 다른 의사, 간호사와 마찬가지로 말을 이어가기 힘들어했고 망설임과 슬픔에 시달리는 표정이었다. 그 간호사는 "그가 화를 내도 받아들일 것이다. 우리가 옳은 일을 했던 것인지만 알고 싶다. … 그의 생명을 구하기 위해 일하고 있다는 확신이 없었다면 그런 치료를 진행하는 것을 견디지 못했을 것이다"고 당시 상황을 떠올렸다.

　　온 나라가 함께 애도했다. 오우치의 시련이 이어지는 동안 국내와 국외의 언론이 그의 상태를 종종 전했는데 아마 대중이 JCO와 정부에 맹렬한 비난을 퍼부은 것도 이 때문이었을 것이다.[30] 어떻게 그런 사고가 무고한 생명을 앗아가도록 내버려 둘 수 있는가? 이 사건은 많은 이에게 변곡점이 되었다. 원자력 자체 그리고 원자력을 홍보하는 기업들과 기관들에 대한 불신이 다시 최고조에 달했고 특히 도카이 지역의 정서가 그랬다. 이전까지 원자력을 지지했던 도카이 시장 무라카미 다쓰야는 "정부에 대한 신뢰를 잃었고 … [일본이] 원자력 발전소를 유지할 능력이 없다고 확신하게 되었다"고 설명했다. 임계 사고가 발생하고 며칠 뒤 『마이니치신문』조사에서는 84퍼센트가 원자력이 안전하지 않다고 생각한다고 답해 기록을 세웠고 5분의 1만이 더 많은 개발을 지지한다고 밝혔으나, 시간이 지나면서 정점을 찍었던 반대 여론도 점차 누그러졌다.

　　오우치는 일본 최초의 원자력 사고 희생자가 되었다. 원폭 투하 외에 방사선 노출 자체가 건강을 해친다는 사실은 잘 알려지지 않았고 몇십 년간 주요 언론의 외면을 받았다. 하지만 오우치의 죽음은 비록 짧게 끝나긴 했지만 다시 하청 노동자들의 환경과 건강에 관한 관심을 불러일으켰다. BBC는 다음과 같이 보도했다.

---

30 언론은 종종 오우치의 **남동생**이 골수를 기증했다고 전하는 등 사소한 내용을 틀리기도 했다. 참고: Normile, Dennish, "Experimental treatment for Japanese radiation victim." Science magazine, 4th October 1999

일본 원자력 업계에서 최소 700명이 위험한 수준의 방사선에 노출되어 사망했을 수 있다. 한 달 전 도카이 시설에서 일어난 사고는 일부 비판자들이 "현대판 노예제도"에 비유하는 업계의 위험한 관행이 훈련받지 않은 임시 노동자들의 생명을 위험에 빠트리고 있다는 사실을 드러냈다. 인력 중개업자들은 원자로를 세척하는 등의 업무를 수행할 임시 노동자로 일본에 점점 늘어나고 있는 노숙자들을 고용하고 있다. 이 업계는 최근 형편없는 안전 기록 탓에 사람을 구하기 어려워졌지만 노숙자들은 다른 일자리보다 더 많은 임금을 보장한다는 유혹에 넘어간다.

시노하라 마사토는 오우치가 죽은 날 아래쪽 다리에 다시 피부 이식 수술을 받았고 얼굴에 피부를 이식하는 수술도 성공했지만 방사선에 노출된 지 석 달째가 되자 결합 조직이 떨어져 나가기 시작했다. 하지만 치명적인 양의 방사선에 노출되었음에도 그의 골수가 다시 기능하기 시작했고 도쿄대학교 병원 의료진의 헌신적인 노력 덕분에 회복하는 듯했다. 새해 첫날에는 사람들의 도움을 받으며 병원 정원을 구경하기도 했다. 하지만 시노하라는 2000년 2월 말 흡인폐렴에 걸렸다. 그는 마에카와를 비롯한 의료팀이 피할 수 없는 죽음과 맞서 싸우는 두 달간 인공호흡기를 하고 있었고, 사고 발생 211일 만인 4월 27일 아침 복합장기부전으로 사망했다. 나카소네 야스히로의 아들인 과학기술청장 나카소네 히로후미는 병원을 찾아 시노하라의 가족에게 조의를 표했다. 다시 슬픔에 잠긴 마에카와는 기자들에게 시노하라를 치료하며 의학의 한계에 맞서야 했고 "인간의 오만이 초래한 일에 직면해 무력감을 견디기 어려"웠다고 밝혔다.

다행히 이번 비극에서는 배운 것이 있었다. 앞선 사고들과 달리 정부도 이번 참사를 진지하게 받아들였고 감독, 핵연료 처리, 재난 대비에 관한 여러 법령을 개정했다. 넓은 범위의 원자력 업계 역시 문제를 인정했다. 일본원자력학회의 실무단 조사를 이끌었던 후루타 가즈오는 "원자력 에너지 전체를 일반화하는 것은 적절치 않다는 의견이 있다. 하지만 일본에서 일어날 수 없다고 생각했던 사고가 일어났다는 점을 생각하면 원자력 안전에 또 다른 사각지대가 없다고 주장하는 것은 불합리하다. … 따라서 원자력 관계자들은 모두 겸허하게 이번 사고의 교훈을 받아들이고 최대한 활용하려 노력해야 한다"고 꼬집었다.

실제로 어느 정도까지는 그랬다. 이때부터 모든 종류의 원자력 시설은 정부의 정기 검사를 받아야 했고 모든 원자력 사고가 지방 정부뿐 아니라 총리실에도 즉시 보고되었다. 원자력안전위원회는 관례대로 다양한 원인과 결과를 상세하게 담은 사고 보고서를 작성했다. 보고서는 앞서 언급한 요소 외에 안전 점검이 지나치게 초기에 몰려 각종 시설과 장비는 처음에 철저한 검사를 통과했지만 진행 중인 운전 절차는 감시를 받지 않았다는 사실도 지적했다. 회사나 작업자 개인이 기존의 지침에서 벗어날 가능성은 전혀 고려되지 않았다. 그래서 위원회는 "잠재적 위험을 고려하며 부당한 조작에 대비하는 특수 안전 설계"를 시행하라고 권고했다. 보고서는 원자력 마을의 안전 신화와 함께 일본의 뿌리 깊은 문제까지 인정하며 "현재의 환경은 이제 의식에서 원자력 '안전 신화'와 '절대 안전'이라는 개념을 '위험에 기반한 위험 평가'로 바꾸도록 요구한다. 위험 평가라는 개념은 미국과 유럽 국가들에서 자리를 잡아가고 있지만 일본에서도 이 개념을 이해하기 위한 노력이 이루어져야 한다"고 적었다. 이러한 해법은 안전을 다른 무엇보다도 중요시하는 "안전 문화"를 요구했다. 이러한 태도가 원자력 업계 전반에 널리 퍼졌다면 후쿠시마 참사도 일어나지 않았을 것이다.

원자력안전위원회의 보고서는 제2차 세계대전의 피폭 피해자인 히바쿠샤가 경험했던 것과 유사한 사회적 낙인을 비롯해 사고 현장 근처 주민들이 겪고 있는 극심한 스트레스도 강조했다. 보고서는 방사선 노출의 진정한 위험과 영향력에 관한 공교육이 중요하다고 지적하는 동시에 "사고가 끝난 후에라도 피해자들이 오랫동안 신체적·정신적 관리를 받도록 하는 조치를 시행해야 한다. 이를 위해 정신의학, 심리학, 사회심리학, 사회학 분야의 전문가들에게 피해자들의 신체적·정신적 관리에 관한 자문을 얻어야 한다"고 주장했다.

1년 사이 사고 현장 근처의 주민들과 사업체들이 7천 건이 넘는 보상을 청구했다. 대부분은 방사선에 관한 무서운 소문으로 인한 경제적 손실 때문이었고 농부들은 농작물에서 도카이 지역 표시를 제거해야만 했다. 대부분의 보상이 받아들여져 보상 총액은 1,273억 엔(2020년 기준으로 약 1억 2천만 달러)에 달했다. 일본핵연료컨버전JCO의 보험금으로는 10퍼센트도 충당할 수 없었기 때문에 이 중 천억 엔을 지급하느라 처음으로 일본원자력보험풀이 일부 사용되었고 나머지는 대부분 스미토모에서 내놓았다. 수입이 감소한 직접적인 원인은 방사선에 대한 불안이었지만 개정된 원자력보상법은 "청구인이 반박의 여지 없이 인과관계 그리고 보상을 청구한 금액의 비례성을 증명하지 못하면 개인의 부상이 없는 정신적 고통은 피해로 인정하지 않는다"고 명시했다. 다시 말해 사회적 소외의 피해자는 보상을 받을 수 없었다.

일본 정부에서 운영하는 비상시방사능영향예측시스템SPEEDI은 국내 전역에 퍼져 있는 방사선 감시망의 데이터를 이용하는 컴퓨터 프로그램이었지만 도카이무라 사고에서는 활용되지 않은 것으로 밝혀졌다. 예산상의 이유로 해당 시설이 감시 대상에 포함되지 않았기 때문이었다. 『요미우리신문』은 "과학기술청에 따르면 현재의 체계에서 SPEEDI는 재해 방지 대책을 수립하도록 요구되는 원자력 발전소와 핵연료 처리 공장의 지형학적 데이터만 가지고 있다. 어쨌든 과학기술청은 원자력 사고가 발생한 후 확산 패턴을 예측하기 위한 목적으로 SPEEDI의 데이터를 요청하지 않았다"고 보도했다. 도카이 사고 현장의 데이터가 없다는 것을 알고 그랬는지, 핵분열생성물이 양이 적어서 그랬는지, 아니면 도카이 지역에 잔뜩 설치된 방사선 경보기의 소유주가 다양하다는 것을 알고 그랬는지는 불확실하다. 어쩌면 이전에 받은 데이터를 보고 이 일에는 SPEEDI가 필요하지 않다는 것을 알았을 것이다. 어쨌든 이 시스템은 후쿠시마 참사에서 더 많은 논란에 휩싸이게 된다.

이 사고는 원자력에 대한 대중과 정치권의 열정을 크게 떨어트렸고 전력회사들이 향후 10년간 건설을 계획했던 원자로의 수를 16~20개에서 13개로 줄이게 했다. 심지어 인구의 3분의 1에 해당하는 만여 명이 이 업계에 종사하고 나머지도 대부분 어떤 식으로든 연결된 도카이에서조차 오랫동안 두려움을 떨치지 못했다. 사고의 피해자들은 당연히 분노한 상태이기 때문에 중복된 증언이 많기 마련이다. 하지만 이 지역에서 사고 후 12개월간 나온 증언을 읽어

보면 다음과 같은 말이 눈에 띄었다. "마을 사람들은 말과 행동을 무척 조심한다. 공개적으로 이야기하면 사람들은 [원자력에] 반대한다는 이유로 무조건 비판할 것이다."

관련된 모든 사람이 불신을 키우려 노력하는 듯이 보였다. 한 예로, 지방 정부는 주위의 모든 주민에게 건강 검진을 시행하면서 임계가 발생한 현장에 350미터 이내까지 다가갔던 이들에게는 DNA 손상을 확인할 수 있다고 알려진 약물 검사를 받게 했다. 하지만 연합통신 보도에 따르면 검사 결과 8명이 정상 범위를 벗어나고 특히 한 명은 40퍼센트 이상 벗어나자, 현청 공무원들은 해당 주민들을 안심시키는 대신 신뢰할 수 있는 검사인지 확신할 수 없다며 이 검사를 더 진행하기를 거부했다. 게다가 주민들에게 걱정을 끼칠 수 있다며 검사 결과를 알려주지 않았다. 어떻게 정부 당국이 악의 없이 무심코 상황을 더 나쁘게 만들 수 있는지 도저히 이해할 수 없다.

2000년 10월 11일 경찰은 JCO의 전·현직 관리자 6명을 체포했고 이들을 업무상 과실로 기소했다. 이 중에는 요코카와 유타카를 비롯해 해당 시설의 책임자와 생산 담당자도 있었다. 비판하는 이들과 피고인의 변호사들은 특히 JCO의 기타니 히로하루 사장이 빠진 것을 두고 이 업계의 심각한 감독 부재를 회피하는 또 다른 예라고 지적했다. 초기 경찰 조사에서 불법적인 절차를 알고 있었다는 의혹을 받았던 JCO의 모기업 스미토모의 임원들 역시 한 명도 포함되지 않았다. 하지만 재판장은 정부 기관이 부적절한 규제로 사고를 발생시켰다는 추측을 못마땅해했고 2003년 3월 열린 재판에서 "정부 당국의 감독이 불충분했다는 주장은 책임 전가에 불과하다"고 분명히 밝혔다. JCO는 백만 엔(2020년 기준으로 11,700달러)의 벌금을 부과받은 반면 도카이의 한 상급 관리자는 징역 3년에 집행유예 5년, 벌금 50만 엔(5,850달러)이 선고되었다. 요코카와 등 나머지 5명은 2년에서 3년의 징역형 집행유예를 선고받았다. 다시 말해 아무도 제대로 책임을 지지 않았다.

피고인들의 형량은 예상보다 가벼웠는데 재판에서 이들에게는 부분적인 책임밖에 없다는 사실이 밝혀진 덕분이었다.[31] JCO에 조요 원자로의 연료를 준비

---

31 이 사고와 관련된 불쾌한 사실을 하나 더 언급하자면, JCO는 2004년 12월 잠시 사고가 발생한 현장을 관광객들에게 공개했다. 무슨 생각을 했는지 모르겠다.

해달라고 요청했던 동력로·핵연료개발사업단은 일정한 밀도를 얻어내기 위해 제조 공정을 수정할 수 있는지 문의했지만 실은 JCO의 면허가 그런 공정을 포함하지 않고 있다는 것을 알고 있었다. JCO의 면허를 승인한 원자력안전위원회도, 이 회사를 관리하는 과학기술청도, 변경을 요청한 동력로·핵연료개발사업단도 재판에서 증언을 요구받지 않았다. 검찰 측과 피고 모두 항소하지 않았고 JCO는 다음 달 우라늄 처리를 재개하려 했던 계획을 포기한다고 발표했다.

20세기는 원자력 순환의 완성을 눈앞에 뒀던 일본의 열망에 마지막 일격을 가했다. 일본핵연료컨버전JCO의 우라늄 탱크가 오우치 히사시의 얼굴 앞에서 분열을 일으키기 2주 전, 영국 신문 『인디펜던트Independent』는 간사이전력이 운영하는 다카하마 발전소의 사용후연료를 재처리하는 영국 정부 소유의 기업 영국핵연료공사BNFL가 혼합산화물연료 제조 기록에서 "변칙"을 인정했다고 폭로했다. 영국핵연료공사의 혼합산화물연료 실증시설은 옛 윈즈케일 현장에 있었는데 이곳은 1981년 스리마일섬 사고로 영국 내 핵시설이 망신스러운 관심을 끈 뒤 세라필드Sellafield로 이름을 바꿨다. 시설의 복잡한 조립설비에서는 플라토늄과 산화우라늄 알갱이들을 압축해 정확히 너비 8.2밀리미터, 높이 4밀리미터의 펠릿으로 만들었고 이 과정에 몇 달이 소요되었다. 정확한 규격에서 ±0.0125밀리미터 이상의 오차가 발생하면 원자로 내에서 연료봉이 변형될 수 있었으므로 완성된 모든 펠릿은 여러 단계로 이루어진 엄격한 품질 점검을 거쳤다.[32]

처음에는 레이저 마이크로미터로 세 점을 자동 검사했고 통과한 펠릿들은 눈으로 변형이 없는지 확인했다. 이후 작업자들이 5퍼센트 표본을 삼중으로 점검해 스프레드시트에 손으로 측정값을 적어 넣었다. 하지만 어느 시점부터 마지막 삼중 점검을 건너뛰고 대신 시간을 아끼기 위해 기존 값들을 그대로 옮겨

---

32 각 펠릿과 연료봉 벽 사이에는 헬륨을 채운 0.17밀리미터의 공간이 있다. 연료봉을 적재하면 출력에 따라 펠릿들이 형태를 바꾸는데 연료봉에 금이 가거나 휘어질 수 있으므로 이 벽을 건드리면 안 된다.

적었다. 사실이 밝혀진 후 5명이 일자리를 잃었다.

간사이전력은 세라필드에 조사팀을 보냈고 곧 데이터가 조작된 두 번째 연료를 발견했다. 그리고 세 번째도 나왔다. 이듬해 2월 발표된 정부 조사 보고서는 이런 관행이 시설의 5개 교대 조 중 4개 조에서 일상적으로 이뤄졌다고 밝혔다. 지루하고 반복적인 일의 특성 때문에 "이런 탈선 행동이 일어난 것은 전혀 놀랍지 않"았고 적어도 1996년부터 시작되었다. 이 보고서는 그래도 완전 자동화된 첫 번째 점검을 모두 통과했기 때문에 연료는 안전하다고 주장했다. 하지만 국제적으로 엄청난 여파가 인 가운데 영국 정부는 1999년 12월 영국핵연료공사의 혼합산화물연료 시설을 폐쇄했고 일본 통상산업성은 간사이전력이 다카하마 발전소에 연료를 적재하는 것을 무기한 금지했다. 이 발전소는 검사와 정치적 장애물로 인해 몇 년을 허비한 후 일본 최초로 혼합산화물연료의 대규모 적용을 준비하고 있었다.[33] 통상산업성의 후카야 다카시 장관은 "부정에 관한 새로운 보도들을 접하며 영국핵연료공사에 대한 신뢰가 무너졌다고 말할 수밖에 없다. 영국핵연료공사가 신뢰를 되찾을 때까지는 이들의 연료를 수입할 수 없다"고 밝혔다. 간사이전력은 (일본핵연료컨버전에서 사고가 일어나기 며칠 전이었던) 9월과 10월에 납품받은 연료 2회분을 보상하고 회수해 가라고 영국에 요구했고[34] 영국은 이 과정에서 2020년 기준으로 2억 파운드의 비용을 썼다.[35] 이에 따라 일본은 2000년 7월 영국핵연료공사에서 혼합산화물연료를 더 수입할 수 있게 일시적인 금지 조치를 해제했으나, 간사이전력은 대신 도쿄전력이 재처리를 맡기던 프랑스의 콩파니 제네랄 데마티에 뉘클레에르(이후 아레바Areva로, 그리고 다시 오라노Orano로 바뀌었다)와 계약했다.

세라필드는 세월이 흐르며 끔찍한 명성을 쌓았다. 한 예로, 2007년에는 현장의 의료 담당자가 1962년부터 1992년까지 보통 가족에게 알리거나 동의도 받지 않고 연구를 위해 사망한 직원 65명의 장기 적출을 명령했다는 사실이 밝혀졌다. 영국 내 다른 원자력 시설에서도 12명이 더 피해를 보았다. 가해자들은 극단적인 예방책도 취했다. 정부 조사 보고서는 "넓적다리뼈를 제거하면 다리가 눈에 띄게 축 처져서 재건이 필요할 수 있다"고 설명했다. "영안실 기술자들

---

33 1986년 상업용 원자로 중에는 처음으로 쓰루가 1호기에 혼합산화물연료가 소규모로 시험 적용되었다.
34 기술적으로 따지면 이 연료는 여전히 원산지인 미국에 속해 있었기 때문에 다소 복잡한 요구였다.
35 1999년 당시 보상금이 4천만 파운드, 회수 비용이 7300만 파운드였다.

이 빗자루 손잡이로 없어진 뼈를 대체해 정상적인 외형으로 만들었다. 영안실 기술자들의 솜씨 그리고 보통 관 옆에 고정한 가리개 아래 시신을 안치하는 장의사들의 방식 때문에 대부분의 가족은 시체에서 장기들을 탈취당했다는 사실을 알아채지 못했다." 아무도 기소되지 않았다. 방사성 물질이 신체 조직에 미치는 영향에 관한 연구는 과거나 지금이나 중요하며 오우치의 장기들은 가족의 동의를 얻어 의학 연구를 위해 보존되었다. 하지만 세라필드에서 벌어진 속임수는 야만적이었다.

**6장
전조**

2000년대

I
개혁

　새로운 세기는 인류에게 누구든 새 출발을 만끽할 수 있을 것 같은 끝없는 낙관주의를 선사했다. 일본도 함께 축제 기분을 즐겼지만 이 나라의 원자력 산업은 이제 무모하다는 이미지를 털어내기 위해 몸부림치고 있었다. 경제와 정치에서 대적할 상대가 없다던 일본의 자신감은 "잃어버린 10년"으로 산산조각이 났고 인터넷 보급이 지속적으로 확대되며 원자력 반대 활동가들의 참여와 인력 모집도 활발해졌다. 홍보와 보상을 위한 자금이 계속 늘어나는 와중에도 원자력 안전을 보증하는 전력회사와 정부에 대한 불신은 커지면서 새로운 원자로가 정상 운영되기까지의 시간은 점점 더 길어졌다.

　달력이 21세기로 넘어가던 시점에도 원자력은 최북단 홋카이도의 토마리 원자력 발전소[1]부터 남쪽 섬 규슈의 센다이 원자력 발전소[2]까지 14개 현의 17개 발전소에서 일본 전체 전력 생산량의 3분의 1을 만들어냈다. 2000년대의 첫 10년간 새 원자로 5기가 가동되기 시작했다. 4기는 각각 기존의 오나가와, 하마오카, 도마리, 시카 발전소에 건설되었지만 나머지 한 기는 무쓰가 처음 진수되었던 항구에서 약 20킬로미터 떨어진 아오모리현의 대지에 새 발전소와 함께 지어졌다. 히가시도리 원자력 발전소는 2011년 이전에 마지막으로 만들어진 원자력 발전소이며 2020년 현재까지 가장 최근에 지어진 발전소로 남았다.

---

[1] 토마리 원자력 발전소에는 가압수형 원자로 3기가 설치되어 총 2,070메가와트의 전력을 생산했다. 2000년 9월 한 작업자가 이 발전소의 폐기물 처리 시설에서 배수탱크에 떨어져 사망했다. 병원으로 옮겨졌으나 부상이 심했다. 이 사고는 1년 전 도카이에서 일어난 사고와 비슷한 이유로 비판을 받았는데, 구급차 운전자는 피해자의 오염된 옷에서 나오는 방사선에 관해 경고를 듣지 못했고 보호장비도 갖추지 않았다. 피해자가 이송된 병원 역시 방사선에 대처할 준비가 되어 있지 않았다.
[2] 센다이 발전소는 1980년대에 지어졌고 규슈전력이 운영한다. 옛 항구 도시 나가사키에서 100킬로미터 거리에 있는 이 발전소에는 각각 890메가와트 규모인 가압수형 원자로 2기가 있다.

대지는 도호쿠전력과 도쿄전력이 공유하지만 2011년 도호쿠전력의 두 번째 원자로와 도쿄전력의 첫 번째 원자로 건설이 연기되면서 현재 도호쿠전력만 원자로 1기를 운영한다.

그 전해 일어난 사고의 여파는 원자력 업계 전반에 영향을 미쳤다. 일본 원자력안전위원회가 이전에 조사했던 사고들에서 그랬던 것처럼 업계 내부자들은 형편없거나 존재하지 않는 훈련, 안전 절차 무시, 위반사항을 밝혀내지 못한 정부의 감독 부족의 조합에 책임을 돌리다 문제가 시작되고 점점 더 나빠져서 어쩔 수 없이 터져 나오게 했다. 그다음에는 거짓말 그리고 사건의 본질을 흐리려는 시도가 이어졌다. 오래된 패턴 자체가 반복되고 있었다. BBC는 한 기사에서 "9월 일본 정부는 이 나라 역사상 최악의 원자력 사고에 대한 느슨한 감독과 느린 대처로 대단히 비판받았다"고 전했다. 하지만 이번에는 전 세계가 지켜보는 가운데 두 사람이 참혹한 죽음을 맞았다.

가장 최근에 일어난 사건은 분명히 막을 수 있었던 사고였으므로 통상산업성과 원자력안전위원회는 원자력 규제의 세 번째 장을 열기 위한 대대적인 개혁을 권고했다. 원자력안전위원회 자체도 2000년 4월 과학기술청에서 분리되어 총리실 직속 기관이 되었고 의원 수를 20명에서 92명으로 확대했으며, 2001년에는 일본원자력위원회와 함께 내각부 산하로 이동되었다. 내각부는 정부 구조상 총리실을 비롯한 다른 모든 조직보다 상위에 있었으므로 두 위원회는 더 큰 독립성을 누리게 되었다. 하지만 믿을 수 없게도 법에 정부 부처와 기업이 원자력안전위원회의 결정을 존중해야 한다고 명시했던 문구는 모두 삭제되었다. 원자력안전위원회에 법적 권한이 없었다는 사실을 잊지 말자.

일본 국회의원들은 "원자력 처리 공장과 원자력 시설의 관리, 운영, 감독을 위한 원자력 안전 요건을 강화하기 위해" 핵연료 관련 법들을 개정했다. 그리고 12월 17일 일본 국회는 "원자력 재난 방지와 관련된 원전 사업자들의 의무에 관한 특별 조치, 원자력 비상사태 선포, 원자력비상대책본부의 설치를 규정함으로써 … 원자력 재난관리 대책을 강화하기 위해" 원자력비상대책관련특별조치법의 제정을 승인했다. 이 법은 원자력 전력회사, 중앙 정부, 지방 정부의 책임 영역이 각각 어디부터 어디까지인지 불확실성을 제거하려 했고 특정 기업의 연락 시기와 통로도 분명히 하려 했다. 이전에 존재하던 비상사태 관련 법안은 주로 자연재해를 다루고 있어 일본핵연료컨버전JCO의 임계 사고 중 해당 내용을 실행해야 했던 이들에게 혼란을 유발했었다.

1998년부터 계획된 더 광범위한 조치로 일본 정부는 2001년 비용을 절감하고 기관 간 책임을 분명히 하면서 전반적으로 더 효과적인 정국 주도력을 발휘하기 위해 전면적인 기관 구조조정을 시행했다.[3] 통상산업성은 경제산업성으로 이름이 바뀌었지만 원자력 시설들을 규제하며 원자력 정책을 마련하고 홍보하는 책임은 유지했다. 그리고 경제산업성 안에 새로운 안전 규제 기관인 원자력안전보안원이 만들어졌다. 정부는 과학기술청도 잊지 않았다. 이제 일본 핵연료사이클개발기구가 된 동력로·핵연료개발사업단의 문제들 그리고 후젠과 다른 프로젝트의 실질적인 정체는 과학기술청이 실패했다고 평가하게 했다. 과학기술청이 교육성과 합쳐져 문부과학성이 되면서 이 기관이 원자력 프로젝트들을 통제해 온 30년도 끝났다. 문부과학성은 다른 업무와 더불어 "원자력 기술의 발전, 연구용 원자로를 관리하는 안전 규제, 방사선 위험으로부터의 보호, 원자력 물질의 이용과 수송, 방사성 동위원소의 저장과 운송, 원자력 에너지의 평화로운 활용(안전보장조치)"을 책임지게 되었다. 미래에 심각한 원자력 사고가 일어나면 총리가 긴급대책본부를 설립해 사고 중 일어나는 사건들을 주시하면서 잠재적으로 대피나 일본 자위대의 개입까지 지시하게 되었다.

---

3 이 구조조정은 상당히 큰 규모였고 모든 영역에 변화가 있었다. 너무 광대하고 지겨운 내용이라 모두 여기에 옮기지 않았지만 인터넷에서 충분한 정보를 찾을 수 있을 것이다.

II
불운은 한꺼번에 닥친다

과거 제너럴일렉트릭에서 "물리 공학 보조원"으로 일했던 일본계 미국인 스가오카 게이는 2000년 7월 일본 정부에 자신이 목격한 두 사건을 내부 고발하는 편지를 썼다. 그는 도쿄전력이 후쿠시마 제1 발전소에서 검사 보고서를 위조했다고 주장했다. 스가오카는 1976년부터 1998년까지 제너럴일렉트릭GE에서 일하며 미국, 이탈리아, 일본의 원자로를 검사했고 이후 회사의 비용 절감 조치로 일자리를 잃었다. 1989년 8월 그의 팀은 제1 발전소 원자로 1호기의 증기건조기에서 균열을 발견했다. 시간이 지날수록 금속을 약화시키는 열과 중성자 충돌로 인한 응력 또는 응결수 때문에 이런 균열이 발생할 수 있다. 미국 원자력규제위원회에 따르면 해당 증기건조기에 "중요한 균열이 계속 퍼져나가지 않고, 이로 인해 특정 부품이 느슨해져서 생기는 안전상의 결과도 앞서 허용 가능한 수준인 것으로 분석되었다"면 균열 자체가 문제는 아니었으나 정도에 따라 수리가 필요하거나 건조기 자체를 완전히 교체해야 할 수도 있었다.

스가오카는 2003년 텔레비전 인터뷰에서 "내가 아는 유일한 사실은 그렇게 균열이 간 건조기는 한 번도 본 적이 없다는 것이다"고 설명하며 웃음을 터트렸다. "나는 수많은 건조기를 검사했다. 건조기라면 아주 익숙하고 건조기에 생긴 균열도 익숙하다." 추가 검사를 통해 그는 건조기가 앞뒤가 바뀐 채 설치되었다는 것을 알았지만 이런 사실과 커다란 균열의 존재는 보고서에서 누락되었다. 스가오카의 팀원이 손상된 부품들을 영상으로 촬영했으나 도쿄전력 관리자들은 해당 영상을 정부에 제출하기 전 균열을 보여주는 장면들을 편집하라고 지시했다. 미국으로 돌아온 후 그의 상급자들은 결함을 은폐하는 일본의 불안한 관행을 우려하는 스가오카의 의견을 묵살했다. 그는 걱정을 떨치지 못한 채 일을 다시 시작했지만 해고된 뒤 결국 불만을 터뜨렸다.[4] 원자력안전 보안원은 도쿄전력에 고발이 들어온 내용을 통지한 뒤 조사를 시작했고 도쿄 전력도 자체 내부 조사에 돌입했다.

이듬해 여름 네 명의 지질학자가 문부과학성의 후원으로 수행한 869년의 조간 쓰나미에 관한 새로운 연구 내용을 『자연재해학회지』Journal of Natural Disaster Science』에 게재했다. 이들은 침강 분석과 다른 연구법들을 활용해 조간 쓰나미 중 일어난 파도의 높이가 8미터에 달했으며, 파도가 후쿠시마 바로 북쪽에 자리한 서해안의 넓은 지대인 센다이 평야 내륙 4킬로미터까지 도달했다는 사실을 입증했다.[5] 지진의 규모는 8.6에서 9.0 사이였던 것으로 추정되었다. 이 연구팀은 시대적으로 앞선 구조적 뒤틀림이 869년의 쓰나미 이전에 또 다른 초대형 쓰나미를 일으켰었다는 사실도 증명했다.

> [탄소] 연대 측정치에서 추론한 퇴적 연령depositional ages은 지난 3천 년간 거대한 쓰나미가 세 차례 발생했음을 시사한다. 아래 두 층은 각각 기원전 140년에서 서기 150년까지, 약 기원전 910년에서 기원전 670년까지에 해당한다. 대형 쓰나미가 재발생하는 간격은 800년에서 1,100년이다. 조간 쓰나미가 발생하고 1,100년 이상이 지났으므로 이 재발 간격을 생각하면 대형 쓰나미가 센다이 평야를 강타할 가능성이 크다.

훨씬 더 남쪽에 있는 필리핀 해판의 단층선이 전설적인 "빅원Big One", 즉 오랫동안 기다려온 놀라울 정도로 흉포한 지진을 유발할 가능성이 더 커 보였으므로 이들의 경고는 그대로 잊었다.

몇 달 뒤인 2001년 12월 19일 도쿄전력은 원자력안전보안원이 각 전력회사에 보낸 요청에 대한 답으로 후쿠시마 제1 발전소에서 예상할 수 있는 쓰나미를 개략적으로 서술한 1페이지짜리 서류를 제출했다. 도쿄전력은 일본토목학

---

4 스가오카는 원래 자신을 해고한 조치가 차별적이었다며 GE를 고소하려 했으나 실패했고 이후 결국 통상산업성에 편지를 썼다. 이 때문에 편지를 보낸 저의가 다소 의심스럽긴 하지만 결과는 마찬가지다. 출처: Upton, John. "Inside Japan's failing nuclear reactors." Bay Citizen, 16th March 2011.
5 조사 결과 내륙 4킬로미터 지점에서 퇴적층이 발견되었으나 더 멀리까지 갔을 수도 있다. 7킬로미터까지 전진했다는 추정도 있었지만 논리적이지 않은 뉴스 기사들이었고 근거도 없다. 오나가와 발전소에서 2호기 원자로 건설을 앞두고 조사를 진행했을 때는 내륙 3킬로미터에서 퇴적물이 발견되었다.

회가 작성한 지침을 활용한 이 서류에서 이 지역의 지질학적 특성상 규모가 8.6을 넘는 지진이 발생할 수 없으며 근처에서 발생하는 쓰나미도 파도의 높이가 5.7미터를 넘을 수 없다고 주장했다.[6] 원자력안전보안원은 이 서류의 짧디 짧은 분량에 놀라지 않았다. 글을 쓰는 현재 원자력안전보안원의 지진 안전 부서를 이끌고 있는 고바야시 마사루는 2011년 "이게 우리가 본 전부다. 내용의 타당성은 살피지 않았다"고 인정했다.

스가오카 게이의 제보 이후 진행된 조사로 범법 행위의 충분한 증거를 찾아낸 원자력안전보안원은 2002년 8월 29일 기자회견을 열고 지금까지 알아낸 사실들을 발표했다. 조사관들은 도쿄전력이 운영하는 후쿠시마 제1 발전소, 제2 발전소, 가시와자키가리와 발전소의 원자로 17기 중 13기의 결함 검사 보고서가 조작되었고 이 중 11개 보고서에서 은폐된 결함들이 아직 보완되지 않았다고 발표했다. 이튿날 정부의 중앙재해관리위원회는 이후 일어날 사건들을 예고하듯 "오랫동안 두려워해 온 거대 지진이 일본 중부의 도카이 지역을 강타하면 8,100명이 사망하고 23만 채의 주택과 빌딩이 파괴되며 일일 경제 손실이 3,451억 엔에 달할 수 있다"고 예측했다. 설상가상으로 도쿄전력은 며칠 뒤 검사 보고서 조작 스캔들과는 관계없이 일어난 방사선 누출로 후쿠시마 제2 발전소의 원자로 2호기를 정지해야만 했다.

스가오카는 최초의 편지를 보내고 몇 달 후 경제산업성이 도쿄전력에 그의 이름을 알려준 탓에 살해 협박을 받았다. 내부고발자 보호 원칙을 직접 위반한 일이었지만 엄격한 처벌은 없었다.[7] 스가오카는 이후 "이렇게 은폐 사례가 많고 큰일일 줄은 전혀 몰랐다"고 인정했다. 회사의 형편없는 업무 관행을 목격해왔던 도쿄전력의 많은 직원도 정부에 안전 우려를 알렸다. 이들의 신원 역시 도쿄전력에 노출되었으나 원자력안전보안원은 또 아무런 조치도 취하지 않았다. 오랫동안 후쿠시마 현지사를 지냈던 사토 에이사쿠는 이 사건 이후 내부고발자들이 보복의 두려움 때문에 도쿄전력과 원자력안전보안원을 거치지 않고

---

6 이 지침에 책임이 있는 일본토목학회는 학회 구성원 35명 중 22명이 원자력 산업과 깊은 관련이 있다는 이유로 비판을 받았다. 일본 내에 원자력 산업의 영향력이 얼마나 널리 퍼져 있는지 확인해주는 사실이지만 그런 이유만으로 비판하는 것이 옳은지는 확신이 들지 않는다. 일본토목학회는 후쿠시마 참사 후에도 이 지침을 변호했으나 도쿄전력이 이를 어떻게 적용했는지는 확인하지 않았다고 밝혔다.
7 원자력안전보안원 원장과 고위 공무원 몇 명이 견책 처분을 받고 월급이 약간 깎였다.

자신에게 직접 찾아오기 시작했다고 주장했다.

고이즈미 준이치로 총리는 도쿄전력을 책망했고 기자들에게 "전력회사는 원자력 발전소의 안전을 보장하는 데 최우선을 두어야 한다"고 밝혔다. 발전소가 자리한 시골의 지역사회와 지방 정부도 동의하며 불안을 드러냈다. 사토는 "2년 전에 제보가 이뤄졌지만 원자로들은 여전히 균열이 있는 채로 가동되고 있다. … [경제산업성은] 안전의 유지와 향상에 관해 발언할 자격이 없다고 생각한다"고 지적했다. 사토는 원래 아주 중요한 시설이 우리 지역에 있다는 자부심과 함께 일자리와 보조금까지 안겨주는 원자력 산업의 강력한 지지자였으나 각종 사고가 누적되면서 점차 마음을 바꾸었다. 도쿄전력은 2000년 2월 영국핵연료공사 스캔들의 여파로 자사의 벨기에산 혼합산화물연료의 안정성이 검증될 때까지 후쿠시마 제2 발전소에서 새로운 연료를 사용한다는 계획을 보류했다. 하지만 주위의 모든 전력회사가 안전 점검 결과를 속이는 것처럼 보이자 사토는 2002년 9월 도쿄전력에 내주었던 혼합산화물연료 사용 허가를 취소했다. 조만간 그의 정치 경력을 끝낼 결정이었다. 니가타현에서도 도쿄전력이 가시와자키가리와 발전소에서 혼합산화물연료를 사용하지 못하게 하는 비슷한 결정이 나왔다. 사용되지 않은 연료는 거의 20년이 지난 지금도 현지에 그대로 남아 있다.

원자력안전보안원은 스가오카의 제보에 관한 조사가 지연되는 이유를 경제산업성이 "새로 접수된 의혹에 기초해 제기된 문제를 확인해 달라고 도쿄전력에 거듭해 요청했다. … 하지만 도쿄전력이 제대로 협조하지 않아 조사가 순조롭게 진행되지 않았다"며 정당화했다. 결국 경제산업성은 2001년 11월 도쿄전력을 제치고 곧장 GE에 기록을 요청했다. 하지만 도쿄전력은 2002년 8월까지 조작을 부인하면서 경제산업성과 원자력안전보안원의 발표를 지연시켰다. 일반적인 상황이라면 정부가 그냥 기록을 공유하도록 강제했겠지만 이렇게 끌려간 이유는 알 수 없다. 경제산업성 장관 히라누마 다케오는 "[조사에] 2년이 걸린 것은 상식에 비춰볼 때 너무 길었다. 더 신속히 진행됐어야 했다"고 사과했다. 원자력안전보안원은 조사 작업의 느린 진행 속도 그리고 누가 봐도 적절히 진행되고 있지 않았던 자발적 검사의 적합성을 검토하는 소위원회들을 만들었다.

1980년대부터 1990년대에 걸쳐 전력회사 직원 십여 명이 연루된 더 많은 조작이 드러났다. 1991년과 1992년 후쿠시마 제2 발전소 원자로 1호기 격납건물의 공기 누출 검사에서 벌어진 조작 사건은 주목할 만하다. 비등수형 원자로의 마크 1과 마크 2 격납건물은 누출 검사에서 성능이 좋지 않은 것으로 알려졌다. 도쿄전력은 일일 누설률이 최대 허용치인 0.348퍼센트를 넘는다는 사실을 알고 있었기 때문에 압력 검사에서 문제가 드러나지 않도록 히타치의 엔지니어들에게 격납건물에 압축공기를 주입하라고 지시했다.[8] 직원 8명이 견책 처분을 받았고 해당 발전소의 운영유지 책임자는 해고되었다. 도쿄전력은 검사를 위해 원자로를 정지하는 기간에 수입을 잃는 것을 우려한 나머지 1997년 4월부터 대놓고 유지보수 하청 업체들이 가능한 한 빨리 작업해 절약한 기간에 대해 돈을 지급하기 시작했다. 도쿄전력의 하청 업체 한 곳이 후쿠시마 제1 발전소 원자로 3호기의 노심보호벽을 수리하면서 방사선 노출 규제치가 내국인 노동자보다 덜 엄격한 외국인 노동자를 용접공으로 고용했던 것도 이때였다. 이런 사실은 2011년 이 프로젝트에 참여했던 관리자 중 한 명의 폭로로 밝혀졌다.

도쿄전력은 초기에 자체 조사에서 개별 발전소의 부서별 담당자보다 직급이 높은 직원이 광범위한 부패에 가담했다는 정황은 나오지 않았다고 주장했다. 하지만 이후 적어도 현재 이사회 구성원 중 이름이 밝혀지지 않은 한 명과 도쿄 본사 직원 30명이 연루되었다는 사실이 드러났다. 후쿠시마 제1 발전소 원자로 3호기에 균열이 있고 초음파 검사를 권고받았다는 보고를 들은 본사의 고위 임원은 어떤 초음파 검사도 하지 말라는 구체적인 지시를 내렸다. 2002년 9월 초 도쿄전력은 아라키 히로시 회장과 노부야 미나미 사장, 부사장 1명, 수석 고문 2명이 사임한다고 발표했다. 미나미는 영향력이 큰 일본 전기사업연합회 회장에서도 물러났다. 그는 도쿄전력의 자체 조사를 수행했던 "면도날같이 날카로운" 62세의 부사장 가쓰마타 쓰네히사를 자신의 후임으로 추천했다. 가

---

8 도쿄전력 직원들이 직접 주입 작업을 한 것은 아니었다. 검사를 수행한 주체는 히타치 소속 작업자들이었지만 도쿄전력 직원들이 그들에게 압축공기를 주입하도록 지시했다. 모든 사실이 밝혀진 후 히타치는 관련 직원들을 모두 징계했고 쇼야마 에쓰히코 사장과 다른 경영진이 사과의 의미로 임금을 삭감했다. 원자력안전보안원은 이 사고에 관한 간략한 보고서를 작성했다. 출처: "Falsification of leak rate inspection of the reactor containment at the Fukushima-Daiichi nuclear power station." Nuclear and Industrial Safety Agency, 11th December 2002.

쓰마타는 도쿄대학교 경제학부를 졸업한 뒤 1963년 이 회사에 입사했고 자신의 전임자와 마찬가지로 기획과 출신이었다. 모두 성공적인 경력을 쌓은 5형제 중 넷째였던 그는 외과적인 비용 절감으로 회사 안에서 유명해졌다.[9] 스캔들이 터지고 2주 뒤 원자력안전보안원은 법을 위반한 증거가 충분하지 않다며 도쿄전력을 형사 고발하지 않기로 했다. 처음의 29건 중 11건은 "안전상의 의미가 없다"고 판정했지만 전체적인 사건에 관해 도쿄전력에 엄중히 경고했고 그들이 위반한 법에 대한 처벌로 1년간 후쿠시마 제1 발전소의 원자로 1호기를 중지하라고 명령했다.[10]

스캔들의 정점에서 원자력 분야 잡지인 『뉴클레오닉스위크Nucleonics Week』는 국제원자력기구의 발전소 검사관들이 안전을 대하는 일본인들의 태도에 심각한 문제가 있다는 사실을 발견한 후 1995년부터 이 나라에 다시는 초청받지 못했다는 내용을 담은 같은 기구의 옛 보고서들을 공개했다.[11] 보고서들은 수십 개의 결함을 강조하며 신랄한 평가를 아끼지 않았고, 발전소에 "사고에 가까운 사건들에 대한 분석이 불충분"하며 "비상 계획 절차에 약점"이 있고 대피 계획이 부족한 동시에 "심각한 사고 관리에 대비한 발전소 직원들의 훈련이 부족"하다고 지적했다. 국제원자력기구는 보통 안전을 중요시하지 않기 때문에 이런 문제를 직접 거론하는 것은 상당히 드문 일이다.

오래된 검사 보고서를 검토하면서 점점 더 많은 전력회사와 하청 업체가 스캔들에 휘말렸다. 일본원자력발전은 쓰루가 발전소의 정기 검사 중 원자로 노심보호벽에 47센티미터 길이의 균열이 생긴 것을 발견하고도 1994년과 1996년, 1998년에 거듭해서 사실을 숨겼다.[12] 일본에서 세 번째로 큰 전력회사인 주부전력은 하마오카 발전소의 수관에 금이 간 것을 보고하지 않았다고 인정한 뒤 일시적으로 모든 원자로를 정지했다. 도호쿠전력의 오나가와 발전소에서도 노심보호벽과 수관에 균열이 생겼다. 간사이전력은 검사 보고서에 많은 결

---

9 가쓰마타의 형제들은 모두 다양한 조직과 기관의 이사나 사장, 교수다.
10 원자력안전보안원은 법에 따라 이 사건에 관한 보고서를 제출하도록 요구한 뒤 제출된 보고서를 기반으로 조작 사건을 조사했다. 원자력안전보안원은 도쿄전력의 행동이 "원자력원재료 · 핵연료재료 · 원자로규제법"과 "전력 산업법"을 위반했다고 확정했다. 출처: "Status report. Countermeasures against falsification related to inspections at nuclear power stations." Nuclear and Industrial Safety Agency, 10th December 2002.
11 1992년과 1995년에 각각 후쿠시마와 하마오카를 검사한 후 작성된 보고서였다.

함을 빠뜨렸다. 주고쿠전력 역시 시마네 발전소에 발생한 노심보호벽의 균열을 보고하지 않았고 수백 개의 부품이 검사를 통과하지 못했다. 많은 경우 GE, 히타치, 도시바와 같은 공급업체 직원들도 자신들이 피해자가 되지 않을 때는 전력회사의 지시에 따라 속임수에 가담했다.

도쿄전력은 2002년 10월 16일 가쓰마타 쓰네히사가 신임 사장으로 취임한다고 알렸다. 그는 2005년부터 일본 전기사업연합회 회장도 맡았다. 쓰네히사는 기자회견에서 "지침서에 무엇을 해야 하는지 상세히 적혀 있는 원자력부서가 규제를 가장 엄격히 따르는 부서라 생각해 왔기 때문에 은폐를 밝혀내고 무척 놀랐다"고 인정했다. 그는 이듬해 3월 내놓은 성명서에서 변화를 약속하며 아낌없이 사죄의 말을 쏟아냈고 이제는 자신이 이끄는 회사를 평소와 달리 전혀 날카롭지 않게 비판했다. "어떠한 사정도 우리 직원들이 저지른 범법 행위의 핑계가 될 수 없다는 사실은 말할 필요도 없지만, 왜 우리 원자력부서의 엔지니어들이 부적절하게 행동해 왔는지 이해할 수 있도록 여러 사정을 설명해 드려야 할 것 같다."

쓰네히사는 먼저 조작이 일어난 특정 원자로 부품들이 안전에 중요하지 않다고 여겨지는 이유를 설명했고, 그래서 정부 감독관이 방문해 지켜보는 검사가 아니라 자발적인 검사 중 문제가 발견되었다고 주장했다. 그리고 균열을 발견한 유지보수 작업자들은 무엇이 안전상의 위험을 구성하는지에 관한 분명한 지침이 없어서 모든 문제를 원자력안전보안원에 보고했다가 원자로 정지 시간이 더 길어지는 것은 아닌지 걱정했다고 전했다. 그는 다음과 같이 설명을 이어갔다.

이런 두려움이 안전에 문제가 없다고 믿는 한 중앙 정부에 문제를 보고하는 것을 피하게 하는 보수적인 사고방식을 초래했다. … 게다가 이 엔지니어들은 원자력에 관한 자신들의 지식을 너무 자신해서 … 안전이 유지되는 동안에는

⇦ 12 노심보호벽은 노심 내부에서 원자로의 다른 부품들을 둘러싸고 있는 개방형 원기둥으로 핵연료 집합체를 제 자리에 고정하고 냉각수의 흐름을 통제하는 기능을 한다. 노심보호벽 균열은 1990년 비등수형 원자로들에서 처음 발견된 후 중요한 문제가 되었다. 이러한 균열은 곧 널리 퍼진 문제로 인식되었고 전 세계에서 정기 검사를 요구하게 되었다. 미국 원자력규제위원회는 노심보호벽 균열이 무엇이고 어떻게 수리해야 하는지 설명하는 흥미로운 문서를 작성했다. "BWR vessel and internals project BWR core shroud inspection and flaw evaluation guidelines (BWRVIP-76NP)."

… 문제를 보고할 필요가 없다는 잘못된 믿음을 갖게 되었다. … [그들은] 결국 결함이 당장 안전에 위협이 되지 않는다면 해당 결함을 보고하지 않는 것이 허용된다고 믿게 되었고, 그 결과 실제 데이터를 지우고 가짜 검사 및 수리기록을 적어넣기에 이르렀다. … 원자력부서 구성원들은 안정적으로 전기를 공급하는 것을 궁극적인 목표로 여기는 경향이 있었고 반복해서 자신들만의 안전 개념에 따라 개인적인 판단을 내렸다.

쓰네히사는 "이런 사고방식은 우리 안전 문화가 부적절했다는 사실을 알려준다"고 인정하며 겸허한 태도를 보였다. 그는 다시 변화를 약속했다.

도쿄전력은 철저한 안전 점검을 수행한 후에도 예기치 않게 지방 정부들의 거센 반대를 맞닥뜨렸다. 이들은 도쿄전력이 대중의 신뢰를 회복하기 위한 본질적인 조처를 한 후에야 원자로 재가동을 허용하겠다고 했다. 그 결과 원자력안전보안원이 기자회견을 연 2002년 8월부터 1년간 도쿄전력의 원자로 17기 중 겨우 5기만 가동을 재개하게 되어 이 회사는 한동안 잠들어있던 액화 천연가스LNG 발전소를 다시 돌리고 부족분을 메우기 위해 다른 공급처에서 전력을 구매해야 했다. 이들은 운전 원칙과 관행을 다수 바로잡는 한편 손상된 회사 이미지를 쇄신하기 위해 "부정한 행동을 허용하지 않는 메커니즘을 만들고 부정한 행동을 삼가게 하는 문화를 만들자"는 완곡한 구호를 채택했다. 경제산업성은 불법 행위가 반복될 수 없게 자발적인 검사에 관한 법을 갱신했고 사전 통지 없는 검사를 시행하기 시작했다. 하지만 실제로는 발전소에 미리 연락했다.

조작된 검사 보고서는 재앙까지 이어질 수 있는 안전 문제들을 숨기고 있지 않았고 원자력안전보안원은 아무런 조치도 취하지 않았다. 하지만 이 사건은 1990년대부터 사고들이 쌓여온 가운데 일어났고 일부 일본인들에게 원자력발전회사들, 특히 도쿄전력은 신뢰할 수 없고 그들을 규제하는 정부 역시 신뢰할 수 없다는 믿음을 더욱 깊이 심어주었다. 비슷한 시기에 전력 산업과 관련이 없는 분야에서 비슷한 문서 조작 스캔들이 이어지자 토덴몬다이東電問題, 즉 "도쿄전력 문제"라는 신조어가 인기를 얻었다. 하지만 2000년대 중반 진행된 『아사히신문』 조사에서는 체르노빌 참사 이후 처음으로 원자력에 찬성하는 비율이 반대하는 비율을 넘어섰다. 1999년 임계 사고와 비교하면 2000년대 초의 은폐 사고는 분명히 언론의 주목을 많이 받지 못했고, 그 결과 원자력 업계를 주시하던 이들을 제외하면 제한적인 대중에게만 알려졌다.

2006년이 되자 화력과 수력 발전소에서도 비슷한 조작 사건이 쏟아져 나왔다. 이번에는 규모가 더 컸다. 그해 말까지 천 건 이상이 알려졌고, 2007년 3월 일본 전기사업연합회 보고에서는 "발전소에서 문제를 숨기거나 데이터를 수정한" 일이 황당하게도 만 건으로 폭증했다. 잠재적으로 위험한 은폐[13]부터 단순한 게으름[14]까지 모든 사례가 포함된 목록 대부분을 수력 발전소가 채웠으나 원자력 발전소에서 새로 발견된 일도 수백 건에 이르렀다.

도쿄전력은 1977년부터 2002년까지의 사례 199건이 밝혀졌고 일부는 앞서 보고된 사건들보다 훨씬 더 심각할 수도 있는 문제였다. 1992년 5월 가시와자키가리와 발전소 1호기 원자로에서는 운전 정지 도중과 후에 주 냉각 계통으로 기능하는 잔열제거펌프가 정부 검사 하루 전 고장이 났다. 기술자는 검사관이 시스템 장애로 기록할 것을 알고 있었기 때문에 이 펌프를 시운전 모드로 바꿔놓았다. 그리고 운전원들이 제어실에서 버튼을 눌러 펌프를 작동시키자 해당하는 상태등이 깜빡였다. 검사는 통과했지만 펌프가 실제로 돌아가지는 않았다. 이 발전소는 펌프를 수리하기 전 이틀 동안 온전히 기능하는 냉각 계통 없이 가동되었다. 2007년에도 다른 사례들이 추가로 밝혀졌다. 도쿄전력과 도호쿠전력은 1984년, 1985년, 1992년, 1998년 제어봉이 미끄러지고 다른 사고들이 겹치며 돌발적으로 임계에 도달했던 일을 의무대로 정부에 보고하지 않았고, 호쿠리쿠전력은 시카 발전소 1호기 원자로에서 작업자들이 연료봉을 잘못 다뤄 임계에 도달했던 일을 숨겼다. 도카이의 세 연구용 원자력 시설 역시 또 다른 내부자가 문제를 폭로하면서 한동안 운전을 멈췄다.

모든 사례를 일일이 나열하지는 않겠다. 이쯤 되면 독자 여러분도 상황을 이해했을 것이다. 2011년 지진 전까지 드문드문 관련 보도가 이어졌지만 대부분

---

13 『요미우리신문』은 2006년 말 "결과는 처참했다. 전국의 68개 댐에서 수위 등의 실측 데이터를 변형하거나 꾸며낸 것은 물론이고 정부 당국에 보고해야 하는 내용을 알리지 않는 것이 발견되었다"고 보도했다. 출처: "Power firms struggling to generate public trust." Yomiuri Shimbun, 30th December 2006.

14 도쿄전력의 오이 원자력 발전소에서는 바다에 배출되는 물의 수온이 터빈에 남아 있는 물의 수온보다 높았던 일이 있었다. 당연히 발전소 시스템 내에 남아 있는 물이 바다에 방출되는 물보다 더 뜨거워야 하지만 반대였다. 도쿄전력은 온도계의 손상 여부를 확인하는 등 이러한 불일치의 이유를 조사하는 대신 그냥 데이터를 조작했다. 분명히 인근 수중 생태계도 고려하지 않았다.

대수롭지 않게 지나갔다. 여기서 핵심은 모든 회사가 자신들의 편의를 위해 규정을 무시했다는 것이다.[15] 이 모든 일에도 불구하고 발단이 된 도쿄전력의 조작 사건에 관한 원자력안전보안원의 마지막 보고서 중 하나는 발전소 유지보수의 좋은 관행들을 다수 강조했다. 의심의 여지 없이 대부분은 훌륭한 작업이 이루어졌지만 잠음을 때문에 의미를 잃었다.

2000년대는 전력 산업계에 수치심을 안겼다. 뉴스 채널에서는 의례에 가까운 사죄 기자회견에서 허리를 굽히는 최고 경영진의 모습을 반복해서 내보냈으나 은폐 사고는 여론의 방향을 바꾸는 데 큰 영향을 미치지 않았다. 정부는 이러한 기만행위에 맞서 가장 심각한 위반을 저지른 도쿄전력, 일본원자력발전, 호쿠리쿠전력, 주고쿠전력에 보다 엄격한 발전소 추가 점검을 시행하도록 명령하는 것으로 대응했고 … 그걸로 끝이었다. 경제산업성은 이들의 발전소를 모두 닫으면 감당할 수 없는 에너지 부족이 초래된다는 것을 알았고 그래서 아무것도 하지 않았다. 벌금도, 기소도, 다른 무엇도 없었다. 언론은 경제산업성의 지나치게 부드러운 접근법을 비판했다. 2007년 2월 한 잡지는 1992년 비상 노심냉각 계통 사고 당시 가시와자키가리와 발전소 소장이었고 인터뷰 당시에는 도쿄전력의 고문이었던 다쿠마 마사오의 발언을 실었다. 그는 "현장 사람들은 자신들의 기술에 엄청난 자부심을 가지고 있다. 하지만 원자력을 다루는 규제는 무척 엄격하다. 그래서 의도와는 반대의 효과를 내게 된 것처럼 보인다. 사람들은 오로지 검사만 통과하면 된다고 생각하게 되었다"고 설명했다. 여러 전력회사의 최고 경영진을 비롯해 다른 많은 이도 다쿠마와 비슷한 의견을 내놓았다. 원자력 규제가 너무 치밀하고 사소한 문제까지 모두 보고해야 해서 원자로의 운전을 중지해야 하고, 수익이 줄어들고, 전력 생산량이 감소한다. 이런 주장도 어느 정도 귀 기울일 가치가 있지만 수력 발전소에서 나온 수많은 검사서 조작 사례가 입증하듯 체계적인 문제라는 명백한 징후들을 무시하고

---

15 한 예로, 히타치는 2009년 4월 하마오카와 시마오네 원자력 발전소에서 각각 2001년과 2008년 12월 벌어진 데이터 조작 사건을 발표했다. 『요미우리신문』은 "이 회사에 따르면 조작된 데이터는 수분분리재가열기에 연결된 관을 용접하는 마지막 과정과 관련이 있다. 재가열기는 터빈에서 만들어진 증기에서 수분을 제거해 다시 뜨겁게 만든다. 용접되는 부분을 강화하려면 용접 후 관들을 섭씨 700도 정도로 가열한 후 천천히 식혀야 한다. 하지만 해당 작업자가 작업장을 떠나려고 관들을 가열하는 장치를 꺼버린 탓에 이 장치에 연결된 관들이 규정된 속도의 두 배로 냉각되었다. 소문에 의하면 그가 기록 데이터를 지우고 규정에 맞는 데이터를 채워 넣었다고 한다"고 전했다. 출처: "N-plant pipe data falsified." Yomiuri Shimbun, 14th April 2009.

있으며, 특히 이렇게 느슨한 태도가 인명사고로 이어질 때는 가장 심각한 사례들을 용서해야 하는 이유가 될 수 없다.

Ⅲ
미하마의 사망사고

　히로시마 원폭 투하 59주년인 2004년 8월 9일 월요일은 국가 애도의 날이었다. 또한 직접적인 피해를 따지면 일본 역사상 최악의 원자력 발전소 사고가 발생한 날이자 운전 중 최초로 사망사고가 발생한 날이었다. 간사이전력이 운영하는 미하마 발전소에서는 수백 명의 하청 노동자들과 직원들이 분주하게 원자로 3호기의 정기 검사와 유지보수를 준비하고 있었다. 검사 결과에 따라 원자로 정지 기간이 늘어날 수도 있었다. 간사이전력은 전기 생산량의 60퍼센트를 원자력으로 만들어서 일본의 전력회사 중 가장 의존도가 높았고, 준비 정도에 따라 원자로 정지 기간이 달라질 수 있었다. 무엇이라도 놓치면 정지 기간이 길어졌다. 예를 들어 1998년 2월에는 하마오카 발전소의 원자로 1호기에서 검사를 통과하고 석 달밖에 안 된 주 양수펌프 2대가 동시에 고장 나는 있을 수 없는 일이 벌어졌다. 두 펌프는 중복을 위해 서로 다른 전기 회로에 연결되어 있었으나 과열을 방지하는 스위치들은 회로가 분리되어 있지 않았다. 스위치를 연결하는 전자계전기가 제조업체의 보증기간보다 7년 빨리 고장 나면서 전력이 차단되었고 운전원들은 원자로를 정지해야 했다. 철저한 검사의 중요성을 다시금 강조하게 한 사고였다.

　오후 3시 22분 미하마의 제어실과 터빈 건물에 화재 경고가 울려 퍼졌다. 광대한 터빈 건물 2층에서 불이 났다는 신호였다. '에이A' 회로의 응축관이 건물 천장 근처에서 파열되었을 때 주위에는 11명의 작업자가 있었다. 간사이전력 대변인에 따르면 증기가 시간당 1,700세제곱미터의 속도로 "뿜어져 나"와 살아있던 사람 4명을 그대로 삶아버렸고 7명은 화상을 입었다. 사고 현장을 찾은 운전원들은 증기가 모든 공간을 채우고 있는 것을 보았고 급히 제어실로 돌아와 "비상 부하 감소"를 시작했다. 2분 뒤 물과 증기의 불균형을 알리는 경고 신호가 켜졌고[16] 자동으로 원자로가 정지되기 시작했다.

몸의 80퍼센트가 타버린 다섯 번째 남자는 2주 뒤 목숨을 거뒀지만 나머지 6명은 부상에도 살아남았다. 11명 모두 발전소 곳곳의 다양한 측정기와 눈금판, 온도계를 관리하기 위해 고용된 회사 기우치계측木內計測의 하청 노동자였다. 간사이전력 최고경영자CEO 후지 요사쿠는 사죄의 뜻으로 자신의 월급을 석 달간 50퍼센트 삭감했다. 다행히도 미하마 발전소에서는 가압수형 원자로를 가동하고 있어 2차 회로가 파열되어도 방사선이 유출될 위험은 없었다.

이 사고는 거의 30년 된 배관이 유동가속부식으로 서서히 얇아지면서 발생했다. 유량율을 감시하는 시스템의 일부인 내부의 구경aperture이 2미터 아래에 있는 10밀리미터 두께의 배관으로 증기를 밀어냈다. 그 지점에서 증기가 종이 한 장보다 약간 두꺼운 0.4밀리미터 두께가 될 때까지 관을 갉아먹었다. 나카가와 쇼이치 경제산업성 장관은 발전소를 방문한 뒤 "직설적으로 말하면 극도로 얇았다. 비전문가의 눈에도 끔찍해 보였다"고 설명했다. 미국에서도 1985년과 1986년 각각 가압수형 원자로를 사용하는 트로우전Trojan과 서리Surry 원자력 발전소에서 거의 동일한 사고가 발생했고 서리 발전소에서는 네 명이 사망했다. 이후 일본에서는 10년마다 유동가속부식에 취약한 배관의 25퍼센트를 점검하도록 규정했고, 웨스팅하우스는 모든 협력사에 관이 얇아지는 현상을 더 경계하도록 권고했다. 이전까지는 부식이 발생할 수 있는 지점에서 관 지름의 두 배에 해당하는 거리 안의 영역이 위험한 것으로 여겨졌지만 미하마에서 관이 파열됐을 때는 이 제한 거리에서 1미터 너머까지 영향을 미쳤다. 5명의 목숨을 빼앗아 간 실수였다.

작업자들은 관 내부의 문제를 "보기" 위해 초음파를 사용하는 대신 외부만 검사해 왔다.[17] 간사이전력은 1989년부터 1996년까지 미하마의 배관을 검사하고 관리하기 위해 미쓰비시중공업과 계약을 맺었지만 1996년에는 계약업체를

---

16 일본 원자력안전보안원에 따르면 물과 증기의 불균형을 알리는 신호는 증기발생기의 수위가 낮을 때 증기발생기에 공급되는 물의 유량율이 증기의 유량율보다 작으면 활성화된다.

17 간사이전력의 나카노 하루오 대변인은 "우리는 외관 검사를 실시했지만 강관의 두께를 측정할 수 있는 초음파 검사는 한 번도 하지 않았다"고 인정했다. 출처: Japan nuclear firm investigated. BBC, 10th August, 2004.

오사카에 기반을 둔 니혼암Nihon Arm으로 바꾸었다. 미쓰비시중공업은 이들에게 과거 기록의 컴퓨터 데이터베이스 대신 대부분 수기로 기록한 공책을 넘겨주었다. 3년 뒤 미쓰비시는 이전에 생각했던 것보다 부식의 위험이 훨씬 크다는 것을 알게 되었고 계속해서 니혼암과 접촉하려 노력했으나 실패했다. 다행히도 몇 년에 걸쳐 미쓰비시의 공책들을 컴퓨터에 옮긴 니혼암의 엔지니어 한 명이 운명의 관이 빠져 있다는 사실을 알아챘다. 그는 2003년 4월 검사가 필요한 장비 목록에 해당 관을 추가하고 간사이전력에 알렸다. 간사이전력은 한 임원을 통해 어느 회사도 "배관 부분에서 즉각적인 위험이 발생할 수 있다는 정보를 전혀" 주지 않았다고 주장했다. 비극적이지만 기술자들은 원래 관이 파열된 날로부터 5일 뒤 초음파 검사를 하려고 계획하고 있었다. 미하마의 부소장 역시 자기 상사의 주장을 되풀이하며 기자들에게 "이번 달까지 점검을 미룰 수 있으리라 생각했다. 부식이 그렇게 빠르게 진행되었으리라고는 예상하지 못했다"고 밝혔다.

간사이전력의 여러 원자력 발전소에서 전면적인 검사를 수행한 결과 11기의 원자로 중 10기에서 위험할 정도로 얇아진 관들이 발견되었고 검사 보고서에서 빠진 부품이 다수 확인되었다. 한 보고서는 "1995년부터 현재까지 자의적으로 기술표준을 해석하고 수리를 미루면서 기술표준의 일반적인 관행을 따르지 않는 것이 일상화되어 있었다"고 지적했다. 일본에 있는 모든 가압수형 원자로 23기에서 검사가 진행되는 사이 간사이전력은 원자력발전부서 조직을 강화하고 유지관리 관행을 향상시키겠다고 약속했다.

BBC가 인용 보도한 전국 여론조사에서는 응답자의 절반이 원자력 시설의 수를 줄여야 한다고 답했고 일본 언론들은 미하마처럼 오래된 시설들이 원자력 발전소에 대한 대중의 지지를 깎아 먹는다며 초조해했다. 과거 쇼리키 마쓰타로를 사장으로 모셨던 『요미우리신문』은 "원자력 발전소의 운영에 수반되는 위험을 지나치게 강조하지 않도록 주의해야 한다. 과잉반응으로 이어질 수 있다"고 경고했다. 『아사히신문』은 의견이 달랐고 사설에서 "전력회사들은 시스템에서 약점이 존재하는 부분을 가려내고 적시에 검사할 준비가 되어 있어야만 한다. 그런 목적을 위해서라면 모든 전력회사가 한데 모여 가장 사소한 문제에 대한 정보라도 공유해야 한다"고 주장했다. 이 신문은 또한 "이와 관련해서는 미국에 구축된 다양한 데이터베이스에서 풍부한 정보를 확보할 수 있을 것이다"고 지적했다.

미하마 발전소 사고는 후쿠시마 참사를 포함해 일본 원자력 발전소에서 발생한 사고 중 가장 많은 사망자를 낸 사건으로 남아 있고 여전히 논의할 가치가 있지만 실은 대부분의 측면에서 원자력 자체와는 무관한 사건이다. 고압 증기를 사용하는 시설이라면 모두 이런 사고에 취약하며 치명적인 산업재해의 기준으로 보았을 때는 비교적 경미한 사고였지만, 대중의 눈에는 태만이 더욱 부각되어 보였다. 몇 주간 경찰이 간사이전력 사무실을 압수수색했다는 소식을 포함해 이 사고에 관한 보도가 쏟아졌다. 미하마 발전소의 원자로는 2년 반 동안 재가동되지 않았다. 검사들은 사고 직후 발전소 직원 5명을 업무상 과실로 기소했으나 5명 모두 재판까지 가기 전에 합의했고 벌금을 부과받았다.

IV
힘의 균형

일본 정부는 2005년 10월 일본핵연료사이클개발기구와 일본원자력연구소를 통합해 일본원자력연구개발기구를 출범시켰다. 일본핵연료사이클개발기구는 대체로 전신인 동력로·핵연료개발사업단과 같은 사고나 악평을 피했으나 일본원자력연구개발기구는 그러지 못했다. 그해 초, 십 년간의 검토 끝에 고속증식로 몬주에서 광범위한 개량 작업이 시작되었다. 엔지니어들은 문제가 있는 배관의 위치와 심각성을 빠르게 파악하도록 도와주는 기존의 누출감지 시스템을 확장했다. 이 새로운 시스템은 발전소의 통기관에도 연결되어 에어로졸이 퍼져나가지 않도록 자동으로 닫혔고, 2차 회로가 4개의 분리된 영역으로 분할되는 것도 보조하게 되었다. 과거 문제를 일으켰던 열전대전기온도측정기는 다시 설계했고 화재 시 발전소 전역에 산소 공급을 차단하기 위한 질소 가스주입 시스템도 설치되었다.

언제나 정부가 기대하는 수준에 못 미치긴 했었지만 고속증식로에 대한 일반인들과 전문가들의 지지는 세계적으로 시간이 지날수록 시들해졌다. 건설과 유지 비용이 너무 많이 들어갔고, 소듐을 취급하게 되면서 일반적인 원자력 발전소에서 경험했던 신뢰성 문제가 더욱 악화했다. 1996년 12월 프랑스는 당시 유럽에서 유일하게 전력을 생산하고 있던 원형 고속증식로 쉬페르페닉스의 가동을 중단했다. 프랑스 대중은 이 원자로의 운영을 법적으로 막으려 했고 결국 이듬해 6월 리오넬 조스팽 총리가 영구 폐쇄를 선언했다. 프랑스는 일본 외에 원자력 재처리에 상당한 자원을 투입해 온 유일한 나라였으므로 일본의 원자력 업계는 이런 움직임에 커다란 충격을 받았지만 환경 운동가들은 위대한 승리라며 환영했다.

❖

 1995년 고베 지진에서 엄청난 인명 피해가 발생한 뒤 일본 원자력안전위원회는 국내 지진 규제를 전반적으로 검토하기 위한 준비작업으로 5년간 학술 논문의 데이터와 전 세계의 최신 안전 관행을 조사했다. 원자력안전위원회와 원자력안전보안원이 선택한 학자 13명, 전력회사 관리자 2명, 원자력기술회사[18] 직원 1명으로 구성된 지진검토위원회는 표면적으로는 세계 표준을 통합하려 했고, 출처에 따라 정확한 시기는 다르지만 1999년 말 정도부터 2006년 8월까지 여러 차례 만났다. 원자력 업계 외부에서 발탁된 몇 안 되는 위원 중 한 명이었던 지진학자 이시바시 가쓰히코는 위원회 활동에 만족하지 않았고 이후 "우리는 5년 동안 돌고 돌았지만 결과는 미리 정해져 있었다"고 한탄했다.

 오랫동안 계속된 위원회의 검토 작업에는 일본 전기사업연합회의 피드백을 받는 것도 포함되어 있었다. 전기사업연합회는 어떤 변화는 받아들이고 어떤 변화는 받아들이지 않을지 뜻을 비쳤다. 예를 들면 갱신된 지침을 적용해 기존의 발전소들을 다시 점검하는 데는 마지못해 동의했지만 "[설비 개조, 즉 변경을] 적용하는 것이 중요하다'고 … 언급하는 것에 관해서는 … 이런 서술이 현재 발전소의 지진 안전이 불충분하다는 주장에 힘을 더해줄 수 있고 원자력 발전소의 건설 혹은 운영을 중단하려는 목적의 소송에 영향을 미칠 수 있어 우려한다"고 밝혔다. 미국에서 9·11테러가 발생한 후 가시와자키가리와 발전소의 경비를 강화할 때도 유사한 오래된 논리가 힘을 발휘했다. 도쿄전력의 한 임원은 조지 W. 부시George W. Bush 대통령의 수석 보좌관이었던 폴 딕맨Paul Dickman에게 "우리는 [테러리스트의 공격을 방지하기 위해] 이러한 변화를 만들어가는 과정에 있지만 모든 것을 한 번에 하고 싶지는 않다. 과거에는 안전하지 않게 운영해 온 것처럼 보이고 싶지 않기 때문이다"고 밝혔다. 일본 국회 후쿠시마 원자력사고독립조사위원회가 2012년 발표한 500페이지짜리 보고서는 이렇게 먼저 결론을 내리고 진행되는 과정을 강력하게 비판한다.

---

18 일본 원자력기술회사NUPEC는 1976년 "전력 발전, 전기·중장비 제조, 일반 건설 같은 민간 산업이 협력하고 일본 정부의 자문과 원조, 전문가들의 협조를 받아" 세운 민간 기업이었다. 원자력기술회사는 원자력 발전 기술의 연구, 개발, 시험을 제공했다.

[전력회사들은 전기사업연합회를 통해] 중대사고 대책을 포함해 지진 안전 평가나 규제 강화를 위해 설비를 개조하려는 모든 움직임을 완강히 거부했다. 그 결과 일본에서는 사고 위험을 줄이는 데 필요한 규제를 도입하기 위한 진전이 전혀 이루어지지 않았고, 5중 방어의 개념을 이행하지 못해 세계 표준에 보조를 맞추는 데 실패했다. 규제와 지침을 검토할 때 채택된 이런 접근법은 안전을 확보하기 위해 필요한 규제를 수립하는 정상적인 과정을 따르지 않았고, 규제자들과 운영자들은 함께 규제의 외양은 유지하며 그들의 중요한 전제, 즉 "현재 가동 중인 원자로를 중지해서는 안 된다"는 전제를 만족하기 위한 타협점을 찾았다.

전력회사가 규제자들에게 명령을 내리는 이런 현상은 "규제 포획"이라 알려졌다.

2005년 8월 16일 규모 7.2의 지진이 2011년 충격적인 재난을 겪게 될 지역에서 서쪽으로 겨우 30킬로미터 떨어진 동부 해안을 강타했다. 251갈의 진동은 안전을 가장 중요하게 생각하지 않았던 지역에 지어진 근처 오나가와 발전소의 지진 허용치를 넘어섰다. 원자력안전보안원은 신경을 곤두세웠다. 8개월 전 규모 9.1의 지진이 인도네시아에 강력한 쓰나미를 일으켰고 약 22만 5천 명이 사망한 것으로 알려져 역사상 최악의 재난으로 기록되었다. 거대한 파도가 벵골만을 휩쓸었고 인도의 마드라스Madras 원자력 발전소까지 도달했다. 인도 주변에서는 쓰나미가 거의 발생하지 않았고 마드라스 발전소도 쓰나미를 견딜 수 있게 설계되지 않았으나 사이클론에 대비한 영리한 안전 체계를 갖추고 있었다. 인디라간디원자력연구센터Indira Gandhi Centre for Atomic Research의 안전 연구 및 보건물리학 책임자였던 L. V. 크리슈난Krishnan은 "사이클론이 강타하기 전에 폭풍 해일이 온다"고 설명했다.

바다로 0.5킬로미터 나간 지점에 거대한 우물이 있는데 … 해저 터널로 … 연안에 있는 또 다른 우물과 연결되어 있다. 폭풍 해일이 오면 바다에 있는 우물의 수위가 올라가고 연안에 있는 우물의 수위도 올라간다. 연안 우물의 수위가 미리 표시해둔 범위보다 높아지는 순간 해수펌프가 작동한다.

해수펌프가 가동되면 운전원들은 원자로를 정지해야 한다. 마드라스 원자력 발전소는 정확히 이렇게 대응했다.

일본도 예상할 수 없는 자연재해에 대비해 비슷한 준비를 하고 있었을까? 원자력안전보안원은 2005년 12월 14일 도쿄전력에 자사 발전소의 취약점이 될 만한 문제들을 조사하도록 지시했고 구체적으로 해수주입펌프가 물속에 잠기면 어떤 상황이 벌어질지 물었다. 도쿄전력은 2006년 5월 11일 조사 결과를 보고했다. 10미터짜리 쓰나미가 후쿠시마 제1 발전소에 들이닥치면 발전소 담을 넘어 펌프들을 삼킬 것이며, 낮은 지대에 있는 예비용 디젤발전기까지 침수되면 냉각이 중단되어 원자로가 용융될 것이다. 14미터 쓰나미라면 내부와 외부 전력계통이 모두 차단되어 모든 원자로가 파괴될 것이다. 원자력안전보안원은 같은 해 10월 열린 공청회에서 다음과 같이 강조했다.

일부 현장에서는 쓰나미의 예상 높이와 그 전제에 따른 지면의 높이 차이가 몇십 센티미터 정도로 얼마 되지 않는다. 심사는 통과했을지 몰라도 쓰나미는 자연 현상이며 설계상의 가정보다 큰 쓰나미가 찾아올 수도 있다. 쓰나미가 가정을 뛰어넘으면 비상 해수펌프가 작동되지 않고 원자로 노심이 손상되어 안전이 전혀 확보되지 않을 것이다

원자력안전보안원은 이런 시나리오가 발전소 정전으로 이어져 결과적으로 심각한 사고가 발생할 수 있다고 분명히 밝혔다. 이에 따라 도쿄전력은 쓰나미 추정치를 겨우 40센티미터 높여 6.1미터로 바꾸었고 2009년 11월까지 해수펌프 모터와 같은 일부 장비들을 높은 지대로 옮겼다.

이시바시 가쓰히코는 지진검토위원회의 마지막 회의 중 "과학적이지 못한" 논의가 이뤄지는 데 불만을 표하며 위원회를 그만두었고, 동료 위원들은 "이 위원회에서 생긴 착오가 강력한 지진을 아주 과소평가하는 것으로 이어질 수 있다"며 절대적인 최악 조건 설계 기준을 시행하거나 활성 단층을 위한 측량 기준을 재평가하는 것을 거부했다.[19] 공학 교수로 이 위원회에 참여했던 한 인물은 이후 "이시바시가 무슨 말을 하는지는 이해했지만 가능한 모든 최악의 시나리오에서 요인들을 도출해 반영하려면 아무것도 건설할 수 없다. 엔지니어

들이 기대하는 것은 지진학자들이 도출한 합의지만 우리는 합의를 이루지 못했다"고 정리했다. 언뜻 생각하기에는 그의 논리가 맞는 듯하다. 유성 충돌을 견뎌낼 수 있는 도서관을 지을 수는 없다. 하지만 지진학은 연구에 기반하고 컴퓨터 모델을 활용하는 과학적 추측을 다수 포함하며, 누구도 지구상에 어떤 일이 일어나거나 일어나지 않을지를 100퍼센트 정확하게 예측할 수 없다. 손상된 원자로가 불러올 수 있는 잠재적 위험을 생각하면 의견 충돌을 좀 더 쉽게 풀어낼 수 있다.

2006년 발표된 일본원자력위원회의 장기 계획에는 온실가스 감축을 위한 국제적 의무의 일부로 현재 30퍼센트인 원자력 의존도를 2030년까지 40퍼센트로 올린다는 내용이 포함되었다.[20] 하지만 유가의 일시적인 급등 이후 중동산 석유에 의지하는 데 두려움이 생기고 있었는데도 일본 원자력 업계는 세계적으로 새로운 원자로 주문이 줄어드는 것을 경험하고 있었다. 소강상태가 이어지자 GE와 히타치는 2006년 11월 각자의 사업 범위를 확장하고 히타치에 도움을 주는 데 힘을 합치기로 했고 이후 1억 달러 이상의 비용을 들여 결함이 있는 터빈들을 수리했다. 2006년 하반기 동안 이 산업의 판도를 흔들만한 동맹이 여럿 이뤄졌는데 그중 마지막으로 성사된 건이었다. 도시바는 웨스팅하우스의 지분 77퍼센트를 42억 달러에 사들였고 미쓰비시중공업은 오늘날 오라노로 알려진 프랑스의 원자력 그룹 아레바와 새로운 세대의 가압수형 원자로 발전소를 공동 설계하기로 했다. 특히 후자는 유럽과 일본의 원자력 기업이 중요한 협력을 이룬 최초의 사례였다.

일본은 1년간 공개적인 의견 청취와 검토를 거친 뒤 2006년 9월 최신 내진 지침을 공표했다. 활성 단층으로 고려하는 기간을 5만 년에서 13만 년으로 늘렸고, 지반 운동을 경험적 · 이론적으로 추정하기 위한 새로운 지형학적 조사법을 권고했으며, 예상하지 못한 사건들을 고려하는 "잔존 위험residual risk" 개념

⇦ 19 정부 위원회에 참여했다 좌절한 학자는 이시바시뿐만이 아니었다. 도쿄대학교 교수였던 시마자키 구니히코 역시 정부가 원자력 발전소의 지진과 쓰나미 경고를 진지하게 인식하게 하려 노력했지만 번번이 벽에 부딪혔다. 그는 『뉴욕타임스』와의 흥미로운 인터뷰에서 위원회는 도쿄전력이 돈을 쓰게 하고 싶어 하지 않았다고 주장했다. Fackler, Martin. "Nuclear disaster in Japan was avoidable, critics contend." New York Times, 9th March 2012.
20 이미 알아챘을지도 모르지만 이러한 비율은 상황이 예상대로 전개되지 않으면 그때그때 상향 또는 하향 조정되었다.

을 도입하는 등의 개선이 포함되었다. 원자력안전위원회는 이번 개정판이 "지진학과 지진공학 등에서 나온 최신 연구 결과와 지금까지의 안전 점검에서 축적된 경험을 기초로" 했다고 밝혔다. 실제로 새로운 지침 덕분에 발전소의 전체적인 내구력이 약 20퍼센트 향상되었다. 하지만 이 지침은 다시 한번 쓰나미와 같이 지진에 동반되는 현상들을 간과했고 대신 "시설의 안전 기능은 무척 낮은 확률로 찾아온다고 가정하는 것이 합리적일 수 있는 쓰나미에 의해 크게 손상되지 않아야 한다"는 모호한 언급만이 포함되었다.

기이하게도 새 지침은 모든 발전소가 적어도 10킬로미터 이내 지점에서 발생한 규모 6.5의 지진을 견딜 수 있어야 한다는 조건을 없애는 등 기존에 존재하던 일부 기준을 낮췄다. 지진의 엄청난 위협에도 불구하고 이제는 최소 규모 6.5로 모든 사례를 검토하던 과거와 달리 각 발전소를 개별적으로 검토해야 했다. 하지만 모든 발전소에 적용되는 새로운 설계 기준의 지진 수준이 높아졌기 때문에 부정적인 영향을 크게 미치지는 않은 것으로 보인다. 문제는 새로운 지침이 전력회사에 자신들의 시설을 재점검하도록 요구하고 있음에도 원자력안전위원회가 "기본 시설의 지진 안전을 확인하는 것은 법적으로 규제 조치에 해당하지 않는다"고 결정한 것이었다. 원자력안전보안원과 원자력안전위원회는 처음에는 재점검을 마치는 데 5년의 유예기간을 달라는 일본 전기사업연합회의 주장을 비웃었으나 곧 또다시 압박에 굴복했다. 도쿄전력은 4년 반이 지나 후쿠시마 참사가 발생한 2011년까지 보고서를 제출하지 않았다.[21] 회사 내부적으로는 2016년 1월 관련 작업을 마치려고 계획하고 있었다. 고베 지진이 발생하고 지진 지침 갱신 작업이 시작된 지 20년 후, 재점검이 시작된 지 10년 후였다. 원자력안전보안원은 재점검 작업의 진행 속도를 높이거나 정부의 지침을 노골적으로 무시하는 전력회사들과 싸우기 위한 의미 있는 노력을 전혀 하지 않았다.

요약하면 이렇다. 민간 기업의 우세 앞에 무력하기만 했던 정부는 뒤늦게 지진 기준을 높여 발표했지만 여전히 다른 나라들이 세운 기준에 한참 못 미쳤고 지진 활동이 그토록 잦고 강한 나라에는 부적합했다. 이유는 간단하다. 일본 전

---

21 도쿄전력은 후쿠시마 제1 발전소와 관련해 2008년 3월과 2009년 5월 각각 원자로 5호기와 나머지 5기에 관한 중간보고서를 제출했다. 원자력안전보안원은 이 보고서들을 승인했으나 당시까지의 작업 범위가 너무 좁다고 보았다.

기사업연합회 그리고 더 넓은 원자력 마을은 외부의 위협이 현실적이지 않다고 보았기 때문이었다. 일본 국회 후쿠시마원자력사고독립조사위원회가 지적한 것처럼 도쿄전력은 새로운 기술과 방법을 통해 밝혀진 잠재적 쓰나미의 위협을 파악하는 대신 "그러한 위험이 발생할 가능성이 아니라 위험이 사업에 미치는 영향이 커지고 있다고 이해했다. 다시 말해 … 그들은 대책을 마련하고 기존의 원자로를 정지시키며 소송에 대응해야 하는 것만 위험 요소로 의식했다." 이러한 태도는 미국 내 원자력 발전소들과 극명한 대조를 이룬다. 미국에서는 이즈음부터 15년 이상 지진, 홍수, 토네이도 등 다양한 외부 충격에 대비했다.[22]

2006년 10월 23일 경찰은 67세의 사토 에이사쿠를 체포했다. 1988년부터 후쿠시마 현지사를 지내며 거리낌 없이 도쿄전력을 비판해 온 그는 다섯 번째 임기를 보내던 중 뇌물 사건에 휘말리며 어쩔 수 없이 사임했던 터였다. 에이사쿠는 64세의 남동생 사토 유지와 함께 텐노케天の声, 즉 "하늘의 목소리"라는 입찰 조작을 통해 마에다건설공업에 불법적으로 대형 건설 공사를 넘기며 뇌물을 받았다는 혐의로 기소되었다. 1919년 창립되어 수십억 달러 규모의 건설회사로 성장한 마에다는 2000년 가시와자키가리와 발전소와 홍콩 국제공항 공사에 이어 후쿠시마 제2 발전소에서 남서쪽으로 10킬로미터 떨어진 현장에 기도 댐을 건설하는 입찰을 따냈다. 계약이 진행되던 2002년 마에다는 하청업체였던 미즈타니건설에 고리야마산토정장 소유의 남성복 공장이 사용 중인 땅에 대해 과도한 가격을 지급하도록 지시했다. 고리야마산토정장은 에이사쿠와 유지의 아버지가 세운 회사로 유지가 사장이었고 에이사쿠는 최대 주주였다. 이 회사는 땅을 8억 7천만 엔에 넘기기로 합의했지만 결국 9억 7천만 엔(2020년 기준으로 950만 파운드)을 받았다. 유지는 이 거래로 얻은 수입 중 3천만 엔을 에이사쿠가 재선에 성공한 2004년 선거 자금으로 기부했고 나머지는 회사를 개편하는 데 썼다.

---

22 물론 미국의 대비 역시 완벽하지 않다. 하지만 2011년 네브라스카주의 포트칼훈Fort Calhoun 원자력 발전소는 이상 기후로 미주리강이 둑을 무너트리며 범람해 침수됐을 때에도 비교적 손상 없이 견뎠다.

도쿄구 검찰청은 미즈타니건설의 탈세를 조사하다 이 매각 건을 알게 되었고, 뇌물수수에 대한 공소시효가 만료되었지만 어쨌든 이 사건을 추적해보기로 했다. 구속 중에 유지는 형에게 왜 "원자력 발전소에 반대"했는지 물었고, 에이사쿠는 "일본을 위해 좋지 않기" 때문이었다며 원자력 발전소를 반대하는 지방 단체장은 누구나 제거될 수 있다고 답했다. 법정에서 검찰은 에이사쿠가 미즈타니건설이 마에다를 위해 일하고 있다는 사실을 알았다고 주장했다. 그리고 그가 비록 동생 회사의 일상적인 경영에는 참여하지 않았으나 이 매각 건은 알았던 것이 분명하고 문제가 되는 땅의 가격이 시장가 8억 엔보다 거의 10퍼센트 더 비쌌기 때문에 뇌물이라고 결론 내렸다. 지가는 계속 바뀌므로 이상한 주장이었다. 하지만 법정은 2008년 증거가 부족한 와중에도 무형의 뇌물수수와 칸킨노리에키換金の利益, 즉 "이익의 현금화"라는 기이한 죄목으로 유죄를 선고했고 에이사쿠는 징역형 집행유예를 받았다(죄목이 바뀌며 공소시효가 늘어나 기소와 처벌이 가능했던 것으로 보인다—역주).

사토 에이사쿠는 2009년 10월 항소했다. 그사이 미즈타니건설이 심지어 더 비싼 가격에 그 땅을 팔아 치워 검사들은 가장 중요한 혐의를 취하할 수밖에 없었다. 하지만 도쿄고등법원은 황당하게도 0엔을 "무형의 뇌물"로 수수했다는 판결을 유지했고 단순히 땅을 판 것이 뇌물수수에 해당한다고 선언했다. 다소 곤혹스러운 판결이었지만 처음 체포된 직후 이뤄진 심문에서 사토가 범죄를 자백하고 서명까지 했다는 데 근거를 둔 것으로 보인다. 하지만 그는 오로지 보석 절차를 빨리 진행하고 자신의 지지자들에게 쏟아지던 압박을 덜어주기 위해서였다고 주장했다. 일본에서는 사람들의 관심이 쏠리는 사건에서 피의자가 심문 중 자백한 후 재판 과정에서 무죄를 주장하는 경우가 적지 않다. 사토는 체포에서 재판으로 이어진 모든 과정이 도쿄전력과 갓 출범한 아베 신조 내각이 계획한 인신공격이라 주장했다. 그는 후쿠시마에 혼합산화물연료를 들이는 것은 계속 거부했고 어쨌든 끝까지 그들의 길을 막아선 유일한 인물이었다. 하지만 대법원은 2012년 다시 판결을 확정했다.

사토의 주장에 입증할 수 있는 진실이 있는지는 아직 두고 봐야 한다. 개인적으로는 검사들이 수상쩍은 매각을 찾아낸 뒤 그가 반드시 관여했을 거라 판단한 것처럼 보인다. 하지만 승리가 확실하지 않으면 움직이지 않아 유죄 선고율이 99퍼센트에 달하는 일본 검찰청이 이렇게 부실한 증거를 들고나오는 일도 흔치 않기 때문에 뭔가 이상한 일이 일어났던 것은 분명하다. 사토는 2009년 이 사건을 다룬 책을 펴냈는데 2011년 참사가 일어난 후 베스트셀러가 되었다.

IV
가시와자키가리와 발전소를 강타한 지진

2007년 7월 16일 오전 10시 13분 오호츠크Okhotsk 지각판[23]이 이전까지 알려지지 않은 단층을 따라 변형되면서 가리와에서 17킬로미터 떨어진 앞바다에 규모 6.6의 지진이 발생했다. 이후 니가타 추에쓰 지진으로 알려진 이 진동은 약 20초간 계속됐고 주로 오래된 목조 건물이 수백 채 무너졌으며 11명의 인명 피해를 낳았다. 수만 가구가 며칠간 가스나 전기, 수도 공급 없이 지내야 했고 30센티미터 높이의 조그마한 쓰나미가 해안에 몰려왔다. 지진은 바다에서 시작되었지만 세계 최대의 원자력 발전소, 즉 도쿄전력의 가시와자키가리와 발전소 근처에서 일어났다. 진원의 깊이가 8킬로미터에서 10킬로미터로 얕고 파쇄 길이가 30킬로미터에 달했으며 50킬로미터 밖의 지반까지 파괴된 탓에 규모 6.6의 지진에서 일반적으로 예상하는 것보다 훨씬 격렬한 흔들림이 발생했다. 이때까지 일본의 원자력 발전소를 강타한 가장 강력한 지진이었다.

가시와자키가리와의 비등수형 원자로 7기 중 3기는 당시 정기 검사와 유지 보수를 위해 가동을 중지한 상태였다. 나머지 4기 중 3호기, 4호기, 7호기는 정상 부하로 운전 중이었고 2호기는 가동을 시작하고 있었다. 발전소의 지진 감지기가 100갈을 넘는 지진동을 감지하자 이 4기도 모두 정지되었다. 주위의 독특한 지질학적 특성 탓에 2.25킬로미터 너비의 부지에 전해지는 흔들림의 방향과 강도가 지점마다 무척 달라서 한 학술논문은 "무척 일관성이 없고 돌발적"이라 묘사할 정도였다. 일본의 발전소들은 설계 기준 사고에 버틸 수 있게 건설되며, 좀 더 구체적으로 가시와자키가리와는 에스원S1 "최대 설계 지진"이

---

23 오호츠크판은 북쪽의 유라시아판, 북아메리카판, 서알류샨조산운동판과 동쪽의 아무르판, 남쪽의 필리핀해판, 서쪽의 태평양판 사이에 끼어 있는 조그마한 지각판이다. 오호츠크판과 북아메리카판의 연결 부분이 2011년 후쿠시마 참사를 유발한 거대 지진의 진원지가 된 섭입수역揷入水域이다.

라 불리는, 이 지역에서 이론적으로 가능한 최대 지진을 견딜 수 있게 만들어졌다. 에스원은 과거 활동과 알려진 단층에서 추정되며 200갈에서 440갈 사이로 정의되었다. 에스원에 참고하는 지진은 에스투^{S2} 또는 "극단 설계 지진"이라 부르는데 발전소 바로 아래에서 최소 규모 6.5 이상으로 발생한, 해당 지역의 지질 구조에서 가능한 절대적인 한계로 간주하는 파괴적인 지진을 의미한다. 에스투의 범위는 370갈에서 588갈이다. 하지만 이날 가시와자키가리와가 겪은 흔들림은 가장 격렬한 지점인 3호기 터빈실 근처에서 2,058갈에 달해 에스투마저 훌쩍 넘어섰고 해당 지역의 허용치인 834갈의 두 배를 넘겼다. 발전소의 다른 부분도 비슷하게 심각한 흔들림을 맞닥뜨렸다. 설계 기준이 194갈이었던 4호기가 겪은 흔들림은 492갈이었다. 2호기의 지반 가속도는 606갈에 달했지만 겨우 167갈을 견디도록 설계되어 있었다. 원자로 건물에서 확인된 최대 수치는 1호기의 680갈이었다. 이러한 패턴이 발전소 전역에서 반복되었고 작업자들도 지진동을 견디지 못하고 쓰러져 9명이 다쳤다.[24]

이 모든 점을 고려해 볼 때 가시와자키가리와는 아주 잘 버텼다. 안전에 가장 중요한 장비에는 손상이 없었고 외부 전력이 차단되지 않았으며 정전도 일어나지 않아 악몽 같은 시나리오가 펼쳐지지는 않았다. 무엇보다 중요한 사실은 방사선의 외부 유출도 거의 없었다는 것이다. 하지만 도쿄전력에 따르면 그보다 덜 중요한 부품들은 2,555개에 이르는 "부적합사항"이 확인되어 광범위한 장애를 경험했다. 대부분의 문제는 도로가 휘어지고, 콘크리트가 갈라지고, 한 원자로의 터빈 날개가 손상된 것처럼 사소한 것이었지만 몇 가지는 언급할 가치가 있다. 6호기는 막 연료를 새로 채운 참이었고 지진이 일어났을 때는 거대한 천장갠트리크레인이 원자로의 700톤짜리 외부 뚜껑을 교체하려 하고 있었다. 결국 크레인이 훼손되었다. 7호기에서는 제어봉이 원자로 안에 박혔고, 3호기에서는 취출판blowout panel의 경첩이 구부러지며 떨어졌다. 취출판은 증기나 가연성 기체들이 축적되지 않게 내부 압력이 특정한 수치를 넘으면 자체적으로 떨어져 나가도록 설계된 원자로 건물 외부 벽의 한 부분이다. 취출판이 제대로 작동하지 않으면 원자로 건물이 음압을 유지할 수 없고 방사선이 유출될 수

---

24 2006년 9월 발표된 새로운 지진 지침이 에스원–에스투 체계를 대체했으나 이보다 먼저 지어진 모든 발전소에는 이런 체계가 적용되어 있었다. 새로운 지침에서는 단일 설계 기준 지진을 정의했다.

도 있다.

가장 큰 문제는 땅이 솟아오르며 3호기 옆에 있는 거대한 전력 변압기에 합선이 일어나 화염에 휩싸인 것이었다. 3호기의 헌신적인 소방대는 재빨리 반응했고 2분 만에 화재 지점을 찾아냈다. 석유로 인한 화재를 의심했던 그들은 먼저 화학소화기를 찾았으나 구하지 못했다. 다음에는 근처에 있던 호스로 물을 뿌려 불을 끄려 했지만 배수관이 지진 때문에 파손되어 있었다. 손써볼 도리가 없었던 소방대는 지역 소방서로 연결된 직통 전화를 걸기 위해 비상대응실로 달려갔으나 역시 지진의 여파로 문틀이 휘어져 문을 열 수 없었고 결국 신고가 몰리던 일본 내 비상 번호인 119에 전화를 걸어야 했다. 지진이 이 지역에 엄청난 피해를 준 탓에 소방관들은 한 시간 반이 지나서야 도착했고 불을 끄는 데 다시 30분이 걸렸다.[25] 다행히 높은 방화벽이 화재가 번지지 않게 막았지만 검고 짙은 연기가 굴뚝처럼 솟아 원자로에 문제가 생긴 것이 분명하다고 확신하던 지역 주민들을 공포에 떨게 했다. 그들은 운이 좋았다.

도쿄전력 사장 가쓰마타 쓰네히사는 이틀 뒤 발전소를 방문해 현장을 "엉망"이라 묘사했다. 국제원자력기구 사무총장 모하메드 엘바라데이Mohamed ElBaradei는 조사를 요청하며 도움을 줄 전문가들을 파견하겠다고 제의했으나 일본 정부가 거절했다. 하지만 정부는 곧 국제원자력기구 감독관들이 도쿄전력을 신뢰하지 않는 대중에게 중립적인 정보를 제공할 수 있다고 주장하는 니가타현 공무원들의 압박에 밀려 생각을 바꿨다.[26] 그사이 경제산업성은 도쿄전력에 수리가 끝날 때까지 가시와자키가리와의 원자로들을 재가동하지 말라고 지시했고, 모든 전력회사에 겨우 일주일의 기한을 주며 발전소마다 자체 소방서를 두는 것을 비롯해 안전 절차를 엄격하게 지키고 있다는 사실을 증명

---

25 지방 소방서에 연락하는 것이 왜 이렇게 지연되었는지는 불명확하다. 발전소 소장 다카하시 아키오는 7월 20일 기자회견에서 자신이 오전 11시에 발전소에 도착하기 전에는 아무도 소방서에 연락하지 않았고, 자신은 이미 누군가가 신고를 했을 거라 생각해 따로 지시를 내리지 않았다고 밝혔다. 그리고 마침내 누군가가 직통 전화를 걸려 했을 때는 지진으로 인해 사용할 수 없는 상황이었다고 설명했다. 하지만 도쿄전력은 8월 30일 기자회견에서 다카하시의 말과 달리 교대 조 책임자가 10시 27분 소방서에 연락했으나 "발전소 내 자체 소방대를 활용해 달라고 요청받았다"고 주장했다. 그래서 3호기 소방대가 스스로 불을 끄려 시도했다는 것이다. 도쿄전력은 해당 직원이 한 시간 뒤 다시 소방서에 전화를 걸었고 그제야 소방관들이 출동했다고 설명했다.
26 국제원자력기구는 이 지진이 발생하기 바로 몇 주 전 처음으로 일본의 원자력 규제 체계를 종합적으로 검토한 보고서를 제출한 참이었다. 이 보고서는 외교적 표현을 사용하면서도 셀 수 없이 많은 문제를 부각했다. 그래서 일본 정부는 국제원자력기구 감독관들이 더 즐거워할 빌미를 주고 싶지 않았을 것이다.

하라고 요구했다. 평소에는 원자력을 열렬히 응원하는 우파 언론『요미우리신문』도 "국내의 어느 원자력 발전소든 가시와자키가리와 원자력 발전소가 강력한 지진에 피해를 본 사실을 남의 일처럼 무시해서는 안 된다"며 우려를 드러냈다. 또한 원자력안전보안원과 원자력안전위원회의 감독관들이 안전이 최우선이라는 대중의 믿음을 회복할 수 있게 모든 문제에 솔직해져야 한다고 독려했고, 사고에 대한 대중과 공무원들의 인식 차이를 바로 잡으라고 요구했다.

도쿄전력은 이후 몇 주간 뒤늦게 추가 사고를 알려 언론의 거센 비판을 받았다. 예를 들어 6호기 원자로의 사용후연료저장조에서 1.2세제곱미터의 물이 튀어나와 케이블덕트를 따라 흘러가다 바다로 향하는 배수관으로 새어 나갔다. 도쿄전력은 첫 번째 기자회견에서는 이런 사실을 밝히지 않았다가 얼마 지나지 않아 공개했으나 실제보다 적은 양이 유출되었다고 주장했다. 그러다 실수를 정정했고 이후 굴뚝을 통해서도 약간의 유출이 있었다고 밝혔다. 또한 지진 중에 대개 작업복이나 장갑, 마스크를 소각하고 남은 재가 담긴 저준위방사성폐기물통이 쓰러져 일부 유출되었다는 사실을 알리기까지는 12시간이 걸렸다. 이 건은 발전소 내에서 수습되었다.

가시와자키 시장은 도쿄전력에 격분했고, 국제원자력기구가 2년 전 이미 부적절한 방화 대책에 관해 경고했었다는 사실을 알게 되자 더욱 분노했다. 발전소는 지진이 일어나고 2년간 화재를 아홉 번 더 겪었으나 여전히 수수방관했고, 특히 아홉 번째 화재는 가시와자키시 소방서가 도쿄전력의 화재 예방 계획에 따라 가시와자키가리와 발전소에 내렸던 인화성 물질 금지령을 해제하고 2주가 지나기 전에 발생했다. 아베 신조 총리까지 끼어들 정도였다. 그는 "원자력 발전소는 사람들의 신뢰가 있어야만 운영될 수 있다고 믿는다. 그러려면 어떤 사고가 일어났을 때 철저히 그리고 빠르게 알려야 한다. 그들이 이번 사고를 엄중히 반성하도록 해야 한다"고 밝혔다. 이시바시 가쓰히코 역시 이번 지진은 "예측할 수 있었고 예측되었어야만 했다"며 새로운 지진 지침은 "많이 부족하고 빠져나갈 구멍들이 있다"고 지적했다. 도쿄전력의 가쓰마타 사장은 "우리가 초래한 모든 근심과 문제에" 사과했지만 "기본적으로는 우리의 안전 대책이 작동했다는 사실을 보여주었다고 생각한다. … 모든 것을 완벽히 하기는 어렵다"며 자사와 발전소를 옹호했다.

원자력 발전소의 규모는 거대하며, 먼저 문제를 찾아낸 후 상황을 분석하고 얼마나 많은 방사능이 유출되었는지 확인해야 한다. 이런 사실을 생각하면 유출 사고와 환경에 미치는 영향 등을 발표하기까지 다소 시간이 걸리는 것을 충분히 예상할 수 있다. 다른 많은 사고에서와 달리 이 지진에서만큼은 이미 일어난 일을 숨기려는 단합된 노력은 없었던 듯하다. 도쿄전력은 현장을 정리하는 작업자들이 더 많은 문제를 발견할 때마다 매일 관련 소식을 갱신해 전했다. 하지만 그들이 새로운 무언가를 찾아내면 더는 도쿄전력을 신뢰하지 않았던 언론이 매번 집단적인 야유를 보냈다. 방사능의 양은 아주 적어서 사용후연료저장조 주변에서 연간 노출되는 바탕준위의 10만분의 1에 불과했으나 BBC처럼 공신력 있는 언론들조차 전 세계에 "일본이 또 다른 원자력 유출을 인정했다"와 같은 머리기사를 내보냈다. 하지만 도쿄전력은 이 사고를 "인정"하지 않았다. 가시와자키가리와에는 저준위방사성폐기물통이 22,000개 있었고 이들을 모두 확인하는 데 잠시 시간이 걸렸다. 그리고 작업자들이 40개 통의 뚜껑이 떨어지고 내용물이 쏟아진 걸 발견했을 때 도쿄전력이 소식을 알렸다.

하지만 도쿄전력의 최근 전력을 생각하면 이들의 느린 보고를 이전처럼 노골적이지는 않지만 또다시 은폐해 보려는 시도로 받아들이는 것도 이해할 만했다. 이 회사가 평소처럼 농간을 부리지 않은 것도 아니었다. 해오던 대로 했고, 두 시간 동안 화재를 방치하게 한 일련의 실패들을 축소하기 위해 최선을 다했다. 또한 하청 노동자들이 종이 타월을 이용해 손으로 오염된 물을 닦아내게 했다. 방사선 수치가 매우 낮아 들리는 것만큼 위험하지는 않았지만 최첨단 산업에 어울리지 않는 고전적인 모습이기는 했다.

진짜 문제는 도쿄전력이 크게 중요하지 않은 소규모 폐기물 유출을 알리는 데 시간이 걸렸다는 사실이 아니라 이 발전소가 원래 견디도록 설계된 것보다 훨씬 더 강한 지진을 겪었고 그 여파에 대비하지 않고 있었다는 사실이었다. 도쿄전력은 가시와자키가리와가 비교적 무난하게 지나갈 수도 있었던 이 재난을 가까스로 통과했다는 사실에 무릎이 풀릴 정도로 안도하는 반응을 보이는 대신, 적어도 공개적으로는 자화자찬하며 자사의 발전소들이 어떤 상황에서도 견딜 수 있다는 증거라 내세웠다. 좋다. 원자로들이 흔들리다 산산조각이 나지 않았다는 점에서는 시험을 통과했다. 하지만 탈락에 얼마나 가까이 갔었나?

경제산업성 장관은 규제기관들이 1970년대에 도쿄전력이 발전소를 건설하기 전 시행했던 지질 조사를 제대로 검토하지 않았다고 주장하며 해당 기관들을 꾸짖었고, 동시에 도쿄전력은 근처 단층의 규모와 위협을 과소평가했다고 불평했다. 우연히도 그 지질 조사를 승인한 위원회에는 다름 아닌 기누가사 요시히로가 포함되어 있었다. 역시 지진을 겪은 시카 원자력 발전소를 승인했던 정부 측 지진학자였다. 도쿄전력도 더 잘했어야 했다. 이 회사의 원자력 발전소 엔지니어링 부서장 사카이 도시아키는 "그 단층을 발견하지 못한 건 우리 쪽 실수였다"고 인정하면서도 무표정한 얼굴로 "하지만 어떻든 치명적인 실책은 아니었다"고 덧붙였다. 사실 도쿄전력은 2003년 그 단층이 원래 생각했던 것보다 더 길고 더 활동적이라고 원자력안전보안원에 통보했지만 적극적인 조처를 하지는 않았다. 경제산업성은 대중의 반발에 직면해 늘 해왔던 대로 했다. 홍보비와 발전소 지역 보조금을 늘리는 것이었다. 홍보비는 비율로 따지면 12퍼센트, 금액으로 따지면 1,990억 엔(2020년 기준으로 19억 6천만 달러)이 늘었다. 보조금은 비율로는 5퍼센트, 금액으로는 홍보비와 엇비슷한 액수가 증가했다.

원자력 마을은 자만한 나머지 이시바시 가쓰히코 교수를 너무 오래 내버려두었다. 그는 2007년 8월 11일 『아사히신문』에 기고한 글에서 최악의 사고는 아직 터지지 않았고 지금이 행동에 나서야 할 때라고 경고했다. 그는 "일본이 원자력 발전소를 지어온 지난 40년 동안 다행인지 불행인지 지진 활동이 비교적 잠잠했다. 어떤 원자력 발전소도 대형 지진을 겪지 않았다. 정부는 전력업계, 학계와 함께 심각한 지진이 불러올 수 있는 잠재적 위험을 과소평가하는 습관을 키웠다"고 썼다. 이시바시는 1995년 고베 지진 이후 휴지 기간이 끝났고 일본이 몇 차례 중간 강도의 지진을 겪었다고 주장했다. 그리고 최근 2년 사이에만 세 번의 지진이 원자력 발전소 근처에서 일어났다며 "각 사례에서 지진으로 발생한 최대 지진동은 지진 설계 기준보다 강했다"고 지적했다. 이시바시는 완벽한 지진 연구에서도 규모 7.3의 지진을 일으킬 수 있는 커다란 단층을 놓칠 수 있으므로 이렇게 강력한 흔들림을 반영해 최소 허용치를 1,000갈 정도까지 올려야 한다고 주장했다. 하지만 실제 기준은 훨씬 낮았다. 그는 자신과 다른 이들이 오랫동안 언급해 왔듯 주부전력의 하마오카 원자력 발전소가 특히 위험하다고 우려했다. 1971년 운전을 시작한 이 발전소는 낡았고, 지진학자들이 오랫동안 "빅원"이 찾아올 수 있다고 예측해 온 시즈오카현 해안선에 있었다. 이시바시는 하마오카 발전소를 폐쇄해야 한다고 주장했다.

일본의 제도적 문제로 방향을 튼 그는 "가장 심각한 사실은 새로운 설계 지침에 결함이 있다는 것뿐 아니라 이 지침을 시행하는 체계가 난장판이라는 것이다. 가시와자키가리와 발전소 근처의 활성 단층선을 과소평가했다는 비난 대부분은 이 문제를 간과한 도쿄전력의 조잡한 발전소 설계 검토 때문에 나왔다"고 적었다. 그리고 일본 국회가 참사를 막기 위해 "원자력 발전소에 안전을 보장하기 위한 정부의 접근법에 대한 근본적 개혁"을 고려해야 한다고 요구했다. 이시바시는 "그러지 않으면 일본이 원자력 안전에 성공하는 미래는 오지 않을 것"이라 경고했다. 2008년 12월 주부전력이 하마오카의 원자로 5기 중 1호기와 2호기를 퇴역시키겠다고 발표하면서 그의 바람이 일부 이루어졌다. 수명을 고려하면 새로운 규제에 맞춰 두 원자로를 개량하는 것이 수지가 맞지 않았다.[27] 대신 주부전력은 은퇴하는 두 기를 최신형 원자로 한 기로 교체한다는 계획을 밝혔으나 후쿠시마 참사 이후 무산되었다.

가시와자키가리와 발전소는 지진으로 커다란 피해를 보지 않았지만 이 사고는 어렴풋이 다가온 후쿠시마 참사에 앞서 모든 기능 장애를 드러냈다. 하지만 『뉴욕타임스』, 『가디언Guardian』, 『슈피겔Der Spiegel』을 비롯한 외국의 저명 언론들이 입을 모아 공개 비판을 이어가는 동안에도 일본의 가장 큰 주류 언론들은 여전히 가혹한 평가를 피했다. 사고와 스캔들로 얼룩진 10년을 보낸 뒤 더 거센 비판을 쏟아낼 법했는데 왜 그렇게 조용했을까? NHK 텔레비전 방송국이나 『아사히신문』, 『요미우리신문』처럼 최고의 언론 매체에서 일하는 기자들은 100년 넘게 "기자 클럽"을 통해 정부 관료들이나 이 나라 최대의 기업들과 친밀한 관계를 이어 왔다. 정부 부처, 정당, 주요 산업, 스포츠 및 연예 단체 등을 위한 수백 개의 기자 클럽이 있고 평소에는 대개 자신들이 취재하는 영역의 가

---

27 우연히도 이 발표가 있고 8개월 후 시즈오카현과 하마오카 발전소는 규모 6.5의 지진을 겪었고 발전소의 원자로 4호기와 5호기가 자동 정지되었다. 주부전력은 "원자로가 계획대로 정지되어 내진성에 아무 문제가 없는 것을 확인했다"는 다소 의기양양한 성명을 발표했다.

장 중심부에 상주하는 기자들을 회원으로 둔다. 예외적으로 몇몇 민간 기업에서도 자체 기자 클럽이 운영되며 도쿄전력도 이 중 하나다.

미국의 백악관 기자단이나 비슷한 개념들과 달리 이런 기자 클럽은 가장 좋은 정보원과 정보에 특별히 접근할 수 있는 배타적이고 폐쇄적인 집단이며 클럽 외부 사람들, 심지어 소속 언론사의 직원들과도 공유하지 않는 것을 규칙으로 한다. 당신이 언론사 소속이고 보안 검사를 통과해 국회에 출입하게 되었다고 해도 자동으로 이런 클럽에 가입되지는 않는다. 클럽의 허가가 필요하다. 또한 자체적인 규제가 있어 규칙을 어기는 이에게는 벌을 준다. 1990년에 벌어진 유명한 사건에서는『아사히신문』이 국회 기자 클럽 회원들에게 사과문을 제출해야 했고 거의 따돌림을 당했다. 소속 기자 한 명이 회원들이 민감한 인용문을 보도하며 밝히지 않기로 한 합의를 어기고 고위 정보 소식통의 이름을 게재했기 때문이었다. 해당 기자는 다른 곳에 재배치되었다. 간 나오토 총리의 기자회견은 엄격히 기자 클럽을 대상으로 이뤄졌다. 프리랜서 기자나 외국 언론인을 배제하는 이런 관행은 후쿠시마 참사 당시에만 문제가 되었고 고위 정보원들에게는 일반적인 일이었다. 클럽에 속한 기자 개개인이 이런 소식통들에게 접근할 기회는 계층별로 주어지며, 권력자들의 친척이거나 정보원과 같은 대학을 졸업한 이들이 가장 친밀한 그룹을 이룬다. 앞서 설명한 가쿠바쓰가 위력을 발휘하는 것이다. 옹호자들은 클럽 회원들은 자신들이 누리고 있는 접근권을 빼앗기지 않을 것을 알기 때문에 다른 상황에서는 불가능할 정보까지 더 많이 얻어낼 수 있다는 얄팍한 주장으로 이 체계를 정당화하지만, 실제로 클럽 회원들은 상황이 어떻든 까다로운 질문으로 정보원들에게 도전하려 하지 않을 것이다.[28] 이런 시나리오는 자연스레 기자 클럽의 회원이 아니어서 잃어버릴 특권이 없는 기자들, 즉 독립 언론, 주간 · 월간 잡지, 타블로이드, 프리랜서, 더 규모가 작은 매체 소속 기자들이 중요한 스캔들을 대부분 터트리는 상황으로 이어진다.

하지만 주요 언론이 입을 다물고 있어도 문제는 널리 알려졌다. 세계적으로 지진에 가장 취약한 지역에 자리 잡은 일본은 현재 이 나라가 의존하는 원자력

---

[28] 일부 대형 통신사는 서구의 일반적인 관행과 달리 각 기사를 작성한 기자의 이름을 밝히지 않는다. 개인의 목소리보다 집단의 목소리를 존중하기 때문이다.

에 전력을 기울여 왔고 그래서 언론들도 위험을 무시했다. 변화를 꺼리는 이러한 태도는 눈에 띌 수밖에 없었다. 한 예로, 주요 8개국[G8]이 도쿄에 모였던 2008년 12월 국제원자력기구의 대표단 중 한 명은 실제 지진이 발전소의 설계 기준을 넘어서고 있는 일본의 곤란한 현실을 지적했다. 그는 "지진 안전에 대한 안전 지침은 지난 35년간 세 번밖에 개정되지 않았다"고 설명했지만 현재 국제원자력기구가 해당 지침을 검토하고 있다고 대표단에 확언했다.

　가시와자키가리와 발전소가 지진을 겪고 한 주가 지나기 전 도쿄전력의 한 직원이 원자력 공학 콘퍼런스에서 새로운 쓰나미 연구를 발표했다. 그는 이 회사 소속 엔지니어들이 인정했듯 "쓰나미 현상의 불확실성으로 인해 여전히 쓰나미의 높이가 설계 높이를 넘어설 가능성이 있다"고 밝혔다. 이들의 연구는 지난 400년간 후쿠시마 제1 발전소와 제2 발전소 근처에서 발생한 규모 8.0 이상의 지진을 다뤘고, 향후 50년간 쓰나미가 제1 발전소의 해안 방어를 넘어설 가능성이 10퍼센트에 달한다고 결론 내렸다. 회사 내부에서 나온 새로운 경고에도 도쿄전력 경영진은 움직이지 않았다. 놀랍게도 다시 압박을 받은 원자력안전보안원은 향후 10년간 원자로 검사 주기를 13개월에서 24개월로 점차 늘리겠다고 발표했다.

　세계에서 가장 큰 원자력 발전소는 12월 말에도 가동되지 않아 도쿄전력에 14억 엔의 수익 손실을 안겼고 전국적으로 전력 부족이 발생할지도 모른다는 공포가 퍼졌다. 이 발전소가 도쿄전력의 생산 용량 중 13퍼센트를 차지했기 때문이다. 결국 도쿄전력은 해당 회계 연도에 95억 엔(2020년 기준으로 9억 3,500만 달러)의 손실을 기록해 1979년 이후 처음으로 적자를 냈다.[29]

　지진이 일어나기 전부터 노화와 피로를 불평했던 67세의 가쓰마타 쓰네히사는 2007년 6월 매일 회사를 지휘해야 하는 스트레스에서 조용히 물러났고, 2008년 1월에는 회사의 손실을 핑계로 사장직을 사임했다. 소재과에서 성장한

---

29 도쿄전력은 수입 석유와 액화 천연가스LNG로 인한 비용을 고객에게 떠넘기기 위해 이듬해 여름부터 요금을 12퍼센트 올리겠다고 예고했으나 (석유 위기 이후 가장 큰 인상이었다) 경제산업성이 요금을 낮추라고 지시했다.

부사장 시미즈 마사타카가 그의 후임이 되었다. 23살에 자신의 아버지가 일하던 회사에 합류한 시미즈는 숫자를 다룰 줄 아는 구매 전문가였고, 자사의 한 발전소에서 가로등의 숫자와 위치가 설계도와 일치하지 않는다는 것을 알게 된 후 근처 마을회장과 함께 도보로 발전소를 탐험한 적도 있었다. 마쓰나가 야스자에몬이 다녔던 도쿄의 게이오기주쿠대학교를 졸업한 그는 흥미롭게도 사립대학교 출신으로는 처음으로 이 회사를 이끌게 되었다. 그의 아내는 그보다 무려 35살이 어린 가쓰마타의 딸이었다.[30] 시미즈가 이끄는 도쿄전력은 2008년 10월 가시와자키가리와의 내진성을 1,000갈로 올렸고 2009년 5월 9일 가장 최근에 지어 제일 강인하며 지진 피해도 적었던 7호기를 처음으로 재가동했다.[31] 1년이 지나기 전 6호기와 1호기도 운전을 시작했다.

　일본 원자력안전보안원의 원자력안전정책관 사토 히토시는 2007년 7월 지진이 일어나고 몇 주 후 "우리는 [재난 방지 절차가] 적절히 작동했다고 판단한다"고 평했다. "하지만 운이 따랐다는 사람도 있을 것이다. 지진이 실제로 발전소 설계에서 추정된 최대치보다 더 강력했기 때문이다. … 항상 예상하지 못했던 강력한 지진이 발생한다. 우리는 자연을 대하고 있다. 지침이 충분하다고 말하면 거짓말일 것이다. 핵심은 예상보다 더 규모가 큰 지진의 경험에서 배워야 한다는 것이다." 지금에 와서 보면 그의 발언은 실망스럽다. 너무 늦은 깨달음이었다. 하지만 가시와자키가리와가 커다란 재앙 없이 폭풍우를 견뎌낸 덕분인지 2008년 8월 『아사히신문』 조사에서는 12년 만에 처음으로 원자력이 안전하다고 믿는 비율이 안전하지 않다고 믿는 비율을 넘어섰다. 다른 여러 조사에서도 비슷한 추세가 나타났다. 이러한 변화는 이제 20년 이상으로 늘어난 새 발전소의 완공 기간과 충돌하는 듯 보였는데, 원자력에 대한 막연한 열의가 신규 발전소 건설을 제안받은 지역사회의 지지로는 옮겨가지 않는 것도 한 이유였다. 이러한 차이는 새로운 사고가 터질 때마다 전형적으로 다시 두드러졌다. 동요하지 않는 사람들도 있었지만 근처에 있는 발전소를 지지하던 사람들조차 의구심을 가졌다. 가시와자키가리와 근처에 거주하는 생선가게 주인으로 마을 일도 맡았던 콘도 요닌은 2008년 "저 발전소와 화해했다고 생각했었는데

---

30 후쿠시마 참사 당시 가쓰마타는 71세였고 시미즈는 66세, 시미즈의 아내는 31세였다.
31 후쿠시마 참사 이후 1호기부터 4호기까지는 2,300갈로, 5호기부터 7호기까지는 1,200갈로 다시 개량했다.

이제는 머릿속에서 발전소 생각을 지울 수 없다"고 밝혔다.[32] 이런 정서는 도카이에서 실시된 믿을 만한 지역 여론조사에서도 확인된다. 이제는 비상상황에서 정부를 믿을 수 있다고 생각하는 주민의 비율이 20퍼센트에 못 미쳤다.

---

[32] 나는 이 책 여기저기에 이런 발언들을 인용하고 싶은 유혹을 의도적으로 참았다. 어떤 이유로든 원자력 발전소를 공격하는 이들의 말을 찾기는 어렵지 않지만 대개 개인적인 진술에 불과하다고 느껴진다. 발전소를 싫어하거나 두려움을 느끼는 사람이 있다면 그렇지 않은 사람도 있을 것이다. 하지만 이 증언은 이전에는 발전소를 인정했던 사람이 한 말이어서 흥미롭다고 생각했다.

V
시간 문제

 일본핵연료컨버전 임계 사고의 10주기가 다가왔을 때 일본은 이 사고의 여파로 시행한 변화에 힘입어 그 어느 때보다 원자력 재난을 잘 대비하고 있었다. 정부는 10년 사이 전국에 22개 "외부센터"를 세우는 데 수백만 달러를 썼다. 민간 기업과 정부의 담당자들이 모여 지역과 국가의 대응을 조율하는 곳이었다. 의료계 종사자 13,000명이 방사선 치료를 위한 훈련 프로그램을 이수하는 사이 원자력 발전소가 들어선 19개 현은 각각 다양한 선량에 노출된 환자들을 위한 전담 병원을 지정했다. 서류상으로는 훌륭했던 이런 준비에는 한 가지 결함이 있었다. 이들은 사고가 다른 부분은 완벽히 기능하는 사회에서 발생하는 한정적이고 내부적인 단일 사건이라 가정했다.

 도쿄전력 역시 발전했다. 후쿠시마 제1 발전소에 다양한 요소를 보강했을 뿐 아니라 2010년 7월에는 고도로 발전된 지진 방지 면진免震 건물을 세웠다.[33] 면진 건물은 가시와자키가리와 발전소의 지진 사고 당시 비상대응실도 망가져 사용할 수 없었던 경험에서 나왔다. 당시 경영진은 외부에 마련한 공간에서 복구를 진행해야 했다. 도쿄전력은 제1 발전소의 면진 건물이 "재난 대비 활동에 필요한 토대를 제공하는 비상대응센터, 다른 주요 통신 시설, 전원 공급 시설을 위한 공간을 제공한다"고 설명했다. 이 건물은 4호기와 5호기 사이 원래 절벽이었던 해발 35미터 대지에 주 관리동에서 내륙 방향으로 자리를 잡았다. 건물

---

33 가시와자키가리와 발전소가 최우선이어서 2010년 1월 먼저 면진 건물이 들어섰다. 이후 후쿠시마 제1 발전소와 제2 발전소에 동시에 건설되었다. 이 건물들은 자료에 따라 다른 명칭으로 언급되지만 "지진 방지 건물"이라는 명칭이 가장 일반적으로 쓰인다. 도쿄전력seismic-isolated buildings과 정부seismic-isolation building가 사용한 명칭은 영어 철자에 차이가 있으나 둘 다 "면진 건물"로 옮길 수 있다. 원자력 발전소에 처음으로 면진 건물을 도입한 곳은 1985년 프랑스의 크루아스Cruas 원자력 발전소였다.

의 기초와 맞닿는 지면 사이에 신축성 있는 고무댐퍼를 설치해 어떠한 움직임이든 충격을 완화했고 심각한 흔들림에도 잘 견뎠다. 외부 오염을 차단하는 좁고 둥근 창과 자체 발전기, 공기 청정 시스템까지 더해진 면진 건물은 완공 후 1년도 되기 전에 제1 발전소가 살아남는 데 중요한 역할을 하게 된다.

이제 농촌 지역사회가 원자력 발전소를 상대로 법정투쟁을 벌이는 일이 잦아졌고 선출직 공무원들도 이런 싸움을 지지했다. 초기에는 승소해도 상위 법원으로 가면 결국 패배하곤 했지만 전력회사들을 몇 년이나 소송으로 묶어두는 것은 활동가들이 선택할 수 있는 무기가 되었다. 반면 같은 상황의 지역사회 중에도 특정한 지역에서 나고 자란 많은 이는 자신들의 삶이 원자력 발전소에 매여 있다고 느꼈다. 2007년 지진 이후 『재팬타임스』와 인터뷰한 두 아이의 엄마는 "원자력 발전소는 쓰루가의 경제적 생명줄이고 우리는 발전소를 유치한 덕분에 발전소가 아니었다면 불가능했을 훨씬 더 좋은 삶의 방식을 누릴 수 있었다"고 설명하면서도 "맞다. 심각한 지진이 발전소를 망가뜨리지 않을지 걱정된다. 정부가 자주 말해왔던 것만큼 발전소가 안전하다고 생각하지 않는다. 하지만 발전소가 모두 폐쇄되고 해체되면 우리 지역에 어떤 일이 벌어질지가 더 걱정스럽다"고 인정했다. 앞선 몇 년간 일어난 모든 일에도 불구하고, 수많은 사고와 죽음과 거짓말에도 불구하고, 일본이 원자력을 포기해야 한다는 시각은 여전히 드물었다. 대신 이 젊은 여성의 생각이 전반적인 여론에 가까웠을지도 모른다. 어쨌든 거의 25년 전 일어난 체르노빌 참사 이후 정말 충격적인 사고는 벌어지지 않았고, 체르노빌 참사 자체도 세계적으로 최첨단을 달리는 기술·경제 강국 중 하나가 아니라 비용 절감에 목을 맸던 디스토피아적인 비밀 사회에서 일어난 일이었다.

사람들이 각자 어떻게 생각하든 세계 지도자들이 온실가스 감축을 과감히 추진하면서 원자력은 적어도 신규 원자로 건설 비율까지 따지지는 않는 대중이 보기에는 르네상스를 경험하고 있었다. 석탄 화력 발전소에서 전력 1기가와트시를 생산할 때는 평균 979톤의 이산화탄소가 발생한다. 석유는 810톤, 천연가스는 550톤, 태양광은 94톤, 바이오매스는 50톤, 원자력은 32톤, 수력과 풍력은 각각 29톤이다. 전력을 생산하는 과정에서 배출되는 온실가스가 전체 배출량의 3분의 1 정도를 차지하므로 재생에너지를 확대하는 것이 중요한 정책 동력으로 작용하게 되었다. 2008년 일본원자력위원회는 1956년에 세웠던 최초의 목표를 재확인했고, 지구 온난화와의 싸움에서 얻을 수 있는 이득도 일부 고려해 기존의 원자력 계획과 고속증식로 계획을 끝까지 이어가도록 정부를 부추겼다. 경제산업성도 동의했고 2030년까지 14개의 새 원자로를 승인하길 바란다고 밝혔다. 일본은 시대에 앞서 있었다. 지난 50년간 원자력을 확고히 지지해 온 몇 안 되는 나라 중 하나로서 저탄소 원자력 기술과 전문성은 세계 최고를 다툴 만했다.[34]

몬주는 2008년 초까지 같은 해 10월부터 재가동하는 것을 목표로 하고 있었다. 하지만 개정된 지진 지침에 따라 조사한 결과 근처에서 15킬로미터 길이의 활성 단층이 발견되었다. 발전소 내부에서 진행한 검사에서는 새로 들여온 소듐 누출 감지 센서 403개 중 절반 가까이가 형편없는 만듦새 때문에 결함이 있는 것으로 나타났다. 동시에 일본원자력위원회는 몬주의 재가동을 기다리며 8년간 방치되었던 도카이의 재활용장비시험시설을 유지하는 데도 계속 세금이 들어갔다고 밝혔다. 과학자들은 몬주의 사용후연료에 적용할 재처리 공정을 발전시키기 위해 이 시설을 활용하려 했다. 언론은 몬주의 재가동이 한없이 늦어지는 데 대해 불만을 표시했고 『요미우리신문』은 "검사 계획의 결함"과 "작업자들의 형편없는 규율", 정부 고위층의 "안전 의식에 대한 인식 부족"을 꼬집었다.

2010년 5월 마침내 저출력 시험을 다시 시작하기까지 15년에 가까운 시간이 걸렸다. 적절하지 못한 예방조치를 두고 법적 다툼이 벌어져 2003년 고등 법원이 이 시설의 원래 건축 허가를 무효화한 것도 어느 정도 영향을 미쳤다. 하지만 가동이 재개되고 불과 넉 달 만에 다시 커다란 사고가 일어났다. 몬주에서

---

34 일본 기업들은 계속해서 소소한 혁신들을 도입해 왔다. 2009년 12월 도쿄전력은 센다이 원자력 발전소의 급수 출구에 물레방아와 터빈을 설치했다. 이렇게 생산한 전력으로 전기 설비를 충전한다는 계획이었다. 정부와 업계가 합심해 도카이 대학교에서 인도네시아, 태국, 베트남 등에서 온 유학생들에게 차세대 원자력 전문가가 될 수 있는 교육 프로그램을 제공하는 것을 비롯해 미래에 아시아 원자력 발전의 중심이 되려는 계획도 순조롭게 진행되고 있었다.

는 노내핵연료교환기라는 독특한 장비를 썼는데 너비 46센티미터, 높이 12미터의 긴 원기둥 모양으로 무게가 3톤에 달했다. 이 장비를 들어 올리는 천장갠트리크레인의 집게 부착 장치에 결함이 있었고 시간이 흐르면서 중요한 나사가 헐거워졌다. 8월 26일 크레인이 원자로에서 한 주간 사용된 연료봉 33개를 교환한 핵연료교환기를 빼내던 중에 문제의 나사가 빠졌다. 집게가 열리면서 핵연료교환기가 노심에 떨어졌고 노심이 핵연료교환기의 두 부품을 철심으로 결합하는 부분에 박혀 버렸다. 다양한 방법을 시도하며 노심을 뽑아내려 했지만 실패했고 연료도 제거할 수 없었다.[35] 교환기는 다섯 달 후 쓰나미가 후쿠시마 제1 발전소를 덮칠 때도 원자로에 남아 있었다.

다시 증식로 계획을 중단한 것은 커다란 타격이었지만 대안이 있었다. 바로 혼합산화물연료였다. 정부는 늘 재활용한 혼합산화물연료를 고속증식로에서 사용하려 했었고, 몇 년 전 경수로 원자로에 실험적으로 적용했던 것은 엔지니어들이 몬주의 문제를 해결하는 동안 플루토늄 비축량을 줄이기 위해 택한 임시방편에 가까웠다. 하지만 이 나라에서 이미 가동되고 있는 원자로에 혼합산화물연료를 사용해도 원래 목적에서 크게 벗어나지 않을 터였다. 1971년부터 관료들은 로카쇼에서 가깝고 무쓰에서도 멀지 않은 아오모리현 북단의 평지 50제곱킬로미터를 종합국가개발계획의 일부로 활용할 미래의 산업용지로 준비해 두었다. 원래는 석유화학 기업이나 정제 공장 등을 유치할 계획이었으나 결국 일본이 가장 뛰어난 다목적 핵연료 농축, 재처리, 혼합산화물연료 생산, 사용후연료 저장 및 처리를 위한 시설이 들어서게 되었다.

일본원연은 먼저 저준위 폐기물 저장 시설과 우라늄 농축 공장을 지었고 두 시설 모두 1992년부터 운영되었다. 이듬해에는 1997년 문을 여는 것을 목표로 로카쇼 재처리 공장을 건설하는 공사가 시작되었다. 하지만 이 공장은 광범위한 시험을 마친 후에도 끊임없이 이어진 법적·기술적 문제로 인해 20년이 지나도록 완전히 가동되지 못했다. 아레바의 라아그La Hague 공장이나 영국핵연료공사의 세라필드 시설에서 오랫동안 사용되어 온 공정 대신 원형 도카이 재처리 시설에서 개발 중이었던 불완전한 유리 유리화glass vitrification 공정을 사용하

---

35 몬주의 설계는 독특했다. 일반적인 원자로였다면 어떤 이유로든 연료 삽입 구멍 하나가 막혀도 남아 있는 구멍들을 통해 빼낼 수 있었다. 몬주는 주 연료 더미에 연료를 수직으로 삽입하기 위해 핵연료교환기를 사용한다. 그다음 회전하는 받침대가 새 연료를 원자로 용기 중앙에 배치한다.

기로 하면서 커다란 문제가 발생했고 여럿을 실망하게 했다. 분노한 『요미우리신문』 기자는 2010년 10월 "핵연료 순환 지연은 참을 수 없다"는 제목의 기사에 "일본 에너지 정책의 기둥인 핵연료 순환이 다시 문제에 봉착했다"고 적었다. 이 기자는 로카쇼가 "2012년까지 2년 더 연기되었다. 이 프로젝트의 일정이 늦춰진 것은 이번이 18번째다"고 지적했다.

정부의 의지와 달리 전력회사들은 늘 증식로와 혼합산화물연료를 반대해 왔다. 1990년대 초 이름을 밝히지 않은 도쿄전력의 한 고위 임원은 "공개적으로는 장기적인 관점에서 보아야 한다고 이야기할 것이다. 하지만 모두 알면서도 대놓고 말하지 않는 사실은 소비자가 엄청난 비용을 부담하게 된다는 것이다"고 주장했다. 2011년 일본원자력위원회는 국내에서 생산되는 상업용 혼합산화물연료의 가격이 일반적인 우라늄연료 가격의 열두 배가 되리라 추정했고 그 차이는 고스란히 소비자들의 몫이었다. 일본은 다년간 임시방편으로 사용후연료를 비축하고 재처리를 위해 유럽에 보냈으나 이제 이 나라로 다시 돌아온 연료 대부분은 갈 곳이 없었다. 수납 방식을 바꾸면 원래 용량보다 약간 더 수용할 수 있을지 몰라도 개별 발전소의 사용후연료저장조는 대부분 거의 차 있었다. 발전소에 추가 저장고를 만드는 것은 정치적인 이유로 불가능했으므로 이들이 선택한 대안은 재처리와 재활용을 통해 사용후연료의 양을 줄인 후 로카쇼 시설의 운영이 중단되지 않도록 그곳에 장기 보관하는 것이었다.

2009년 6월 정부는 16기에서 18기의 원자로에 혼합산화물연료를 적용한다는 계획을 2016년까지 5년 연기했다. 하지만 닫힌 연료 순환을 만들어낸다는 의도를 처음으로 공개하고 50년이 지나 후쿠시마 참사가 코앞에 닥쳤을 때도 대량의 혼합산화물연료를 적재해 본 발전소는 많지 않았다. 규슈전력이 운영하는 겐카이 원자력 발전소가 2009년 11월 처음으로 혼합산화물연료를 사용했고 2010년 3월에는 시코쿠전력의 이카타 원자력 발전소가 뒤를 이었다. 6개월 후에는 새로 개조한 후쿠시마 제1 발전소 원자로 3호기에 세 번째로 혼합산화물연료가 실렸다. 후쿠시마 지역은 화력, 수력, 원자력 발전소를 다수 보유해 일본에서 가장 많은 "전기를 공급하는 현"이 되었다.

후쿠시마의 여러 발전소에서 이루어진 개량 작업과 전력 공급에서의 중요성에도 불구하고 여전히 안전 신화가 만연한 일본은 자연재해에 대처할 준비가 되지 않은 상태였다. 2002년 8월 도쿄전력과 마주 앉은 회의에서 원자력안전보안원은 정부가 당시 발표한 최신 보고서에 의하면 향후 30년간 동부 해안에 대형 쓰나미가 들이닥칠 확률이 20퍼센트에 달한다며 쓰나미 시뮬레이션을 해보라고 요청했다. 원자력안전보안원의 한 직원은 도쿄전력 관계자들이 "40분간 저항했"고 끝내 조사를 거부했다고 전했다. 2009년 7월 빈 주재 미국대사관에서 국제원자력기구의 운영진 교체와 관련해 보낸 전보에는 이 기구의 안전책임자인 일본인 다니구치 도미히로에 관한 불평이 담겨 있었다. 과거 통상산업성 차관이었던 그는 전보에서 지적한 것처럼 "특히 일본 특유의 안전 관행에 맞서기에는 약한 관리자이자 옹호자"였다. 이 나라의 엘리트 관료들이 거의 변하지 않았다는 사실을 보여주는 사례였다.

도쿄전력은 규모 8.8의 칠레 지진이 일본의 어업 분야에 무려 63억 엔이라는 충격적인 피해를 선사한 뒤 2010년 뒤늦게 쓰나미 시뮬레이션을 실시했다. 그들은 또다시 최대 파도 높이로 5.7미터라는 오래된 수치를 만들어냈다. 영국 로열소사이어티가 도쿄전력의 작업을 분석한 내용을 보면 "전체적인 작업"이 "이 분야에 최소한의 과학적 역량 그리고 가장 중요하게는 상식을 지닌 독자들을 당황하게 하기에 부족함이 없었다"고 꼬집었다. 명망 높은 일본재건이니셔티브의 후나바시 요이치와 기타자와 가이에 따르면 가시와자키가리와 발전소가 위치한 니가타현 정부는 "지진과 원자력 사고가 결합한 재해에 대처하는 훈련을 시행할 계획을 세웠다. 하지만 원자력안전보안원은 지진을 전제로 한 원자력 사고 훈련이 지역민 사이에 '불필요한 불안과 오해'를 불러일으킬 수 있다고 충고했다. 현 정부는 대신 폭설을 가정한 결합 재해 훈련을 했다"고 밝혔다.

엄청난 재난이 불과 나흘 후로 임박했던 2011년 3월 7일 도쿄전력은 원자력안전보안원에 3년 전 작성된 내부 보고서를 공유했다. 여기에는 3장에서 언급했던 1896년의 규모 8.5 산리쿠 지진을 후쿠시마 해변에서 남쪽으로 멀지 않은 일본 해구에 적용한 시뮬레이션 결과가 포함되어 있었다. 뼛속까지 오싹해지는 결과를 보면 10미터가 넘는 높이의 파도와 거의 16미터 높이의 물기둥이 후쿠시마 제1 발전소에 들이닥칠 수 있었다. 도쿄전력은 이러한 결과를 오랫동안 "실제적인 근거가 없는 단순한 추정"으로 묵살했고, 나중에는 원자력안전보안원이 869년의 조간 쓰나미가 제1 발전소 근처에서 일어나면 높이 9.2미터의 쓰나미가 발생한다는 계산 결과를 공유했던 2009년 9월과 마찬가지로 회의 중에 "즉시 대책을 시행하라고 [우리에게] 지시하지 않았다"며 이 기관의 나태함을 비난했다. 이런 최신 정보를 오랜 시간이 지난 후에야 공유했다는 것 자체가 방비를 더 단단히 하기 위해 비용을 들여야 할까 두려워했다는 사실을 시사한다.

3월 9일 오전 10시 45분 일본 동쪽 해안에서 160킬로미터 떨어진 지점에서 지진이 발생했다. 지진의 규모를 계산할 때는 로그$^{\log}$를 사용하므로 그 효과는 기하급수적으로 증가해 규모가 1만큼 커지면 방출되는 에너지의 양이 32배가 된다. 규모가 7.3인 이 지진은 1995년 고베를 파괴했던 규모 6.9의 지진보다 2.5배 넓은 영역에 영향을 미쳤고 4배로 강력했지만 오나가와, 히가시도리, 후쿠시마 제1, 제2 발전소에서는 60센티미터의 쓰나미 파도를 거의 알아채지 못했다. 이 지진은 더 큰 지진에 선행한 전진前震이었고 앞으로 불어닥칠 참사를 예고했다. 동부 해안을 습격했던 마지막 대형 지진이자 869년의 거대한 쓰나미를 초래했던 지진이 찾아온 뒤 정확히 1,142년이 흘렀다. 오랫동안 뒤늦게 찾아올 "빅원"을 경고받아온 일본의 시간이 끝났다.

7장
복합재난

이 장을 읽는 동안에는 우리가 뒤늦게 사고의 진행을 한 단계씩 추적해나가는 혜택을 누리고 있다는 사실을 기억해야 한다. 후쿠시마 제1 발전소의 사람들은 시련을 겪는 내내 끊임없는 불확실성을 맞닥뜨렸고 이 책에서 언급하지 않은 다양한 조치를 취했다. 그들은 한순간도 손을 놓지 않았다. 이어지는 서술에 구멍이 존재한다면 이야기를 빠르게 진행하느라 생긴 것이다.

I
첫 번째 날: 3월 11일 금요일

　일본에서 샌프란시스코로 이어지는 태평양판은 유라시아판 아래로 매년 9 센티미터씩 밀려 들어가면서 몇 세기 동안 막대한 잠재적 에너지를 축적했다.[1] 이러한 섭입攝入이 지각판 사이의 두꺼운 점토 표면층을 끌어당기면서 두 판이 만나는 부분의 마찰을 줄였지만 2011년 3월 11일 오후 2시 46분에는 장력이 너무 커졌다.[2] 길이가 최대 500킬로미터에 이르는 판의 일부가 끊어지며 50미터나 되돌아가 지금까지 기록된 최장 거리의 단층 이동이 발생했고 엄청난 양의 물이 치솟아 올랐다. 규모 9.0의 도호쿠 대지진은 이틀 전 발생한 규모 7.3의 지진보다 350배 많은 에너지를 방출했다. 6초라는 예외적인 긴 시간 동안 처음에는 수평 방향 운동으로, 그다음에는 수직 방향 운동으로 에너지가 퍼져나갔고 절정에서는 가속도가 1표준중력가속도를 넘겼다. 2,000킬로미터 밖에서도 진동이 느껴졌고 해안선 전체가 동쪽으로 몇 미터 움직였다. 텔레비전, 라디오, 문자로 자동 경고 방송이 전해졌고 고속열차는 제동을 걸었으며 외과 의들은 섬세한 작업을 멈췄다. 격렬한 진동이 근처 센다이 평원과 평원 너머 지역에 광범위한 피해를 주었으나 오랫동안 보강되어온 건물들은 대부분 잘 버텼고, 지진 자체로 인한 사망자는 쓰나미를 포함한 전체 참사의 희생자 중 5 퍼센트에 그쳤다. 화재로 목숨을 잃은 이가 145명이었고 650여 명은 떨어진 물체에 깔려 세상을 떴다. 부상자의 수도 고베 지진의 43,792명에 비해 6,142 명으로 적었다. 하지만 산사태와 다른 문제들로 인해 도로, 철로, 다리가 휘어

---

1 몇몇 지질학자들은 유라시아판이 북아메리카판의 파편이라 생각한다.
2 일반적으로 점토가 윤활제 역할을 하면 이렇게 강력한 움직임이 가능해진다고 알려졌다. 보통은 훨씬 더 많은 마찰이 발생한다. 출처: "The 2011 Japan tsunami was caused by largest fault slip ever recorded." National Geographic, 7th December 2013.

지고 끊어지며 기반시설이 완전히 파괴되었고 광대한 지역에서 가스관, 전기관, 수도관이 파열되었다. 구조대원들이 바쁘게 뛰어다녔지만 피해가 워낙 광범위했던 탓에 대응에 어려움을 겪었다.

56세의 요시다 마사오는 필사적으로 책상 아래에 몸을 숨겼다. 일본인이라면 누구나 그렇듯 그는 지금까지 살아오면서 소규모나 중간 규모의 지진을 셀 수 없이 많이 경험했다. 하지만 지금은 진원지에서 180킬로미터 떨어진 후쿠시마 제1 발전소에서 자신의 널찍한 사무실이 흔들리며 뒤집히는 것을 속절없이 지켜볼 수밖에 없었다. 1955년 2월 17일 태어난 요시다는 공대를 졸업한 직후인 1979년 4월 도쿄전력에 입사했다. 그리고 잠시 일본 전기사업연합회로 자리를 옮겼던 기간 외에는 평생 원자력 발전소에서 경력을 쌓았다. 그는 3년간 도쿄전력의 원자력부서장을 맡은 후 2010년 6월 후쿠시마 제1 발전소 소장으로 부임했다. 훤칠한 키에 알이 둥글고 큰 안경을 쓰고 줄담배를 피우며 경마를 좋아했던 요시다는 그를 아는 이들에게 마쓰나가 야스자에몬이나 히라이 야노스케처럼 믿음직하고 원칙을 지키는 리더라는 평가를 받았다. 가까운 한 친구는 "그는 상대가 일을 잘하는지 혹은 어떤 자리에 있는지가 아니라 성격으로 상대를 평가하는 남자였다"고 설명했다. 마침내 흔들림이 가라앉자 요시다는 쓰러진 컴퓨터와 의자, 캐비닛을 헤집고 깨어진 창문으로 들어오는 바람에 블라인드가 춤을 추는 사무실을 빠져나와 관리동을 벗어난 뒤 비상 집결지로 향했다. 그리고 그곳에서 쌀쌀한 3월의 공기를 맞으며 직원들에게 모든 이의 소재를 확인하도록 지시한 후 근처에 새로 지은 면진 건물로 성큼성큼 걸어 들어갔다.

면진 건물 2층에 자리한 비상대응센터로 각 부서의 피해와 부상 보고가 몰려들었지만 지난주에 했던 비상 대비 훈련 덕분에 모두 무엇을 해야 할지 알고 있었고 상황이 안정된 것처럼 보였다. 센서에 기록된 최대 지반 가속도는 550 갈이었다. 각 원자로의 허용치를 20퍼센트 정도 초과하는 수치였지만 가장 중요한 장비들은 모두 손상되지 않은 것처럼 보였다. 다행히도 4호기, 5호기, 6호기는 이미 정기 유지보수를 위해 가동이 중지된 상태였다. 4호기는 비어있었고 사용후연료가 저장조에서 냉각되고 있었다. 5호기와 6호기는 새 연료와 냉각수를 적재하고 재가동을 준비하고 있었다. 1호기, 2호기, 3호기 제어실 책임자들은 전출력으로 가동 중이었던 원자로 3기가 모두 자동으로 비상 정지되어 냉각되는 것을 확인했다. 지진이 이어지는 사이 주증기격리밸브가 닫혀 돌아가는 터빈에서 오는 증기를 차단했고 이제 터빈의 회전 속도도 떨어지고 있었다. 주증기격리밸브가 닫혔다면 자체 증기 터빈에서 전력을 공급받는 급수냉각펌프도 유량이 줄어들기 시작했을 것이었다.

후쿠시마 제1 발전소는 지진 이후 빠르게 외부 세계에서 고립되었다. 전국 송전선망 전송선 6개, 도호쿠전력에서 오는 직통 비상선 1개 등 외부와 연결된 전력선 7개가 모두 끊어졌다. 발전소 밖의 신후쿠시마 변전소와 내부의 스위치야드switchyard(발전소에서 생산한 전력을 송전선으로 공급하고, 필요하면 외부로부터 수전하는 시설-역주)에서 전선 자체가 손상되거나, 송전탑이 쓰러지거나, 대지가 흔들리다 침하된 탓이었다. 외부 전원이 차단되자 각각 개별 원자로를 냉각할 수 있는 발전소의 비상 디젤발전기 13대가 가동되었다. 1~5호기를 위해서는 각각 2대씩, 6호기를 위해서는 3대가 준비되어 있었다. 디젤발전기들은 요란한 소음을 내며 살아났다. 이제 발전소의 모든 양수펌프에서 사용되는 전력을 이 발전기들에 의존해야 했다. 직류 배터리는 각종 계기와 제어 밸브에 전력을 공급했지만 부가적으로 충전기 역할도 했기 때문에 디젤발전기들이 계속 돌아가기만 한다면 더는 문제가 없을 것이었다. 경고 신호가 울리고 몸에 멍이 들었어도 요시다의 비상대응센터에는 안도감이 감돌았다. 모든 것이 의도대로 돌아가고 있었고 발전소는 엄청난 지진에도 살아남았다.

남쪽에 있는 후쿠시마 제2 발전소에서는 배기 굴뚝에 지진 보강 작업을 하던 타워크레인이 흔들리는 바람에 크레인을 조종하던 56세의 하청 노동자가 운전석에서 튕겨 나와 굴뚝으로 떨어졌다. 그는 구조 인력이 도착하기 전 사망했다. 지진으로 외부와 제2 발전소를 잇는 전력선 4개 중 3개가 끊어졌지만 4기의 원자로는 모두 문제없이 자동 긴급 정지되었다.[3] 도카이 원자력 발전소에서

---

3 500킬로볼트의 도미오카 1번선은 온전했지만 2번선은 손상되었다. 66킬로볼트의 이와이도 1번선은 유지보수를 위해 이미 차단되어 있었고, 2번선 자체는 문제가 없었으나 변압기가 고장 나 추가 피해를 막기 위해 차단되었다. 이와이도 2번선은 24시간이 지나기 전 복구되었다.

유일하게 가동 중이던 2호기 원자로도 225갈로 흔들리던 중에 외부 전원이 모두 차단되면서 긴급 정지되었다.

후쿠시마 제1 발전소와 단층선 사이 중간 정도에 있는 북쪽의 오나가와 발전소는 국제원자력기구의 표현을 빌리면 "원자력 발전소가 지진으로 인해 경험한 역사상 가장 강력한 흔들림"을 맞닥뜨렸다(국제원자력기구의 표현이 워낙 널리 퍼져서 삽입하긴 했지만 실제로는 오나가와 발전소가 경험한 가장 심한 흔들림도 567갈에 불과해 2007년 가시와자키가리와 발전소의 최대 기록에 못 미쳤다). 반도 전체가 1미터 아래로 가라앉았으나 도호쿠전력이 운영하는 오나가와 발전소는 감탄할 수밖에 없는 강인함을 보여주며 진동을 훌륭히 견뎌냈다.[4] 외부 전력선 5개 중 4개가 끊어져 외부에서 오는 교류 전력은 얼마 되지 않았으나 그것만으로도 충분했다. 비등수형 원자로 3기는 긴급 정지되었지만 1호기의 차단기가 단락短絡되면서 해당 원자로에 외부 전력이 공급되지 않았고 터빈실 지하에 화재가 발생했다.[5] 센서들이 몇 초 만에 전원상실을 확인했고 냉각수를 퍼 올리는 비상 발전기들이 가동되었다. 이 비상 발전기들은 재난이 수습될 때까지 문제없이 냉각수를 공급했다. 지진 그리고 곧 들이닥칠 쓰나미로 인해 소방차가 발전소로 출동할 수는 없었다. 차단기 단락으로 발생한 화재는 발전소 자체 소방대가 진압에 성공한 오후 11시까지 맹렬히 타올랐다. 국제원자력기구 감독관들에 따르면 그 외에 "[오나가와의] 구조물들은 [이 발전소가] 경험한 지진동의 규모와 지속 시간 그리고 엄청난 지진의 규모를 생각할 때 놀라울 정도로 손상되지 않았다"고 밝혔다. 더 북쪽에 있는 로카쇼나 히가시도리에서도 외부 전력이 모두 끊어졌다. 로카쇼의 유일한 원자로는 앞서 유지보수를 위해 가동을 중단한 상태였다.

후쿠시마 제1 발전소에서는 핵분열이 중단되었고 6기의 원자로 모두 냉각

---

4 오나가와 발전소에 피해가 전혀 없었던 것은 아니다. 하지만 2007년의 가시와자키가리와 발전소처럼 안전에 가장 중요한 장비들은 손상되지 않았다.
5 1호기는 운전을 중단했다가 다시 재가동하는 중이었다. 나머지 두 원자로는 전출력으로 가동되고 있었다.

수가 누출된 조짐 없이 가동을 멈췄다. 지금부터 1호기, 2호기, 3호기의 온도나 압력이 위험할 정도로 증가하지 않게 유지하며 붕괴열을 없애려면 열흘간 각 원자로에 시간당 20~30톤의 물을, 이후 한 달간은 시간당 5~10톤의 물을 공급하며 냉각해야 했다. 핵분열이 멈춘 후에도 핵분열생성물, 즉 폐기물이 방사성 붕괴를 통해 열을 만들어내면 붕괴열이 발생했다. 새로운 연료에는 핵분열생성물이 없었지만 사용후연료는 핵분열생성물 덩어리였다.

1호기부터 5호기까지 적용된 마크 1 격납건물에는 노심에서 증기를 분출시켜 아래에 있는 도넛 모양의 감압수조로 내려보내는 안전방출밸브가 있었다. 그리고 여러 종류의 냉각 계통이 있었는데 그중에도 특히 두 계통이 중요한 역할을 할 예정이었다. 이 발전소에서 가장 오래된 원자로이고 유일하게 시리즈 3 설계를 채택한 1호기에서는 노심에서 나온 방사선 증기가 분리응축기의 관을 따라 차가운 물이 담긴 탱크를 통과한다. 증기는 관 안에서 물로 응축된 후 원자로 바닥으로 흘러가고, 탱크 속의 오염되지 않은 물은 점차 끓어 올라 무해한 증기가 되고 대기로 방출된다. 이 계통은 대류와 중력만으로 작동한다. 1호기에는 독립적인 분리응축기 회로가 2개 있었고 각 회로의 탱크에는 8시간 동안 사용할 수 있는 물이 들어있어 이후에는 다시 채워야 했다. 하지만 분리응축기는 다양한 이유로 비상 냉각 계통의 약한 고리로 여겨졌고, 이에 따라 시리즈 4 비등수형 원자로에서는 대신 원자로노심격리냉각 계통을 활용했다.

2호기부터 5호기까지 사용된 원자로노심격리냉각은 동생이라 할 수 있는 분리응축기와 비슷하게 운영되었지만 증기가 관을 따라가며 냉각되는 대신 바로 조그마한 터빈을 통과한 뒤 감압수조로 가서 응축되었다. 이렇게 빠져나간 원자로 내의 물을 보충하기 위해 조그마한 터빈이 또 다른 탱크에서 더 많은 물을 퍼 올려 고압으로 노심에 주입했다. 하지만 분당 1.5세제곱미터에 불과해 많지 않은 양이었다. 독립적인 분무 계통이 감압수조를 냉각했고, 분무 계통과 원자로노심격리냉각 계통 모두 필요에 따라 감압실의 물을 재활용했다. 원자로노심격리냉각은 보통 한 번에 15분 미만으로 사용되었으나 국제원자력기구에 따르면 "최소 네 시간" 이상 그리고 필요하다면 훨씬 더 길게 가동될 수 있었다. 하지만 이 계통은 다른 냉각 방식을 보완하기 위해 설계되었고 자체적으로 원자로의 압력을 통제하거나 냉각재 상실사고에서 사용하기 위한 시스템은 아니었다. 분리응축기와 원자로노심격리냉각 모두 주 교류 전력 없이 직류 배터리만으로 비상시에 각 계통이 가동되게 하는 네 개의 밸브를 여닫을 수 있었다. 밸브 두 개는 격납용기 내부에, 두 개는 외부에 있었다.

고도로 훈련된 운전원 11명으로 구성된 팀이 1호기와 2호기가 공유하는 터빈실 중앙에서 바다 쪽으로 돌출된 1/2호기 공동보조건물의 제어실을 함께 썼다. 비슷하게 3호기와 4호기, 5호기와 6호기도 역시 자체 보조건물에서 각각 11명의 팀이 두 원자로를 통제했다. 운전원들은 흔들림이 가라앉은 뒤 2호기의 원자로노심격리냉각을 가동했지만 센서들이 이미 노심에 물이 충분하다고 감지해 1분 만에 자체적으로 중지되었다. 그로부터 2분 뒤 1호기의 분리응축기가 자동으로 돌아가기 시작했으나 같은 운전원들이 절차에 따라 가동을 중단했다. 온도가 한 시간에 55도 이상 떨어지면 강철로 만든 압력용기가 손상될 수도 있기 때문이었다.[6] 이후 45분간 분리응축기는 여러 차례 가동이 시작되고 정지되었다. 그다음 운전원들은 2호기의 원자로노심격리냉각을 재가동하고 유지했다. 그사이 3/4호기가 공유하는 제어실의 운전원들은 3호기의 원자로노심격리냉각을 수동으로 시작하고 있었다.

일본 기상청은 지진이 일어나고 몇 분 만에 처음으로 쓰나미를 경고했다. 폭이 몇백 킬로미터에 달하는 물의 벽이 동부 해안을 향해 돌진하고 있었다. 25분이면 육지에 도착할 것으로 예상되었고 후쿠시마 해안에서의 높이는 3미터에서 4미터가 될 것으로 추정되어 발전소는 위험하지 않을 듯했다.[7] 하지만 지진은 이미 원거리 지진계가 밀집해 있는 기상청의 측정망에서 최고치를 기록해 모멘트 규모를 사용하는 일반적인 예측법으로는 쓰나미의 높이를 정확히 예상할 수 없었다. 신속한 대피 경고를 위해 사용되는 간편한 대체 공식 역시 문제가 있는 것으로 판명되었다. 소규모나 중간 규모의 지진에는 잘 들어맞았지만 진동이 더 강할 때에는 결과가 엉망이었기 때문이다. 이때쯤 제1 발전소에서는 작업자들이 이곳저곳에 퍼져 피해 상황을 파악하고 있었으나 요시다

---

6 도쿄전력의 설명을 그대로 옮겼고 절차서의 내용도 동일하다. 하지만 이후 일본 국회 후쿠시마원자력사고독립조사위원회가 제어실 직원을 인터뷰했을 때는 분리응축기에 누수가 있는지 확인하기 위해 가동을 중지했다고 주장했다. 원자로의 압력이 떨어지고 있었기 때문이다.
7 일본 기상청은 2011년 쓰나미의 여파로 엄청난 비판을 받았다. 최초의 경고에서 쓰나미의 위력을 과소평가했기 때문이었다. 2011년 정부 조사에 따르면 최초 경고를 듣고 고지대로 이동한 사람은 58퍼센트에 불과했는데 기상청의 예측이 어느 정도 영향을 미쳤다.

는 예방조치 차원에서 항구 등의 저지대에서 대피하라는 지시를 내렸다.

3호기 관리자였던 이가 마사미쓰는 두 젊은 후배 아라 다쿠야, 네모토 다쿠마와 함께 발전기를 확인하기 위해 4호기 뒤쪽에 있는 예비보조건물로 걸어가던 중 경고 방송을 들었다. 서두르지 않고 안전하게 해발 10미터 지대로 이동한 그들은 예비보조건물 앞에서 계획대로 흩어져 창문이 달린 덧문을 열었다. 2번의 보안 절차를 통과해야 덧문을 거쳐 로비로 들어갈 수 있었다. 에어록 airlock(출입구에 설치하여 외기압과 작업 공간의 공기압을 조절하는 공간-역주)처럼 설치된 덧문이 닫히며 잠겼지만 내부의 보안문은 이가와 아라의 신분증으로 열리지 않았다.[8] 23세의 아라는 "나는 덧문과 보안문 사이에 갇혔다"고 회상했다. 앞서 두 사람은 지진이 일어난 후 (사고 때문에 평소의 엄격한 보안 절차를 생략하고) 열려 있던 문으로 다른 건물을 빠져나왔기 때문에 발전소의 출입을 통제하는 컴퓨터가 두 사람이 여전히 해당 건물에 남아 있다고 판단한 것이었다. 컴퓨터는 예방조치로 둘의 입장을 막았다. 벽 너머로 소리를 질러 서로 같은 상황에 처했다는 것을 알게 된 두 사람은 각자 위치에서 구내전화로 경비실에 연락하려 했다. 하지만 답이 없었다.

오후 3시 14분 기상청은 쓰나미 경고를 6미터로 변경했다. 3시 27분 첫 번째 파도가 후쿠시마 제1 발전소에 도착했지만 4미터에서 5미터 높이였고 수천 개의 콘크리트 테트라포드가 쌓여있는 방파제와 부딪혀 아무런 피해 없이 부서졌다. 몇 분 뒤 해수면에 띄운 부표들이 전송한 더 정밀한 정보를 받은 기상청의 기상학자들은 몹시 흥분한 채 물의 높이가 10미터에 이른다고 경고했다. 방파제 높이의 두 배였고 1~4호기 원자로 건물과 같은 높이였다. 하지만 이들은 여전히 5미터를 놓치고 있었다.

마침내 다가온 두 번째 파도는 해안선 몇백 킬로미터를 따라 거의 모든 것을 파괴했고 내륙 10킬로미터까지 진출했다. 자동차, 건물, 마을과 도시 전체가 허탈할 정도로 간단히 쓸려나갔다. 미야기현의 도시인 게센누마에서는 움직이는 물이 330톤짜리 어선 교토쿠마루를 내륙으로 0.75킬로미터나 이동시키면서 앞을 막는 모든 것을 망가뜨렸다. 프로판가스통, 폭발성 기름과 연료 탱크, 기

---

8 공기나 물이 아예 들어오지 않는 문은 아니었으므로 보수적인 의미에서 진짜 에어록은 아니었다. 대신 드나드는 양이 적어 유입되는 공기의 양이 통제되었고 건물 내에 약간의 음압이 유지되었다.

타 인화성 물건에 불이 시작했고 쓰나미가 광범위한 지역에 불타는 잔해들을 실어나르며 화재가 번졌다. 게센누마와 오우치를 비롯한 연안 도시와 산업 시설 대부분이 밤새 불탔다. 2만 2천 명의 남녀 성인과 아이들이 물의 속도를 이기지 못하거나 안전한 고지대로 피하지 못해 압사 또는 익사했다.[9]

첫 번째 파도가 후쿠시마 제1 발전소에 닿았던 순간 두 번째 파도가 오나가와를 공격했다. 30년 전 히라이 야노스케의 고집을 따라 건설된 오나가와의 거대한 해안 방파제가 거의 모든 물을 막아내면서 분명히 두 번째 원자력 재앙이 되었을 사고를 차단했다. 하지만 끝끝내 흘러들어온 물이 무거운 연료저장탱크를 쓰러뜨렸고, 2호기 보조건물 지하로 이어지는 케이블덕트로 흘러들어 방수문을 뚫고 디젤발전기에 냉각수를 공급하도록 돕는 전기 장비들을 침수시켰다. 결국 2호기의 디젤발전기 3대 중 2대가 멈춰 섰지만 그래도 운전원들은 냉각 계통의 주요 부품에 주 교류전원을 공급하는 데 성공했고 덕분에 냉각이 중단되지 않았다. 게다가 행운이 따른 덕분에 정지 기간이 연장되었던 2호기는 지진이 일어나기 한 시간 전에야 가동을 시작했기 때문에 사실상 냉각이 거의 필요하지 않은 상태였다. 이 원자로는 쓰나미가 도착하기 전 이미 저온 정지를 마쳤다.

하지만 오나가와 마을은 그렇게 운이 좋지 않았다. 물이 땅에서 나무를 뽑아냈고 두꺼운 콘크리트로 만든 것이 아니면 거의 모두 평평하게 만들어 버렸다. 더 약한 구조물들은 해수면 위로 18미터나 솟아올랐던 거대한 물보라의 힘에 휩쓸려 기둥부터 통째로 들렸다. 마을 주민 만 명 중 대부분은 30분 전의 경고를 잘 활용해 주위 언덕으로 대피했지만 1천 명에 가까운 사상자가 발생했다. 쓰나미가 이 지역을 지나간 후 찍은 사진은 히로시마 원폭 이후 촬영된 사진과 비슷하다.

막을 수 없는 두 번째 파도는 후쿠시마 제1 발전소의 40년 된 방파제를 마치 존재하지 않는 것처럼 가볍게 넘어섰다. 오후 3시 36분 천둥처럼 항구로 밀려든 파도가 원자로들을 냉각하려면 필요한 해수취수펌프 6세트를 완전히 망가뜨렸고 콘크리트에 박혀있지 않은 모든 것을 내던졌다.[10] 항구에 놓인 가

---

9 이중 약 2,500명은 여전히 실종 상태다.
10 두 번째 파도가 발전소를 덮친 시간은 자료마다 다르며 정확한 시간은 알려지지 않았다. 본문에서는 국제원자력기구의 자료에 나온 시간을 썼다.

로 12미터, 세로 9미터의 육중한 연료유탱크도 통째로 들어 올려져 내륙으로 150미터 밀려갔고 1호기 터빈실 옆에서 멈춰 발전소에서 해안으로 가는 가장 쉬운 통로인 도로를 가로막았다. 대부분의 시설이 해발 10미터에 자리한 이 발전소는 오랫동안 해수의 침범을 겪을 일이 없는 안전한 영역으로 여겨져 왔던 탓에 개방된 복도, 점검용 출입문, 환기창, 케이블 피트(다수의 케이블을 부설하는 경우에 바닥에 만드는 도랑-역주), 다양한 삽입 지점을 통해 물이 쏟아져 들어와 지상과 지하를 침수시키자 피할 곳이 없었다. 파도가 내던진 트럭에 4호기 대형장비용 출입구의 대형 롤러 셔터문처럼 약한 부분이 휘어졌다가 떨어져 나갔다. 물이 계단과 복도로 몰려들던 때에 4호기의 터빈 건물 지하에 있던 24세의 고쿠보 가즈히코와 21세의 데라시마 요시키는 쏟아지는 물에 이리저리 밀리며 계속 주위 기계에 부딪히다 두부 손상으로 사망했다. 둘을 포함해 젊은 장비 담당자 6명이 이 건물을 점검하러 왔다. 소방관들이 채굴기로 트럭이 막고 있던 출입구를 치웠고 물을 퍼내기 위해 소방차를 건물 안으로 몰고 들어갔지만 지하가 너무 깊어서 닿지 않았다. 대신 잠수부들을 투입해 이들을 찾으려 했으나 사흘 만에 수색을 중단해야 했다. 그들의 시신은 3월 30일에야 수습되었다. 이러한 재난에도 불구하고 해발 35미터 지대에 세워진 관리건물이나 면진 건물 그리고 벙커 같은 보조건물의 실내에 있던 많은 사람은 밖에서 어떤 일이 벌어지고 있는지 전혀 눈치채지 못했다.

네모토 다쿠마는 앞서 다른 건물을 빠져나오며 출입 통제 시스템에 기록을 남겼고 덕분에 문제없이 예비보조건물에 들어갔다 나왔다. 그가 갇혀 버린 두 동료와 태평하게 강화 유리창을 깨트리는 게 좋을지 잡담을 나누던 중에 이가가 다쿠마의 뒤에서 물이 솟아오르는 것을 보았다. 이가가 그에게 건물 안으로 뛰어 들어가라고 고함쳤을 때 파도는 원자로 건물을 넘어 그들을 향해 몰려오고 있었다. 네모토는 몇 초 차이로 간신히 두 문을 통과했다. 덧문은 단단하게 고정되어 있었지만 두렵게도 이가와 아라가 필사적으로 탈출을 시도하는 사이 수압이 문틈을 뚫어 사방에서 물이 쏟아지기 시작했다. 몇 초 뒤에는 이가의 덧문에 달려있던 가장 큰 유리창이 안쪽으로 무너져 내렸고 그는 좁은 공간 안에서 헝겊 인형처럼 부대꼈다. 두 사람은 물이 솟아오르는 몇 분간 계속 버텼고 거의 천장에 닿을 지경이 되었다. 이가가 먼저 깨진 유리 조각에 두 손을 베어

Photos source: Tokyo Electric Power Company Holdings

쓰나미가 강타한 후쿠시마 제1 발전소

가며 간신히 빠져나왔고, 떠다니던 나무토막을 집어 아라를 가두고 있는 덧문의 유리창을 내리쳤었다. 아라는 "익사하기 몇 분 전에 동료가 창문을 박살 내고 내 생명을 구했다"고 회상했다.

물이 디젤발전기는 물론이고 발전기를 위한 해수냉각펌프와 근처에 있던 송전 장비, 개폐기 장치까지, 아니 어쩌면 발전소 전체를 덮어버리자 발전소의 디젤발전기 13대 중 12대가 틸틸대며 멈춰 섰다.[11] 좀 더 높은 지대에 설치된 6호기의 세 번째 공랭식 디젤발전기만 유일하게 살아남았다. 전기 부품에 물이 스며들면서 1호기, 2호기, 4호기의 직류 배터리 전원이 15분 넘게 차단되었다. 갑자기 원자로 건물과 터빈실 내부의 모든 조명이 꺼졌다. 창문이 없는 1/2호기 제어실과 3/4호기 제어실에서는 벽면의 눈금판과 스위치, 방향표시등이 무작

---

[11] 가동이 중단된 발전기 12대 중 10대는 침수되었고 나머지 공랭식 발전기 두 대는 물 때문에 전송 장비가 망가졌다.

위로 천천히 깜빡거리다 결국 모두 빛을 잃었고 운전원들은 비상등의 희미한 불빛만이 비치는 암흑에 가까운 어둠 속에 남았다.[12] 발전소가 정전된 것이었다.

후쿠시마 제2 발전소에서 해안을 따라 내려간 두 번째 파도는 1호기 원자로 옆으로 나 있는 경사진 항구 도로를 타고 올라갔고 원자로 건물과 터빈 건물을 지나쳐 내륙을 휩쓸며 면진 건물로 향했다. 여기서 파도는 양옆의 높고 가파른 제방을 강타했고 2호기, 3호기, 4호기가 둘러싸고 있던 북쪽 땅으로 역류했다. 제2 발전소의 원자로 건물들은 제1 발전소의 10미터보다 높은 해발 12미터에 자리하고 있어 모든 것을 넘어서는 물을 막아내는 데 그나마 도움이 되었지만 1호기는 이 발전소 안에서 가장 높이 치솟았던 해발 15.9미터의 물에 휩쓸렸다. 거대한 사용후연료 건물의 지하와 1층, (동력배분패널이 물에 젖자 힘을 잃은) 면진 건물, 8채의 해수펌프건물 중 7채가 물에 잠겼고 해초와 진흙이 장비를 덮었으며 1호기 밖에서는 전혀 어색하지 않은 상어도 목격되었다. 2호기부터 4호기까지의 원자로 건물은 심각한 침수를 겪지 않았으나 지하 케이블 덕트로 물이 흘러들어와 3호기 원자로 건물의 지하 일부 그리고 1호기부터 3호기까지 함께 사용하는 터빈실의 지하에 물이 찼다.

더 남쪽에서는 일본 최초의 원자력 발전소인 도카이 발전소의 2호기가 5.4미터 쓰나미에 잠겼다. 비상해수펌프수조 2개를 보호하기 위해 최근 4.2미터 높이의 방파제를 6.1미터로 높이는 공사를 했지만 침수를 피하지는 못했다.[13] 방파제가 파도를 막긴 했지만 북쪽 끝에 있는 수조로 향하는 배관에 물의 유입을 차단하는 작업이 완료되지 않았던 터였다. 관에서 쏟아져 나온 물이 점차 4.9미터 깊이의 북쪽 수조에 차올랐고 결국 이 발전소의 예비 발전기 3대 중 1대를 냉각하는 해수취수펌프 1대를 삼켜 오후 7시 25분 작동이 멈췄다. 외부 전력선 2개도 끊어졌지만 남은 디젤발전기 2대와 면진 건물 지붕에 놓인 500킬로볼트의 발전기 1대 덕분에 노쇠한 원자로가 과열될 위험은 거의 없었다.

---

[12] 2호기는 비상등마저 꺼졌다. 1/2호기 제어실에서는 밖에 있는 1호기 쪽 비상등만 계속 켜져 있었다.
[13] 여러 자료에서는 방파제 공사가 마무리되어 중간에 있는 거대한 방수문을 닫은 것이 불과 며칠 전이었다고 하지만 이런 주장을 뒷받침할 근거는 찾지 못했다.

❖

　후쿠시마 제1 발전소에서는 디젤발전기들이 멈춰서면서 1호기에서 5호기까지 공급되던 교류전원이 모두 끊어졌다. 1호기, 2호기, 3호기에 꼭 필요한 냉각과 고압냉각재주입, 독립적인 노심 분무 계통 두 회로가 모두 중단되었고 1호기와 2호기의 밸브를 원격으로 닫거나 열 수도 없게 됐다. 3호기의 직류 배터리 계통은 쓰나미에서 살아남아 고압냉각재주입과 일부 기기가 계속 작동하고 있었다. 각 원자로의 사용후연료저장조 냉각도 중단되었다. 사용후연료는 원자로 속에 있는 연료와 비교하면 전혀 뜨겁다고 할 수 없었지만 저장조 주위를 순환하는 물이 멈추자 온도가 올라가기 시작했다. 비상대응센터에 있던 요시다와 직원들은 비상 전원이 나갔다는 소식을 듣고 망연자실했다.[14] 52세의 교대근무조 책임자 이자와 이쿠오는 휴대전화가 터지지 않아 발전소 자체의 내선 전화로 비상대응센터에 연락했다. 발전소 주위의 휴대전화와 지선 전화는 통신회사가 운영하는 오쿠마 기지국의 배터리가 완전히 떨어진 다음 날 오후까지 간헐적으로 연결되었다. 발전소 현황을 수치로 보여주는 시스템 역시 먹통이어서 모두 볼 수 있게 칠판에 정보를 휘갈겨 써야 했다.

　발전소 직원들은 교류전원이 최대 8시간까지 상실되었을 때 어떻게 해야 하는지 훈련을 받았고 준비가 되어 있었지만 교류전원과 직류전원이 모두 완전히 사라졌을 때를 대비한 긴급 대책은 존재하지 않았다. 그들을 인도하는 절차서에서는 불안을 없애주는 내용을 찾을 수 없었고 당장 누가 도우러 오지도 않을 터였다. 불가능하다고 생각했던 재난의 시나리오가 현실이 되었다. 요시다에 바로 앞서 제1 발전소 소장을 지냈고 사고 당시 도쿄전력 원자력 발전소부지 부서의 이사였던 고모리 아키오는 "우리는 지금까지 고려해 왔던 것들을 훨씬 뛰어넘는 영역에 진입하고 있었다"고 표현했다.

　어두운 1/2호기 제어실에 앉아 있던 운전원들은 이자와의 흔들림 없는 지휘를 따라 손전등을 켜고 생명을 잃은 계기판을 가로지르며 살폈다.[15] 수위, 온도,

---

14 이후 요시다는 침수 때문에 얼마나 놀랐는지 설명했다. 그도 항구가 물에 잠길 수는 있다고 생각했지만, 당시 현장에 있던 누구도 물이 해발 10미터 대지에 도달하리라고는 생각하지 않았다.

15 제어실은 각 보조건물의 2층에 있다. 제어실이 1층에 있었다면 상황이 어떻게 흘러갔을지 궁금해질 수밖에 없다.

압력을 보여주는 디스플레이는 노심의 상태에 관해 어떠한 정보도 주지 않았다. 수동적 냉각 계통, 즉 1호기의 분리응축기나 2호기의 원자로노심격리냉각은 작동하고 있을까? 알 방법이 없었다. 다행이라면 4호기는 이미 정지 상태였고, 3호기도 배터리의 일부가 살아남았고 운전원들이 원자로노심격리냉각을 계속 가동하고 있었기 때문에 당장은 괜찮았다. 5호기의 배터리도 기능하고 있었지만 이 원자로의 주 열제거 계통은 증기력에 의존했으므로 작동하지 않고 있었다. 저압 계통을 위해 노심의 압력을 낮추려 했던 초기의 시도들은 실패로 돌아갔고 오히려 압력이 서서히 올랐다. 6호기에는 전출력으로 돌아가는 발전기가 있어서 상태가 좋았다.

그 결과 다음 몇 시간 동안 다양한 절차가 진행되었다. 지진이 발생하고 56분이 지난 오후 3시 42분 비상대응센터의 직원이 도쿄전력에 원자력비상법에 따른 "특별한 사건"이 발생했다고 알렸고 한 시간 뒤에는 전면적인 "원자력 비상"으로 단계를 올렸다. 도쿄전력과 도호쿠전력 모두 몇 시간 안에 다양한 위치에서 고압·저압 발전기 트럭을 제1 발전소로 보냈으나 너무 많은 도로가 파괴되어 있어 언제 도착할지 그리고 과연 도착할 수 있을지 알 수 없었다. 처음에는 일본 정부가 민간 기업의 요청으로 자위대를 움직이는 것을 꺼리기는 했지만 자위대도 일부라도 발전소에 도착할 수 있도록 다양한 경로를 통해 40대 이상의 발전기를 호송 차량과 함께 파견했다. 자위대와 미군 수송 헬리콥터를 이용해 발전기 트럭을 공수하려던 시도는 트럭이 너무 무거워서 실패했다.

도쿄에서는 이미 이 자연재해를 추적 감시하고 있던 비상대응센터들에 더해 도쿄전력, 경제산업성, 총리실 모두 후쿠시마 제1 발전소에 집중하는 자체 비상대응센터를 가동하기 시작했다. 하지만 도쿄전력은 가장 중요한 두 명의 부재로 인해 다소 무력한 상태였다. 가쓰마타 쓰네히사 회장은 다른 두 명의 경영진과 사업차 중국에 가 있었고, 신원이 확인되지 않은 기자 한 무리도 (가쓰마타의 말에서 유추할 때 고참 기자들이었던 것 같다) 그들과 함께 도쿄전력이 대부분의 비용을 낸 여행을 즐기고 있었다. 가쓰마타는 이후 "아마 우리가 우리 몫보다 더 냈을 거다"고 인정했지만 자신과 함께 있었던 이들이 누구인지 밝히는 것은 거부했다. 중국에서 그에게 비행편을 제공하겠다고 제안했지만 도쿄의 공항이 폐쇄된 탓에 발이 묶이고 말았다. 도쿄전력 사장 시미즈 마쓰타카는 그나마 일본에 있었으나 전지전능한 일본 전기사업연합회의 회장으로서 아내와 함께 나라에 출장 중이었다.[16] 자신이 다급히 회사를 지휘해야 하는 상황이라는 것을 알게 된 그는 도쿄로 돌아오려 했으나 도카이도 신칸센 고속열차는 운영이 중단되었고 주오-도메이 고속도로도 이용할 수 없었다. 좌절한 마쓰타카는 계열사의 헬리콥터를 이용할 수 있길 기대하며 일반 열차를 타고 나고야 비행장으로 향했다.

일본 원자력안전보안원은 오쿠마의 제1 발전소에서 길만 따라 내려오면 바로 나오는 곳에서 원자력비상외부센터를 가동하기 시작했다. 긴급구조대와 지방 정부, 중앙 정부에서 파견된 40여 명의 대표가 위기 상황을 맞아 집결할 예정이었으나 책임이 겹친 탓에 바로 같은 사람들이 원래 소속 기관에서 지진과 쓰나미 대응에 매여 있었다. 전화선이 끊어지거나 전화가 몰리는 바람에 원자력안전보안원은 정부 부처의 담당자들에게 연락하는 데 큰 어려움을 겪었고 많은 이가 주변 지역이 완전히 파괴된 탓에 외부센터에 연락하지 못했다. 소방서, 경찰, 구급차는 이미 눈코 뜰 새 없이 바빴다. 도쿄전력 부사장 무토 사카에는 경제산업성 차관 이케다 모토히사와 공무원 6명 그리고 일본원자력연구개발기구, 원자력안전보안원, 일본분석센터, 기타 여러 단체의 관계자들과 함께 제일 먼저 외부센터로 향한 사람 중 하나였다. 하지만 사카에 무리는 멀리 가지 못했다. 교통 혼잡으로 도쿄를 벗어나지 못한 이들은 출발지로 돌아왔다가 같은 날 저녁 9시 방위성에서 자위대 헬리콥터를 탔다. 다른 부처와 기관에서도 외부센터에 직원을 파견할 예정이었으나 대부분은 약속을 지키지 못했다. 예를 들어 후생노동성은 이후 열흘이 지날 때까지 의료 총책임자를 보내지 못했다.

제일 먼저 도착한 이들은 외부센터에 전기도, 그곳에서 일하는 사람들을 보호할 방사선 공기 여과 시스템도, 위성 전화 한 대 외에 작동하는 통신선도 없다는 사실을 알게 되었다. 원자력안전보안원은 2009년 2월 통신 시설이 부족

---

16 시미즈가 나라에 있었던 이유에 관해서는 여러 설명이 있다. 일본 전기사업연합회 일로 출장이 생긴 것은 맞지만 출장 중의 짧은 휴일에 아내가 동행한 것을 보면 "업무와 즐거움"을 위한 출장이었던 것으로 보인다. 가쓰마타는 정부 증언에서 이 참사가 끝날 때까지 시미즈가 사고 초기에 자리를 비웠던 것을 몰랐다고 주장했다.

하다는 지적을 듣고도 아무런 조처를 하지 않았다. 한동안은 현장에서 비상 디젤발전기 한 대가 돌아갔지만 지진으로 손상된 상태였고 연료를 다시 채울 수도 없었다. 전기가 없는 외부센터를 국지적 원자력 비상 대응을 위한 본부로 사용할 수는 없었으므로 곧 대부분이 근처에 있는 환경방사능감시센터로 이동했다. 법에 따르면 외부센터의 고위 직원이 제안을 제출하고 총리실의 지휘 계통을 거쳐 승인을 받아야 했지만 이런 절차를 밟을 수 없다는 사실이 분명해졌다. 후쿠시마현 정부 역시 후쿠시마시의 현청 주 청사에 재해통제본부를 만들 계획이었으나 지진 보강이 한 번도 이루어지지 않은 이 건물은 지진으로 사용할 수 없게 되었다. 대신 예비 건물에 본부가 만들어지면서 계획했던 47개의 회선이 아니라 단 2개의 무선 회신만을 사용하게 되어 소통에 심각한 문제가 발생했다.

　거듭 여진이 일어나고 또 다른 쓰나미의 위협도 존재하는 가운데 후쿠시마 제1 발전소에서는 수천 명을 싣고 떠나는 자동차들의 구불구불한 행렬이 이어졌고 대부분은 하청 업체 소속이었다. 반면 비번이었지만 현장을 돕기 위해 돌아온 교대근무조 관리자들과 고참 직원들도 있어 발전소에는 4백여 명이 남았다. 원자로로 냉각수를 보내는 펌프가 없어지자 남아있던 물이 증기로 변하며 압력이 올라갔다. 압력이 지나치게 높아지면 밀폐된 시스템이 모두 파열되므로 미리 설정한 값에 이르자 원자로의 안전방출밸브가 열리며 증기를 아래 감압수조로 빼냈다. 증기는 감압수조에서 물을 통과하며 보글보글 끓다 응축되었고, 요오드처럼 가장 해롭지만 물에 녹는 방사성 입자들을 씻어냈다. 이러한 과정을 습식통기wet vent라 한다. 건식통기dry vent에서는 물이 없는 격납용기인 건정을 통과하면서 더 해로운 기체들을 주위에 방출하기 때문에 습식통기가 더 선호된다. 어떤 방식이든 통기가 진행되어 압력이 다시 사전에 설정한 값에 도달하면 안전방출밸브가 닫힌다. 내부 통기가 성공적으로 진행되면서 시간이 흐를수록 제1 발전소의 원자로 속에서 연료를 덮고 있는 물의 양이 줄어들었다. 쓰나미가 지나가고 1시간이 지났을 즈음 1호기의 수위계가 잠시 다시 켜졌을 때 운전원들은 처음으로 물이 얼마나 남아있는지 확인했다. 그들은 연료가 노출되어 용융이 시작되기까지 한 시간이 남았다고 추산했다.

시시각각 상황이 악화하자 요시다는 체르노빌 같은 참사가 일어날 가능성을 숙고했지만 그는 이전에도 비상사태를 경험한 적이 있었고 발전소를 자기 손바닥처럼 잘 알았다. 수많은 생각이 스쳐 가는 와중에 그는 지금 분리응축기와 원자로노심격리냉각이 작동하고 있다고 가정하면 약 8시간 후에 냉각수 공급이 중단될 거라 판단했다. 시간이 모자랐다. 그는 이후 "나는 절망했다"고 회상했다. 원자로를 냉각하는 것이 가장 중요했지만 사고 전까지 가동되고 있던 3기의 원자로 중 어느 원자로에도 펌프로 물을 공급할 방법이 없었고 설령 그럴 수 있다 해도 온도와 수위, 압력을 확인할 계기가 없었다. 계기들을 되살리는 것은 그리 어렵지 않을 수도 있었다. 어딘가에 배터리가 있을 것이었다. 하지만 어떻게 해야 원자로에 물을 채울 수 있을까? 모든 비상 예비 펌프가 작동하지 않는 것 같은 상황에서 그는 화재진압 계통이 유일한 대안이라고 판단했다.

각 원자로와 터빈 건물에는 소화전과 연결된 소방선이 있었지만 압력용기 내부에 바로 물을 주입하는 용도가 아니라 불을 끄고 거대한 콘크리트 격납용기를 냉각하기 위한 설비였다. 전기 모터로 구동되는 소화펌프가 작동하지 않을 때를 대비해 각 원자로에는 (2호기는 침수되긴 했지만) 터빈실 지하에 디젤로 구동되는 예비 소화펌프가 한 대씩 있었고 펌프마다 자체 소화전과 호스도 있었다. 외부에 노출된 관과 유입구, 소화전은 지진과 쓰나미의 잔해에 손상되었지만 건물 내부에 있던 계통은 지진 활동에 더 강해서 시도해 볼 가치가 있었다. 요시다의 계획을 실행하려면 호스를 몇 킬로미터나 깐 후 노심의 압력을 낮춰야 했다. 예비 소화펌프는 물을 최대 800킬로파스칼kilopascal의 압력으로만 쏟아낼 수 있었기 때문이다. 하지만 한 예로 1호기 내부의 압력은 7,000킬로파스칼이었다. 그들이 가진 것 중에 아주 조금이라도 더 높은 압력으로 물을 퍼 올릴 수 있고, 이동시킬 수 있으며, 작동시킬 수 있는 것이 뭐가 있을까? 답은 소방차였다. 1년 전 터빈 건물마다 외벽에 소방차를 한 대씩 연결할 수 있는 주입구를 설치했었다.[17] 요시다는 이후 이 결정에 관해 "지진이 일어난 후 건물 안에서 어떤 일이 벌어졌는지 알 방법이 없었다. 결국 소방선이 건재할지 아닐지는 도박이었다. 하지만 유일한 대안이었기 때문에 소방선을 이용해 물을 공급하고 싶었다"고 설명했다. 그는 오후 5시가 지나고 바로 지시를 내렸다.

세 명의 운전원이 제어실을 떠나 1호기의 디젤구동 소화펌프를 확인하러 갔고 도중에 진흙 물웅덩이에서 죽어 있는 물고기를 지나쳤다. 펌프는 가동되지 않았지만 운전원들이 문제를 찾아 해결한 뒤 대기 상태로 전환해 두었다. 소방펌프에서 노심으로 물을 주입하는 데 필요한 밸브를 조정하려면 시간이 걸렸기 때문이었다. 밖에서는 다른 작업자들이 소방차 한 대가 망가진 채 온갖 쓰레기와 뒤얽혀 있는 것을 발견했다. 5호기와 6호기 사이에서 찾은 한 대는 괜찮았지만 쌓여있는 잔해를 통과할 수 없었다. 마지막 소방차는 피해 없이 35미터 지대에 주차되어 있었고, 사람들이 길 위의 장애물들을 끌어내자 운전자가 언덕을 조금씩 내려와 항구로 향했다. 앞서 쓰나미가 실어나른 거대한 탱크가 1호기의 북쪽을 지나는 경로를 가로막고 있었고 전원이 나간 남쪽의 보안문은 아무도 지나갈 수 없었으므로 사람들은 2호기와 3호기 사이의 또 다른 보안문을 부순 뒤 소방차를 통과시켰다. 보조건물 꼭대기에 배치된 감시 인력들은 여진이 이어지는 와중에도 쓰나미가 임박했다는 명백한 징후로 물이 물러나는 순간을 놓치지 않으려 바다를 감시했다. 이후 두 달간 수천 번의 여진이 이 해안을 두드렸다. 네 번의 여진은 규모가 7.0 이상이었고 500번의 여진은 5.0을 넘었다.

오후 6시가 막 지났을 무렵 배터리로 구동되는 1호실 쪽 제어실의 계기판이 알 수 없는 이유로 몇 분간 잠시 살아났다. 아마 배터리가 건조된 덕분이었을 것이다. 운전원들은 노심의 수위가 떨어졌다는 것을 알았고, 앞서 전원이 나갈 때 열려 있었던 밸브를 포함해 분리응축기의 모든 밸브가 닫혀 있다는 것도 알게 되었다.[18] 운전원들은 원격으로 밸브들을 열어보려 했다. 분리응축기의 배기구는 원자로 건물의 내륙 측면에 있었으므로 계기판을 믿지 않았던 이자와는 면진 건물에 연락해 누군가 밖으로 나가 분리응축기가 돌아가고 있는지 확

⇦ 17 후쿠시마 참사가 이어지는 내내 요시다는 어마어마한 압박감을 느끼면서도 거의 흠 잡을 데 없는 수많은 결정을 내렸고, 개인적으로는 소방차를 동원하기로 한 초기의 선견지명은 특히 엄청난 찬사를 받을 만하다고 생각한다. 하지만 소방차를 준비하라는 이런 결정을 언제 내렸는지는 다소 불명확하다. 일부 자료에서는 디젤구동 소화펌프가 실패할 때까지는 이런 대안을 생각하지 않았다고 하고, 국제원자력기구의 타임라인(IAEA vol. 1, Annex 1)을 비롯한 다른 자료에서는 동시에 준비를 지시했다고 한다. 후자가 더 유력해 보인다.

인해 달라고 요청했다. 배기구를 확인한 직원은 비상대응센터에 땅거미 속에 안개 같은 증기가 피어오르고 있다고 보고했다. 밸브만 열려 있으면 전력 없이도 돌아가는 수동 계통이었으므로 분리응축기가 가동되고 있었다고 볼 수 있었다.

현재 1호기가 2호기보다 위험하지 않다는 사실에 만족한 비상대응센터의 직원은 요시다와 고위 관리직 팀, 도쿄전력의 본사에 순서대로 이 정보를 전했다. 모두 2호기에 전력을 공급하는 데 주의를 돌렸다. 제어실로 돌아온 이자와는 분리응축기 배기구의 증기에 관한 묘사가 이상하다는 사실을 알아챘다. 분리응축기가 가동되고 있다면 증기가 부드럽게 떠가는 대신 강하게 밀려 나와야 했고, 특히 10분 이내에 증기가 사라지고 완전히 멈출 때 나는 특정한 소리도 있어야 했다.[19] 분리응축기가 위험한 상태가 된 것은 아닌지 우려한 그는 오후 6시 25분 오염된 물이 유출되는 일이 없도록 운전원들에게 밸브들을 잠그라고 지시했다. 이제는 1호기를 냉각할 방법이 없어졌다.[20] 이후 요시다는 정부 증언에서 다음과 같이 회상했다.

지금 후회하는 한 가지는 우리가 원자로 그룹의 리더에게 정보를 얻지 않았고, 근무 중이던 책임자가 원자로 그룹의 리더와 소통하는지도 몰랐다는 것이다. 그런 종류의 정보는 먼저 원자로 그룹의 리더를 통해 공유되었고, 근무 중이던 책임자가 내가 전화해 해당 정보를 제공해야 한다는 프로토콜이 준비되어 있지 않았다. 분리응축기가 정말 괜찮은 건지 직접 몇 단계에 걸쳐 확인해야 했다. [원자로] 수위가 어느 정도 일정했기 때문에 분리응축기가 작동하고 있다고 가정하면서 부분적으로는 상황을 잘못 파악한 채 움직이고 있었다.

---

18 국제원자력기구 보고서 Vol. 1, Annex 1의 내용을 옮긴다. "운전원들은 18시 18분이 되기 전 지시등이 종종 깜빡이는 것을 알아챘다. 운전원들이 분리응축기의 활성화/비활성화를 제어할 때 쓰며 쓰나미의 두 번째 파도가 오기 전에 닫혀 있었던 MO-3A[모터로 기동되는 3번]뿐 아니라 평소에는 열려 있는 분리응축기 공급배관격납차단밸브 MO-2A도 닫혀 있었다. 따라서 운전원들은 제어 전원이 상실된 동안 분리응축기 관파열탐지회로가 분리응축기 분리 신호를 보냈을 거라 추론했다. 제어 전원이 나간 시기에 닫힌 것을 확인했기 때문에 그 이후로는 정지열 제거가 이뤄지지 않았다."

19 도쿄전력의 비등수형 원자로 훈련 시뮬레이터에는 분리응축기 기능이 없었다. 이자와가 분리응축기의 작동 방식을 알고 있었던 것은 행운이었다.

20 1호기 원자로 빌딩 4층에서 작업하던 이들은 지진이 일어나고 쓰나미가 닥치기 전에 온 바닥에 물이 흐르고 있었다고 증언했다. 지진이 분리응축기 탱크나 배관을 훼손해 물이 새어 나온 듯하다.

2호기의 원자로노심격리냉각이 작동하고 있는지도 확인할 수 없었지만 해당 원자로의 운전원들은 중지되었다고 추정했고 밤 10시면 연료가 노출될 거라 계산했다.

12킬로미터 떨어진 후쿠시마 제2 발전소 역시 여러 문제를 맞닥뜨리고 있었다. 제1 발전소에서 일어난 사건들이 아니었다면 아마 제2 발전소가 역사적인 오명을 얻었을 것이다. 도쿄전력에서 29년간 일하며 잔뼈가 굵은 발전소장 마스다 나오히라는 요시다와 다른 접근법을 택했다. 제2 발전소의 피해는 제1 발전소와 비교하면 가벼운 수준이었기 때문에 마스다의 대응을 요시다와 비교하며 훨씬 높은 점수를 주는 것은 부당하게 느껴진다. 하지만 그는 분명히 교재에 실려도 손색이 없는 일들을 해냈다. 마스다는 누군가를 건물 밖으로 내보내기 전 먼저 차분하게 비상대응센터의 칠판에 연이은 여진의 규모를 기록해 직원들이 위험이 줄어드는 것을 볼 수 있게 했다. 이후 그는 "내가 요청한다고 해도 그리고 설령 사람들을 내보내기에 안전한 때라도 팀원들이 현장에 나가려 할지 자신이 없었다"고 인정했다.

마스다가 여진의 추이를 살피는 동안 제어실 운전원들은 시스템을 점검했고 자신들의 발전소가 간신히 악몽 같은 시나리오를 피했다는 사실을 알았다. 제2 발전소가 더 바다에 가까웠는데도 이 발전소를 덮친 쓰나미는 제1 발전소보다 4미터 낮은 9.1미터 높이였다. 지질학자들은 따로 발생한 두 쓰나미의 봉우리가 지각판의 모양 때문에 제1 발전소에서 만나며 참사가 발생했다고 믿는다. 그야말로 불운이었다. 쓰나미가 제2 발전소의 해수펌프 8대 중 7대를 망가뜨리면서 1호기, 2호기, 4호기의 모든 전원이 끊어졌고 그로 인해 주 냉각 계통도 중단되었으나 심각한 침수를 겪은 것은 1호기뿐이었다. 다른 문제도 있었다. 지진이 일어난 후에도 외부 전력선 하나가 살아있었지만 전기전환장치가 모두 나가서 필요한 곳에 전기를 보낼 수 없었다. 긍정적인 사실은 2호기부터 4호기까지는 디젤발전기 여러 대와 펌프, 전기 부품이 작동되고 있었고 원자로 노심격리냉각 같은 수동 냉각 시스템도 온전하다는 것이었다. 연유는 알 수 없지만 3호기에는 비상상황이 아닐 때 원자로를 냉각하는 주요 수단인 잔열제거 계통 한 회로와 주입펌프 한 대도 살아있어 원자로가 안전한 상태였다. 원자로 노심격리냉각이 정상적으로 돌아가던 오후 6시 33분 마스다는 "특별한 사건"이 발생했다고 선언했고 운전원들에게 1호기, 2호기, 4호기의 잔열제거 계통과 디젤발전기가 작동하지 않는다는 소식을 전해 들었다. 그는 어둠이 내려앉고 건물 밖의 바닷물이 물러난 후에야 처음으로 직원들을 밖에 내보냈다.

간 나오토 총리는 쓰나미가 발생하고 몇 시간 후인 저녁 7시 3분 후쿠시마 제1 발전소에 공식적인 원자력 비상을 선언했다. 간 총리는 원자력의 충실한 지지자였으며 특히 인도와 이란을 겨냥한 원자력 기술과 지식 수출은 그의 핵심적인 경제 성장 전략 중 하나였다. 정부의 비상대응체계를 가동해야 하는 조건이 갖춰졌음에도 그는 사소한 내용을 두고 망설였다. 시의적절하게 법적 절차를 설명해주거나 이러한 절차의 정당성을 알려주는 사람이 없었기 때문이다. 원자력안전위원회 위원들이 자문 그룹을 맡게 되어 있었지만 도시가 사실상 멈추고 통신도 거의 이루어지지 않아 실행에 옮길 수 없었다. 간과 그의 고문들, 다른 여러 관료는 이미 간테이官邸라 불리는 총리 관저의 지하 벙커에 마련된 무질서한 긴급대책본부를 떠난 후였다. 긴급대책본부는 정부의 비상대응 지도팀들이 모이는 곳이었다. 원래 군사용으로 건설된 비좁은 벙커 안에서 정신없이 돌아가는 비상대책본부에서는 휴대전화를 받을 수 없었고 계속 쓰나미와 지진 복구 상황을 확인하는 데 사용되는 지상 통신선 2개만 있었다. 벙커의 생체인식 시스템에 미리 등록되지 않아 아예 들어가지 못하는 사람들도 있었다. 간 총리 무리는 그곳에서 위로 올라가면 나오는 5층의 넓고 조용한 총리 집무실에서 방해 없이 면밀히 원자력 비상사태를 주시할 수 있었다.

9개월 전 총리로 취임한 64세의 간은 일본의 전형적인 정치 엘리트 계층 밖에서 성장한 드문 정치인이었다. 그는 자신의 전임자들이 대부분 도쿄대학교에서 경제학이나 법학을 전공한 것과 달리 도쿄공업대학교 물리학과를 졸업했고, 1996년 당시 정권을 잡았던 자유민주당이 간이 이끄는 민주당의 전신 신

당사키가케新党さきがけ와 연립 정부를 구성했을 때 보건복지성 장관을 맡아 뛰어난 능력을 발휘하며 두각을 드러냈다.[21] 보건복지성 장관 재임 시절 간은 일본 내 혈우병 환자 2,000여 명이 오염된 혈액 팩을 통해 인간면역결핍바이러스 HIV에 감염되고 그 결과 500명이 넘게 사망한 사건을 조사했다. 그는 휘하의 직속 공무원들조차 자신에게 정보를 숨기려 하는 상황에서도 좀처럼 보기 어려운 솔직하고 대담무쌍한 접근 방식으로 보통은 뚫을 수 없는 정치적 관료체계를 헤쳐나갔다. 조사 결과 이 부처의 공무원들이 사람들이 죽을 수도 있다는 것을 알면서도 공포가 퍼지는 것을 막고 혈액을 수입하는 기업들을 보호하기 위해 안전하게 처리되지 않은 혈장의 사용을 막는 조치를 애써 피했다는 사실이 밝혀졌다. 이 은폐 사건은 일본 역사상 처음으로 중앙 정부 공무원이 행정 업무 태만으로 형사 처벌을 받는 결말로 이어졌다. 흥미롭게도 이 스캔들은 일본 제국 군대에서 악명 높았던 731부대 전범들이 창립해 운영하면서 일본의 주요 혈액제재 및 제약회사로 성장한 기업을 중심으로 벌어졌다.

후쿠시마 제1 발전소에서는 1호기와 2호기의 고참 운전원 한 무리가 30분간 배관 설계도를 자세히 살핀 끝에 디젤구동 소화펌프로 노심에 물을 주입할 수 있게 하는 밸브를 찾았고, 저녁 6시 33분 장비를 갖춰 입고 원자로 빌딩에 들어섰다.[22] 그들은 두 시간 후 작업을 마쳤지만 펌프는 움직이지 않았다. 그사이 또 다른 팀이 제어실에 배터리와 조그마한 휴대용 발전기를 들고 왔고 9시가 되기 직전 일부 계기를 살렸다. 몇 번의 시도 끝에 마침내 디젤구동 소화펌프가 작동되었지만 가슴 아프게도 노심의 고압을 밀어내지 못했다. 1호기 노심의 수위 표시계를 보면 아직 연료 위 200밀리미터까지 물이 차 있었다.[23] 대단히 많지는 않지만 끔찍한 수준은 아니었다. 하지만 불안해진 이자와 휘하의 운전원

---

21 도쿄공업대학교는 도쿄대학교의 일부가 아니라 도쿄대학교보다 4년 늦게 설립된 대학교로, 이 나라에서 명문으로 손꼽히는 학교 중 하나다.

22 정부 보고서에서는 다음과 같이 쓰여 있다. "소화펌프 계통의 선으로 원자로에 물을 주입할 수 있는 선을 확보하기 위해서는 근무 조가 1호기와 2호기에 있는 소화펌프와 보충수응축기, 잔열제거기(또는 1호기의 냉각 계통) 사이를 연결하는 선의 모터구동 밸브를 열어야 했다."

들은 저녁 9시 30분 다시 원격으로 분리응축기의 밸브를 열어보려 했다.

수위 표시계의 값은 잘못된 것이었다. 이 모델의 비등수형 원자로는 레퍼런스레그reference leg라는 시스템을 이용해 수위를 측정한다. 복잡한 시스템이지만 기본적으로 노심의 여러 부분에서 수압 차이를 비교해 수위를 계산하는데, 물이 끓어 줄어들면서 특정한 수위 아래로 내려가면 압력 차이 때문에 수위가 실제보다 더 높게 산출되는 문제가 있다. 이런 결함을 알고 있었던 요시다와 다른 직원들은 수위 표시계의 숫자를 의심했지만 달리 할 수 있는 일이 없었다.[24]

사실 1호기 연료봉의 제일 윗부분은 이미 오후 6시부터 물 밖에 드러나 있었고 (가장 최근에 이뤄진 여러 연구에서 밝혀진 시각이다. 4시 반으로 추정하는 연구도 있다) 90분 뒤에는 남아있던 물이 모두 증발해 연료가 완전히 노출되었다. 공기는 물과 비교하면 냉각 능력이 한참 떨어져서 수위가 낮아질수록 온도가 기하급수적으로 올라갔다. 노심 온도는 섭씨 800도를 넘어섰고 연료봉들이 내부 응력 때문에 부풀고 부러지면서 치명적인 핵분열생성물을 방출했다. 도쿄전력이 밝혔듯 10분도 지나지 않아 온도가 1,200도를 넘어가자 연료봉의 지르코늄 피복이 증기와 반응해 폭발성이 매우 높은 수소가스 거품을 만들어내기 시작했다. 뚜껑의 볼트들이 부드러워지고 늘어지는 사이 극심한 열이 압력용기 관통부와 뚜껑의 개스킷(접촉면에서 기체나 물이 새지 않도록 넣는 패킹-역주), 가장자리, 밀폐 부분을 훼손해 수소가스가 새어 나갔고 공기보다 가벼운 이 가스는 건물을 관통하며 솟아올랐다. 겨우 한 시간 만에 노심 온도가 2,865도에 달해 지르코늄 피복과 우라늄연료 모두 스스로 녹아내리기 시작했다.

외부에 있던 작업자들이 분리응축기 배기구에서 또다시 김이 솟아오르는 걸 발견했고 이번에는 이자와가 내부 장비를 점검하기 위해 운전원 몇 명을 보냈다. 그들이 원자로 건물 안으로 걸어 들어간 순간 포켓선량계가 10초에 0.8밀리시버트를 기록한 뒤 측정 범위를 넘어가며 경고를 울렸고 운전원들은 물러나야 했다. 그때부터 허가 없이 1호기 건물에 들어가는 것이 금지되었고 제어

⇦ 23 널리 보도된 수치는 200밀리미터와 450밀리미터로 자료에 따라 차이가 있다. 정부가 승인한 일본 국회 후쿠시마원자력사고독립조사위원회의 보고서에는 450밀리미터라 적혀 있지만 일본재건이니셔티브와 일본원자력기술협회, 국제원자력기구 보고서에서는 200밀리미터라 명시했다. 두 숫자 모두 신뢰하기는 어려우나 본문에는 200밀리미터로 적었다.

24 일본재건이니셔티브의 책 『신화와 진실 파헤치기Investigating the Myth and Reality』 프롤로그에 등장하는 한 목격자의 증언에 따르면 요시다는 적어도 두 번은 "이 숫자들이 정말 맞을까?"라고 물었다고 한다.

실의 방사선 수치도 불길하게 올라가기 시작했다. 그사이 운전원들은 밸브를 여는 데 사용할 수 있는 배터리를 배정해달라고 비상대응센터에 요청했으나 몇 시간 동안 무시당했다. 비상대응센터에서는 분리응축기가 이미 가동되고 있다고 생각했을 수도 있다. 밤 10시쯤 처음으로 발전기 트럭들이 도착하자 모두 안도했지만 트럭을 몰고 온 운전기사들은 곧 이 발전소의 전기 연결부가 바닷물로 손상되었고, 호환되지 않는 콘센트이며, 이 발전소에 필요한 480볼트는 너무 구식이어서 지금 끌고 온 트럭의 발전기로는 지원할 수 없다는 사실을 알게 되었다. 트럭에 실린 발전기들은 쓸모가 없었다.

간은 원자력안전보안원과 원자력안전위원회의 고위 인사들과 상의한 뒤 밤 9시 23분 후쿠시마 제1 발전소에서 3킬로미터 이내에 거주하는 주민들에게 예방적 대피를 명령했다. 하지만 최초의 비상 선언 이후 몇 시간 만에 나온 조치였다. 대책이 늦어지는 것을 우려한 후쿠시마현 정부가 불과 30분 전 중앙 정부에는 통보하지 않고 자체적으로 2킬로미터 이내 지역의 주민들에게 대피를 지시한 후였기 때문에 현지에서는 엄청난 혼란이 벌어졌다.

총리는 이 사고에 점점 더 집중했고 비서들은 발전기 트럭이나 다른 문제들의 진행 상황을 칠판에 휘갈겨 쓰기 시작했다. 하지만 밤이 깊어갈수록 도쿄전력이나 원자력안전위원회, 일본원자력위원회, 원자력안전보안원이 보내오는 정보는 복잡한 보고 체계 탓에 앞뒤가 맞지 않거나 시기가 맞지 않았고 간의 불만은 점점 커졌다. 후쿠시마의 요시다와 직원들은 전화로 도쿄전력 본사에 최신 상황을 전하거나 질문을 던졌다. 그러면 도쿄전력이 원자력안전보안원에 연락했고, 이들에게 보고를 받은 내각의 직원이 다시 간과 함께 있는 고위 관리들에게 소식을 알렸다. 반대로 고위 관리들은 자신들의 지시가 발전소에 제대로 전해지는지 전혀 알 수 없었다. 원자력안전보안원의 감독관 8명이 끝까지 제1 발전소에 남아 정부의 눈 역할을 해야 했으나 현장에서 도망쳤고, 정부는 도쿄전력의 보고에만 의존할 수밖에 없었다. 모든 연락이 총리 관저 지하의 긴급대책본부로 왔기 때문에 보좌관들은 여진을 우려해 가동을 중단한 엘리베이터 대신 계단으로 5층까지 뛰어가야 했다. 여러 사람을 거치며 정보의 내용이 조금씩 달라지는 데다 도쿄전력의 가장 중요한 두 인물이 자리를 비우고, 내각에 조언하거나 메시지를 전달하는 사람들의 기술적 지식이 부족했던 탓에 계속해서 혼란이 벌어졌다.

예를 들어 원자력안전보안원 원장 데라사카 노부아키는 총리에게 좋은 인상을 주지 못했다. 간은 참사를 회상하며 "무언가를 설명하고 있는 사람이 자신이 말하는 내용을 제대로 알고 있는지 알아채는 데는 오랜 시간이 걸리지 않는다"고 적었다. "그가 내게 무엇을 말하려는지 이해할 수 없어 '당신이 원자력 전문가요?'라고 물었다. 그는 해맑게 '저는 도쿄대학교 경제학과를 졸업했습니다'라고 대답했다." 총리와 그의 팀은 발전기 트럭들이 도착했으니 위기가 끝났어야 했다고 생각했다. 하지만 데라사카와 도쿄전력의 정부 연락 담당자 다케쿠로 이치로는 그 트럭들을 사용할 수 없는 이유를 제대로 전달하지 못했다. 도쿄전력의 부사장이었던 64세의 다케쿠로는 도쿄대학교에서 공학을 전공했고 이 회사의 원자력부서에서 오랫동안 일한 베테랑이었는데도 그랬다. 관방장관 에다노 유키오는 이후 "솔직히 그때부터 도쿄전력에 대한 의구심이 커지기 시작했다"고 털어놓았다. 간은 진행 중인 사건들을 책임져야 하는 이들의 명백한 혼란과 분명한 무능을 확인하며 자신이 일본의 지도자로서 상황을 통제해야겠다고 느끼기 시작했다.

도쿄전력의 시미즈 사장은 혼란이 펼쳐진 시골 지역을 통과해 150킬로미터를 이동했고 어두워진 후에야 나고야 비행장에 도착했다. 하지만 일본의 민간 항공법은 7시 이후 헬리콥터를 띄우는 것을 금지하고 있어 약속했던 헬리콥터를 탈 수 없었다. 제1 발전소의 상황이 더 악화했다는 사실을 전해 들은 그는 정부 관리들에게 도움을 요청했고 내각의 비상대응팀이 대기 중이던 항공자위대 소속 C-130 허큘리스Hercules 화물기를 사용하도록 승인해주어 밤 11시 30분에 이륙했다.[25] 하지만 시미즈는 멀리 가지 못했다. 방위성 장관 기타자와 도시미가 소식을 듣고 비행기를 내주지 않겠다고 거부한 것이었다. 하지만 재난 구조를 위해 비행기를 해당 비행장에 남겨두라는 그의 지시는 이륙 후 10분이 지날 때까지 전달되지 않았다. 비행기는 나고야 비행장으로 돌아갔고 시미즈는 동이 틀 때까지 기다리다 헬리콥터를 타고 도쿄로 날아갔다. 가쓰마타 역시 12일 오전 비행기로 도쿄에 도착했으나 도로 상태가 엉망이었던 탓에 지진이 일어나고 24시간 이상 지난 오후 4시에야 본사에 입성했다. 회사가 국제적인 참사를 피하려 분투하는 사이 그는 자리에 없었다는 뜻이다.

⇦ 25 시미즈는 결국 허큘리스 화물기로 도쿄에 도착하지 못했지만 도쿄전력 사장이 이렇게 거대한 비행기의 사용을 요청하고 처음에는 승인까지 받았다는 사실을 보면 이 회사가 얼마나 큰 힘을 휘둘렀는지 알 수 있다. 시미즈는 이후 도쿄까지 차로 이동하는 대신 이 비행기를 사용하려 했다는 이유로 엄청난 비난을 받았다. 에다노 유키오 관방장관은 "도쿄전력 사장이 어딘가 움직일 수 없는 곳에서 발이 묶였다면 발전소 사고에 대처하기 위해 자위대 비행기를 사용할 수 있게 해달라고 요청하는 것도 이해할 수 있다. 하지만 나고야와 도쿄 사이에는 도로가 뚫려 있었는데 왜 그런 요청을 했는지 궁금해질 수밖에 없었다"고 밝혔다.

II
두 번째 날: 3월 12일 토요일

자정 무렵 지친 기술자들이 제어실 계기에 전력원을 연결하는 데 성공하면서 주차된 버스에서까지 배터리를 떼어오는 등 현장의 모든 휴대용 발전기와 배터리를 끌어모았던 노력이 보상받기 시작했다. 기술자들은 컴퓨터가 작동하지 않는 탓에 만 페이지에 달하는 문서를 샅샅이 뒤져 회로도를 찾아냈다. 계기판의 수치는 1호기의 건정, 즉 거대한 외부 콘크리트 격납용기의 압력이 이미 설계 허용치인 528킬로파스칼을 10퍼센트 이상 넘어섰다는 사실을 알려주었고 이자와와 현장의 다른 직원들 모두 공포에 빠졌다. 원자로가 파괴되고 제1발전소의 모든 인력이 대피해야 하는 폭발이 일어날 수도 있었다. 꾸준히 정보 부족과 소통 문제에 시달렸던 요시다는 마침내 1호기의 분리응축기가 작동하지 않는다는 사실을 알았고 도쿄전력 본사에 대기로 곧장 압력을 방출할 수 있게 허가해달라고 요청했다. 이후 그는 회사에 더 일찍 통보하지 않았다는 이유로 비난을 받았으나 요시다가 씨름하고 있던 모든 상황을 고려하면 말을 얹기가 망설여진다. 하지만 비상대응센터에 있던 수십 명의 사람 중 누군가는 훨씬 더 빨리 깨달았어야만 했다. 이자와는 몇 시간 전부터 분리응축기에 뭔가 문제가 있다는 것을 알았고 그런 사실이 비상대응센터에 전해졌다고 믿었다. 정확히 어떻게 말을 했는지는 알려지지 않았으나 이 한 번의 혼선이 사실상 재앙을 촉발하는 계기가 되었다고 할 수 있다.

후쿠시마 제1 발전소의 중대사고 관리 지시서[26]에는 강력 통기hard venting에 관한 내용이 없었다. 원자로 노심의 기체를 고의로 배출하는 일은 예상하지 못했

---

26 이후 요시다는 사고 중 중대사고 관리 지시서를 활용하지 않았다고 인정했다. 그는 대부분 즉흥적으로 결정을 내렸지만 어쨌든 이 지시서에는 해당하는 내용이 없었으므로 큰 차이는 없었다.

기 때문이었다. 전력이 끊어진 상태에서 어떻게 강력 통기를 할 수 있을지 전혀 알지 못했으므로 요시다는 자정이 지난 직후 직원들에게 고된 준비작업을 시작하라고 지시했다. 도쿄전력 직원들은 보통 원자력 건물 주위에서 일하지 않았기 때문에 애초에 필요한 배기밸브를 손으로 열 수는 있는지, 그리고 해당 밸브와 주입구가 어디에 있는지 아는 사람이 많지 않았다. 원자력 건물 근처에서 밸품을 파는 일은 대부분 수천 명의 하청 노동자들이 맡았지만 이미 대부분이 대피한 후였으므로 요시다는 배관 설계도와 밸브 계통도를 찾기 위해 망가질 대로 망가지고 칠흑같이 어두운 관리동에 사람들을 보내야 했다.[27] 관리동을 찾은 팀은 밸브의 물리적 위치를 확인할 수 있는 자료를 샅샅이 뒤지며 밸브에 도달할 방법을 찾았지만 적어도 몇몇 자료는 오랫동안 갱신되지 않아 더는 실제 발전소와 맞지 않았다. 이들이 계획을 세우는 사이 다른 직원들은 밸브를 열기 위한 장비를 찾으러 가거나 필요한 기술을 지닌 하청 노동자들을 찾아 나섰다.

　그사이 또 다른 팀은 원자로노심격리냉각을 점검하기 위해 2호기 건물에 진입했다. 이들은 인공호흡기로 호흡하며 심각하게 훼손된 건물을 따라 내려갔지만 지하실이 장화 제일 위쪽까지 올라오는 물에 잠겨 있는 것을 발견했다. 물이 새지 않게 만들어진 원자로노심격리냉각 펌프실의 문을 여는 위험을 감수할 수 없었던 혹은 감수할 뜻이 없었던 이들은 어둠 속에 희미한 기계음이 울리는 것을 들었고 1/2호기가 공유하는 제어실로 돌아와 이 계통이 돌아가고 있는 것 같다고 보고했다.[28] 한 시간이 지난 새벽 2시, 또 다른 팀이 다시 2호기 건물을 점검하러 왔지만 지하실의 수위가 더 높아진 것을 확인했다. 그들은 대신 비전기식 계기 선반을 확인하기 위해 한 층 위로 올라갔고, 펌프 배출 압력이 높은 것을 보고 원자로노심격리냉각이 작동하고 있는 것을 알았다. 흔치 않은 행운이었다. 운전원들은 원자로노심격리냉각을 제어할 수 없었지만 쓰나미가 발전소를 덮쳤을 당시 이 계통이 활성화되어 밸브가 열려 있었던 덕분에 전원이 나간 후에도 그대로 유지되었던 것이었다. 3호기에서도 우연히 자체 배전반

---

27 주 하청 업체 인력 중 약 30퍼센트, 그리고 재하청 업체의 약 15퍼센트만 발전소에 남았다.
28 일부 자료에서는 원자로노심격리냉각 펌프실이 침수되었다고 하지만 실수인 듯하다. 믿을 만한 여러 자료에서 직원들이 펌프실 문을 열고 안으로 들어갔다는 서술을 찾을 수 없기 때문이다.

이 침수를 피해 원자로노심격리냉각이 가동되고 있었다. 2호기가 당장 위험하지 않다는 것을 확인한 비상대응센터는 1호기로 주의를 돌렸다.

도쿄에서는 간 총리와 그의 고문들이 강력 통기의 파급효과를 고민하고 있었다. 간은 도쿄전력의 다케쿠로, 원자력안전보안원 부원장이자 안전 정책 책임자로 원장 데라사카 노부아키[29]를 대신하게 된 히라오카 에이지뿐 아니라 62세의 원자력안전위원회 위원장 마다라메 하루키, 관방장관 에다노, 경제산업성 장관 가이에다 반리 등에게 조언을 구했다. 한때 원자력 연구 엔지니어였고 도쿄대학교 명예교수를 지낸 마다라메는 몇 년 전 이시바시 가쓰히코의 경고를 일축했던 인물이었다. 또한 주부전력을 위해 법정 증언에 나섰던 2007년 2월에는 원자력 발전소의 전체 정전 가능성에 관해 반대신문을 받던 중 격분해 "이 모든 가능성을 고려했다면 아무것도 만들지 못했을 것이다"고 쏘아붙이기도 했다. 마다라메와 다케쿠로는 이미 몇 시간 전 총리에게 통기를 피할 수 없다고 경고했었다. 그들은 간에게 이로 인해 노심에서 방사성 입자가 일부 빠져나간다 해도 대부분은 감압실의 물에 씻길 것이며 국지적인 방사선 재앙으로 이어지지는 않을 거라 확언했다. 다케쿠로는 두 시간 내에는 작업을 시작할 수 있을 것으로 추정했다. 총리는 동의했고 에다노와 가이에다가 새벽 3시에 이 계획을 알리기 위한 특별 기자회견을 열기로 했다. 바로 통기 작업을 시작하면 되었다. 도쿄전력은 승인이 떨어지리라는 가정하에 작업을 진행하고 있던 요시다에게 총리의 지시를 전달했다. 한 목격자는 이즈음 도쿄 본사의 누군가와 통화하다 현장에서는 찾을 수 없는 물을 주입하라는 이야기를 들은 요시다가 "뭐든 상관없다. 찾을 수 있는 액체는 아무거나 보내 달라!"고 필사적으로 간청하는 것을 우연히 들었다.

승인을 기다리는 동안 제1 발전소의 작업자들이 1호기의 디젤구동 소화펌프로 돌아갔으나 소화펌프가 몇 시간 사이 멎어버린 것을 발견했다. 이제 그들의 마지막 희망은 소방차 한 대뿐이었고 터빈 건물 밖에서는 작업자들이 어둠 속에 잔해를 헤집으며 소방 흡입구를 찾고 있었다. 열려 있는 맨홀 뚜껑을 비롯

---

[29] 데라사카는 이후 "이렇게 중대한 사고가 일어났을 때는 깊은 기술적 지식이 필요하리란 것을 깨달았고 기술 분야의 전문가가 총리실에 남는 게 좋겠다고 생각했다. 나는 원자력 공학을 전공하지 않았고 원자력 안전 분야에서 경력을 쌓지도 않았다"고 증언했다. 고도로 전문화된 기관의 기관장이 자신이 속한 조직이 하는 일에 관해 사실상 아무것도 몰랐다는 것은 말도 안 되는 일이다.

해 많은 위험이 이들의 작업을 방해했고 일부 낮은 구역은 침수된 탓에 한 단계씩 신중하게 접근해야 했다. 또한 건물 밖에서 소방선을 통해 노심 안쪽으로 물을 보내려면 새로운 배관 통로를 열어야 했다. 모터구동 밸브는 수동으로 가동하기 어려웠고 작업자들은 관 위쪽의 까다로운 위치에 있는 무거운 바퀴 모양 핸들을 돌리느라 애를 먹었다. 밸브 자체의 크기도 축구공만큼 조그마한 것부터 지름이 0.5미터보다 훨씬 큰 핸들이 달린 것까지 다양했고, 따라서 밸브를 여는 데 걸리는 시간도 다 달랐다. 일부 밸브에는 손으로 돌리는 바퀴 핸들이 있었고 어떤 밸브에는 없었다. 원자로 건물 내의 방사선 수치는 시간당 300밀리시버트가 넘는 것으로 추정되었고 계속 올라가고 있었다. 여전히 많은 직원이 방사선의 위험을 피하며 원격으로 밸브를 되살릴 수 있도록 몇 시간째 무거운 전기선을 깔고 있었지만 때로는 선이 너무 짧다는 사실만 깨닫곤 했다. 새벽 2시 30분이 되자 1호기 외부 격납건물의 압력이 설계 허용치인 528킬로파스칼을 60퍼센트 초과한 850킬로파스칼에 도달하면서 다시 긴장이 높아졌지만 이후 압력이 800킬로파스칼까지 내려갔다.[30]

외부 상황에 따라 1/2호기 제어실 내부의 방사선 수치도 계속 올라갔다. 특히 건물 입구 근처에 놓인 조그마한 발전기에서 제어실까지 케이블을 연결할 수 있도록 살짝 열어둔 문과 천장 근처에서 가장 높았다. 이자와의 부하 직원 중 몇몇은 탁자에 올려둔 형광등 몇 개의 빛에 의지해 바닥 여기저기에 모여 앉아 있었고 고참 직원들은 다음 조치를 의논하고 있었다. 도쿄의 에다노 관방장관이 통기 작업을 알리기 위해 불안함이 떠도는 총리 관저의 기자실에 들어서던 순간, 마찬가지로 고민이 많았던 이자와는 역할을 지정해주려 운전원들을 모으고 있었다. 모두 자신이 안전을 책임져야 하는 사람들이었다. 감정이 치솟아 말을 잇기 어려웠지만 그는 발전소 배치에 더 익숙해 어둠 속에서도 쉽게 길을 찾을 수 있는 고참 직원들만 움직인다고 선언했다. 실은 방사선 때문에 암이 생기려면 몇십 년은 걸리므로 당장 건강이 위험해지지는 않지만 불임이 발생할 수 있다는 사실을 더 중요하게 생각하고 내린 결론이었다. 이자와는 먼

---

30 마크 1 격납건물은 과거에 설계 압력의 300퍼센트까지 견딜 수 있다고 간주되었으나 이제는 과다 추정으로 여겨진다(작동 중인 원자로에 이런 실험을 해보고 싶지도 않을 것이다). 감압실에 뜨거운 증기를 너무 많이 보낸 탓에 안전방출밸브의 효과가 사라져 압력이 증가했을 수도 있다. 또한 적어도 한 보고서에서는 안전방출밸브의 노즐 개스킷 밀폐 부분이 훼손되었다고 언급했다.

저 직원들에게 지원해 달라고 부탁했으나 침울함 속에 겁먹은 얼굴들만 마주하게 되자 침묵을 깨고 자신이 가겠다고 밝혔다. 긴장감이 풀어졌다. 고참 직원 중 한 명이 제어실을 지휘하려면 그가 필요하다고 일깨웠고 대신 본인이 가겠다고 선언했다. 지원자가 점점 늘어났고 결국 모두 기립해 할 말을 잃게 했다. 이자와는 이후 "가슴이 벅찼다"고 인정했다.

핵심 그룹이 원자로 통기 계획을 논의하던 새벽 3시 45분 1호기의 또 다른 팀은 방사선 수치를 확인하기 위해 원자로 건물로 걸어갔다. 하지만 일본원자력기술협회의 사고 보고서에서 기술한 것처럼 문을 열었을 때 "하얀 아지랑이가 보여 급히 문을 닫았다. 그리고 작업자들은 방사선을 측정한다는 생각을 버렸다." 나쁜 소식만 있는 것은 아니었다. 새벽 4시 차가운 바깥 날씨 속에 진행된 작업이 마침내 성과를 거둬 냉각이 중지된 지 12시간 만에 녹아내리고 있던 1호기 노심에 소방차의 신선한 물이 흘러 들어갔다. 노심의 압력은 스스로 낮아지고 있었으나 동시에 방사선 수치는 올라가서 어딘가에 유출이 있다는 것을 확인해 주었다. 하지만 이렇게라도 압력이 낮아진 덕분에 저압의 물을 주입할 수 있었다. 안타깝게도 이렇게 투입된 물의 50퍼센트는 다른 여러 구역으로 통하는 관으로 퍼져 나갔다. 30분 후 다시 한번 강력한 여진이 발전소를 뒤흔들었고 외부에 있던 사람들 모두 쓰나미를 대비해 고지대로 대피했다. 이후 요시다는 1호기와 2호기에서 작업하는 이들은 얼굴을 모두 가리는 마스크와 전신 작업복을 착용하라고 지시했지만 밖으로 나갈 때마다 마스크가 오염되는 탓에 다시 사용할 수 없었다. 곧 비축했던 물건들이 바닥났는데 재난 대비 계획에서 들것 하나, 타이벡Tyvek(미국 듀폰사가 개발한 합성 섬유로 가볍고 불에 잘 타지 않으며 화학물질에 강하다-역주) 안전복 50벌처럼 충분치 않은 양을 요구했던 것도 어느 정도 영향을 미쳤다. 직원들은 개별적인 부품들을 떼어내 새로운 보호 장비를 만들기 시작했다. 요시다는 재난이 이어지는 내내 도쿄전력에 추가 물품을 보내 달라고 애걸했으나 대개 도움이 되지 않는 반응만 돌아왔다.

시간이 흐르면서 점점 더 악화하기만 하는 종말론적인 상황이 제1 발전소 직원들에게 영향을 미치기 시작했다. 모든 직원이 발전소에서 유일하게 안전한 장소인 면진 건물로 몰려들어 비어있는 곳이면 어디든 몸을 쑤셔 넣었고 복도에도 줄지어 있었다. 어떤 사람들은 허공을 바라보며 앉아 있었고 어떤 사람들은 얇은 담요를 덮고 바닥에 누워 몇 분이라도 눈을 붙이려 했다. 모두 지치고 굶주렸으며, 자신의 건강과 생명 그리고 일본 전역에 펼쳐진 더 커다란 혼란 속에 있을 사랑하는 이들을 걱정했다. 지역 내 휴대전화 통신이 끊어진 후 직원들은 도쿄전력 본사에서 돌려주는 전화로만 통화할 수 있었다. 가시와자키가리와 발전소에서 보낸 인력이 그날 밤 도착해 어느 정도 부담을 덜어주었지만 물자가 부족했고 사태 해결까지는 요원했다.

정부는 새벽 5시 45분 대피 구역을 반경 3킬로미터에서 10킬로미터로 넓혔다. 하지만 지역 내 통신 시설이 광범위하게 파괴된 탓에 소방차들이 해당 지역을 돌며 확성기로 대피 명령을 방송해야 했다. 이러한 명령이 나왔을 때 근처 원자력 발전소에서 재난이 발생했다는 사실을 알고 있던 주민은 전체 인구의 20퍼센트밖에 되지 않았다. 30분 뒤 간 총리는 전례 없는 조치로 직접 후쿠시마 제1 발전소로 향하는 유로콥터Eurocopter AS 332 수퍼푸마Super Puma 헬리콥터에 올랐다. 여전히 진행 중인 자연재해로 심각한 피해를 본 국가의 지도자가 직접 상황을 파악하기 위해 특정한 장소로 날아간다는 결정을 알게 된 이들은 모두 놀라며 믿지 못했다. 간은 이동하는 동안 원자력안전위원회 위원장 마다라메에게 원자력 안전 체계에 관해 심문하듯 물었고 몇 시간 동안 그를 괴롭혔던 원자로 내 수소 폭발의 가능성을 따졌다. 마다라메는 "수소가 원자로 격납용기 안으로 새어 나온다 해도 격납용기는 질소로 가득 차 있다. 산소가 없으면 폭발이 일어날 수 없다"며 총리를 안심시켰다.

그들은 아침 7시 12분 발전소의 운동장 겸 간이 헬기장에 착륙했고 곧장 버스를 타고 면진 건물로 향했다. 이때쯤에는 1호기의 원자로가 거의 녹아내려 압력용기 바닥이 아래로 늘어졌고 녹아내린 물질들이 두꺼운 강철을 용해시키기 시작했다. 몇몇 사람은 이 시점에 노심 용융을 의심하고 있었지만 실제로 얼마나 손상되었는지는 아무도 몰랐다. 급히 면진 건물의 이중 보안문을 통과한 간은 잠시 그곳에 모여 있는 사람들을 보고 충격을 받았다. 그가 책에 쓴 것처럼 "교전 지역"과 같은 풍경이 펼쳐졌다. 총리는 그를 기다리고 있던 오염 제거 전문가 수행원들을 지나쳤고, 밖에서 중요한 임무를 마치고 돌아와 방사선 검사를 받기 위해 줄지어 있던 지친 노동자들에게 시끄럽게 자신의 정체를 밝혔다. 그리고 그들을 비집고 지나간 뒤 계단을 올라가 요시다를 마주했다.

간은 그와 대화하면서 깊은 감명을 받았다. 발전소장은 모호하게 일반적인 설명만 늘어놓던 총리의 고문들과 달리 차분하게 모든 것을 설명했다. 간이 이례적인 정치인이었던 것과 마찬가지로 요시다는 도쿄전력의 고위 간부 중 이례적인 인물이었다. 솔직하고 실용적이었으며 어려운 결단을 내릴 준비가 되어 있었고, 심지어 작업 속도를 높이기 위해 방사선 수치가 높은 구역에 진입할 "결사대"를 조직하겠다고 제안했다. 두 사람이 같은 학교를 졸업했다는 사실을 알게 된 총리는 바로 가쿠바쓰의 유대감을 느꼈고, 오쿠마 지역의 소개를 확인하느라 통기 작업을 시작하지 않았다는 사실도 알게 되었다. 간은 30분도 머물지 않고 이 시설을 떠났지만 냉철한 적임자가 이 발전소를 책임지고 있으며 그와 그의 직원들이 할 수 있는 모든 일을 하고 있다는 사실에 안도했다. 총리는 자신의 방문이 옳은 일이었다는 태도를 유지했지만, 이후 다른 직원들에게 보인 형편없는 태도 및 행동과 요시다의 귀중한 시간을 개인적으로 빼앗았던 결정으로 인해 정치적 후유증을 겪게 된다.

간 총리는 후쿠시마 제1 발전소를 떠나기 전 제2 발전소 주변 3킬로미터 이내 주민들을 대피시키는 명령에 서명했다. 제2 발전소는 새벽 5시 30분경 3기의 원자로에서 냉각에 사용되는 감압 기능이 상실되었다고 선언했다. 지금 각 원자로를 냉각하고 있는 원자로노심격리냉각에는 전원이 필요하지 않았지만 운전원들이 뜨거운 물을 감압실로 보내고 있어 감압실의 온도가 섭씨 100도를 넘어갔다. 제2 발전소에서도 대형 사고가 임박한 듯했으나 기술직 직원들은 새로운 모터와 케이블을 실은 트럭이 도착하길 기다리며 열정적으로 손상된 해수펌프를 해체하고 있었다.[31]

오전 8시 제1 발전소의 직원들은 6호기에 남아있던 디젤 발전기를 5호기와 연결하는 작업을 마쳤다. 덕분에 5호기 원자로에서 비상냉각 계통이 일부 가동되었고 물이 끓는 동안 몇 시간 동안이나 계속해 왔듯 증기방출밸브를 반복해서 열었다 닫을 필요도 없어졌다. 한 시간 뒤 다른 직원 한 무리가 1호기 밖에 있던 소방차의 호스를 소방담수탱크까지 잇는 작업을 마쳤다. 그전에는 소방차 자체 탱크가 빌 때마다 소방담수탱크로 가서 물을 채워야 했다. 이 작업에만 다섯 시간 이상이 걸렸지만 덕분에 처음으로 물을 계속해서 주입할 수 있게 되

---

31 새벽 5시 22분 1호기에 트럭이 도착했고 2호기와 4호기에도 각각 5시 34분과 6시 7분에 도착했다.

었고 마침 그때 소방차 두 대가 더 현장에 도착했다.

오전 9시 2분 마침내 오쿠마의 대피가 끝났다는 소식이 전해지자 요시다는 직원들에게 바로 1호기 격납용기를 통기하는 데 필요한 밸브 두 개를 열라고 지시했다.[32] 이자와는 지원자 중 가장 나이가 많고 강인한 직원 6명을 선발해 두 명씩 3조로 나누었고 몇 번씩 반복해서 자신들의 임무를 익히게 했다. 이들은 개인 선량계를 지니고 30분간 사용할 수 있는 공기탱크를 멘 채 얼굴을 모두 가리는 마스크를 썼고, 타이벡 안전복을 입은 뒤 그 위에 다시 은색 방화복을 착용해 오염물질에 최소한으로 노출되게 했다.[33] 통신 수단이 없는 상황에서 한 팀씩 임무에 나섰고 세 번째 팀은 예비 조였다. 첫 번째 팀은 암흑처럼 어두운 원자로 건물의 복도를 따라 200미터를 내려갔다. 손에 든 손전등 불빛에만 의지해 고요한 미로를 통과하는 사이 표면에 닿은 그림자들이 춤을 췄다. 두 사람은 2층에 있는 모터구동 배기밸브를 찾아 계단과 사다리를 올랐고 달궈진 통로를 걸었다. 땀에 흠뻑 젖은 채 매 순간 주위의 방사선을 느끼며 무거운 밸브 핸들을 25퍼센트까지 여는 시간은 마치 영원처럼 느껴졌다. 그들은 떠난 지 정확히 20분 만에 기쁨에 찬 제어실에 복귀했다.

두 번째 팀은 희뿌연 원자로 건물에 진입하자 달리기 시작했고 북동쪽 모서리로 방향을 틀어 감압실 출입구로 향하는 계단을 내려갔다. 출입구를 열자 그들이 들고 있던 커다란 이온화함측정기의 바늘이 시간당 900밀리시버트로 뛰어올랐는데 7분이 지나기 전에 비상 근무자들의 연간 방사선 한도인 100밀리시버트를 넘길 수 있는 양이었다.[34] 두 사람은 다급히 문턱을 넘어 도넛 모양의 감압실 위로 올라갔고 보행자용 통로를 따라 반대쪽으로 걷기 시작했지만 밸브까지 절반 정도 갔을 때쯤 선량계의 바늘이 측정 범위를 넘어갔다. 공포에 질린 둘은 몸을 돌려 뛰기 시작했고 곧 발전소 직원 중 처음으로 선량 한도를 넘겨 후송되었다.[35]

---

32 오쿠마 시청에서 발전소에 전화를 걸어 대피가 완료되었다고 알렸지만 실수였고 사실 대피가 완전히 끝나지 않은 상태였다. 하지만 통기 작업이 시작되었다.

33 공기탱크가 20분 분량이었다는 기록도 있고 30분 분량이었다는 기록도 있다. 같은 자료에서 두 수치를 섞어 쓴 일도 있어 어느 쪽이 맞는지 알 수 없다. 어쨌든 사용 시간에 제한이 있었으므로 작업자들은 발전소 건물에 도착하기 전에는 탱크의 공기를 사용하지 않았다.

34 이온화함측정기는 장치 속 기체가 차 있는 공간을 통과하는 이온화 방사선에 의해 발생한 전하의 양을 측정한다. 보통 베타 방사선과 감마 방사선을 측정하는 데 쓰인다.

모두 힘을 쏟아부은 노력이 성공을 거두는 듯했던 순간부터 상황이 나빠지고 있었다. 1호기 감압실에 내려가는 일은 너무 위험한 것으로 판명되었고, 다양한 방법으로 감압실의 주 배기밸브를 원격으로 열어보려 했지만 잔류 공기 밸브 압력이 충분치 않아 모두 실패했다. 건정과 수조의 밸브를 모두 열지 않으면 압력이 파열판rupture disk을 깨트려 통기에 영향을 미칠 정도가 되지 않았다. 파열판은 최대 설계 압력 이상이 되면 터지도록 설정된 일회용 칸막이벽으로 직원들이 사용할 수 있는 마지막 수단이었다. 그리고 얼마 지나지 않아 운전원들이 다음 조치를 논의하고 있던 오전 11시 36분 3호기의 원자로노심격리냉각이 작동을 멈췄다. 도쿄전력은 2014년 "터빈의 배기가스 압력이 높아지면서 전기적 차단이 일어난 듯하다"고 분석했다.[36] 남쪽으로 21킬로미터 떨어진 도쿄전력의 히로노 화력 발전소에서 한 개의 무게가 12킬로그램에 달하는 2볼트짜리 무거운 배터리를 50개 정도 항공자위대 헬리콥터에 실어 보내준 덕분에 이제는 추가 배터리를 사용할 수 있었다. 3호기의 수위가 떨어지자 한 시간 뒤 이 배터리의 전기를 이용해 고압냉각재주입 계통을 가동했다. 1호기에서는 엔지니어들이 10시간 동안 작업한 끝에 오후 12시 51분 디젤구동 소화펌프를 고쳤다고 보고했다. 이들은 곧 펌프를 작동시켰으나 20분 만에 다시 모터가 고장나면서 멈췄다.

1호기의 나머지 밸브를 열 방법을 논의한 끝에 운전원들과 기술자들은 앞서 소방선에 사용했던 절차를 다시 밟기로 했다. 건물 외부에서 거대한 공압식 주격리밸브를 억지로 여는 것이었다. 도쿄전력의 운전원들은 유감스럽게도 이동식 공기압축기가 필요한 만큼 강력하지 않고 배관 시스템에 연결할 어댑터도 없다는 사실을 발견했다. 필요한 장비들은 하청 업체용 건물에 있었다. 기술자 한 무리가 이 작업에 매달려 있던 이른 오후 이자와와 휘하 운전원들은 다

---

35 국제원자력기구에 따르면 둘 중 한 명은 106밀리시버트를 쬐었다. 다른 직원은 "〈 100밀리시버트"로만 적혀 있다.

36 이 고압 배기가스 차단 장치는 감압실로 향하는 배기로가 막히는 경우 시스템을 중단하도록 설계되었다. 제1 발전소에서는 감압실 압력이 높았지만 배기로가 막히지는 않았기 때문에 실은 이 장치가 더 많은 문제를 유발한 것으로 보인다. 원자로노심격리냉각의 오일 공급은 이 계통에서 퍼 올리는 물로 냉각되므로 터빈의 속도가 떨어지면서 베어링이 고착되었기 때문이다. 한 고참 원자로 운전원은 내게 이렇게 말했다. "이제는 원자로노심격리냉각이 설계 범위를 벗어나 가동될 때는 모든 차단 장치를 꺼서 완전히 고장이 날 때까지 돌아가게 하고, 예비 펌프로 주입할 준비가 끝날 때까지는 절대 정지하지 말라는 지침이 있다. 이 계통을 재가동할 수 없기 때문이다."

시 원자로 건물로 돌아가는 모험을 택할 수밖에 없다고 생각했다. 예비 조였던 세 번째 팀이 장비를 갖추고 방사선 수치를 알 수 없는 곳을 향해 출발했다. 하지만 그들이 떠난 직후 이자와는 배기 굴뚝으로 차폐가 뚫렸다는 징후일 수도 있는 하얀 연기가 새어 나오고 있다는 소식을 들었다. 그는 맞은편에 있던 교대조 감독자 두 명에게 고함을 쳤고 두 사람은 안면 보호구를 거머쥐고 달려 나가 원자로 건물 입구 근처에서 간신히 앞서 떠났던 운전원들을 붙잡았다.

어느 순간 누군가가 문틀이 휘어져 문이 닫히지 않는 3/4호기 제어실의 외부 출입구에 납축전지를 쌓아두었고 덕분에 직원들을 감마선으로부터 어느 정도 보호할 수 있었다. 노심 용융 때문인지 공기압축기 때문인지 알 수는 없지만 오후 2시 30분 마침내 1호기 원자로의 압력이 떨어지기 시작했다. 요시다와 이자와, 몇백 명에 이르는 직원들 모두 안도의 한숨을 내쉬었지만 자축할 시간은 없었다. 모두 지금쯤이면 노심이 적어도 부분적으로는 녹아내렸을 테고 용융된 노심이 강철 압력용기를 파괴하기 전에 냉각해야만 한다는 것을 알고 있었다. 점점 올라가는 방사능 수치는 외부 압력용기가 손상되었을 가능성을 시사하고 있었다. 오후 3시가 되기 직전 요시다는 1호기를 냉각하는 소방차가 사용하던 80톤짜리 담수탱크가 완전히 비었다는 보고를 받았다. 다른 대안이 없는 상황에서 그는 직원들에게 호스를 3호기의 가로 9미터, 세로 66미터, 깊이 6.6미터의 거대한 역세척밸브수조에 빠트리라고 지시했다. 원래는 해수와 증기응축기가 있는 구역을 세척하기 위한 밸브가 설치된 곳이지만 지금은 쓰나미가 몰고 온 바닷물이 수조를 채우고 있었다. 여과하지 않은 해수는 닿는 모든 것을 부식시키기 때문에 다시는 1호기 원자로를 쓸 수 없겠지만 요시다는 이미 원자로를 구할 수 없다는 것을 알고 있었다. 지금 그들이 할 수 있는 최선은 부글부글 끓는 방사성 마그마를 원자로 내에 가두는 것이었다.

작업자들이 수조까지 호스를 깔고 소방차 3대를 이용해 배출 압력을 높이는 동안 또 다른 복구팀은 피해가 없는 변압기 한 대와 파워센터power centre를 살리기 위해 무게가 1톤이 넘는 튼튼한 전기 케이블 한 릴을 깔아 현장에 도착한 20대 이상의 발전기 트럭 중 한 대에 연결하는 고된 작업을 마쳤다. 이제는 1호기에 필요한 480볼트 교류전원을 전송해 이 원자로를 제대로 냉각할 수 있는 예비 펌프를 가동할 수 있게 되었다. 두 팀 모두 오후 3시 30분 즈음 일을 끝냈다.

그로부터 60분 뒤, 그러니까 쓰나미가 후쿠시마 제1 발전소를 강타한 지 딱 24 시간쯤 되었을 무렵 그리고 소방차들이 막 역세척밸브수조를 채웠던 바닷물을 바닥내기 시작했을 무렵 1호기가 폭발했다.

원자로 건물 전체로 보면 위쪽 3분의 1에 해당하는 5층 연료 재보급 층의 덱 deck이 뜯겨 날아가며 방사성 콘크리트 조각과 금속 파편이 사방에 날렸다. 거대하고 무거운 갠트리크레인이 얇은 가지처럼 휘어져 연료 재보급 층 제어실 위로 쓰러졌고 폭발에도 날아가지 않은 모든 것을 으스러뜨렸다. 잔해 덩어리가 조금 전 소방펌프를 되살린 사람들 위로 쏟아져 내려 5명[37]이 다쳤고 그들이 수조까지 연결했던 호스가 갈기갈기 찢어졌다. 부상자 중에는 50세가 된 발전소 자체 소방서장도 있었는데 쇳조각이 그가 타고 있던 소방차 창문을 관통해 팔을 부러뜨렸다. 소방차는 충격에도 살아남았지만 발전기 트럭에 연결된 전기배전반과 조심스럽게 배치된 전력 케이블 여러 세트가 훼손되었고 불과 몇 분 전 다시 가동되기 시작한 1호기의 예비 펌프 한 세트도 망가졌다. 모두 서둘러 여과된 공기가 있는 면진 건물로 돌아갔고 약 두 시간 동안 복구 작업과 원자로 냉각이 완전히 중단되었다. 이제는 밖에서도 연료 재보급 층의 잔해 사이로 돌출된 1호기 격납용기의 노란색 돔 뚜껑이 또렷하게 보였다.[38]

폭발이 제어실을 뒤흔들자 이자와의 심장은 가슴 밖으로 튀어나올 듯했다. 원자로가 폭발한 걸까? 그랬다면 방사선이 치명적인 수준으로 올라갔을 것이었다. 그는 재빨리 가장 핵심적인 인력을 제외한 모든 이에게 비상 장비를 착용하고 언덕 꼭대기의 면진 건물로 후퇴하라고 지시했다. 창문이 없는 비상대응센터 내부에 있던 요시다와 직원들은 날카로운 충격을 감지했으나 순간적으로 또 다른 여진이 일어난 것인지 확신이 서지 않았다. 느낌이 달랐다. 10킬로미터 떨어진 언덕 위에 설치된 지역 방송사 후쿠시마중앙텔레비전Fukushima Central Television의 고정식 망원렌즈 카메라가 폭발 장면을 포착했다. 방송사는 몇 분 만에 이 영상을 지역 내에 방송했고, 비상대응센터에서는 망연자실한 사람들이 거대한 화면에 자신들의 원자로 건물이 폭발하는 장면이 몇 번이나 반복

---

37 국제원자력기구를 비롯해 여러 기관에서 5명이라고 밝혔다. 4명이었다는 자료도 있다.
38 정부 보고서에서 여러 가능성을 제외하긴 했지만 폭발을 일으킨 정확한 발화원은 알려지지 않았다. 원자로에 전기를 복구하려던 시도가 우연히 발화로 이어졌을 수도 있다.

재생되는 것을 지켜보았다. 신경이 곤두선 진행자는 자신이 본 것을 설명하려 노력하고 있었다.

요시다는 속이 메슥거렸다. 그는 이후 "첫 번째 폭발이 일어난 걸 봤을 때 우리가 정말 죽을 수도 있다고 생각했다"고 회상했다. 그는 폭발 당시 근처에 있던 이들이 분명히 모두 살아남지 못했을 거라 생각했다. 하지만 그들은 운이 좋았다. 노심 자체가 폭발한 것이 아니었다. 연료봉의 지르코늄 피복이 증기와 반응하며 만들어진 900킬로그램이 넘는 수소가 격납용기 내부에서 아마도 손상된 개스킷이나 플랜지 이음을 통해 돔형 격납용기 뚜껑을 빠져나와 원자로 건물의 위쪽 층으로 새어 나왔고, 폭발하기 쉬운 기체들이 떠다니다 어쩌다 발생한 불꽃에 불이 붙은 것이었다.[39] 1호기의 취출판이 폭발을 막을 수도 있었지만 원자력안전보안원이 가시와자키가리와 발전소 사고 이후 모든 발전소의 이 장치를 강화하라고 주문했다. 이에 따라 취출판은 압력에 휘어지는 탄소 강재창호carbon steel fittings로 재설계되었다. 이름이 알려지지 않은 도쿄전력의 몇몇 직원들은 제1 발전소 1호기와 3호기의 취출판이 닫힌 채 용접되어 있어 혹은 정부 보고서에 적힌 것처럼 "쉽게 제거할 수 없게 설치"되어 있어 참사 중 제 기능을 하지 못했다는 확인되지 않은 주장을 내놓기도 했다. 또한 이 발전소에는 화학 반응을 이용해 수소를 증기로 바꾸는 "촉매형재결합기autocatalytic recombiner"라는 장치도 있었다. 수동 재결합기는 전력 없이 가동되며 스리마일 섬 사고 이후 보편화되었으나 불행히도 제1 발전소에 설치된 장비는 전기가 필요한 모델이라 사고 당시 멈춰 있었다. 몇 시간 전 작업자들이 취출판을 잘라내는 것을 고려하기도 했으나 그 과정에서 불꽃이 발생할 수 있어 생각을 접었다. 한편 2호기 동쪽 벽에 있는 가로 4.2미터, 세로 6미터의 취출판은 이론적으로 내부에서 제곱미터당 352킬로그램의 압력이 가해져야 열리게 되어 있었지만 1호기 폭발의 여파로 날아가 버렸다.

---

39 21,000세제곱미터 규모인 5층이 폭발하려면 수소 311.6킬로그램이 필요했다. 2012년 도쿄전력과 일본원자력안전기반기구가 각각 분석 결과를 발표했는데 도쿄전력은 폭발 시점에 900킬로그램이 넘는 수소가 만들어졌었다고 추정했고, 일본원자력안전기반기구는 그보다 약간 적게 추산했다. 출처: Investigation Committee on the Accident at the Fukushima Nuclear Power Stations of Tokyo Electric Power Company, "Chapter 2: The damage and accident responses at the Fukushima Dai-ichi NPS and the Fukushima Dai-ni NPS," pp. 58,59 (pp. 52,53 of PDF). Final Report, Government of Japan, 2012.

과거 쇼리키가 운영했던 닛폰티브이가 제일 먼저 전국에 폭발 사고를 알리기까지 한 시간이 넘게 걸렸다. 간 총리와 실무진은 오후 4시 50분에 방송을 보고 처음으로 폭발이 일어났다는 사실을 알았고, 이전까지는 이 시설에서 연기가 올라오고 있다는 보고를 받은 것이 전부였다. 간은 가케쿠로에게 상황을 설명하라고 요구했지만 도쿄전력 부사장 역시 본사에서 충분한 정보를 전달받지 못했다. 그날 아침 총리에게 폭발은 일어나지 않을 거라 확언했던 마다라메는 양손으로 머리를 감싸 쥐고 있었다. 한 시간 후 기자회견을 연 에다노는 이 사고를 "일종의 폭발 사건"이라 칭해 처음에는 기자들에게, 이후에는 대중에게 신랄한 비판을 받았다. 에다노의 주장은 다양한 방식으로 해석할 수 있지만 기본적으로는 누가 봐도 폭발이 분명한 사고를 폭발에 가깝지만 실제 폭발은 아닌 것으로 규정하려 했다. 이후 그는 구체적인 정보가 없는 상황에서 실제로는 그렇지 않을 수도 있는 사건을 "폭발이라 칭하면" 공황 상태가 벌어질 수도 있었다고 주장했다. 어쨌든 사람들은 당연히 공포에 빠졌으나 정부는 저녁 9시가 다 되도록 이유를 확인하지 못했다. 일본 정부의 무능함은 폭발 직전 열렸던 악명 높은 기자회견에서도 확인되었다. 원자력안전보안원 부원장 나카무라 고이치로는 이 기자회견에서 1호기에서 "용융이 진행되고 있을 수도 있다"고 인정해 세계적인 관심을 끌었다. 하지만 이후 나카무라는 알 수 없는 이유로 사라졌고 에다노가 폭발 사고를 알리는 기자회견을 열 때까지 복귀하지 않아 정부의 투명성에 의구심을 품게 했다. 그를 대신한 이는 하루 뒤 "적절한 설명은 '연료봉 외부 덮개의 손상'"이라는 솔직하지 못한 발언으로 전임자의 실수를 바로잡았다.[40]

---

[40] 나카무라는 에다노의 명령과 원자력안전보안원 내부 인사들의 지시로 교체되었다. 그는 그해 8월 "자진" 사임했지만 일본재건이니셔티브는 그가 사퇴하라는 압력을 받았을 가능성이 크다고 판단했다. 출처: Independent Investigation on the Fukushima Nuclear Accident, The Fukushima Daiichi Nuclear Power Station Disaster: Investigating the Myth and Reality, Routledge, 2014.

프로브probe(일반적으로 대상물의 계측이나 탐사에 사용되는 바늘 모양의 소도구 또는 장치-역주)로 외부 상황을 측정하는 동안 후쿠시마 제1 발전소의 사람들은 모두 실내에 피해 있었다. 발전소 주위의 방사선 수치가 올라가긴 했지만 직접적으로 위험할 정도는 아니었다. 90분이 지난 후 예민해진 작업자들이 오염된 폭발 잔해를 치우고 소방차들과 역세척밸브수조를 잇는 몇백 미터짜리 호스를 교체하기 위해 밖으로 나갔다. 또 다른 한 무리는 2호기의 이동식 발전기 트럭을 점검하고 손상된 케이블을 교체했으나 트럭의 과전류 보호 시스템이 작동되어 발전기가 돌아가지 않았다. 호스를 교체하는 작업은 저녁 7시 4분 마무리되었지만 몇 시간 만에 냉각수 주입이 재개되고 15분 정도 지났을 때 도쿄전력의 정부 연락 담당자 다케쿠로 이치로가 요시다에게 전화를 걸어 해수를 주입할 준비가 어떻게 되고 있는지 물었다. 요시다는 이미 주입을 시작했다고 답했고 그의 상사는 중단하라고 지시했다. 이유를 묻자 다케쿠로는 "닥쳐! 총리실에서 계속 나를 성가시게 하고 있단 말이야"라고 고함치고는 전화를 끊었다. 간은 해수 때문에 새로운 분열 반응이 시작되어 연료가 다시 임계에 도달할 가능성을 우려하고 있었고, 다케쿠로는 막 총리에게 해수 주입이 시작되려면 한 시간은 더 걸린다고 답한 참이었다. 따라서 총리는 해수 주입을 시작하기 전 그 영향을 고민해 볼 시간이 있다고 생각했다. 이미 마다라메가 다시 임계에 도달하는 것이 거의 불가능하다고 장담했으나 간은 더는 그의 지식을 믿지 않았다. 총리는 준비가 끝나길 기다리는 동안 다시 분석해 보라고 요청했다. 요시다는 이런 상황을 전혀 몰랐지만 총리 관저에서는 간 총리의 공포와 자주 욱하는 성미 때문에 정치적 간섭이 다시 시작되어 일을 망치고 있었다.

짜증이 난 요시다는 도쿄전력 본사의 임시 외부센터에 연락해 부사장 무토 사카에를 찾았고 그 역시 해수 주입을 중단하라고 지시했다. 이후 요시다는 "하지만 나는 그 과정을 중단할 생각이 조금도 없었다. 언제 해수 주입을 재개할 수 있을지 알 수 없으니 내 재량으로 진행하겠다고 혼잣말을 했다"고 회상했다. 요시다는 비상대응센터에서 믿음직한 부소장과 상의한 뒤 지시를 순순히 따르는 척했고 도쿄전력 본사와 줄곧 이어져 있던 화상 연결 화면에서는 주입을 중단하라는 명령을 내리는 쇼를 펼쳤으나 실제로는 본사의 요구를 무시했다. 그의 저항은 더 큰 재앙으로 이어질 수 있었던 상황을 막았고 사태가 수

습된 이후에 세계적인 찬사를 얻었는데, 특히 권위를 엄격히 따르는 일본의 일반적인 문화를 고려하면 더 칭찬할 수밖에 없었다. 그는 "결국에는 내가 판단해야 한다고 느꼈다. 논쟁하고 있을 시간이 없었을 뿐이다"고 설명했다.[41] 언론은 이후 간이 직접 해수 주입 중단을 명령했다고 잘못 보도했다. 실제로는 잠시 후 총리 집무실에서 이 문제에 대한 논의가 재개되자 그는 어떤 일이 벌어지고 있는지 모르면서도 바로 해수를 주입하는 데 동의했다.

상황이 점점 악화하자 정부는 대피 대상 지역을 세 번째로 인근 20킬로미터 이내까지 늘렸으나 이러한 지시는 추가적인 문제들을 불러왔다. 집을 떠나야 했던 시민의 수가 반경 3킬로미터 이내에서는 6천 명에 못 미쳤지만 10킬로미터에서는 5만 명 이상으로 늘어났고, 20킬로미터 이내에서는 17만 명 이상이 되었다. 앞서 10킬로미터 이내 지역에서 대피했으나 새로운 경계는 벗어나지 않았던 이들은 다시 한번 더 이동해야 했고, 통신 시설이 파괴되고 정전이 이어진 탓에 아직도 발전소에 사고가 터진 것을 몰랐던 사람들은 전혀 떠날 준비가 되어있지 않았다. 그 결과 곧 집에 돌아갈 수 있을 거라 믿고 아무것도 지니지 않은 채 대피소에 도착한 사람도 적지 않았다.

거의 제 기능을 하지 못했던 외부센터에는 10킬로미터 이내 지역의 소개를 위한 지도와 계획만 있었고 그보다 더 넓은 구역은 전혀 고려하지 않았다. 정보 보고서에 따르면 외부센터의 사람들은 "필수 대피 구역의 한도를 지정할 수 없고, 관련 지방 정부에서 질문을 받았을 때도 확실한 답변을 줄 수 없다"는 사실을 깨달았다. 외부센터는 제 역할을 다하기 위해 분투하는 사람들의 노력에도 불구하고 중앙 및 지방 정부와 발전소 사이를 조율하는 기구로 기능하기보다는 대개 혼란 속에서 허우적대곤 했다. 더 광범위한 정부를 보아도 아무리 실용적이지 않다고 해도 매년 비상 대비 훈련을 시행해 왔는데도 실제로는 극단적이거나 복잡한 사고에 대비하고 있지 않았고 거의 모든 전선에서 어쩔 줄 몰라 하고 있었다. 일본 국회 후쿠시마원자력사고독립조사위원회 보고서는 "이 사고가 터지자 많은 참가자가 [비상 대비] 훈련이 소용없었다는 느낌을 비쳤다"고 지적했다.

---

41 다른 상황을 모두 무시하더라도 이런 측면에서는 요시다가 옳았다. 규정에서도 이와 같은 상황에서는 발전소 관리자들에게 절대적인 재량권을 부여한다.

❖

완전히 전원이 나간 1호기, 2호기와 달리 3호기에서는 처음 이틀간 냉각과 감시가 가능했다. 직류전원 시스템 중 일부가 젖지 않았기 때문이었다. 12일 정오 이 원자로의 원자로노심격리냉각 계통이 멈춰 서기 전까지는 상황이 나쁘지 않았고 모든 노력이 1호기를 통기하는 데 집중되었다. 3호기 수위가 낮아지자 고압냉각재주입 계통이 자동으로 가동되어 냉각을 계속했다. 이 계통의 주입 속도는 시간당 1,800세제곱미터로 몹시 빨랐지만 비상상황에서 예비 장치로 몇 시간만 가동되도록 설계되었으므로 원자로노심격리냉각과 마찬가지로 증기 터빈으로 구동되었고 주 교류전원이 필요하지 않았다. 운전원들은 배터리 전력을 아끼기 위해 중요하지 않은 계통들을 모두 차단했고, 물이 원자로를 가득 채워 고압냉각재주입 계통이 멈췄다가 다시 가동되는 일이 없게 수동으로 이 계통을 제어했다.[42] 그들의 노력 덕분에 3호기의 배터리는 저녁 8시 36분까지 버텼지만 이후 모든 계기가 멈추기 시작했다. 이미 통기를 위한 준비 작업이 진행되고 있었다.

1호기 노심에 남아있던 물질들은 거의 뚫리지 않는 장벽인 강철 압력용기를 태워 구멍을 냈고 이제 아래에 있는 콘크리트 차폐용기를 공략하기 시작했다.

---

[42] 좀 더 구체적으로 설명하면, 운전원들은 원자로 수위가 너무 높아질 때마다 매번 시험 회선의 밸브를 열어 남는 물을 감압실로 보냈다.

III
세 번째 날: 3월 13일 일요일

 폭발 이후 고맙게도 이어졌던 고요함은 다음날 새벽 2시 30분 3호기 운전원들이 압력을 확인하고 또 다른 문제가 발생했다는 사실을 깨달으면서 끝났다. 고압냉각재주입 계통의 고압 주입 기능은 가능한 증기를 모두 사용하며 노심을 차가운 물로 채워 원자로의 온도와 압력이 시스템의 붕괴열 증기구동 터빈이 작동하는 범위 안에서 유지되게 하는 아주 훌륭한 역할을 해왔다. 몇 년 후 이뤄진 상세 분석 결과를 보면 사실 고압냉각재주입 계통은 앞서 마지막으로 압력을 확인하기 직전이었던 전날 저녁 8시 즈음 주입을 멈추었다. 이후 노심의 수위가 점차 떨어졌지만 아무도 알아채지 못했다. 운전원들은 저압으로 인해 고압냉각재주입의 고압 터빈이 진동하다 부서져 방사성 증기가 탈출할 경로가 생기지 않을까 우려했지만 배터리가 나간 탓에 터빈이 자동 정지되지 않았다. 소방차는 이미 사용 중이었으므로 그들은 1호기와 달리 아직 작동하고 있는 저압 디젤구동 소화펌프가 가장 좋은 대안이라고 판단했다.
 지금은 소화펌프로 물을 주입할 수 있을 정도로 노심의 압력이 낮아져 있어 완벽한 선택이었다. 하지만 이렇게 상태를 유지하려면 압력이 올라가고 내려갈 때마다 운전원이 원격으로 원자로의 안전방출밸브를 열었다 잠가야 했다. 배터리가 고갈되었는데도 알 수 없는 이유로 안전방출밸브의 전등 스위치가 희미하게 빛나고 있는 제어실에서 그 작업을 할 수 있었다. 운전원들이 고압냉각재주입 계통을 껐던 새벽 2시 42분 계획을 숙지한 교대 조 한 팀은 디젤구동 소화펌프를 수조 냉각에서 노심 냉각으로 재편성하기 위해 장비를 차려입고 원자로 건물에 들어섰다. 불행히도 소통이 원활하지 않았던 탓에 운전원들은 디젤구동 소화펌프가 켜져 작동하고 있는지 확인하지 않고 고압냉각재주입을

비활성화했다. 그리고 이들은 속이 뒤틀리게 하는 문제에 봉착했다. 안전방출 밸브가 열리지 않았다. 건정의 온도가 섭씨 150도를 넘어갈 때 비등수형 원자로의 솔레노이드 밸브를 작동시키려면 평소의 두 배에 가까운 전압이 필요한데 배터리로 구동되는 고압냉각재주입의 보조유펌프는 얼마 안 되는 전력만을 흘려보내고 있었다. 이렇게 얼마 안 되는 전기로도 제어 인터페이스의 전구를 밝힐 수 있었지만 솔레노이드 밸브를 열기에는 부족했다.

물이 증발하는 속도를 보면 곧 고압냉각재주입 물탱크가 고갈될 것이었다. 하지만 고압냉각재주입 터빈을 돌리려 빠져나가던 뜨거운 증기가 노심을 빠져나가지 못하게 막자 냉각수들이 증발해 증기가 더 많아졌고 노심 압력이 손쓸 수 없게 올라가기 시작했다. 냉각 방식을 바꾸는 것은 올바른 판단이었던 듯하지만 이들은 먼저 안전방출밸브가 열리는지 확인하지 않는 중대한 실수를 범했다. 압력은 재빨리 디젤구동 소화펌프를 가동할 수 있는 범위를 넘어섰고 두 시간 만에 580킬로파스칼에서 7,000킬로파스칼 이상으로 치솟았다. 경악한 운전원들은 먼저 고압냉각재주입 계통을, 이후에는 원자로노심격리냉각 계통을 재가동하려 몇 번이나 시도했고 그다음에는 원자로 건물 내부의 밸브들과 다른 장비들을 점검할 팀을 보냈다.

노심 온도가 겨우 섭씨 200도에 달한 시점에 이미 물이 끓어 증발하면서 94톤의 연료 꼭대기가 노출되었다. 그로부터 세 시간이 지나기 전 온도는 2,800도로 급격히 뛰었고 이틀 전 1호기의 상황과 마찬가지로 연료가 녹으며 수소가 방출되었다. 이러한 유출은 대부분 건정의 가장 넓은 부분에 있는 1층 기계접근 출입구에서 일어났다. 이렇게 탈출한 수소는 1호기에서처럼 5층 천장 부근에 모이는 대신 건물을 전체적으로 채우기 시작했다.

요시다와 비상대응센터의 다른 팀 리더들 모두 새벽 4시까지 3호기의 고압냉각재주입 계통 중지나 이어진 문제들에 관해 보고를 받지 못했지만 거의 1시간 늦게 상황이 전해지자 다시 한번 비상을 선언할 수밖에 없었다.[43] 그는 노심에 연료가 채워진 3기의 원자로 중 3호기를 가장 걱정하고 있었다. 3호기 노

---

43 비상대응센터의 하급 직원에게 이러한 문제를 보고했으나 상부로 전달되지 않았다. 또한 요시다와 관리자들은 고압냉각재주입 계통을 중지했다는 소식을 들었을 때도 비상대응센터 내의 소음으로 인해 "수동 중지"가 아닌 "자동 중지"로 잘못 들어 크게 걱정하지 않았다. 원래 스스로 가동을 시작했다가 멈추도록 설계된 계통이었기 때문이다. 그들은 뒤늦게 이런 실수를 깨달았다.

심의 혼합산화물연료봉 32개에는 배출되면 파괴적인 영향을 미칠 플루토늄이 포함되어 있었기 때문이었다.[44] 요시다는 직원들에게 1호기에서 사용하고 있는 소방차 냉각법을 반복하라고 지시했고, 만약을 대비해 방사선 수치가 건물을 개방해둘 수 있을 정도로 낮게 유지되는 동안에는 격납통기밸브를 파열판까지 열어두도록 했다. 가시와자키가리와 발전소에서 지원해 후쿠시마 제2 발전소에서 대기 중이던 소방차 한 대가 제1 발전소로 출발했고 5호기와 6호기의 소방차도 수원을 찾아 3호기의 역세척밸브수조로 이동했다. 안전복과 인공호흡기로 무장한 두 남자가 3호기의 제어실을 떠나 감압실로 내려갔고, 이틀 전 1호기에서 실패했던 팀과 마찬가지로 휘어진 통로를 따라 걸었다. 이틀간 냉각수를 계속 재활용했던 이 공간은 거의 찜통이었다. 24세의 보조 장치 운전원 하야시자키 사토루는 "완전한 어둠 속에서 안전방출밸브가 원형 테두리를 향해 증기를 뿜어내는 섬뜩한 소리를 들을 수 있었다"고 회상했다. 그는 침수된 4호기 지하에서 여전히 실종 상태였던 두 사람 중 한 명인 친구 고부코 가즈히코를 무척 걱정하고 있었다. 하야시자키와 고부코는 쓰나미가 덮쳤을 당시 4호기 건물에서 피해를 확인하는 중이었고 하야시자키가 위로 올라갈 때 고부코는 우연히 지하로 향하고 있었다. 그는 거의 한 시간 동안 소리를 지르며 친구를 찾았지만 둘의 우정을 알고 있던 이들이 걱정해 수색대에서는 빠졌다.

그로부터 이틀 뒤 하야시자키는 3호기 감압실 밸브 근처에 다다랐지만 겁에 질린 채 감압실 외부 표면의 오렌지색 난간을 올라가다 미끄러졌고 거의 떨어질 뻔했다. 손전등으로 발을 비춰본 그는 바닥에 닿은 순간 장화의 고무창이 녹아버렸다는 사실을 깨달았다. 열 때문에 밸브의 디스플레이 패널에 다가갈 수 없었던 두 사람은 불이 켜지지 않은 제어실로 돌아왔고 제어실의 방사선 수치는 계속 올라가고 있었다. 충격을 받은 나머지 자신들의 운이 다했다고 확신한 하야시자키는 부모님에게 짧은 편지를 썼다. "아버지, 어머니, 자식의 도리를 다하기 전에 죽게 된 저를 용서하세요. 지진이 일어난 후에 두 분의 목소리를 한 번이라도 들을 수 있었다면 좋았을 텐데요. 저는 마지막까지 삶을 포기하지 않았어요."

---

44 현실적으로 혼합산화물연료가 배출되었을 때 일반적인 연료에 비해 얼마나 더 위험할지 가늠하기는 어렵다. 일반적인 연료 역시 자체적으로 미미한 양의 플루토늄을 만들어내기 때문이다. 누군가는 내게 98퍼센트의 독성과 99퍼센트의 독성을 비교하는 것이라고 설명했다.

한편 다른 팀은 잔해를 헤치고 발전기 트럭을 최대한 원자로 건물의 개폐기실 근처까지 끌고 왔다. 예비 양수펌프 한 세트에 전력을 공급하기 위해서였다. 하지만 이들은 끝이 없는 장애물을 넘어 케이블을 보내느라 몇 시간을 낭비해야 했다. 복도로 통하는 철문은 휘어져 열리지 않았다. 케이블을 놓을 경로를 확보하기 위해 복구팀이 협력사에 연락해 가스 토치로 그 문을 잘라내 달라고 요청해야 했다. 다른 문제도 있었다. 복구팀의 한 작업자는 "보통은 케이블을 까는 데 한두 달이 소요된다. 하지만 이 작업은 두어 시간 만에 끝났다. 또한 어둠 속에서 관통부 밀폐를 찾아 끝을 이어야 했다. 주위에 물웅덩이가 있어 감전될지도 모른다고 생각했다"고 증언했다. 또 다른 팀은 소방차 두 대를 연결할 수 있게 도왔지만 냉각수 주입을 시작하려고 했던 오전 7시 즈음 도쿄전력 본사에서 요시다에게 가능한 한 해수 사용을 피하고 담수 탱크로 전환하라고 지시했다.[45] 그는 간 총리가 직접 지시한 내용이라 생각하며 마지못해 명령을 따랐다. 하지만 작업자들이 모든 것을 재조정했을 때는 소방차로 물을 주입할 수 없을 정도로 노심 압력이 올라가 있었다.

운전원들은 이후 몇 시간 동안 안전방출밸브를 열어 압력을 낮추려 했다. 쓰레기 더미에서 찾아낸 12볼트짜리 자동차 배터리 10개를 이용해 제어실에서 솔레노이드 밸브에 전기를 공급하려고도 해봤고, 원자로 건물 내에서 손으로 열어보려고도 했다. 한 팀은 배터리를 파는 가게를 찾아 가장 가까운 도시인 30킬로미터 거리의 이와키로 출발하기도 했다. 파괴된 도로를 따라 거의 6시간을 이동했지만 그들에게 필요한 종류의 배터리는 어디에서도 찾을 수 없었다. 아침 8시에서 8시 반 사이 발전소 정문의 방사선 경보기 수치가 시간당 35마이크로시버트에서 시간당 1,204마이크로시버트로 증가해 30분 전의 3,340퍼센트에 달했다(전날 아침의 방사선 수치는 시간당 0.069마이크로시버트였다). 1호기와 3호기에서 벌어진 사건이 영향을 미쳤을 것이다. 아침 9시가 막 지났을 무렵 3호기 건정의 압력이 떨어졌고 반대로 수조의 압력은 가파르게 증가했

---

45 담수를 사용하라는 이번 지시에는 오해가 있었던 듯하다. 먼저 총리실 직원이 도쿄전력 경영진에게 담수를 사용할 수 있는지 물었다. 경영진은 이 질문을 요시다에게 넘겼고, 그는 구할 수 있는 담수를 사용하라는 지시로 받아들였다. 초반 며칠 동안 화상 회의 시스템을 통해 오랫동안 세 원자로에 모두 해수를 사용할 가능성을 토론했기 때문에 이론적인 논의와 실제 지시를 구분하기가 쉽지 않았다. 사후에 회사 경영진은 해수 주입을 미뤘다는 사실을 부인했다. 그런 행동이 있었다면 기소될 수도 있었기 때문이다.

지만 압력방출밸브가 열렸는지 아니면 차폐가 뚫렸는지 아무도 알지 못했다.[46] 수조 내부의 압력은 고통스러웠던 10분간 정상 한계치를 20퍼센트 가까이 넘긴 630킬로파스칼에 달해 최고치를 찍었지만 파열판이 터진 뒤 격납건물 안의 압력이 떨어졌다. 덕분에 원자로 냉각이 중단된 지 4시간 만에 발전소의 소방 탱크에서 핵분열을 약화하는 붕소가 섞인 담수를 주입하기 시작했으나 사후 조사 결과에 따르면 배관 내에 역류압력이 존재하고 관이 여러 갈래로 갈라져 많은 물이 노심에 이르지 못했다. 이후 두 시간 사이 어느 시점에 공기로 구동되는 감압실의 배기밸브가 고장 나 해당 밸브가 닫히면서 다시 압력이 방출되는 것을 막았다. 작업자들은 오전 11시 17분 이 밸브가 닫혀있는 것을 발견했다.

앞을 내다본 요시다는 2호기의 상황이 안정된 사이 배기구를 파열판과 이 원자로 건물의 소방 시스템에 연결된 소방차까지 열라고 지시했다. 잠겨 있지만 열쇠를 잃어버린 문들을 통과하느라 애를 쓴 끝에 운전원들은 오전 11시경 모터로 구동되는 격납용기 밸브와 공기로 구동되는 감압실 밸브를 열었다. 모터 구동 밸브는 별문제 없이 열린 채로 유지되었으나 공기구동 밸브는 계속 지켜봐야 했다. 오전 시간을 보내며 걱정이 커진 요시다는 정오에 원자로노심격리냉각이 고장 날 때를 대비해 작업자 한 무리에게 2호기를 해수가 가득 차 있는 수조에 연결하라고 지시했다. 비슷한 시기에 3호기 냉각에 사용하던 담수 탱크가 고갈되면서 비어버린 소방차들도 같은 해수 수조로 돌아갈 수밖에 없었다. 도쿄전력 본사의 사람들은 이후 최소 7시간 동안 요시다가 가능한 한 오랫동안 2호기에 해수를 사용하지 못하게 막으려 했다. 소금이 연료봉의 이물질여과기를 막으면 연료봉 자체가 훼손되어 방사선 방출이 일어날 수 있으므로 안전을 걱정할 만했지만 그런 이유는 아니었던 것으로 보인다. 화상 연결 시스템에 저장된 한 대화는 "우리 관점에서 이기적으로 생각해 볼 때 처음부터 해수를 주입하기 시작하면 장비의 부식으로 직결되어 낭비가 된다. 가능한 한 오랫동안 담수를 사용하며 기다리는 대안도 있다는 것을 이해해 줄 수 없나?"는 질

---

[46] 정확한 시점은 알 수 없다. 정부의 중간보고서에는 오전 9시 8분에 배터리를 연결했고 그때쯤 안전방출밸브가 열린 듯하다고 적혀있지만 운전원들은 확신하지 못했다. 최종 보고서에서는 사건의 순서가 바뀌었고 압력이 내려간 정확한 이유는 알 수 없으며 안전방출밸브는 제어실에 배터리가 전달된 후 7분이 지난 오전 9시 50분까지 열리지 않았다고 했다.

문으로 시작되었다. 격분한 요시다는 "이해의 문제가 아니다"고 받아쳤다. 그는 "이미 [앞으로] 사용될 계획을 결정했고, 바다를 수원으로 삼기로 했으니 지금부터는 담수를 사용한다는 선택지가 없다. 다시 시간 낭비로 이어질 뿐이다. … 결국 당신이 하려는 말은 담수를 이용하면 장비가 소금에 손상되는 일이 없을 테니 미래에 다시 쓸 수 있다는 것 아닌가"라고 말했다.

3호기에 파견된 운전원들은 그날 오후 출입구의 방사선 수치가 300밀리시버트를 넘어섰다고 기록했다. 차폐가 제대로 이뤄지지 않고 있었다. 요시다는 다시 수소 폭발이 일어나지 않을까 우려했고 오후 2시 45분 모든 인원에게 실내로 대피하라고 지시했다. 1호기와 3호기에서는 다시 냉각수 주입이 중단되었다. 하지만 두 시간 후에는 어쨌든 극적인 사건이 일어나지 않을 것처럼 보였고 작업이 재개되었다.

이때쯤 누군가가 1호기 원자로 건물의 열린 잔해에서 증기가 솟아오르는 것을 알아챘다. 이제는 대기에 노출된 제일 위층의 사용후연료저장조에서 나오는 연기였다. 물이 8미터 높이로 차 있는 거대한 수조의 바닥에는 붕소가 다수 포함된 알루미늄 선반이 있고 수백 개의 열화된 연료봉이 쌓여 있었다. 비등수형 원자로에서 사용되는 평균적인 사용후연료저장조는 부피가 1,000세제곱미터가 넘고 깊이는 12미터에 이른다. 이렇게 사용된 연료봉은 보통 몇 달 혹은 몇 년간 저장조에 보관되다가 이후 발전소 내 보관용 건물의 더 큰 수조로 옮겨졌다. 비교적 덜 해롭고 열을 방출하지 않는 새 연료와 달리 사용후연료는 몇십 년 동안이나 열이 유지되었고 치명적인 핵분열생성물을 방출했다. 체르노빌 참사가 그토록 가혹한 결과로 이어진 중요한 이유 중 하나는 원자로가 연료봉이 가장 오염되는 연료 주기의 막바지에 있었기 때문이었다. 제1 발전소 1호기 사용후연료저장조의 탈염수는 제일 처음 정전이 일어난 이후부터 뜨거워지기 시작해 약 180킬로와트에 달하는 연료의 붕괴열로 데워지면서 점점 끓는 점을 향해가고 있었다. 저장조 내의 물이 증발하고 있는지 혹은 저장조 자체가 훼손되어 물이 유출되고 있는지, 아니면 두 가지가 동시에 일어나고 있는지 아무도 알지 못했다. 사용후연료가 노출되면 불이 붙어 환경 재앙이 일어날 수도 있었지만 저장조에 물을 보충할 방법이 없었다.

그사이 작업자들은 공기압축기를 채우느라 몇 시간 동안 분투한 끝에 저녁

7시 3호기 감압실의 공기구동 배기밸브를 여는 데 성공했다. 이후 두 시간 동안 기체가 수조로 빠져나가면서 건정의 압력이 떨어졌다. 요시다는 1/2호기 제어실의 운전원들을 교체했고 이자와와 그의 팀에게 잠시 쉬라고 했다. 동료들과 마찬가지로 모든 에너지를 소진한 교대근무조 책임자는 지진이 일어난 뒤 처음으로 보조건물을 떠날 수 있었다. 황폐해진 발전소를 두 눈으로 확인한 그는 다시 할 말을 잃었다.

후쿠시마 제2 발전소에서는 1호기, 2호기, 4호기를 적절히 냉각하기 위한 작업이 계속되는 사이 피해를 보지 않은 3호기가 저온 정지에 도달했다. 발전소장 마스다는 유일하게 가동 중인 디젤발전기로 계속 3호기를 냉각하고 싶었으므로 면진 건물 옆의 방사성폐기물 건물에서 전력을 끌어오기로 하고 작업자들에게 새로운 케이블을 깔라고 지시했다. 작동 중인 외부 주 전력선 덕분에 운전원들은 제어실 계기를 사용할 수 있었고 남아있는 원자로 3기 중 2호기가 가장 급하다고 판단했다. 도쿄전력과 하청 업체의 직원 200여 명이 하루 만에 무거운 전기 케이블을 9킬로미터나 설치했다. 평소 같으면 20명이 한 달 넘게 매달릴 작업이었다. 그들은 먼저 2호기를 연결했지만 케이블을 깔고 몇 시간 지나지 않아 운전원들이 1호기가 더 위급하다는 사실을 깨달았고, 마쓰다는 모든 일을 중단하고 처음부터 다시 시작한다는 어려운 결정을 내려야 했다. 그들은 4기의 원자로 건물을 모두 방사성폐기물 건물과 두 대의 발전기 트럭에 연결했고 모든 작업은 13일 밤 11시 30경에야 끝났다.[47] 이후 16시간 동안 남아있는 원자로들의 주 냉각 기능이 복구되었다.

---

47 거대한 케이블 하나를 방사성폐기물 건물부터 1호기 원자로 건물까지 이었고 이 선은 발전기 트럭 한 대와도 연결되어 있었다. 다른 케이블은 방사성폐기물 건물에서 2호기로 향했고 더 짧은 케이블로 2호기와 3호기 건물을, 3호기와 4호기 건물을 각각 연결한 뒤 두 번째 발전기 트럭을 두었다.

Ⅳ
네 번째 날: 3월 14일 월요일

새로운 주가 시작되던 새벽 1시 1호기와 3호기의 냉각에 사용되는 역세척밸브수조가 걱정스러울 정도로 비어가기 시작했고 작업자들은 호스를 더 내려보내느라 두 시간 동안 물 주입을 중단해야 했다. 냉각이 중단되고 20분이 지났을 무렵 운전원들은 3호기 건정의 온도와 압력이 서서히 올라가는 것을 알아챘다. 요시다와 관리자들은 이때쯤 1호기는 더는 손쓸 방법이 없고 다시 폭발하지도 않을 것 같다고 생각하고 있었으므로 역세척밸브수조에 남은 얼마 안 되는 물을 3호기를 냉각하는 데 쓰기로 했다. 압력이 350킬로파스칼을 향해 가던 3시 20분 물 주입이 재개되었다. 소방팀의 노력에도 압력은 거침없이 올라 두 시간 뒤에는 차폐가 뚫리는 것을 막기 위해 3호기에서도 통기를 진행할 수밖에 없게 되었다. 운전원들이 배기밸브를 원격으로 조작했으나 너무 늦었다. 계기판 수치로 볼 때 새벽 6시가 막 지났을 무렵 연료봉이 노출되었고 압력은 470파스칼을 넘어섰다. 동풍이 빠져나간 기체들을 바다로 실어 가면서 압력이 약간 떨어졌다. 통기를 실시하기 직전 건정의 방사선 수치는 사람이 2분 만에 사망할 수 있는 시간당 167시버트를 가리키고 있었으므로 운이 좋았다.

다시 수소 폭발이 일어날까 두려워진 요시다는 오전 6시 30분 외부에 있는 모든 이에게 대피하라고 지시했다. 하지만 30분이 지나도 눈에 띄는 변화가 없었고 격납용기의 압력은 450킬로파스칼을 유지하다 천천히 떨어지기 시작했다. 그는 사람들을 다시 밖으로 내보내야 할지 주저했지만 도쿄전력 본사의 경영진들이 작업을 재개하라며 보채고 있었고 무엇보다 상황이 급하다는 것을 알았다. 아무도 알지 못했지만 아침 7시 녹아내린 연료가 강철을 태우면서 압력용기가 훼손되었다. 30분 뒤 작업이 재개되었다.[48] 한 운전원은 "3호기는 언제든 폭발할 수 있었지만 이제는 내가 주 제어실로 갈 차례였다. 아버지에게 전화를 걸어 내가 죽으면 아내와 아이들을 잘 보살펴달라고 부탁했다"고 회상했다.

원자력안전보안원의 임원들은 집단 공황 상태를 피하기 위한 잘못된 시도 중 하나로 진행 중인 사고에 관해 언론을 통제하는 것을 논의하기 시작했고, 오전 8시가 되자 도쿄전력에 더는 언론에 정보를 제공하지 말라고 지시했다. 처음에는 이런 구상에 반대했던 후쿠시마현 정부조차 알 수 없는 이유로 침묵에 동참했다. 진행 중인 참사는 이미 전 세계적인 관심사가 되었으므로 정보를 끊는 것은 다소 대담한 행동이었다.

오전 9시 소방차 두 대가 항구로 이어진 선을 이용해 비어버린 수조에 다시 물을 채우기 시작했다. 2,000톤짜리 여과수 탱크의 물을 사용하자는 제안도 나왔지만 이미 모든 물이 새어 나간 후였다. 곧 자위대의 대형 급수 트럭들이 도착해 힘을 보탰다. 수조가 다시 채워지면 소방차를 추가 투입해 1호기의 냉각도 재개할 계획이었다. 오전 10시 30분 한 팀의 작업자들이 4호기 원자로 건물의 상황을 점검하기 위해 진입을 시도했다. 4호기는 정지된 상태였고 연료도 없었기 때문에 특별한 문제가 없을 거라 예상했지만 입구의 방사선 수치가 높아서 돌아 나와야 했다.

아무런 경고도 없이 3호기가 폭발했다. 첫 번째 폭발보다 훨씬 강력해서 귀가 먹먹해졌고 3층, 4층, 5층이 부분적으로 파괴되며 300미터 너머까지 자욱한 연기와 잔해가 퍼졌다. 소방 호스를 깔고 있던 작업자들에게 돌무더기가 날아들었고 그들은 소방차 아래로 몸을 던졌다. 요시다는 다시 자신들은 끝났다고 생각했다. 그는 도쿄로 이어진 화상 연결 시스템에 대고 "본사! 본사! 큰 문제가 생겼다, 큰 문제가 생겼다! 3호기에서 폭발이 일어난 것 같다!"고 외쳤다. 공식적인 사고 시간을 선언하는 그의 목소리는 위급한 상황에서도 사람들을 밖으로 내보냈다는 죄책감과 스트레스로 갈라져 있었다. 오전 11시 1분이었다.

⇦ 48 요시다는 "수소가 폭발할 위험이 있다는 것을 알았기 때문에 철수하게 해달라고 요청했다. 하지만 이 문제를 본사와 논의하자 '얼마나 오래 피해 있으려고 하나?'고 물었다. 나는 폭발의 위험이 있고 현장에 사람들을 둘 수 없다고 이야기했다. 그들은[본사 직원들은] 내게 '곧 현장을 처리하러 돌아갈 수 있나?'고 했다. 격납용기의 압력이 조금 떨어진 상태였다. 하지만 직원들을 돌려보냈을 때 격납용기가 폭발했다"고 기억했다. 출처: "Yoshida interviews: Strong words on Fukushima N-crisis from TEPCO's manager on the ground." Japan News, 10th September 2014.

먼지가 가라앉자 외부에 있던 작업자들은 잔해를 뚫고 격납용기 내부에서 피어오르는 두꺼운 증기 한 줄기를 목격했다.[49] 면진 건물 내부의 직원들은 처음에는 수십 명의 행방을 알 수 없다고 보고했고 이런 사실은 요시다에게 엄청난 영향을 미쳤다. 그는 이후 "그 보고가 사실이고 실제로 40명이 넘는 사람이 목숨을 잃었다면 내가 할복해야 한다고 생각했다"고 밝혔다. 1호기가 폭발할 당시 근처에 있었고 이후 원자로 건물로 돌아가는 것을 두려워했던 작업자 몇 명은 3호기가 폭발할 때 다시 그 옆에 있는 불운을 겪었다. 47세의 마쓰모토 미쓰히로는 막 2호기 터빈 건물을 나와 현장을 가로지를 때 사용하는 자동차로 가던 중에 폭발로 인한 연기와 먼지에 휩싸였다. 다시 시야가 확보되자 몇 미터 떨어진 곳에 있는 차의 운전석이 콘크리트 잔해에 눌려 납작해진 것이 보였다. 그는 이후 "그 광경을 보고 몸이 떨렸다. 차에 탔다면 죽었을 거다"고 회상했다. 하청 업체 노동자와 도쿄전력 직원 7명, 급수 트럭을 몰고 와 정확히 그 순간에 원자로 건물에 도착했던 자위대 인력 4명은 그다지 운이 좋지 않았고 병원에 옮겨야 할 정도로 다쳤다. 하지만 또다시 기적처럼 아무도 죽지 않았다.

대부분이 육체적으로는 심각한 위험을 피했지만 정신적인 중압감은 견디기 어려운 정도에 이르렀다. 특히 폭발이 일어나던 순간 외부에 있었던 이들 중 많은 사람이 시련이 이어지는 와중에 외상 후 스트레스 장애의 징후를 보였다. 일부는 문이 닫히는 소리에도 뛸 듯이 놀랐고 일부는 바닥에 웅크리고 앉아 혼잣말을 중얼거렸다. 요시다는 직원들의 공포를 알아채고 다시 도쿄전력 본사에 연락했다. 그는 "지금 이런 말을 하면 안 될지도 모르겠지만, 그래도 … 두 번의 폭발이 있었고, 여러분이 그걸 뭐라 부르든 간에 현장 직원들은 정말이지 커다란 충격을 받았다"고 호소했다. 하지만 그는 함께 있는 직원들에게는 용감한 표정을 지어 보였다. 요시다는 목소리를 가다듬으려 노력하며 "우리가 아주 위험한 상황에 있다는 사실이 두렵다"고 인정했다. 그러면서도 그는 "하지만 조금만 더 차분해지자. 모두 깊게 숨을 쉬자. 들이마시고, 내뱉자"며 직원들을 독려했다.

첫 번째 폭발과 마찬가지로 두 번째 폭발은 호스를 갈가리 찢어놓았고 가장 가까이 있던 소방차를 망가뜨렸다. 해수를 채운 수조에는 방사성 잔해가 군데

---

[49] 2013년 도쿄전력은 2년간의 침묵을 깨고 이 증기가 격납용기에서 발생했다고 확인했다.

Photos source: Tokyo Electric Power Company Holdings

왼쪽에서 오른쪽으로: 3호기, 2호기, 1호기

3호기와 떨어져 있는 2호기의 취출판에서 뿜어져 나오는 증기에 주목하라.

군데 떠 있어 이제 냉각에 사용할 수 없었다. 또 다른 수원이 급히 필요했다. 1호
기 냉각을 재개하기 위한 작업이 막 마무리되었지만 이제는 대부분의 작업을
다시 해야만 했다. 또한 폭발로 2호기 감압실 배기구의 공기구동 밸브 부품 하
나가 망가져 지난 24시간 동안 열려있던 밸브가 닫혔다.[50] 이 밸브와 바이패스
밸브를 열기 위한 모든 시도가 실패하면서 노심 압력을 떨어트릴 방법은 물을
주입하는 것밖에 남지 않았다. 모든 이가 이후 몇 시간 내에 혹은 며칠 내에 2호
기가 폭발할 거라 예상하는 가운데 이자와는 면진 건물의 전화기를 들고 1/2호
기 제어실에 전화를 걸었다. 제어실에 있던 직원은 두려움에 떨면서도 자신들
을 구하러 올 필요가 없다며 이자와를 안심시키려 했고 그는 자신의 부하 직원
들을 저버릴 수 없었다. 다른 이들이 모두 실내로 피신하는 사이 이자와는 한 팀
의 운전원들을 이끌고 1/2호기 제어실로 향했다.

두 시간 후 요시다는 허리를 굽히며 모두가 위험에 처하도록 돌려보내는 것
을 사과했지만 지금 멈출 수는 없다고 설명했다. 그는 정부 증언에서 다음과 같
이 당시 상황을 묘사했다.

50 두 번째 폭발은 알 수 없는 이유로 전자기여자회로electromagnetic excitation circuit를 이탈시켰다. 출처:
"PCV venting and alternative cooling water injection preparation for Fukushima Daiichi Nuclear
Power Station Unit 2." TEPCO.

모두 기꺼이 전선으로 돌아가겠다고 했을 때는 정말 감동했다. 오히려 내가 자제해 달라고 요청한 덕분에 모두 내키는 대로 밖에 나가지 않았다. 우리는 이 팀과 저 팀은 이 일을 하고, 공사 담당자들은 굴착기를 이용해 돌무더기를 치우는 것으로 정리했다. 밖으로 나가기 전에 계획을 짰다. 그리고 당시 대부분이 호스를 교체하는 등의 일을 하면서 거의 과도한 수준의 방사선을 쬐었다.

바로 그때, 즉 오후 1시에 이자와의 팀은 마지막으로 값을 확인했던 오전 7시보다 2호기 압력이 증가하고 수위는 낮아진 것을 발견했다. 원자로노심격리냉각이 계속 가동되고 잔열제거 계통이 고장 나면서 수조 내 물 온도와 압력이 꾸준히 올라가고 있었는데도 그날 오전 4시 30분까지 아무도 그 두 가지 수치를 점검하지 않았다. 운전원들은 가슴이 내려앉는 느낌과 함께 지금까지 어찌어찌 계속 돌아가고 있던 마지막 냉각 계통인 원자로노심격리냉각이 멈췄다는 사실을 깨달았다. 이때까지 유지된 것도 믿을 수 없을 정도의 행운이었고 견고한 설계와 기술의 증거였다. 경제협력개발기구OECD 산하 원자력기구Nuclear Energy Agency의 분석에 따르면

두 가지 상태의 물, 즉 물과 증기가 원자로노심격리냉각의 터빈에 전달되면서 해당 계통의 기능이 약화하고 물 주입이 감소해 자체 조정 운전 모드에 도달했을 이론적 가능성이 제시되었다. 흥미롭게도 이렇게 자체 조정 운전 모드가 유지되는 동안 직류전원이 상실되면 고수위나 고압 터빈 배출 같은 종료 연동 기제도 작동하지 않아 거의 3일간 원자로노심격리냉각의 가동이 유지된 열쇠가 되었을 수 있다.

오후 1시 25분 운전원들은 2호기의 연료가 노출될 때까지 약 3시간이 남았다고 추정했다. 곧 작업 가능한 인력이 동날지도 모른다고 우려한 정부는 30분 뒤 비상 작업자들의 방사선 노출 허용치를 100밀리시버트에서 250밀리시버트로 올렸다.

외부의 작업자들은 이미 4호기 터빈 건물 앞에 있는 취수장치와 남쪽 부두에

서 소방차에서 쓸 물을 끌어오려 시도했지만 두 곳으로 향하던 중 지반이 무너져 돌아서야 했다. 배수 통로의 출입구로 접근한 수중펌프도 사용해 보려 했으나 작동하지 않았다. 그다음에는 필사적으로 아직 살아있는 두 대의 소방차를 항구에 연결하려 했지만 두 시간이 흐른 뒤 이제는 익숙해진 노심의 고압과 20미터에 달하는 수원과의 높이 차이, 소방차의 허약한 펌프 때문에 불가능하다는 사실을 인정해야 했다.

오후 4시 21분 1/2호기 제어실 조명과 수조의 전자기공기밸브에 전원을 공급하던 휴대용 발전기가 멈춰 섰다. 운전원들이 조명의 연결을 끊은 후 발전기를 다시 가동했고 어둠 속에서 작업을 이어갔지만 밸브는 다시 열리지 않았다. 이때쯤 2호기 감압실은 며칠 동안 가동되었던 원자로노심격리냉각에서 배출된 물로 가득 차 사실상 감압 기능을 할 수 없게 되었다. 세 번째 노심 용융의 위기에 직면한 직원들의 마지막 수단은 원자로를 훼손할 위험을 감수하며 압력용기의 안전방출밸브를 감압실까지 여는 것이었다. 그들은 다섯 개의 다른 안전방출밸브를 열어보려 했지만 90분간 어떤 밸브도 움직이지 않았고, 배터리를 다시 배열한 끝에 오후 6시 마침내 세 개의 밸브를 열 수 있었다. 압력이 7,000킬로파스칼에서 650킬로파스칼까지 떨어졌다. 노심 압력이 급격히 감소하자 남아있는 물이 순간적으로 끓어 증발하면서 연료가 완전히 노출되었으나 외부에 있던 작업자들이 냉각수 주입을 시작할 수 있게 되었다. 하지만 물을 투입하기 시작하고 15분 만에 소방차의 연료가 떨어졌다. 폭발 이후 혼란 속에서 아무도 소방차의 연료 탱크를 확인하지 않았던 것이었다. 연료를 찾는 34분 동안 또다시 모든 것이 멈췄다.

몰려드는 긴급 보급품을 비롯해 많은 물자가 도쿄전력의 히로노 화력발전소 옆에 있는 체육시설인 제이빌리지J-Village 등 급조된 여러 집결지에 쌓여 있었다. 도시바와 같은 기업들이 연료, 공구, 예비 부품, 발전기를 비롯해 온갖 유용한 장비들을 보내왔지만 모두 제이빌리지에서 멈추었다. 사람들이 방사선에 노출되지 않는 것을 더 중요하게 생각한 조직적이지 못한 판단도 있었고, 발전소까지 차를 끌고 가려는 운전사들이 많지 않은 탓도 있었다. 정부의 재난 대비 계획은 사람들을 대피 구역 밖으로 피하게 하는 절차만 규정했고 그 안으로 물자나 장비를 지원하는 내용은 전혀 없었으므로 경찰은 관례대로 제1 발전소로 이동하는 차들을 멈춰 세웠다. 한 예로 도쿄전력은 배터리 2,048개를 확보했으나 3월 15일까지 발전소에 도착한 배터리는 348개밖에 되지 않았다. 제이빌리지는 코로나의 세계적인 유행으로 개최가 1년 연기된 2021년 도쿄 올림픽의 성화 봉송 출발지로 선택된 후에야 2019년 4월 다시 체육시설로 문을 열었다.

제1 발전소에 있는 유일한 이동형 연료 공급 장치는 대형 트럭이었다. 하지만 3호기가 폭발했을 당시 잔해 위를 이동하다 타이어가 타버린 후라 작업자들이 직접 조그마한 연료통을 이용해 손으로 연료를 옮겨야 했다. 마침내 저녁 8시 2호기 냉각이 재개되었지만 1호기, 3호기에서 그랬듯 물은 배관 시스템 안에서 여러 갈래로 퍼져나갔다. 처음에는 어느 정도의 물이 원자로에 닿기도 전에 관 속에서 증발하기도 했으나 곧 주위 장치들이 냉각되면서 원자로에 도달하게 되었다. 그사이 3일이 지난 지금까지도 시간마다 섭씨 700도씩 올라가는 붕괴열이 2호기 안에 있던 물을 모두 끓여 없애버렸고 노출된 연료봉의 온도는 1,500도에 달했다. 발전소 직원들은 실패하고 있었다.

운전원들은 계속해서 감압실 배기밸브를 열어보려 했지만 결국 밤 9시 바이패스밸브를 여는 것으로 결론 내렸다. 하지만 이제는 격납용기의 전체적인 압력이 너무 낮아 파열판이 터지지 않았다. 엔지니어들이 밤 10시가 되기 직전 제어실의 대기감시시스템을 복구했을 때 계기에 뜬 숫자들은 모두를 경악하게 했다. 7시간 전 시간당 약 100밀리시버트였던 건정의 방사선 수치는 5,360밀리시버트에 달해 노심과 격납용기, 연료가 심각하게 훼손되었음을 시사했다. 이 정도로 강한 방사선이 차폐 장벽을 뚫고 나간다면 요시다도 대피를 지시할 수밖에 없었다. 짧은 시간에 5,000밀리시버트, 즉 5시버트를 쬐면 대부분이 사망한다. 수조 내 압력은 300킬로파스칼에서 400킬로파스칼 사이를 맴돌았지만 건정의 압력은 소방차로 투입한 물이 과열된 증기로 변하면서 증가하고 있었다. 이 압력은 밤 10시 55분 설계 한도인 540킬로파스칼을 넘었고 노심 내 압력도 계속 올라가자 공황 상태에 빠진 운전원들이 추가로 물을 주입하기 위해 또 다른 압력방출밸브를 열어보려 했다. 하지만 해당 밸브는 꼼짝도 하지 않았다. 배터리가 완전히 닳은 상태였다.

그나마 통제하고 있던 몇 안 되는 것들을 빠르게 잃어버린 요시다와 관리자들 그리고 도쿄전력의 경영진은 이제 난감한 선택을 맞닥뜨렸다. 원자로 차폐

벽이 정상 범위를 훌쩍 넘는 압력에도 굳건히 버티기를 기도할지, 아니면 통제 하에 치명적인 방사성 물질들이 섞인 기체들을 수조에서 세척하지 않고 건조한 상태 그대로 대기로 내보내 이미 위험한 이 발전소를 훨씬 더 위험하게 만들지 결정해야 했다. 압력이 710킬로파스칼에 도달한 밤 11시 25분 운전원들은 감압실 배기구를 열려 했던 자신들의 노력이 실패했다는 사실을 알았다. 노심 폭발을 막을 수 있다면 무엇이든 해야 한다고 판단한 요시다는 파열판을 우회해 건식통기를 실시하라고 지시했다. 자정에 운전원들이 원격으로, 공기로 구동되는 건정의 배기바이패스밸브를 열기 위한 신호를 보냈지만 아무 일도 일어나지 않았다.[51]

---

[51] 사실 개인적으로는 발전소 직원들이 다른 상황이 아니라 왜 이때 건식통기를 진행했는지 완전히 이해할 수 없다. 파열판의 목적은 원자로가 한계점에 달했을 때 압력을 낮출 수 있게 하는 것이다. 하지만 이 때까지 아무도 바이패스밸브를 사용하지 않았고 여러 원자로에서 압력용기와 격납용기의 압력이 여러 차례 설계 범위를 넘어섰다. 아마 엄청난 방사선 피폭의 위험이 결정에 영향을 미친 듯하다.

V
다섯 번째 날: 3월 15일 화요일

14일 저녁 6시 후쿠시마 제1 발전소에 꼭 필요하지 않은 인력은 제2 발전소로 대피시키자고 제일 먼저 제안한 이는 도쿄전력의 고모리 아키오였다. 그리고 그날 밤 내내 비밀리에 대피를 위한 준비 작업이 진행되었다. 현장 인력 800명 중 대부분은 이제 면진 건물에 피해 있었고 할 일이 많지 않았다. 계속 상황이 나빠지고 2호기의 폭발이 예상되는 가운데 꼭 필요하지 않은 인력을 모두 이동시키는 것이 최우선 과제가 되었다.

15일 새벽 3시 간 총리의 비서관이 집무실 소파에서 잠시 눈을 붙였던 총리를 깨웠다. 간은 11일부터 며칠간 거의 자지 못한 채로 재난 대응을 조율하고 있었다. 하지만 경제산업성 가이에다 반리 장관은 도쿄전력의 시미즈 사장이 현장에서 완전히 철수하는 것을 허락해달라고 개인적으로 요청했다는 골치 아픈 소식을 가지고 왔다. 가이에다가 거절하자 시미즈는 관방장관 에다노 유키오에게 전화를 걸어 "무슨 방법이 없나? 더는 현장에서 버틸 수 없다"고 애원했다. 에다노 역시 시미즈의 요청을 거절했으나 두 장관과 마다라메를 비롯한 다른 고위직 인사들은 총리에게 현재 상황을 알려야 한다고 생각했다. 에다노는 이후 "제1 발전소가 무너진다면 제2 발전소도 무너진다고 생각했다. 그러면 도카이까지 쓰러지는 악마의 연쇄 반응을 보게 될 수도 있었다. 그런 일이 벌어지면 상식적으로 도쿄도 끝난다고 생각하고 있었다"고 회상했다. 그들은 일본의 동쪽 해안 지역 전체가 방사능 황무지가 될 수도 있다는 공포를 함께 느꼈다. 간은 격분했다.

이후 도쿄전력 경영진은 제1 발전소를 완전히 버리려 했던 것이 아니라 꼭 필요하지 않은 인력을 대피시키려 했다고 주장했다. 하지만 시미즈와 대화했던 핵심 관료들이나 다른 이들은 이 회사의 주장을 반박했다. 적어도 시미즈가 자신들의 의도를 분명히 전하지 못한 탓에 총리 관저의 사람들은 엄청난 공포를 느꼈고 정치인들은 일본 최대의 전력회사가 최악의 순간에 도망가려 한다고 생각하게 되었다. 여전히 정보 부족에 시달리던 간은 정부와 기업의 역할을 더 원활하게 조정하기 위해 도쿄전력 본사에 정부 각료들이 참여하는 합동 지휘본부를 만들기로 했다. 그는 호소노 고시를 특별 보좌관으로 임명해 이 임무를 맡긴 후 분노한 채 시미즈를 자신의 집무실로 소환했다. 하지만 66세의 사장은 마다라메의 표현을 빌면 "마치 속삭이는 듯한 작은 목소리로" 제1 발전소를 무방비로 남겨둔 채 떠나려는 의도는 전혀 없었다고 부인했다. 조금도 설득되지 않은 총리는 시기적으로 부적절하고 오해의 소지가 있는 도쿄전력의 소통 방식과 대체로 올바르지 못한 위기관리에 관해 시미즈에게 항의했고 한 시간 내에 도쿄전력 본사를 방문하겠다고 알렸다.

발전소에서는 2호기의 압력을 내리려 했던 최후의 시도가 실패한 뒤 요시다가 체념한 나머지 죽음을 기다리고 있었다. 그는 책상에서 내려와 바닥에 양반다리를 하고 앉았다. 이후 그는 2호기가 폭발한 후에도 나머지 두 원자로에 계속해서 물을 주입할 수 있도록 남아달라는 요청을 누구에게 해야 할지 고민하며 "나와 함께 죽음을 맞을 사람들의 얼굴을 모두 떠올려보고 있었다"고 회상했다. 요시다는 다음과 같이 설명을 이어갔다.

> 당시 나는 전혀 희망이 없다고 생각했다. 의자에 앉아 있을 수가 없었다. 그래서 의자를 옮기고 책상 밑에 들어갔다. 제대로 된 좌선은 아니었지만 양반다리를 한 채 책상을 기대고 앉았다. 이제 끝이라고 생각했다. 적어도 더는 할 수 없는 게 없었고 하느님이나 부처님에게 맡겨야 했다.

그는 10분간 꼼짝도 하지 않았다. 요시다의 한결같은 지도력에 의존해 온 사람들이 우려 속에 지켜보고 있을 때 그가 갑자기 옆으로 구르더니 그대로 누웠다. 통기는 전체적으로 실패했지만 이후 분석한 결과 밸브가 몇 분간 열리며 가장 커다란 방사선 불꽃을 만들어냈다.

간 총리는 도쿄 중심부에 있는 도쿄전력 본사에 도착하자 곧장 2층의 비상대응센터로 뛰어갔다. 인상적인 회색 사옥의 꼭대기에는 난감할 정도로 체르노빌의 상징적인 배기 굴뚝을 닮은 흰색과 붉은색 줄무늬의 통신탑이 서 있었다. 총리는 벽면에 설치된 화상 회의 시스템을 통해 후쿠시마 제1 발전소와 제2 발전소, 가시와자키가리와 발전소와 실시간 연결할 수 있다는 사실을 알고 깜짝 놀랐다. 이후 그는 "정말 놀랐다. 제1 발전소와 연결된 거대한 화면이 있었다. 이런 시스템이 존재하는 데도 총리실에는 왜 그렇게 정보가 늦게 도착하는지 궁금했다"고 인정했다. 지진이 발생한 이래 비상대응센터는 24시간 내내 종종 걸음을 치는 기술자들, 물리학자들, 엔지니어들, 의학 자문들 그리고 모든 종류의 지원 스태프들로 가득 차 있었다. 총리 본인도 사고 이후 집에 들어가지 못했고 이후 일주일 동안도 퇴근하지 못할 터였다. 하지만 도쿄전력이 (적어도 그가 알기로는) 도망칠 생각까지 하고 있다는 것을 알게 되자 마지막으로 붙들고 있던 인내심이 툭 끊어졌다. 자기 목소리가 닿는 범위 안에 기자들이 없다는 것을 확인한 뒤 간은 폭발했다. 이제는 전설이 된 장황한 연설은 처음에는 시미즈와 가쓰마타 그리고 그곳에 모여 세 발전소를 지켜보던 모든 이에게 바로 자신이 상황을 통제하고 있다고 설명하는 것으로 시작되었고 목소리도 침착했다. 하지만 간이 점점 자제력을 잃으면서 급격히 강도가 높아졌다. 총리는 "도대체 무슨 일이 벌어지고 있는 건가?"라고 외쳤고 도쿄전력 직원들에게 당신들은 "도망칠 곳이 없다"며 그랬다가는 회사가 완전히 파멸할 것이라 경고했다. 그리고 경영진을 포함해 도쿄전력의 60세 이상 직원들은 가장 심각한 방사선 피해를 겪은 이들만 제외하고 모두 제1 발전소로 가서 의무를 다하라고 지시했다. 일본을 구하기 위해 자기 자신을 희생하라는 것이었다.[52]

총리의 연설은 다소 부적절했고 지진이 터진 순간부터 대부분 가족을 보지 못하고 일부는 소식조차 듣지 못한 채 사고 수습에 매달려 온 이들에게 분노와 억울함, 사기 저하를 선사했을 뿐이었다.[53] 화상 연결 시스템을 통해 간 총리가

---

52 간 총리의 뒤쪽에서 그가 연설하는 장면을 촬영한 영상은 있지만 소리는 녹음되지 않았다. 따라서 그의 연설에 관한 모든 설명은 현장에 있었던 이들의 증언을 바탕으로 한 것이다. 간 본인은 자신이 훨씬 침착했다고 기억했지만 현장에 있던 이들은 그가 몹시 분노한 상태였다고 회상했다.

53 며칠 뒤 『마이니치신문』은 이름을 밝히지 않은 한 도쿄전력 직원의 발언을 보도했다. "'철수를 허락하지 않겠다'는 말이 '방사선에 노출되어도 죽을 때까지 계속하라'는 말처럼 들렸다." 출처: "TEPCO wanted to withdraw all nuclear plant workers 3 days after quake." Mainichi Shimbun, 18th March 2011.

Photos source: Tokyo Electric Power Company Holdings

왼쪽에서 오른쪽으로: 4호기, 3호기, 2호기, 1호기

고함치며 손짓, 발짓하는 모습을 지켜본 요시다는 신물이 났다. 그는 자신들은 도망치는 것이 아니라고 생각했다. 그들은 믿을 수 없는 역경에 맞서 미친 듯이 싸워왔고 그 싸움은 여전히 계속되고 있었다. 어쨌든 지금 시점에서는 필요한 중장비 없이 사람들만 늘어나는 것은 별 의미가 없었다. 간은 이후 자신의 연설은 제1 발전소에 있던 사람들을 향한 것이 아니라 전체적인 상황에 관한 좀 더 일반적인 생각을 밝힌 것이라고 주장했다. 양쪽의 입장 다 공감이 간다. 간은 그럴 만한 이유로 거의 제한 없는 자원을 보유하고 있는 세계적인 기업인 도쿄전력이 상황을 통제하는 것과 정부 수뇌부에 시의적절하게 정보를 제공하는 것 모두에서 형편없는 능력을 보여주고 있다고 생각했다. 하지만 현장에 있는 이들 역시 그럴 만한 이유로 나라를 위해 모든 것을 희생하고 있는데 간이 불쑥 찾아와 자신들을 비난하고 있다고 느꼈다. 총리는 합동 지휘본부를 설치한 뒤 (이런 판단은 훌륭했다) 도쿄전력의 최고 경영진만을 상대로 자신의 불만을 전달했어야 했다.[54] 어쨌든 그들은 이 문제에 오래 매달릴 수 없었다.

간이 전혀 도움이 되지 않은 응원 연설을 시작한 뒤 약 한 시간이 지났고 새

---

54 실제로 간은 처음 회사 전체를 공격한 뒤에는 경영진과만 대화했고 이후에도 줄곧 그랬다.

로운 근무조가 교대하기 위해 3/4호실 제어실에 도착하고 몇 분이 되지 않았던 오전 6시 12분 2호기의 깊은 곳에서부터 커다란 '펑' 소리가 들렸다. 그리고 몇 분 만에 알 수 없는 이유로 4호기 건물 4층에서 폭발이 일어나 3층, 4층, 5층이 완파되고 사방으로 콘크리트와 강철이 날아갔다. 이 상황을 지켜본 이는 아무도 없었지만 이자와의 팀원들은 2호기의 굉음에 동반한 충격을 느꼈고 계기를 확인하기 위해 배터리를 챙겨 들고 달려갔다. 놀랍게도 2호기 감압실의 압력이 측정 범위 아래로 떨어져 있었다. 운전원들은 무슨 일이 벌어진 건지 확신할 수 없었다. 다른 사람들도 비슷한 상황이었던 듯하다. 이때부터는 여러 보고서의 세부 내용이 서로 충돌하기 때문이다. 예를 들어 어떤 사람들은 면진 건물에서도 2호기와 4호기에서 발생한 소음을 들었고 또한 충격도 느꼈다고 주장했다. 반면 요시다를 비롯한 몇몇 사람들은 면진 건물에서는 아무도 소리를 듣거나 충격을 느끼지 못했다고 밝혔다. 4호기의 폭발을 목격한 사람이 있다고 기록한 보고서도 있지만 실제로는 누구도 현장을 보지 못했고 잔해가 날리는 근처에 있지도 않았다.[55] 4호기가 폭발하던 바로 그 순간 2호기에서 났던 이상한 '펑' 소리는 모두를 혼란스럽게 했다. 2호기의 차폐벽이 손상된 걸까? 4호기에는 연료가 없는데 왜 폭발한 걸까? 4호기의 개방형 수조와 극도로 위험한 연료봉 1,535개는 어떻게 됐을까?

요시다는 마음을 정했다. 더는 미룰 수 없었다. 2호기에 커다란 구멍이 생겼을 수 있고 다시 폭발할 수도 있었다. 3호기 밖에서는 방사선 수치가 시간당 400밀리시버트를 가리키고 있었다. 그는 지금까지 자신을 도운 비상대응센터 직원들에게 감사를 표한 뒤 최소한 도쿄전력 본사 임원 한 명의 바람과는 달리 원자로 관리에 직접 참여하고 있지 않은 이들은 모두 바깥에 주차된 버스를 타고 대피소로 이동하라고 지시했다.[56]

이런 순간을 대비해 전날 저녁 필요한 버스들을 배치하는 것을 포함해 대비

---

55 당시 상황과 관련해서는 수백 명을 인터뷰해 작성한 정부의 최종 보고서를 신뢰한다.
56 도쿄전력 임원 중 적어도 한 명은 2호기 일부에서는 압력이 확인되므로 구멍이 생기지 않았고 대피해야 하는 상황도 아니라고 생각했다. 이후 요시다는 "격납용기가 확실히 폭발하지 않았을지도 모른다는 반발이 있었다. 여전히 압력이 확인되는 곳이 있었기 때문이다. 하지만 나는 압력계의 수치를 신뢰할 수 없다고 반박했다. 안전을 생각해서 혹은 안전하지 못하다는 생각으로, 다시 말해 현장 상황이 심각한 상태라는 판단에서 버스를 준비하고 대피하겠다는 의사를 밝혔다"고 설명했다. 출처: "Yoshida interviews / Strong words on Fukushima N-crisis from TEPCO's manager on the ground." Yomiuri Shimbun, 10th September 2014.

계획에 승인을 받아둔 터였다. 계획은 간단했다. 버스를 타고 발전소 밖으로 나가 방사선 수치가 낮은 가장 가까운 지점에서 기다리는 것이었다. 모든 지점에서 방사선 수치가 높으면 대신 후쿠시마 제2 발전소로 향할 예정이었다. 하지만 요시다는 대피를 지시하면서 "방사선 수치가 낮은 발전소 구내 지역으로 대피하라(제1 발전소를 말한다. 이탤릭체 강조는 저자가 추가했다). 본사에서 문제가 없다고 확인하면 여러분을 복귀시키려 한다"고 덧붙였다. 계획이 약간 변경된 것이었으나 실행 과정에서 차이가 사라졌다.[57] 이렇게 며칠간 씻지 못한 채 정신적으로 완전히 지쳐버린 굶주리고 기진맥진한 사람 수백 명이 면진 건물을 떠났고 정문에서 잠시 멈추었다가 제2 발전소를 향해 떠났다. 후쿠시마 제1 발전소의 직원들이 버스에 탑승했던 바로 그때 제2 발전소에는 마지막 원자로까지 저온 정지에 도달했으므로 대피한 동료들을 맞이하느라 사고 수습에 방해를 겪는 일은 없었다. 대피 계획이 변경된 탓에 출발 직후 버스에서 면진 건물에 연락하려다 실패해 잠시 혼란이 벌어지기도 했지만 요시다는 결국 떠난 이들이 올바른 판단을 내렸다고 생각하게 되었다. 그는 다음과 같이 회상했다.

2번 원자로는 가장 위험한 상태였다. 방사선 수치를 볼 때 그랬다는 뜻이다. 비상대응센터가 있는 면진 건물은 2호기에서 아주 가까웠다. 그래서 "이곳을 떠나 남쪽이든 북쪽이든 방사선 수치가 안정적으로 유지되는 곳에 임시로 피해 있으라"고 말해야 한다고 생각했다. 하지만 생각해 보니 모두 얼굴을 덮는 마스크를 쓰고 있었다. 그렇게 몇 시간 동안 피해 있다가는 죽을 것이 분명했다. 더 많이 생각한 결과 [제2 발전소로] 가는 것이 훨씬 더 옳은 일이라 믿게 되었다.[58]

끝까지 남은 전설적인 영웅 몇 명이 외롭게 위험과 맞섰다. 그들은 최악의 상황이 벌어질 때를 대비해 칠판에 각자 이름을 적었다. 에다노가 기자회견에서 50명의 작업자가 현장에 남았다고 설명한 뒤 언론에서는 이들을 "후쿠시마의

---

57 많은 이가 각자 차를 타고 바로 제2 발전소로 향했지만 일부 버스는 제1 발전소의 정문에 멈춰 방사선 수치를 확인했다. 버스 내부에서도 방사선 수치가 너무 높아 떠날 수밖에 없었다.
58 요시다의 동료 중 일부는 직원들이 현장을 버렸다는 비난을 피할 수 있게 그가 일부러 지시를 바꾸었다고 추측했다. 하지만 나는 단순한 오해였다고 본다.

50인"이라 칭했다. 하지만 실제로는 50명에서 71명 사이였으며 정확한 숫자는 알 수 없다.[59] 『뉴욕타임스』는 그날 오후 긴 찬사를 싣고 "얼굴이 없는 50명은 뒤에 남은 신원 미상의 운전원들이다"고 설명했다. 재난 대비 및 안전 부서의 관리자로 여러 업무와 함께 소방대 훈련을 맡았던 48세의 사토 마리는 이후 사람들이 밀물처럼 빠져나가는 계단을 거슬러 올라갔을 때 요시다와 이자와, 몇몇 고참 직원이 고요한 침묵 속에서 비상대응센터에 앉아 있었다고 회상했다.[60] 몇몇은 앞서 벌어진 일들을 생각하고 있었고 몇몇은 사랑하는 이들에게 보낼 이메일을 쓰고 있었다. 모두 그들을 다시 보지 못한 채 죽게 될 거라 예상했다. 잠시 후 요시다가 가벼운 목소리로 "뭐 좀 먹는 게 어때?"라 물으며 길어진 침묵을 깼다고 전해진다.

간 총리의 도쿄전력 방문과 분노에 찬 연설이 널리 보도된 후에도 이 회사가 총리실에 2호기의 사고를 알리기까지 한 시간이 걸렸다. 불가사의한 소리를 일으킨 직접적인 원인은 지금도 밝혀지지 않았다. 처음에는 2호기 감압실 어딘가가 파열된 것으로 짐작했다. 감압실 내 압력이 대기압과 같아졌기 때문이었다. 하지만 2012년 로봇을 보내 확인한 결과 훼손의 징후를 찾을 수 없었다. 정부 내각 보고서에서는 그 소리가 실은 폭발 전이었던 4호기에서 발생했지만 사람들이 2호기에서 난 것으로 착각했을 수 있다고 제안했다. 훨씬 합리적인 추론이었다. 감압실 압력과 관련해서는 당시 수치가 측정 범위 이하였으나 근무조 책임자와 비상대응센터에서 0으로 이해했다고 지적했다. 그동안 외부 건정 차 폐건물의 압력이 일정하게 유지되고 있었으므로 단순히 압력계가 고장 난 것일 수도 있다. 하지만 감압실 어딘가가 손상되기는 했다. 몇 달 뒤 복구 작업자들이 감압실 내부에 물을 채우려 했을 때 실패했기 때문이다.

4호기의 폭발에 관해 엔지니어들은 처음에는 사용후연료저장조에서 새어 나온 물이 끓어 증기가 되고 과열된 연료와 화학 반응을 일으켜 수소를 발생시켰을 거라 추정했다. 하지만 14시간 전 측정한 저장조의 온도와 수위 때문에 이런 가정은 배제되었다. 4호기 역시 수소 폭발이었지만 3호기 원자로를 통기

---

59 정확히 누가 남았는지 알 수 없어 숫자를 특정할 수 없다. 언론에서는 대개 69명으로 보도하는데 이 숫자가 어디서 나왔는지 확인할 수 없으며 맞는 것 같지도 않다. 여러 공식 보고서에서도 정확한 숫자가 알려지지 않았다고 설명한다.
60 도쿄전력 홈페이지에서 사토의 사진과 그의 짧은 증언을 확인할 수 있다.

하는 동안 두 원자로가 공유하는 굴뚝을 통해 흘러든 수소가 4호기를 채운 것이었다.[61] 통기된 기체를 위로 올려보내는 송풍기에 전력이 공급되지 않자 대신 4호기로 흘러들었고 길을 잃은 불꽃과 만나 폭발을 일으켰다. 원자로 건물 경계에 설치된 가스여과기를 조사한 결과 일반적인 조건에서와 달리 4호기 필터의 내부보다 외부에서 방사선 수치가 더 높은 것으로 나타나 이러한 가정이 사실로 확인되었다.

하지만 4호기 폭발 원인은 훨씬 뒤에 파악되었고 운전원들은 고민할 시간이 없었다. 모두 떠나고 얼마 되지 않았던 오전 8시 30분 열려있는 2호기의 취출판에서 증기가 쏟아지는 것이 발견되었기 때문이었다. 30분 뒤 발전소 정문의 방사선 경보기는 대기 중 방사선이 시간당 11.93밀리시버트라고 알렸다. 훼손된 원자로 건물 내부와 비교하면 낮았지만 지금까지 외부에서는 가장 높은 수치였다. 한 예로 일반적인 자연 방사선은 시간당 0.00025밀리시버트 혹은 연간 2.19밀리시버트 정도이므로 현재 대기 중의 방사선량은 평소의 5만 배 수준이었다. 지금까지 벌어진 일들은 넘어간다 해도 이때만큼은 일본 정부의 비상시 방사능영향예측시스템SPEEDI으로 제작한 오염 지도가 반드시 배포되었어야 했다. 매년 비상 훈련을 할 때마다 가정하고 연습했던 것이 결국 이런 상황이었다. 하지만 과학기술청의 후신인 문부과학성과 원자력안전위원회는 도카이무라 사고 때 그랬던 것처럼 SPEEDI를 활용하지 않겠다는 결정을 내렸다. 이 참사를 통틀어 가장 많은 논란을 부른 선택 중 하나였다.

시스템의 오작동으로 인해 SPEEDI는 제1 발전소와 연결된 센서망에서 배출 데이터를 확보하지 못했고 오염을 정확히 예측하지 못했다.[62] 3월 11일부터 계속 부분적인 데이터나 확률에 기반한 가상 데이터를 이용해 예측치를 내놓고 있었지만 공무원들은 자신들이 확보할 수 있는 가장 좋은 그리고 유일한 예측임에도 그 결과를 무시했다. 대신 정부는 아무런 과학적 근거 없이 대피 구역 밖에 있는 사람들이 안전하다고 장담했다. 그 결과 많은 피난민이 오염이 심각

---

61 3호기와 4호기가 굴뚝을 공유하지 않았다면 이런 폭발이 일어나지 않았겠지만 보통 이렇게 사소한 사실은 무시되곤 한다. 물론 굴뚝을 공유한 이유는 비용 때문이었고, 사람들은 이런 일이 벌어질 가능성을 전혀 생각하지 못했다.

62 극도로 단순화한 설명이다. SPEEDI는 일본 내 방사선 감시망에서 정보를 얻어오는 비상대응지원시스템ERSS과 연결되어 있다. SPEEDI는 오염을 예측하기 위한 정보를 ERSS에서 끌어오기 때문에 ERSS가 제대로 작동하지 않으면 SPEEDI도 정확한 예측을 내놓을 수 없다.

하게 퍼지고 있는 경로로 이동했고 대표적인 예인 나미에 마을에서는 그 수가 전체 인구의 50퍼센트에 달했다. 원자력안전위원회가 대기 중 방사선 수치를 이용해 확산 경로를 재구성한 뒤 3월 23일 일부 정보를 공개했으나 이미 너무 늦은 후였다. 일단 관측소에서 데이터를 수집하고 역순으로 재구성한 이 그래프에서 처음으로 사람들이 대피한 지역의 방사선 수치가 높았다는 사실이 확인되었다. 하지만 공무원들은 측정 결과가 뒤늦게 활용되고 수집 당시에는 공개되지 않은 이유를 설명하지 못했다. 2012년 정부 조사에서는 문부과학성 관료들이 당시 시의적절하게 SPPEDI의 예측 결과를 발표하는 것을 고려했는지 여부도 검증하지 못했다. 그 며칠간 위험한 지역에 있었던 이들은 당연히 분노했다. 일본 국회 후쿠시마원자력사고독립조사위원회 보고서에서 지적한 것처럼 이 사고는 의료 당국이 "방사성 물질이 넓은 지역으로 퍼져나가 많은 주민이 이러한 물질에 노출될 가능성을 예상하지 않았다"는 사실을 보여주었으므로 아무도 급성방사선증후군을 앓지 않은 것이 천만다행이었다. 특히 이 사고는 많은 거주민이 방사선에 노출되었을 때 기존 응급의료시설 대부분은 의도한 목적을 달성할 수 없다는 사실을 명백히 드러냈다. 의료시설들은 발전소에서 너무 가까웠고 수용 능력도 제한적이었으며 의료진은 방사선 노출에 대처하기 위한 의학적 훈련을 받지 못했다.

발전소의 방사선 수치가 우려스러울 정도로 높아지자 정부는 오전 11시 경 고 범위를 다시 확장해 발전소에서 20~30킬로미터 이내에 거주하는 모든 주민에게 실내 대기 명령을 내렸다. 대기 중 오염물질을 피해 실내에 숨어있으라는 지시를 받은 이들은 자신들이 얼마나 큰 위험에 처했는지 스스로 판단해야 했고, 그 결과 많은 수가 신중을 기해 대피하는 쪽을 택했다.[63] 관료들은 내부적으로 실내 대기 명령이 길어봐야 이틀간 유지될 거라 예상했으나 주민들은 이런 내용을 전혀 안내받지 못했다. 주위 방사선 수치가 올라가자 정부와 도쿄전력 관계자들은 외부센터를 버렸고 곧 후쿠시마시에 새로운 센터를 마련했다.

후쿠시마 제1 발전소에 남은 용감한 영혼들은 무엇이 4호기에서 지난 폭발을 일으켰든 간에 이제는 사용후연료가 가득 차 있는 수조가 공기를 접하며 과

---

[63] 일본 국회 후쿠시마원자력사고독립조사위원회 보고서에 따르면 근처 도시와 마을에서 대피를 선택한 사람의 비율은 전체적으로 14퍼센트 정도였지만 미나미소마시에서는 59퍼센트에 달했다.

열되지 않을까 걱정하고 있었다. 1~4호기를 통틀어 가장 많은 붕괴열이 발생하면서 2.26메가와트에 달하는 엄청난 열에너지가 방출되고 있었지만 수조에 물이 가득 차 있다면 괜찮을 것이었다. 하지만 여전히 계속되고 있는 여진으로 인해 수조의 내벽이 손상되었다면 물이 새어 나오고 있을 수도 있었다. 그렇다면 연료에 불이 붙고 치명적인 입자들이 바람에 실려 날아가면서 드넓은 지역을 오염시킬 수 있었다. 사용후연료 전용 건물을 비롯해 제1 발전소 여기저기에는 몇 년 치의 사용후연료가 쌓여 있었다. 로카쇼 공장은 아직 전면 가동되고 있지 않았고 그 외 다른 곳으로 옮길 수도 없었기 때문이었다.[64] 수위계가 작동하지 않았던 탓에 사람을 보내 수위를 확인하려 했지만 10시 30분경 작업자들이 4호기 원자로 건물에 진입하려 하자 선량계가 시간당 1,000밀리시버트를 넘어갔고 모두 물러날 수밖에 없었다.[65] 다른 직원들이 대피한 지 2시간 만에 폐허가 된 건물에서 불과 연기가 솟아오르자 남은 이들의 공포가 현실이 되었다. 요시다는 화면을 향해 "4호기에서 불이 났다. [우리는] 아무것도 할 수 없다. 항공자위대나 미군에 도움을 요청해 달라"고 외쳤다. 원자로들을 냉각하고 있던 소방차를 멈출 수는 없었지만 조마조마한 두 시간이 지난 후 화재는 스스로 잦아드는 듯했다. 이후 이 화재는 윤활유가 불탔던 것으로 밝혀졌다. 화재가 정리되자 사람들의 관심은 또 다른 곳으로 옮겨갔다. 이제는 접근할 수 없는 사용후연료저장조의 물을 지켜야 했다.

남아 있던 사람들은 방법을 찾기 위해 머리를 맞대던 중 방사선 수치가 예상만큼 급격히 올라가지 않았다는 사실을 깨달았다. 덕분에 이후 몇 시간 동안 필수인력 2진이 서서히 복귀했고 일부는 제2 발전소에서 전화로 기술 지원을 제공했다. 나머지 인력도 다음 며칠간 거의 돌아왔다. 주저 없이 제1 발전소로 향한 이도 있었지만 무엇이 기다리고 있을지 겁을 먹고 이탈한 사람들도 있었다. 18일이 되자 수백 명이 현장을 지키고 있었으나 대중에게는 계속 "후쿠시마의 50인"으로 남아있었다.

---

64 일본 전기사업연합회에 따르면 2010년 9월 당시 일본 전역에 13,530톤의 사용후핵연료가 있었다.
65 이 수치는 4호기 원자로 건물 주위의 방사선 수치가 높지 않았다는 일본원자력학회 보고서 내용과 모순된다. 하지만 국제원자력기구를 비롯한 여러 믿을 만한 단체의 보고서에는 이 수치가 기록되어 있다. 어느 쪽에 착오가 있는지 모르겠다.

8장
여파

I
발전소에서

후쿠시마 제1 발전소에서는 이후 몇 주간 긴장되는 상황이 이어졌지만 직원들이 깨닫지 못하는 사이 최악의 위기는 지나간 후였다. 직원들이 대피했던 15일 오후 항공자위대 헬리콥터 한 대가 3호기와 4호기의 상공을 선회하며 촬영한 흔들리는 영상에서 연료가 아직 물에 잠겨 있는 것이 확인되었다.[1] 하지만 3호기의 상황은 잔해와 자욱하게 피어오르는 증기에 가려 확실하지 않았고 미국 정부는 이 영상을 반대로 해석했다. 4호기의 연료가 대기에 노출되어 있다는 것이었다. 미국 원자력규제위원회는 공개적으로 자국 시민들은 이 발전소에서 80킬로미터 이내 지역에 접근하지 말라고 권고해, 미국인들이 정부가 밝히지 않는 무언가를 알고 있다고 생각했던 일본 사람들을 더 큰 공포에 빠트렸다. 같은 날 오후 의회 청문회에 참석한 미국 원자력규제위원회의 그레고리 야스코Gregory Jaczko 위원장은 모두를 불안하게 하는 증언을 했다. 그는 "우리는 2차 격납용기가 파괴되었고 사용후연료저장조에 물이 없다고 믿는다. 그리고 방사선 수치가 극도로 높아 올바른 조치를 취하는 능력에 영향을 미쳤을 수 있다고 생각한다"고 밝혔다. 제1 발전소의 복구팀들은 지상의 소방차로 원자로 건물 위쪽까지 물을 뿌리기 위해 필사적으로 노력하고 있었지만 저장조로 들어가는 물은 얼마 되지 않았다.

선왕 히로히토의 아들인 아키히토 천황은 흔치 않은 영상 메시지를 통해 일본 국민을 위로했다. 77세의 천황은 "피해 지역의 통탄할 만한 상황 때문에 무척 마음이 아프다"고 인정했다. 그는 비상 작업자들의 지칠 줄 모르는 노력에

---

[1] 이 영상을 본 사람들은 빛이 번진 반점을 햇빛이 4호기 건물에 있는 물의 수면에서 반짝이는 증거라 해석했다.

감사를 표하며 후쿠시마에서 이어지는 위기에 특별한 관심을 가져달라고 요청했고 "국민이 손을 맞잡은 채 연민으로 서로를 대하며 이 어려운 시기를 극복할 수 있기를 진심으로 바란다"고 밝혔다.

전날 방사선 수치가 너무 높아 물러났던 항공자위대의 치누크Chinook 헬리콥터들이 3월 17일 아침 다시 돌아왔고 3호기 위로 네 차례 바닷물을 쏟아부었다. 하지만 고도가 너무 높았던 데다 강한 바람까지 불어 대부분의 물은 표적을 빗나갔다. 이후 몇 주간 고층 건물의 화재를 진압하는 데 사용되는 특수 소방차들과 도쿄 경찰의 물대포 트럭들, 50미터짜리 막대 팔로 콘크리트를 쏟아내는 독일산 푸츠마이스터Putzmeister 트럭 M58-5 한 대가 차례로 도착해 훨씬 효과적으로 3호기 수조에 물을 공급할 수 있었다.[2] 푸츠마이스터 트럭은 베트남으로 향하는 길에 우연히 일본에 정박했던 터였다. 이 시기에 처음 제1 발전소에 도착한 비상 작업자들은 현장 상황에 충격을 받았다. 한 소방관은 새벽 2시에 도착했을 때 "예상했던 것보다 상황이 훨씬 더 안 좋았다"고 회상했다. 또한 "모든 것이 돌무더기에 덮여 있었다. 사방에 콘크리트 덩어리가 있었고 맨홀 뚜껑은 무슨 이유인지 죄다 튕겨 나와 있었다. 도로는 통행할 수 없는 상태였다. 바다부터 호스를 풀어내려 했지만 소방차를 타고는 내려갈 수 없었다. 암흑 속에서 호스를 들고 바다까지 800미터 가까이 뛰어가야 했다"고 당시 상황을 떠올렸다.

이후 조사에서 밝혀진 바에 따르면 4호기 사용후연료저장조는 순전히 운이 좋았던 덕분에 물이 연료를 덮을 정도로 남아 있었다. 유지보수를 위해 원자로를 정지하며 운전원들은 이중문이 달린 수로를 통해 물에 잠겨 있는 연료를 추출하고 저장조로 옮길 수 있도록 원자로 우물이라 불리는 격납용기 뚜껑 위쪽 공간에 물을 채웠다. 사고 중 저장조의 물이 증발하자 원자로 우물에 있던 물이 강철문 주위로 새어 나와 저장조를 채웠다. 미국 국립과학기술의학아카데미의 컴퓨터 시뮬레이션 결과를 볼 때 이런 조치가 없었다면 저장조에 접근하지 못하던 4월 초에 연료가 노출되었을 것이다.

요시다는 일주일 더 발전소의 비상 대응을 지휘했고 토목 작업부터 방사선

---

2 미국도 4월 8일 러시아의 안타노프Antonov An-124 수송기에 70미터짜리 팔로 콘크리트를 쏟아내는 세계 최대의 푸츠마이스터 트럭 M70-5를 실어 보냈다.

관리를 위한 인력 및 물자 확보까지 모든 일에 관여했다. 실제로 NHK가 제1 발전소와 도쿄전력 본사를 연결하는 화상 시스템을 계속해서 녹화한 영상 자료를 분석한 결과 그가 본사와 나눈 대화 중 원자로에 관한 대화는 12.8퍼센트에 불과했다. 요시다는 시시각각 이어지는 사고 대응 작업에 참여하면서 거의 자지 못했다. 드문드문 화면에 등장하지 않는 짧은 시간 동안에는 눈을 붙이려 노력했다고 가정하면 16일까지 거의 하루에 한두 시간만 잤다는 계산이 나온다. 실은 엄청난 스트레스로 인해 그 시간이라도 제대로 잤을지 알 수 없다. 요시다는 16일 이후에도 거의 한 번에 서너 시간 이상 자지 못했다. 이 모든 것이 시작되고 여드레가 지나 19일이 되자 그는 한계에 도달했고 몸 상태가 좋지 않다고 토로하기 시작했다.

요시다만 그랬던 것은 아니었다. 시미즈 마사타카는 3월 13일 열린 기자회견에서 모습을 드러낸 후 참사가 이어지는 동안 몇 주나 사라져 언론의 주목을 받았다. 3월 15일 간 총리에게 질책을 들을 때까지는 무대 뒤에서 움직이고 있었으나 이후에는 적어도 6일 이상 개인 집무실에 은둔했고, 회사의 다른 간부들이 참석하는 위기 대응 회의에도 참석하지 않으며 사실상 도쿄전력의 리더 자리를 비워두었다. 며칠 뒤 언론이 그의 부재를 눈치챘지만 도쿄전력은 시미즈가 과로로 휴가를 냈다며 옹호해 모든 이의 불만을 샀다. 결국 그는 3월 3일 고혈압과 현기증 때문에 입원했으나 한 달간 침묵을 지켰고 4월 13일에야 다시 대중 앞에 등장했다. 시미즈는 10년 전 검사 보고서 조작 스캔들 이후 사죄 기자회견을 열었던 자신의 전임자들과 마찬가지로 형편없는 기자회견을 열어 지금까지 벌어진 모든 일을 반성했으나 그의 사과는 공허하게만 들렸고 일부 기자들이 비난의 목소리를 내기도 했다. 일본에서는 전례가 없는 일이었다.

제1 발전소에서 밤낮을 가리지 않고 작업에 매달린 엔지니어들은 3월 20일 마침내 1호기와 2호기의 외부 전력을 복구했고 26일에는 3호기와 4호기도 전기가 연결되었다. 3월 21일부터는 많은 복구 작업자들이 근무시간 사이 원래 훈련에 사용되던 가이오마루Kaio-Maru라는 배에서 휴식을 취했다. 네 개의 돛대가 있는 이 하얀 배는 길이 110미터에 무게는 총 2,556톤이었고 실제 완성일인 1989년보다 150년은 앞서 건조된 것처럼 보였다.[3] 이 커다란 배는 발전소에서 50킬로미터 떨어진 오나하마의 망가진 항구에 8일간 머물렀다. 하지만 작업자들은 모든 것에서 벗어나 뜨거운 물로 씻고 훌륭한 식사를 맛볼 수 있는 그곳에서조차 대부분 침묵을 지키며 생각에 빠졌다. 최소한 일부는 지금 하는 일들 때문에 자신이 몇 주나 몇 달, 몇 년 내에 죽게 될 거라 생각했다. 노동자의 어머니들은 언론 인터뷰에서 울먹이며 "내 아들과 동료들은 시간 문제라고 한다. 그들은 이 나라를 구하기 위해서라면 죽을 수도 있다"와 같은 말들을 했다. 바깥세상에서 대중은 "후쿠시마의 50인"을 목숨을 걸고 일하는 영웅으로 치켜세웠다.

『요미우리신문』에 따르면 3월 말 "일반적인 원자로 냉각수보다 만 배나 농도가 높은" 물에 노출된 하청 노동자 세 명이 특히 주목을 받았다. 이 삼인조는 3호기의 터빈실 지하에서 케이블을 설치하는 동안 무릎까지 올라오는 방사성 물의 위험을 알리는 선량계의 시끄러운 경고를 무시했고 선량계가 고장 났다고 믿었다. 두 사람은 발을 다쳤고 각각 173밀리시버트에서 180밀리시버트 사이의 방사선을 흡수했다. 이들은 결국 1999년 당시 오우치가 치료를 받았던 방사선의학종합연구소로 옮겨졌고 회복 후 퇴원했다. 이 사고는 원자로 노심이 손상되었다는 사실을 알린 최초의 증거였다. 제1 발전소를 둘러싼 사연들은 그저 일자리를 잃고 싶지 않아 그곳에 있다는 노동자들의 주장부터 젊은 직원들을 대신하려 파견을 지원했다는 나이 많은 경영진들의 이야기까지 다양했다. 특히 봉사에 나선 고령 노동자들의 이야기가 자주 다루어졌고 과거 스미토모 금속산업의 엔지니어였던 야마다 야스테루가 조직한 전문가 270명도 있었다. 72세의 야스테루는 건조하게 "나는 암에 걸리기 전에 죽을 거다"고 설명했다.

때로는 사용후연료저장조 냉각에 실패한 것 같았던 이 기간에 간 총리는 일본원자력위원회 위원장이자 도쿄대학교 명예교수였던 곤도 슌스케 박사에게 조용히 전문가들로 한 팀을 구성해 상황이 급격히 나빠졌을 때 벌어질 수 있는 최악의 시나리오에 관한 보고서를 작성하라고 지시했다. 곤도 박사는 3월 25일 파워포인트 형식의 15장짜리 보고서를 제출했고 그 내용은 보고서를 읽은 몇 안 되는 사람들을 두려움에 떨게 했다. 곤도는 1호기에서 또다시 폭발이 일어나 격납용기가 파괴되면 제1 발전소를 버려야 한다고 생각했다. 2호기와 3

⇦ 3 여담이지만 이 배는 스미토모중공업에서 만들었다. 일본핵연료컨버전JCO를 창립했고 1999년 도카이무라 사고의 책임이 있는 바로 그 회사다.

호기의 노심이 용융되어 결국 170킬로미터 이내에 있는 수천만 명이 대피해야 하고 250킬로미터 이내까지 "자발적 이주"가 일어날 것이었다. 정부의 한 고위 관리는 "내용이 너무 충격적이어서 [그 보고서를] 아예 존재하지 않았던 것처럼 취급하기로 했다"고 회상했다. 총리 역시 겁에 질렸고 이후 "일본이 국가로 기능할 수 있을지 확신이 들지 않았던 결정적인 순간이었다"고 인정했다. 집단 공황을 일으킬 수 있는 곤도의 보고서는 그대로 묻혔고 2012년 1월에야 그 존재가 드러났다. 곤도 본인도 이후 그 보고서와 거리를 두었고 보고서의 내용이 과학적이지 못하다고 믿었다. 수소가 증가하지 않는 한 다시 폭발이 일어날 직접적인 이유가 없었지만, 용융되며 수소를 형성하는 화학 반응을 일으키는 지르코늄은 이미 고갈된 후였다. 또한 이 보고서에서는 지형을 무시하고 강한 바람이 내륙의 도쿄를 향해 오로지 한 방향으로만 분다고 가정했다. 현실적인 시나리오라기보다는 정치인들에게 이론적으로 가능한 재난의 진행을 보여주기 위해 급히 준비된 발표자료였기 때문이다.

이때쯤 4호기와 관련해 잊혔던 이야기가 수면 위로 부상했다. 히타치의 보일러 부서인 밥콕히타치 주식회사Babcock-Hitachi KK는 1974년부터 1975년 사이 히로시마현에 있는 구레 주조공장에서 이 원자로에 설치된 2억 5천만 달러짜리 압력용기를 만들었다. 하지만 용접 응력을 없애기 위한 열처리 중 용광로에서 용기의 형태를 유지하는 데 사용되는 버팀대가 빠졌거나 혹은 아예 처음부터 설치되지 않았다. 그 결과 거대한 용기가 안쪽으로 휘어졌다. 법에 따르면 압력용기는 원자로의 무결성을 확보하는 데 중요한 요소였으므로 히타치는 작업을 처음부터 다시 시작해야 했지만 그렇게 값이 나가는 부품을 폐기하면 파산할 위험이 있었다. 압력용기의 설계를 도왔고 제작을 감독했던 엔지니어 다나카 미쓰히코는 대신 이 비싼 부품을 구하기 위한 컴퓨터 모델을 만들어냈다. 이 모델에는 유압잭hydraulic jack을 이용해 휘어진 부분을 원래대로 돌려놓는 작업이 포함되어 있었고 정부나 도쿄전력에는 이런 사실을 알리지 않았다. 시간이 흐르고 1988년이 되어 일본에는 포괄적인 안전 규제가 있어 체르노빌과 같은 사고가 절대 일어날 수 없다는 주장들이 나오자 답답해진 다나카는 경제산업성에 자신이 했던 일을 털어놓았으나 히타치는 자신들의 조치가 용기의 강도를 떨어트리지 않는다고 주장했고 이 일은 그대로 흐지부지되었다.[4] 2011년

3월 말 다나카가 이 문제를 다시 들추자 히타치는 기존의 설명을 되풀이했다. 후쿠시마 제1 발전소에서 4호기의 원자로 건물이 쪼개지며 날아갔을 때도 압력용기는 단단하게 버텼으므로 히타치의 주장이 옳을 수도 있다. 하지만 당시 4호기에 연료가 채워져 있었고 운전 중이었다면 아마 상황이 완전히 달라졌을 것이다. 다나카는 일본 국회 후쿠시마원자력사고독립조사위원회의 조사팀에 합류했다.

원자력안전보안원은 4월 12일 이 사고의 국제원자력사건등급을 5등급에서 7등급으로 올렸다. 방사선과 함께 광범위한 파급효과도 고려되었다. 이제 후쿠시마는 세계 역사상 두 번째로 최고 등급의 원자력 사고를 겪은 지역이 되었다. 일부에서는 너무 늦은 조치라 비난했고 이 사고의 심각성을 가볍게 본 증거라 여겼다. 일부에서는 이때까지 유출된 방사선이 체르노빌 참사의 7퍼센트밖에 되지 않는 상황에서 불필요한 우려를 자아내는 행동이라 주장했다. 일본 정부는 같은 날 공개 발표 없이 조용히 원자력 발전소 유치 지역 보조금을 인상했다.

자연재해가 원자로 11기와 화력발전소 몇 군데를 멈춰 세우면서 일본 전체의 전력 생산 규모가 무려 27기가와트 줄어들었다. 도쿄전력의 발전소 6곳이 15.9기가와트, 도호쿠전력의 발전소 4곳이 5.56기가와트, 도카이 발전소가 1.1기가와트였고 소규모 화력발전회사가 소유했던 발전소의 용량 합계도 4.5기가와트에 달했다. 일본 동부는 정기적으로 정전을 겪었고 전력회사들은 가능한 한 에너지를 아끼고 공유해야 했다. 정전으로 교통신호가 멈춘 탓에 차를 몰던 운전자 한 명이 사망하는 등 피할 수 없는 비극들이 일어났다. 한편 통근 열차의 운행 간격이 길어지면서 많은 사람이 출퇴근에 어려움을 겪었고 사무실과 공장에서도 예측하지 못한 정전 때문에 문제가 일어났다. 도쿄와 후쿠시마를 포함하는 동부는 50헤르츠의 전기적 주파수를 사용하고 서부는 60헤르츠를 사용하는 이 나라 특유의 오랜 관행 때문에 상황이 더 까다로워졌다. 경계 근처의 일부 수력 발전소가 기존의 60헤르츠에서 50헤르츠로 전환해 힘을 보탰지만 주파수 변환소들을 완전히 가동해도 총 용량이 1.2기가와트에 불과했

---

4 이 시점에 정확히 어떤 일이 있었는지는 알 수 없다. 다나카의 말이 달라져 신뢰할 수 없기 때문이다. 본문의 서술은 대부분 히타치의 설명을 따랐다.

다.

초기의 정전 사태는 4월 8일로 끝났지만 여름이 되자 다시 정전이 시작되었다. 생산 부족분을 보충하기 위해 전력회사들은 석탄 발전소의 오프라인 유지 작업을 다급히 진행하며 놀리던 발전소들을 다시 돌리기 시작했고, 제강 공장을 위한 철강 회사의 자체 전력 생산 시설 900메가와트를 활용하기로 합의했다. 오랫동안 가동되지 않았던 여러 발전소는 자주 고장을 일으켰다. 다양한 노력 덕분에 부족분을 줄이기는 했으나 여름에 치솟는 전력 수요는 맞출 수가 없었다. 이에 따라 정부와 전력회사, 기타 대기업들은 7월부터 절전 캠페인을 시작했고 추가 정전을 막기 위해 도쿄와 더 넓은 도호쿠 지역에서 전면적으로 전력 사용량을 15퍼센트 줄여달라고 호소했다. 석유 위기 이후 처음으로 전력 사용을 제한하는 조치였다. 가정과 기업에서는 에어컨과 조명, 기타 전기 제품을 껐다. 이 캠페인은 국민의 적극적인 참여와 평소보다 시원한 날씨 덕분에 계획보다 빠른 9월 초에 종료되었다.

Ⅱ
피난민들

　일본 정부는 고베 지진 이후 고령자와 장애인의 대피 절차를 고쳤고 2011년부터 개정된 절차가 시행되었지만 많은 계획이 가정에 거주하는 주민들만을 고려하고 있었다. 사고 도중 한때는 대피 구역의 반경이 20킬로미터에 달했고 600제곱킬로미터가 넘는 광대한 지역이 지진으로 피해를 본 상태였다. 이런 대규모 대피는 전혀 예측하지 못했고 당연히 사망자 대부분은 환자나 노인이었다.

　병원들과 지역 비상 구조대에도 자체 대피 절차, 대피소, 이동 수단을 마련하는 것을 포함하는 새로운 안전 수칙이 있었지만 일본핵연료컨버전에서 일어났던 임계 사고 규모의 원자력 사고만을 가정하고 있었다. 그래도 자신들이 보살피는 사람들을 이송해야 하는 환경 재해에 대비한 훈련도 받았던 덕분에 이송 작업은 순조롭게 진행되었다. 특히 항공 수송대는 병상을 지키던 허약한 환자들을 100명 넘게 옮겼고 이송 중 인명 손실도 없었다. 하지만 도로와 통신 기반시설이 예상보다 훨씬 큰 규모로 파괴된 탓에 20킬로미터 구역 안에 있는 병원 7곳과 양로원 17곳에서는 구급차나 버스를 이용해 대피하는 육상 운송 계획이 원활히 진행되지 못했다. 가장 극단적인 사례로 대피 구역이 반경 10킬로미터로 확장된 이후 후타바 병원에서는 거의 45명의 환자가 적절한 음식과 물, 의료 지원이 제공되지 않아 사망했다.

　후쿠시마 제1 발전소에서 겨우 4킬로미터 떨어져 있는 이 병원은 근처에서 가장 큰 의료시설이었고 진행되는 참사에 가장 늦게 반응한 곳 중 하나였다. 76세의 병원장 스즈키 이치로는 12일 339명의 환자 중 209명 그리고 놀랍게도 모든 의사와 간호사, 지원 인력에게 버스로 대피하라는 지시를 내렸고 본인은 움직일 수 없을 정도로 상태가 심각한 환자들과 병원에 남았다.[5] 그는 "곧 자위대와 경찰이 우리를 구하러 올 줄 알고 병원 직원들을 모두 보냈다"고 설명했다. 스즈키는 구조를 기다리며 병상을 떠날 수 없는 환자 130명을 최대한 돌보았고 종종 100여 명 이상이 거주하던 근처 요양원을 살피러 병원을 비우기도 했다. 그 요양원에는 적어도 간병인들이 있었고 그들 중 몇몇이 스즈키를 도우러 후타바 병원을 찾기도 했다. 13일 저녁까지 반경 20킬로미터 이내 지역에 약 840명의 환자가 남아 있었던 것으로 알려졌다. 정부 당국은 후타바 병원에 있던 사람들 대부분이 떠난 뒤 얼마나 많은 환자가 남아 있는지 제대로 파악하지 못해 혼선을 빚었다. 구조대는 이틀이 지나서야 도착했는데 의사소통 오류도 어느 정도 영향을 미쳤다. 오쿠마로 파견된 자위대는 안내받은 위치에서 이 병원을 찾지 못했다.

마지막 대피 작전 중 군인들은 안타깝게도 3주 뒤인 4월 6일 경찰이 시신을 발견한 주민 네 명을 놓쳤다. 나머지 주민들은 버스를 타고 북쪽으로 35킬로미터 이동해 미나미소마의 지정된 보건소에서 방사선 검사를 받았다. 이들 중 몇몇은 피난민을 수용하는 시설이 모두 차 버린 탓에 24시간이 넘게 난방과 의약품이 제공되지 않는 보건소에서 대기해야 했다. 나머지 인원은 다시 남쪽으로 70킬로미터 떨어진 대피소를 향해 총 230킬로미터를 이동했다. 후쿠시마 제1발전소를 피해가느라 6시간 가까이 움직이는 동안 주민들을 돌보는 인솔자는 없었고 이들을 관리하기 위한 기본적인 신분증명서나 의료 기록도 없었다. 피난민들이 지정된 대피소인 이와키 고요 고등학교 체육관에 도착했을 때는 세명이 사망한 후였고, 병들고 허약한 수십 명을 수용할 준비도 전혀 되어있지 않았다.

도착 후에도 상황은 나아지지 않았고 몇 시간이 지나기 전 11명이 더 세상을 떴다. 결국 이 학교의 교장이 지역 라디오 방송에 출연해 도움을 요청했다. 후쿠시마현 공무원 한 명은 "그 체육관의 상태는 끔찍했다. 수돗물이나 약은 없었고 아주 적은 양의 음식만 있었다. 사람들을 제대로 보살필 수단이 아예 없었

---

5 "모든"이라는 표현을 쓴 자료도 있고 "거의 모든"이라는 표현을 쓴 자료도 있다. "모든"이라는 표현이 훨씬 더 많이 등장하며, 이 사고를 다룬 다양한 자료 중 가장 권위를 인정받는 일본 국회 후쿠시마원자력사고독립조사위원회 보고서에서도 쓰였다. 누군가 스즈키를 돕기 위해 남았는지는 알 수 없다. 일부 보고서에서는 간호사 몇 명이 함께 남았다고 하고 다른 자료에서는 원장만 남았다고 한다.

다"고 인정했다. 후타바 병원은 대피 구역 안에서 사상자가 발생한 병원 네 곳 중 하나였다. 후쿠시마현 정부나 다른 지방 자치 단체의 지원 없이 병원 직원들이 남아 환자들을 돌보아야 했던 것도 어느 정도 원인을 제공했다.[6]

하지만 시스템이 마비된 것은 대피 구역 안의 시설들뿐만이 아니었다. 후쿠시마 제1 발전소에서 남쪽으로 40킬로미터 떨어져 있는 대형 의료시설인 이와키 교리쓰 병원에서는 전체 의료진의 절반에 달하는 40세 이하 직원들이 3호기가 폭발했던 3월 14일 이후 이 도시를 떠나라는 지시를 받았고 그보다 나이가 많은 의사들과 간호사들만 남아 사고에 대처해야 했다. 남은 인력만으로는 모든 응급 수술을 소화할 수 없었으므로 환자들이 대기하는 시간이 점점 길어졌고 깨끗한 물도 얼마 없었다. 지진 이후 이와키의 약국과 상점이 문을 닫은 탓에 의약품과 연료는 물론이고 다른 물자들도 모자랐다. 제1 발전소의 상황이 악화하면서 많은 사람이 이와키로 몰렸고 이 도시도 오염되었다는 루머가 광범위하게 퍼졌다. 기본적인 필수품을 싣고 오던 트럭 운전사들이 이런 소문을 듣고 달아났고 사실상 후쿠시마 지역 전체가 외부 세계에서 고립되었다. 상황이 점점 절박해지자 한 병원의 병원장은 3월 15일 외부 지역의 전문의들에게 도와달라고 애원하는 이메일을 보냈다. 이 도시의 응급 체계가 한계에 도달했기 때문이었다. 이와키는 당시 적용되던 30킬로미터 대피 구역 밖에 있었으므로 후타바의 환자들을 비행기로 이송했던 지원팀을 비롯해 지정된 재난 지원팀들도 도움을 줄 수 없었다.

결국 도쿄의 일본의과대학교에 속한 전문 의료진이 개인적으로 모인 팀이 구조에 나섰다. 일본의과대학교 고급응급센터 센터장이었던 내과의는 다음날 이와키로 차를 몰고 와 200여 명의 환자를 분류하는 작업을 도왔다. 그사이 그의 동료들은 먼저 공식 통로를 통해 물품을 보내려 시도했고, 실패에 굴하는 대신 가장 위급한 환자 15명을 위해 수도권의 병상을 확보했다. 의사들은 이후 5일간 구급차로 뒤틀리고 무너진 도로를 헤매며 8곳의 병원으로 향했다. 이와키

---

6 일본 국회 후쿠시마원자력사고독립조사위원회의 보고서(4장 35페이지)는 이러한 지방 자치 단체들은 "병원을 소개하는 것보다 정부 사무실을 이전하는 데 우선순위를 두었다"고 지적했다. 일본자위대가 유일하게 병원의 대피를 도왔지만 대부분 며칠씩 걸렸다. 이 위원회는 놀랍게도 7개 병원 중 6곳에는 병원의 대피를 준비하는 계획이 이미 존재한다는 것을 알고 있는 직원이 한 명도 없었다는 사실을 알아냈다. 유일한 예외였던 이마무라 병원에서도 실제 사고에 못 미치는 규모의 사고에 대비한 대피 계획이라 쓸모가 없었다.

병원과 후타바 병원은 방사선 응급사태에 대처하기 위한 지정 병원 6곳에 속해 있었으나 모든 병원이 앞서 설명한 것과 비슷한 이유로 제 역할을 하지 못했다. 후쿠시마 제1 발전소에서 20킬로미터 안에 있는 병원 네 곳 중 세 곳에 대피 계획이 없었던 것도 도움이 되지 않았다.

20킬로미터 대피 구역에서 총 2,200명에 달하는 환자와 노약자가 대피했지만 도로망이 망가지고 심각한 혼잡이 벌어져 48시간 후에도 이동이 끝나지 않은 사람들도 있었다. 오염 검사를 위한 체계가 마련된 15일부터는 전체적인 운영이 나아졌고 엄청난 수의 환자들이 건강 상태에 따라 분류되어 여러 병원으로 이송되었다. 일본 부흥청이 2012년 발표한 보고서에서는 후쿠시마 제1 발전소 사고로 34명이 사망했다고 했으나 일본 국회 후쿠시마원자력사고독립조사위원회에서는 3월 말까지 사망자가 60명에 이르렀다고 주장했고 그중 40명 이상이 후타바 병원에서 나왔다. 가장 비극적인 사실은 대피 명령이 나온 후에도 누구보다 허약한 사람 수백 명이 반경 20킬로미터 이내 지역에 머물렀지만 그중 심각한 방사능 오염을 겪은 이는 아무도 없었다는 것이다. 희생자들은 의미 없이 죽었다. 정부가 대피 준비를 더 잘했다면, 혹은 가장 약한 이들을 이동시키기 전에 먼저 피난민들을 수용할 시설을 마련하는 데 시간을 들였다면, 아마 그들도 목숨을 잃지 않았을 것이다.

물론 정부의 대응뿐 아니라 광범위한 재난 자체도 영향을 미쳤다. 북서부 전역에서 대부분의 난방 시스템이 가동을 멈추었다. 약 2,400개가 넘는 대피소에서 등유를 태우는 난방기를 켰으나 곧 비축한 등유가 떨어져 46만 명의 심란한 피난민들은 얼음처럼 차가운 바닥에서 담요 한 장 없이 잠을 청해야 했다. 이와테현에서 근무했던 적십자 소속의 의사 한 명은 "만성 질환자가 많고, 오늘[3월 18일] 날씨가 너무 추워서 감기에 걸린 사람들도 있다. 독한 장염이 돌아 많은 사람이 설사를 하고 탈수 상태가 되었다"고 설명했다. 많은 노인은 자신이 어떤 종류의 약을 얼마나 먹어야 하는지 기억하지 못했고 의사들은 아무것도 충분히 확보할 수 없었다.

발전소 근처에서 살아왔던 허약한 사람들이 반드시 대피했어야 했느냐는 질문은 앞으로 몇 달간 그리고 몇 년간 계속해서 되풀이될 것이었다. 의사들과 간호사들이 창문과 문을 밀봉하고 준비 태세를 갖춘 채 사고가 끝나기를 기다려야 했을까? 어쩌면 그랬을지도 모르지만 우리는 뒤늦게 모든 것을 돌아보는 유리한 위치에 있다. 대부분의 사망자는 시시각각 상황이 악화하던 때에 10킬로미터 반경 내에서 두 번째 대피가 이루어지면서 발생했다. 발전소 밖의 방사선 수치가 당장 생명을 위협하는 수준에 이른 적은 없어도 조만간 이 지역에서는 사람이 살 수 없을 것처럼 보였던 순간들이 있었고, 그래서 자신을 스스로 구할 수 없는 이들을 구해내는 일이 아주 중요하게 여겨졌다.

발전소에서 반경 20킬로미터에서 30킬로미터 안에 살고 있던 사람들은 3월 25일 에다노 관방장관이 "상황이 장기화한 걸 고려할 때 주민들이 자발적으로 대피하는 것이 바람직하다고 생각한다"고 권고할 때까지 당초 예상했던 이틀이 아닌 열흘간 실내에 갇혀 있었다. 이후 많은 이들이 떠났지만 공포나 애착, 의학적 이유로 떠날 수 없거나 떠나려 하지 않았던 이들은 일본 정부가 대피 명령을 해제한 4월 22일까지 한 달 가까이 집에 숨은 채 외부 세계와 차단되어 있었다. 정부는 같은 날 방사선 수치가 높은 지역에 거주하는 이들을 위해 "신중 대피 구역"을 설정했다.[7] 한 가족은 "피난민들이 호텔이나 여관에 머물며 계속 구호품을 받고, 일주일에 한 번은 집에 돌아와 물건을 들고 온다는 보도가 나왔다. 반면 집에 피신해 있는 사람들은 가게들이 문을 닫은 탓에 필수품을 살 수 없다. 연료가 없어 차를 몰고 나갈 수도 없다"고 불평했다. 이러한 상황에 놓인 사람들은 집을 떠나야만 했던 사람들과 유사한 지원을 받지 못했다. 아무런 도움도 받지 못했다는 사람들도 있었다. 이런 "자발적 대피" 지역은 참사 후 다양한 논쟁을 불렀고 일본 국회 후쿠시마원자력사고독립조사위원회 보고서에서 "정부가 … 시민들의 생명과 안전을 지킨다는 자신의 의무를 저버렸다고 결론 내릴 수밖에 없다"고 강력히 비판할 정도였다.

그해가 끝날 때까지 총 99,205명의 시민이 후쿠시마 제1 발전소 근처 지역을 떠났고 추가로 62,831명도 후쿠시마현을 떠나 완전히 새로운 곳에서 살아가는

---

7 새로운 대피 구역의 설정이 대단히 늦어진 것도 비판의 대상이 되었다. 정부는 한 달 가까이 정확한 오염 지도를 확보하고 있었으나 관료들의 형식주의와 우유부단함으로 인해 몇 주간 결정을 내리지 못했다.

쪽을 택했다. 대부분은 참사의 경험을 떨쳐내지 못했다. 신체적 긴장은 점차 가라앉았지만 정신적 상처는 쉽사리 치유되지 않았다. 이들의 어려움을 파악하고 적절한 돌봄이 무엇일지 확인하기 위해 후쿠시마현 정부는 2년간 모든 연령대의 피난민 수만 명을 대상으로 네 종류의 상세한 조사를 수행했다. 조사위원회 위원장이자 나가사키대학교 분자의학 및 방사선연구 교수였던 야마시타 신이치는 조사 초기 사람들에게 안전하다는 확신을 주려는 그릇된 시도를 하다 이 프로젝트에 악영향을 미쳤다. 그는 2011년 3월 21일 걱정에 잠긴 시민들로 가득한 후쿠시마시청 강당에서 "전 세계에 '후쿠시마'라는 이름이 널리 알려질 것이다. … 대단한 일이다!"며 활짝 웃었다. 또한 "후쿠시마가 히로시마와 나가사키를 이겼다. 지금부터 후쿠시마는 [원자력 사고나 방사선과 관련해] 전 세계에 가장 잘 알려진 이름이 될 것이다. 위기는 기회다. 지금이 가장 좋은 기회다. 이봐, 후쿠시마, 너는 노력도 안 하고 유명해졌어!"라고 말했다. 그는 "방사선은 행복하고 웃는 사람들에게 영향을 미치지 않는다. 정신력이 약한 사람들에게 영향을 미친다"고 훨씬 더 도움 되는 신념도 밝혔다. 이후 야마시타는 당시 상황을 회상하며 "엄청난 충격을 받았다. 사람들은 아주 심각했고 아무도 웃지 않았다. … [그들은] 정말 우울한 상태였다"고 밝혀 듣는 이들을 놀라게 했다. 방사선 의학 분야의 세계적 전문가 중 한 명인 그가 방사선 노출의 심리학적 효과에 관해 알고 있던 지식은 과학적으로 정확했고 이미 쥐를 대상으로 한 연구에서 검증된 것이었다. 하지만 그는 사람들과 대화하는 법을 몰랐다. 독일의 저명 물리학자 볼프강 바이스Wolfgang Weiss는 "그는 실제 연구에서는 대단한 일을 해냈고, 대중의 기대를 관리하고 소통하는 데는 형편없는 모습을 보여줬다"고 지적했다. 야마시타는 힘겨운 2년을 보낸 뒤 공직에서 물러났다.

마지막 조사 결과는 안타까운 현실을 드러냈다. 조사 대상이 제한적이었는데도 남성의 18.2퍼센트와 여성의 24.3퍼센트가 외상 후 스트레스 장애를 겪고 있을 가능성이 있었고, 모든 응답자 중 25퍼센트가 참사의 경험이 원인이 된 증상들로 인해 사회적 장애를 겪고 있다고 답했다. 응답자 중 약 40퍼센트가 사고 전에 함께 살았던 이들과 떨어져 홀로 지냈고, 80퍼센트에 가까운 사람들이 참사 이후 서너 번 거주지를 옮겼다. 30.9퍼센트는 다섯 번 이상 이사를 했다. 후쿠시마 제1 발전소에서 북쪽으로 8킬로미터 떨어져 있고 인구가 21,000

명에 달했던 나미에 마을은 가장 큰 타격을 입어 옛 주민의 절반 이상이 "여섯 번 이상" 집을 옮겼다고 답했다. 참사는 아이들에게도 영향을 미쳤다. 사고가 발생하고 열두 달 후 4살부터 6살까지의 아이 중 24.4퍼센트, 6살부터 12살까지의 아이 중 22퍼센트가 어린이와 청소년의 감정과 행동을 점검하는 보편적인 검사인 강점난점자기보고형검사Strengths and Difficulties Questionnaire에서 정상 점수의 두 배를 기록해 정신 건강에서 심각한 어려움을 겪고 있음을 시사했다. 다행히도 다시 24개월이 지난 후에는 정상 점수의 1.5배 이상을 기록한 비율이 두 연령대에서 각각 16.6퍼센트와 15.8퍼센트로 떨어져 회복의 징후를 보였다.

이번 참사로 정든 터전을 떠난 이들은 그대로 남은 이들과 비교해 전체적으로 비만, 고혈압, 불면, 만성불안, 외상 후 스트레스 장애, 흡연 및 음주 습관이 증가했으나 떠나지 않은 이들이 딱히 상황이 나은 것도 아니었다. 일부 가정은 방사선 위험으로 인해 주목받으면서 괴롭힘을 당했고, 한 아이는 넉넉한 점수로 입학시험을 통과하고도 지역 내 고등학교 입학을 거부당했다. 도쿄전력과 정부의 보상금을 받은 사람 중 일부는 언어폭력을 겪었고 이제는 누구에게도 자신들이 어디에서 왔는지 이야기하지 않았다. 2020년을 기준으로, 간접적인 희생자가 1,000명 이상 나온 것은 방사선 혐오증과 강요된 대피, 수만 명에 이르는 사람들이 여전히 영구적인 자택을 구하지 못한 채 떠돌고 있는 고통스러운 현실로 인한 심각한 스트레스 때문이다. 후쿠시마에 있는 소마 중앙 병원의 방사선 전문가 쓰보쿠라 마사하루는 2020년 잡지 『와이어드Wired』에 "방사선 사고의 결과는 단순히 방사선에 노출되는 것뿐만이 아니다. 순전히 심리적인 것만도 아니다. 삶의 방식, 가족 문제, 사회 문제, 병원 폐쇄, 낙인, 괴롭힘, 금전 문제에서 변화가 생긴다. 이곳 사람들은 거의 방사선 얘기를 하지 않는다. 그런 사람들은 돌아오지 않는다"고 설명했다. 그 의미가 확장되면서 모든 사람이 히로시마와 나가사키의 희생자처럼 히바쿠샤, 즉 피폭자가 되었다.

III
정화 작업자들

용감한 이든, 절박한 이든, 아니면 자신의 의무를 벗어날 수 없었던 이든, 참사 도중 그리고 이후에 후쿠시마 제1 발전소에 일했던 사람들은 대개 질식할 듯한 안전 장비를 착용한 채 더위 속에 장시간 작업하면서 자신을 괴롭히는 불안을 맞닥뜨렸다. 또한 2011년 3월 말까지는 장비가 부족해 모든 복구 작업자가 자신의 방사선량을 파악하지는 못했지만 어쩔 수 없이 가장 높은 선량에 노출되었다. 한 노동자는 "선량계의 수가 한정되어 있어서 무리당 한두 개 정도가 주어졌다. 하지만 서로 떨어져 움직일 때면 얼마나 방사선에 노출되었는지 전혀 알 수 없었다"고 증언했다. 3월과 4월 사이 도쿄전력 직원 6명이 3월 14일에 상향 조정된 비상 노동자 한도 250밀리시버트를 넘겼고 같은 회사 직원 146명, 하청 노동자 21명은 원래 허용치인 100밀리시버트를 초과했다. 가장 많은 방사선에 노출된 이는 3/4호기 제어실의 두 운전원으로 각각 678밀리시버트와 643밀리시버트를 쬐었고 1/2호기 제어실의 한 운전원은 475밀리시버트를 기록했다.[8] 이 기간 도쿄전력 직원들의 평균 선량은 약 25밀리시버트로 전신 컴퓨터 단층 촬영CT을 2.5회 한 것과 같은 수치였다. 하지만 법적 규제치 때문에 회사 내부에서 숙달되고 경험이 많은 작업자가 빠르게 소진되었고 주 하청 업체의 직원들을 지원받는 것으로는 인력 부족을 메울 수 없었다. 노동자들은 극단적인 경우에는 특정 밸브에 접근해 겨우 몇 초간 그 밸브를 돌린 후 뒤따라온 용감한 영혼에게 임무를 넘기는 사례도 있었다고 주장했다.

도쿄전력은 2013년 12월 세계보건기구WHO에 당시까지 암에 특히 취약한 신

---

8 3/4호기 제어실의 두 운전원이 대부분 실내에 머무르면서도 그렇게 많은 방사선을 흡수한 이유는 제어실의 모든 이가 착용하기에 충분한 활성탄 여과 마스크를 확보하지 못했기 때문이었다. 둘은 평범한 방진 마스크를 쓰고 있었다.

체 조직인 부갑상샘의 선량이 100밀리시버트를 넘긴 작업자가 178명이라고 보고했으나 일본 후생노동성이 이 숫자에 의혹을 제기하면서 통계를 다시 확인해야만 했다. 이후 이 회사는 원래 수치의 10배를 넘어가는 1,973명이라는 숫자를 내놓았다. 이들은 모두 비용 부담 없이 의료 서비스를 받을 수 있게 되었다. 2011년 일본 국방의학대학교에서 수행한 연구 결과 이들 중 절반 가까이가 심리적 고통을 경험했다. 공급이 많지만 수요는 더 많은 환경에서 (2010년 일본 원자력 발전소에서 일하는 노동자 83,000명 중 88퍼센트가 외주 노동자였다) 어쩔 수 없이 노동력 격차가 안겨주는 수익을 이용하려는 사람들이 다시 등장했다. 몇 달 사이 북쪽 끝의 홋카이도부터 남쪽으로 1,750킬로미터 떨어진 오키나와 지역까지 일본 전역에서 모집된 노동자들이 후쿠시마 제1 발전소에 모습을 드러내기 시작했다.

2011년 9월 의회가 계약 입찰 제한을 완화하는 오염제거기금 예산안을 승인하면서 수문이 열렸다. 이제는 입찰을 따낸 하청 업체가 정부의 인증이나 심사를 받을 필요도 없어져 적합하지 않은 이라도 아무나 작업에 투입할 수 있게 되었다. 이런 변화로 인해 얼마나 많은 노동자가 (1970년대나 1980년대보다 훨씬 일반화된 형태로) 자체 인력을 보유하고 정부에 등록한 합법적인 알선업체를 통해 왔는지 그리고 그보다 수상한 경로로 온 사람은 얼마나 되는지 추적하기가 더 어려워졌다. 발전소에서 북쪽으로 90킬로미터 떨어진 센다이시의 기차역 근처 지역이 노동자를 확보하는 요세바로 부상했다. 그곳에서 많은 노동자가 임금, 작업 환경, 작업 기간, 그들이 맞닥뜨릴 위험에 관해 거짓말을 늘어놓은 뒤 돈을 빼돌리는 미등록 중개업자들에게 고용되었다. 한 남자는 제1 발전소를 떠나는 사람들의 선량을 검사하는 일을 하게 된다고 들었지만 실제로는 안전 장비로 무장한 채 1시간이면 연간 방사선 한도를 넘기는 구역으로 향하게 되었다. 그리고 항의하자 바로 해고되었다. 현장의 조건을 불평하면 구타하거나 살해 협박을 한다는 여러 보도가 사실이었다면 그는 그나마 운이 좋았다. 『아사히신문』이 보도하고 원인을 제공한 하청 업체가 인정한 다른 사례에서는 노동자들이 "위험한 상황에서 계속 일할 수 있을 정도로 방사선량을 낮게 유지하기 위해 납판으로 선량계를 덮으라는 지시를 받았다"고 한다.

이러한 사건들은 1970년대에 하청 업체가 노동자들을 고용하는 개인 중개업자들을 관리하는 관행이 만연하자 이를 불법화한 이유를 설명해준다. 하지만 뜻이 있으면 그리고 돈이 되면 길이 있기 마련이다. 경찰 데이터에 따르면 제1 발전소에서 일하는 노동자들은 자신에게 배정된 돈의 절반에 못 미치는 금액만 손에 넣어 최저 임금도 받지 못했고 일부는 세탁과 형편없는 음식, 밀실 공포증을 부르는 숙소 비용을 차감 당하다 최악의 경우 빚까지 지곤 했다. 2012년 도쿄전력이 이 발전소의 노동자 3,186명을 조사한 결과 47.9퍼센트가 자신을 고용하고 임금을 주는 하청 업체의 관리를 받고 있었다. 2.1퍼센트는 자신이 누구를 위해 일하는지 모른다고 답했다. 때로는 합법적인 하청 업체가 불법 노동자들에게 어느 업체를 위해 일하고 있는지 도쿄전력에 거짓말하라고 지시하기도 했고, 가끔은 노동자 개인에게는 알리지 않고 문서를 조작하기도 했다. 로이터통신의 탐사 보도에 따르면 일부 중개업자들은 심지어 노동자들의 빚을 갚아주는 조건으로 "노동력"을 산 뒤 그에 상응하는 이득을 얻었다고 만족할 때까지 자신들의 새로운 "자산"에게 제1 발전소 안팎에서 일하도록 강요하기도 했다.

이러한 대접은 형편없는 감독, 위험 관리와 맞물리며 작업자들의 사기 저하를 유발했고 결과적으로 미숙함과 탈진으로 인한 실수가 연이어 발생했다. 여름 몇 달간은 일본의 무더위 속에 온몸을 덮는 보호장비를 입고 있다가 열사병으로 의식을 잃는 일도 드물지 않았다. 2015년 8월에는 한 작업자가 교대 근무가 끝날 무렵 몸이 좋지 않다고 호소해 병원으로 옮겨졌으나 그날 늦게 사망했다. 1년 뒤에는 또 다른 노동자가 관리동 입구에서 쓰러져 구급차에 실려 갔지만 몇 시간 지나지 않아 사망했다. 2014년 초 인력 부족이 너무 심각해지자 한 하청 업체는 인터넷에 다음과 같은 제목으로 구인 광고를 올렸다. "일자리를 잃었다? 살 곳이 없다? 갈 곳이 없다? 먹을 것이 없다? 후쿠시마로 오세요."

2012년 5월 말 경찰은 일본에서 두 번째로 큰 야쿠자 조직 스미요시카이의 수장 오와다 마코토를 체포했다. 그는 2011년 몇 달간 공인된 하청 업체를 통해 후쿠시마 제1 발전소에 노동자들을 파견한 혐의를 받았지만 사실 야쿠자 조직원들은 내내 이 발전소에 있었다. 스미요시카이의 한 중간 간부는 "그 사고는 우리 잘못이 아니다. 도쿄전력 잘못이다. 우리는 늘 작업 과정에서 필요악이었다. 우리 중 일부가 현장에 머물며 노심 용융과 싸우지 않았다면 상황이 훨씬 더 나빠졌을 수도 있다. 도쿄전력 직원들과 [원자력안전보안원] 감독관들은 대부분 달아났다. 우리는 자리를 지켰다"고 주장했다. 『야쿠자와 원자력 산업: 후쿠시마 발전소에 위장 취업한 기자의 일기Yakuza and the Nuclear Industry: Diary of an Undercover Reporter Working at the Fukushima Plant』를 집필한 스즈키 도모히코는 '후쿠시마의 50인' 중 3명이 야쿠자 조직원이었다고 주장했다. 후쿠시마 그리고 더 넓은 원자력 산업에서 범죄 조직이 개입한 분야는 인력 공급뿐만이 아니었다. 한 예로, 몇 년 전 사토 에이사쿠에게 뇌물을 주었다는 혐의로 기소되었던 미즈나티 건설 경영진은 오염 제거 계약으로 인해 다시 곤경을 겪던 중 법정에 출두해 건설 공사를 따내기 위해 지역 정치인과 야쿠자 조직에 돈을 건네는 일은 일반적인 관행으로 여겨진다고 증언했다.

일본 사회는 야쿠자 조직들과 복잡한 관계를 맺고 있다. 야쿠자들은 공공연하게 도쿄의 번화가에 화려한 사무실을 운영하며 유명한 친구들[9]을 자랑한다. 또한 위기가 오면 유익한 공익 서비스를 제공한다고 알려져 있다. 2011년 3월에는 정부의 지원이 도착하기 훨씬 전부터 자신들의 건물을 대피처로 제공하고 음식과 물, 담요, 기타 보급품을 내놓았다. 그 결과 많은 사람이 이들에게 다소 모호한 태도를 취한다. 이전에는 야쿠자를 고용하거나 그들의 서비스에 돈을 내는 것이 불법이 아니었으나 2011년 10월 법이 바뀌면서 몇십 년간 이어지던 돈의 흐름이 끊겼다. 도쿄전력은 그 후에도 상당히 오랫동안 자신들의 방식을 바꾸기를 꺼렸고 범죄 조직을 배제하기 위한 새 법 조항에 맞춰 계약을 갱신하지 않았다. 그들은 기자들의 압박에도 "개인정보보호법을 위반할 수 있"다며 인력이나 신원 조회, 보안을 조달하기 위해 활용하는 업체들의 이름을 공개하는 것을 거부했다. 2013년 초가 되자 마침내 후생노동성이 개입했고 후쿠시마 제1 발전소 주변에서 오염 제거를 처리하는 하청 업체의 약 70퍼센트가 법을 어겨 왔다는 사실을 알아냈다. 한 하청 업체는 자사 아래에 또 다른 회사,

---

9 예를 들어 일본에서 가장 유명한 텔레비전 진행자이자 코미디언 중 하나였던 시마다 신스케는 2011년 8월 야쿠자와의 관계가 밝혀지며 사실상 경력이 끝났다.

즉 재하청 업체를 두고 이미 1차 하청 업체 소속으로 일하던 노동자들을 다시 조달했다고 주장하며 같은 작업자 몇백 명의 임금을 두 번씩 받아냈다. 다수의 업체가 미지급 임금을 돌려줘야 했지만 기소된 회사는 없었다.

이 문제가 얼마나 심각한지 알려지자 정치적 압박을 받게 된 도쿄전력은 직원들에게 하청 계약과 관련된 법을 교육하는 일정을 마련하고, 불만이 있는 작업자들을 위한 익명 상담 전화를 개통하며, 통보 없이 무작위로 작업 현장을 사찰하는 등의 개선책을 내놓았다. 상황이 나아지긴 했지만 이 거대한 전력회사는 7단계 이상의 하청 업체로 이루어진 철옹성 같은 피라미드의 가장 꼭대기에 앉아 있었다. 첫 몇 단계를 이루는 주 계약자는 가지마나 도시바 같은 대기업들이었고 규정대로 일했다. 하지만 더 작은 회사들이 수백 개 모여 있는 아래쪽으로 내려가면 노동자들이 뒤얽힌 혼란스러운 미로가 되었다. 설령 기업이 원한다 해도 법과 일본 노동 시장 특유의 기본 구조를 바꾸지 않고 특정한 회사의 힘으로 어떻게 이 문제를 풀어낼 수 있을지는 알 수 없다. 조금이나마 존재하는 강제적인 책임은 사슬을 따라 흘러내렸지만 결국 모두 숫자만 원했지 그 숫자를 어떻게 얻을지는 신경 쓰지 않았기 때문에 자신들의 책임을 확인하는 이는 아무도 없었다. 정부 관료든 회사 경영진이든 이런 태만한 접근법에 관해 질문을 받으면 대부분 오래된 변명을 변형해 답했다. 사람들을 그렇게 세심하게 조사하려면 아무것도 할 수 없다는 것이다. 후쿠시마보다 훨씬 앞서 원자력 오염 제거 작업을 진행했던 미국이나 영국 같은 나라도 비슷한 장애물을 직면했으나 해결책을 모색하고 있는 듯하다. 일본은 규모가 완전히 다르긴 하지만 그래도 의지가 충분하다면 변화를 일으킬 수 있을 것이다. 의지가 없으면 변화도 없다. 한 노숙자 노동자는 "도쿄전력은 신이고 주 계약업체는 왕이며 우리는 노예다"고 요약했다.[10]

---

10 일본의 노숙자 문제는 "잃어버린 10년"을 거치며 그 수가 급증했던 1990년대에 비해 훨씬 줄어들었다. 다양한 복지 관련 법안이 마련되고 노숙자 쉼터가 건설되면서 2014년까지 10년간 거리에서 잠을 청하는 사람의 숫자가 70퍼센트나 줄었다.

IV
정치적 결과와 법적 결과

눈앞의 위기가 끝나기 전부터 누구에게 이 참사의 책임을 물어야 하느냐는 질문이 제기되었다. 도쿄전력은 기회가 있을 때마다 자신들의 무죄를 입증하려 했지만 당연히 대중의 분노는 이 회사를 향했고 가장 위에 앉아 있는 시미즈 마사타카부터 후쿠시마 제1 발전소에서 고군분투하고 있는 지친 작업자들까지 정도는 달라도 모두 멸시의 대상이 되었다. 도쿄전력의 경영진이 가장 큰 야유를 받았지만 처음에는 존경과 격려가 쏟아졌던 하급 직원들에 대한 여론도 몇 주가 지나자 바뀌기 시작했다. 괴롭힘과 욕설로 인한 사고가 빈발하자 도쿄전력은 "직원과 가족들을 보호하기 위해" 도쿄 전역에 있는 모든 사택에서 회사 이름을 지워야 했다. 이렇게 버림받은 회사에서 일한다는 중압감과 사회적 낙인은 일부 직원들이 견딜 수 없는 수준으로 커져 2011년 퇴사한 사람의 수가 2010년의 3.5배에 달했고 2012년에는 2010년의 5배가 넘었다.[11] 도쿄전력처럼 안정적인 기업에 취직하면 보통 평생 근속하는 일본에서는 보기 어려운 수치였다. 도쿄전력은 2012년 9월 비용 절감을 위해 경영진의 급여는 30퍼센트, 다른 모든 직원의 급여는 20퍼센트 삭감했다. 2014년 회계 연도에는 회사 최초로 50세 이상 직원을 대상으로 희망퇴직을 신청받았는데 1,000명 정원에 1,151명이 지원했다. 고위 경영진은 오염 제거 계획을 수행할 자격을 가진 이들이 대거 이탈하는 현실을 맞닥뜨렸고 곧 관련 인력의 임금 삭감률을 7퍼센트로 줄였다. 하지만 강제 이직 문제가 현장에서의 방사선 노출과 결합하면서 적합한 기술을 지닌 인력을 찾아내는 일은 이후에도 종종 문제가 되었다.

---

[11] 비교를 위해 살펴보면 2018년 미국의 평균 이직률은 23퍼센트였고 일본은 7퍼센트였다. 도쿄전력을 퇴사한 사람의 수는 2010년 134명, 2011년 465명, 2012년 712명이었다.

이 회사는 사고 첫날부터 원자로 1호기가 용융되었다는 사실을 알았고 부사장 무토 사카에가 가능성을 인정했는데도 불구하고 2011년 5월 15일 원자로 상세 분석 결과가 발표되기 전까지는 노심 용융이 일어났다는 사실을 시인하지 않았다. 일주일 뒤 국제원자력기구 사찰단이 후쿠시마 제1 발전소를 방문하기 위해 일본에 도착했던 바로 그때 도쿄전력은 2호기와 3호기에서도 노심 용융이 일어났었다고 발표했다. 8월에는 일본 원자력안전보안원 원장 데라사카 노부아키가 자신도 3월 12일부터 노심 용융이 일어났다는 것을 알고 있었다고 실토했으나, 기관 차원에서 사실을 인정하기까지는 한 달이 더 걸렸다.

5년 뒤 도쿄전력은 뒤늦게 더 분명히 상황을 알렸어야 했다고 인정했다. 시미즈가 2011년 3월 14일 임원들에게 "노심 용융"이라는 단어를 사용하지 말라고 지시했다는 사실이 포함된 보고서가 공개된 뒤 도쿄전력의 히로세 나오미 사장은 "은폐였다고 말할 수 있다"고 자신의 견해를 밝혔다. 이후 시미즈는 이런 지시가 대중에게 혼동을 주지 않으려 했던 간과 에다노에게서 나왔다고 주장했으나 지목된 두 사람은 부인했다. 사고 초기 도쿄전력은 공개적으로는 노심 용융의 가능성을 부인하면서도 정부에는 노심이 25~55퍼센트 융해되었으리라 예측하는 내부 시뮬레이션 결과를 보고했다. 사고가 발생하기 1년 전에 개정했지만 어째서인지 2016년 2월까지 존재를 잊고 있었던 회사의 자체적 원자력재해대책절차서에서는 노심이 5퍼센트 이상 융해되면 노심 용융이라 정의하고 있었는데도 그랬다. 도쿄전력은 "지난 5년간 이 절차서에 있는 기준을 확인하지 못한 데 대해 진심으로 사과드린다"는 우스꽝스러운 성명서를 내놓았다. 더 신속하게 통지하고 보고할 수 있었던 사건들이 있었다. 안타깝게도 도쿄전력은 불합리할 정도로 오랜 시간 정부에게조차 정보의 존재를 감추거나 제공을 거부하는 패턴을 오늘날까지 이어가고 있다.

과거에는 공무원들의 골칫거리에 불과했던 원자력 반대 시위가 참사 이후 전국에서 분출하듯 발생했다. 교도통신과 『아사히신문』이 개별적으로 진행한 전국 조사에서는 원자력을 단계적으로 퇴출해야 한다는 응답자의 비율이 각각 70퍼센트와 74퍼센트에 달했고 원자력 발전소가 있는 지역에서는 더 높은 수치를 기록했다. 하지만 도쿄전력의 최고 경영진을 괴롭히는 문제는 거의 없었다. 시미즈는 2011년 5월 사장직을 사임했지만 2012년 6월 후지오일의 사외

이사라는 조용한 자리를 꿰찼고 이후 지금까지 숨어 지내고 있다. 도쿄전력은 2019년 기준으로 후지오일의 지분 8.85퍼센트를 보유한 최대 주주다.[12] 가쓰마타 쓰네히사는 고비를 잘 넘기고 2011년 6월 다시 회장으로 선출되었으나 1년 만에 역시 물러났다. 도쿄전력의 다른 경영진들도 대부분 처음에는 회사에 남았고 빠르게 사과한 이후 모두 개인적인 책임을 부인했다. 익명을 요구한 한 검사의 발언을 인용한 초기 보도에서는 회사와 개인에게 책임을 묻는 것이 "여부與否가 아닌 시기의 문제"라 전했으나 참사 후 1년이 지나기까지 도쿄전력과 정부에 속한 누구도 법적인 영향을 겪지 않았다.

하지만 도쿄전력 자체는 문제가 달랐다. 이 회사는 현실적으로 "대마불사大馬不死"라는 개념에 딱 들어맞았지만 4월 5일까지 주가가 80퍼센트 넘게 폭락하면서 1951년 8월 상장된 이래 최저 수준으로 떨어져 민간 기업으로 남겨두는 것이 의미가 있는지 의문이 제기되었다. 전문가들과 정치인들, 정부 관료들 모두 압도적인 대중의 불신과 피할 수 없는 법정 배상 때문에 강제 국유화가 될 가능성을 공개적으로 따졌다. 도쿄전력은 5월 1조 2,500억 엔(150억 달러)의 손실을 기록했다고 발표했다. 일본에서 비금융 기업이 낸 최대 손실이었고 1,300억 엔(16억 달러)의 수익이 난 전해와 비교하면 대조적인 성과였다. 일본 전력업계가 회복을 위해 분투하며 전체적으로 150억 달러의 적자를 낸 이듬해에도 전망은 그다지 밝지 않았다.

그리고 2012년 5월 9일 14개월 전만 해도 상상할 수 없었던 일이 현실이 되었다. 도쿄전력이라는 사명은 유지되었으나 정부가 10년간 1조 엔(126억 달러) 이상을 투자하기로 하고 지분 50.1퍼센트를 취득해 이 회사의 최대 주주가 되었다. 이미 배상 청구액을 지급하는 데 투입된 세금 2조 4천억 엔(301억 달러)은 제외한 금액이었다. 카에이다 반리의 뒤를 이어 경제산업성 장관이 된 에다노는 "정부 자금 없이는 [도쿄전력은] 안정적으로 전기를 공급할 수 없고 보상과 해체를 위한 비용을 댈 수 없다"고 설명했다. 정부가 이사들을 선택하게 되었지만 이사회 투표에서 3분의 2 이상의 과반수가 동의하지 않으면 경영 개혁을 지시할 수 없었다. 물리적 피해와 대민 관계에서의 타격을 복구하는 데 상당한

---

12 도쿄전력에 이어 쿠웨이트국영석유공사와 사우디아라비아 정부가 각각 7.2퍼센트의 지분을 보유하고 있다. 출처: "Fuji Oil Company annual report," 2019.

진전이 이루어졌다고 판단하면 회사에 다시 경영권을 돌려주겠다는 취지였다. 이후 10년간 3조 4천억 엔(422억 달러)에 달하는 비용을 절감하고 기존 이사 16명이 모두 사임해야 했으나 일정한 목표를 달성한 후 이르면 2017년부터 도쿄전력이 경영권을 회복할 것으로 기대되었다. 하지만 이렇게 밀착된 감시도 잘못된 선택을 막지는 못했다. 2015년 감사 결과 도쿄전력은 세금으로 확보된 오염제거기금 1,900억 엔(16억 달러) 중 3분의 1 이상을 낭비한 것으로 밝혀졌다. 주문 제작한 오염 제거 장비와 기계들은 보통 제대로 작동되지 않았고 거의 사용하지 않거나 아주 짧은 시간만 활용되었다.

이 회사는 2020년 3월까지 일본 정부의 재난 분쟁 해결 프로그램을 통해 보상금으로 9조 3,200억 엔(867억 달러)을 지급했는데 대부분은 세금으로 조성한 기금에서 충당했다. 금액을 따지면 상당한 규모이지만 이 프로그램은 개인별 지급액이 한심할 정도로 작으며, 초기에 사용된 58페이지짜리 신청서와 158페이지짜리 보충 자료집은 영수증 사본과 수입 증명서 등을 요구해 의도적으로 작성하기 어렵게 만든 것처럼 보였다. 대중의 격렬한 항의를 겪은 후 변경된 34페이지의 양식 역시 크게 나아지지 않았고 참사 후 1년이 지나도록 정부가 배정한 기금 중 4분의 1밖에 지급되지 않았다. 일본은 소송을 즐기는 나라가 아니지만 2020년 현재까지 불만을 품은 피해자 1만 2천 명 이상이 참사의 다양한 측면에 대해 400건이 넘는 민사소송과 집단소송을 제기했다. 도쿄전력은 2014년 8월 강제로 집과 생활터전을 두고 떠난 뒤 분신자살한 여성의 남편이 제기한 소송에서 처음으로 패했고 4,900만 엔(47만 2천 달러)을 배상해야 했다.

1년 뒤 아베 신조 총리는 피난민들에게 집으로 돌아가 삶을 다시 시작하라고 재촉했고 귀향하는 가정마다 10만 달러(당시 환율로 환산하면 약 830달러)의 일회성 지원금을 지급했다. 하지만 그는 모든 지원금이 2017년 3월에는 중단될 것이라 경고했다. 약속한 때가 되자 정부의 재촉에 따라 자발적 대피 구역을 떠났으나 방사선이 사라지지 않아 돌아가지 못한 이들은 주택 보조금을 받을 수 없게 되었다. 그 결과 안전하다는 느낌이 들지 않는 집으로 돌아갈 수도 없고 자신들이 원하지 않는 곳에 정착할 수도 없는 상태가 되어 물리적으로나 재정적으로나 궁지에 몰리게 되었다.

2017년 3월에는 강제로 혹은 자발적으로 대피했던 62명이 정부의 잘못된 대처로 인해 발생한 정신적 외상에 대한 보상으로 3,860만 엔(약 34만 달러)을 받게 되어 정부를 상대로 한 최초의 승소 판결이 나오기도 했다.[13] 애초에 요구했던 15억 엔과 비교하면 얼마 안 되는 금액이었지만 일부 고소인들은 결과에 만족했다. 한 남자는 "돈이 문제가 아니다. 천 엔이나 2천 엔이라도 괜찮다. 우리는 그저 정부가 자신들의 책임을 인정하길 바란다. 우리의 궁극적인 목표는 정부가 자신들의 책임을 인정하고 같은 사고를 반복하지 않도록 상기시키는 것이다"고 주장했다. 법정에서 비슷한 승리들이 이어졌지만 판사들은 종종 확실한 보상 경로가 존재한다는 이유로 도쿄전력의 편을 들어주기도 했다. 2011년 진행된 한 심리에는 도쿄전력을 대리한 한 변호사가 이 회사는 오염을 제거할 책임이 없다는 뻔뻔한 주장을 펴기도 했다. 그는 "후쿠시마 제1 발전소에서 퍼져나가 떨어진 방사성 물질들은 도쿄전력이 아니라 개별 토지 소유자의 것"이라고 이유를 댔다.

2017년 6월 30일 이제는 노쇠한 77세의 가쓰마타 쓰네히사가 전前 부사장 무토 사카에, 다케쿠로 이치로와 함께 후쿠시마 참사의 여파로 열린 유일한 형사 재판에 모습을 드러냈다. 간 나오토, 마다라메 하루키, 여러 정부 인사들 그리고 40명에 가까운 도쿄전력 경영진이 모두 빠졌고 무엇보다 시미즈 마사타카의 부재가 눈에 띄었다. 당시 도쿄전력의 최고경영자로 가장 큰 책임이 있었던 그가 왜 기소되지 않았는지 설명할 수 있는 구체적인 이유는 없는 듯하다.[14] 무토와 다케쿠로 모두 시미즈 밑에 있었다. 가쓰마타는 여러 측면에서 시미즈보다 높은 지위에 있었지만 이론적으로는 2011년에 좀 더 상징적인 역할을 맡았다고 할 수 있다. 몇몇 사람들은 가쓰마타가 당시 일상적인 업무에서 물러나 있었지만 실제로는 회사를 통제했고 그래서 재판까지 받게 되었다고 추측했다.

국제원자력기구와 다른 여러 기관에서 발표한 다양한 보고서에서 도쿄전력

13 137명이 함께 정부를 고소했으나 법원은 42가구를 구성하는 62명의 피해만 인정했다.
14 이 문제에 관해 일본을 주로 연구하는 법학 연구자 몇 명과 대화해 보았지만 아무도 구체적인 이유를 알지 못했다.

의 형편없는 안전 문화가 참사의 근본적인 원인임을 자세히 설명하고 있는데도 도쿄구 검찰청은 증거가 부족하다며 2014년 7월까지 사건 진행을 거부했다.[15] 도쿄구 검찰청은 2013년 9월 국제올림픽위원회IOC가 일본의 2020년 올림픽 유치를 발표한 날 자신들의 결정을 흘리며 이 사건을 덮으려 시도했다. 참사가 터지자 전례 없이 수만 명이 뛰쳐나와 자신들의 의견을 표명했었던 것처럼 다시 한번 시위대가 도쿄 거리를 메웠다. 추첨으로 선택된 시민 11명은 미국의 대배심과 같은 기능을 하는 검찰심사위원회에서 도쿄전력의 최고 경영진 3명을 재판에 회부해야 한다는 판단을 내렸다. 이러한 결정에 따라 검찰은 다시 증거를 조사했지만 2015년 1월 다시 유죄 판결을 받기에는 증거가 너무 빈약하다고 주장하며 기소하지 않기로 했다. 또다시 검찰심사위원회가 열려 검찰의 결정을 뒤집었고 2016년 2월 업무상 과실 혐의로는 극히 드문 "강제 기소"가 이루어졌다.

도쿄전력 경영진이 후쿠시마 제1 발전소에 발생할 수 있는 지진과 쓰나미의 위협을 알고 있었느냐를 두고 논쟁이 벌어졌다. 도쿄전력의 쓰나미 대책 책임자는 2008년 2월과 6월 무토에게 7.7미터에 이르는 파도가 해안 방벽을 넘어설 수 있다는 내용이 포함된 내부 연구 결과를 보고했으며, 7월 다시 가쓰마타와 시미즈도 참석한 회의에서 파도의 높이가 15.7미터로 수정된 예측을 논의한 후 큰 비용이 들어가는 방파제 확장이 승인되었다가 다시 연기되었다고 증언했다.[16] 그런 판단을 내렸던 무토는 "강력한 해안 방벽을 위한 설계를 바로 내놓기는 어려우리라 생각했을 뿐이다"고 주장했다. 그런 방파제는 비싸고 불편할 터였다. 가시와자키가리와 발전소의 가동이 중단된 상태였으므로 발전 용량을 더 잃는 것은 바람직하지 않았다. 세 명의 피고인 모두 연신 자신들의 실수를 사과하면서도 해당 데이터는 가상적이고 논쟁의 여지가 있었으며 최종적인 쓰나미의 규모를 예견하지 못해 구체적인 행동 방침을 승인하지 않았던 것이라고 반론을 펼쳤다. 또한 이 회사가 필수적인 공공 서비스를 제공하긴 했

---

15 도쿄구 검찰청은 정부 인사를 기소하는 것도 거부했다. 원래 고소장이 후쿠시마 검찰청에 제출되었는데도 관할권이 도쿄로 넘어가자 일부 고소인들이 불안해하기도 했다. 관할권 변경으로 발생하는 이점도 있었지만 무엇보다 후쿠시마 검찰청이 이 사건을 기소하고 싶어 하지 않았던 것으로 보인다.
16 재판 기록을 보면 무토는 "더 살펴볼 수 있게 일본토목학회에 맡겨 달라"고 했다. 그러면 발전소의 재점검 기한에 맞추지 못할 것이라는 이야기를 들었지만 개의치 않았다.

지만 경영진은 누구보다 주주들에게 매여 있었다는 까다로운 문제도 있었다. 이들이 쓰나미를 현실적인 위협이라 생각했다면 대책을 세우지 않았던 도쿄전력뿐 아니라 규제기관도 이들 못지않은 책임이 있었지만 법정에 서 있는 사람은 세 명뿐이었다.

검찰은 후쿠시마 제1 발전소의 펌프실이 침수되면서 사망한 2명을 제외하고 목숨을 잃은 피난민 44명과 그야말로 막대한 손실을 본 수천 명을 고려해 징역 5년을 구형했지만 판사들은 피고인 3명 모두 무죄로 판단했다. 전 세계적인 반발을 예상할 수밖에 없었던 판사들은 평결과 판결 이유를 읽는 데 3시간 이상을 보냈다. 그들은 피고인들이 초대형 쓰나미의 가능성을 시사한 데이터들을 알고 있었다고 인정했으나 동시에 그런 예측의 타당성을 의심했다는 주장을 받아들였다. 경영진이 이 문제를 심각하게 인식했다면 새로운 해안 방파제를 계획하고 건설하기 위해 제1 발전소의 가동을 중지하는 기간이 어쩌면 몇 년이나 늘어났을 것이고, 어느 쪽이든 이러한 개량 작업이 제때 끝나지 않았을 수 있었다. 무죄 판결은 전 세계에 대서특필되었다. 2021년 현재까지 일본 정부 산하의 어느 기관에도 참사와 관련해 기소된 사람이 없으며 앞으로도 마찬가지일 듯하다.

지진, 쓰나미, 원자력 사고가 결합한 삼중 재난은 인류 역사상 가장 비싼 대가를 치르게 했다. 2011년 3월 세계은행은 두 자연재해의 비용만 19조 엔(2,350억 달러)에 달할 것으로 추산했다. 하지만 실제 비용은 추정치를 훌쩍 뛰어넘었고 일본 부흥청은 2020년까지 훼손된 기반시설과 건물을 복구하는 데 이미 31조 엔(2,810억 달러)이 들어갔으며 2025년까지 2조 엔(180억 달러)이 더 투입될 거라 예상했다. 제1 발전소를 해체하고 주위 지역의 오염을 제거하는 비용 역시 풍선처럼 불어나고 있다. 3년 사이 지출한 비용이 이미 경제산업성이 2013년 예측한 11억 엔의 거의 두 배에 달했지만, 도쿄에 본부를 둔 유명 싱크탱크 일본경제연구센터는 2019년 3월 2050년까지의 비용이 적어도 35조 엔에 이를 것이며 상황에 따라 81조 엔에 달할 수도 있다고 전망했다.[17] 81조 엔이면 7,280억 달러로 스위스의 국내총생산GDP과 비슷하다. 이 연구센터가 추정한 최

---

[17] 이런 숫자가 나오게 된 추론 과정을 읽어보면 무척 흥미롭다. 인터넷에서 전문을 확인할 수 있다. "Accident cleanup costs rising to 35,80 trillion yen in 40 Years." Japan Center for Economic Research, 7th March 2019.

저 비용 35조 엔을 맞추려면 도쿄전력은 파괴된 원자로들에서 연료를 찾아 제거하려는 계획을 포기하고 대신 발전소 자체를 체르노빌 발전소와 유사한 콘크리트 석관으로 덮어야 한다. 하지만 일본 정부는 이런 가능성을 분명히 배제했다. 이렇게 천문학적인 비용이 거론되는 와중에도 도쿄전력은 참사의 진정한 비용에 대한 재정적 책임을 효과적으로 피해 왔다.

불행의 물결 속에 희망을 주는 이야기들도 있었다. 도호쿠전력 경영진은 피난민 대피소로 지정되지 않았는데도 대대적인 파괴로 집을 잃은 이들을 위해 재빨리 오나가와 발전소의 문을 열었다. 이 회사인의 대변인은 "보통은 일반인들에게 내부 출입을 허용하지 않지만 이번에는 이게 올바른 행동이라고 느꼈다"고 설명했다. 결국 피난민 360명이 전기, 식사(공급 부족으로 하루에 두 번만 나오기는 했지만), 난방, 전화선이 제공되는 발전소 내 체육관에서 충분한 공간과 화장실을 사용하며 석 달을 지냈다. 당시에는 드문 사치였다. 심지어 제일 먼저 도착한 이들은 후쿠시마 제1 발전소의 원자로 건물이 폭발하는 장면을 텔레비전 생방송으로 지켜보기도 했다. 항공기로 센다이에서 오나가와 발전소로 이송된 한 여성은 이곳에서 건강한 아이를 출산하기도 했다.

다른 곳에서도 정부와 일본자위대, 민간 기업에 속한 수많은 사람의 끈질긴 노력이 전해지며 찬사를 모았고 위기가 끝난 후에는 조직적으로 움직인 이들과 개인들의 선행도 알려졌다. 지진이 일어난 직후 한 경찰관이 자신이 타고 있던 기차를 홀로 고지대로 대피시켰다는 미담도 있었다. 하지만 이런 보도에 관한 관심은 정부 고위층의 대응에 대한 비판에 밀려 점차 사그라들었다. 발전소에서 도쿄전력 본부, 원자력안전보안원, 총리 관저로 이어지도록 계획되고 훈련된 비상 지휘 계통은 도쿄전력이 원자력안전보안원과 총리 관저 지하의 긴급대책본부와 동시에 소통하기 시작하면서 거의 처음부터 제대로 작동하지 않았다. 이후에는 대개 총리 관저 지하에서 총리 집무실로 올라가는 과정에서 문제가 생기곤 했다. 어떤 정보는 전혀 위로 올라가지 않았다. 다른 때에는 도쿄전력의 다케쿠로 이치로가 정부 주요 조직을 완전히 우회하고 간 총리나 그의 팀에게 바로 소식을 전하기도 했다. 정부의 최고위 관료들은 좀 더 범위가 넓은 지진과 쓰나미 재해에 집중하면서 제1 발전소에서 일어나는 법의 테두리를 벗어난 사건에는 간섭하지 않는 접근법을 택해 사소한 것까지 관리하려 드는 대신 정부의 비상 대책이 각자의 방식대로 운영되도록 두어야 했다.

도쿄전력과 이 회사의 경영진, 더 넓은 원자력 마을, 앞서 총리직을 맡았고 미래에 다시 같은 자리에 오를 아베 신조를 포함하는 야당 자유민주당의 정치인들은 간 나오토를 포위하고 자신들의 책임을 전가하기 위해 어마어마한 작전을 펼쳤다. 이들은 간이 제1 발전소를 방문해 요시다를 방해하고 복구 작업을 지연시켰으며, 그 결과 노심 통기가 이루어지지 않아 1호기 노심이 용융되고 폭발했다고 주장했다. 그리고 더 나아가 총리가 작업자들에게 해수 주입 중단을 명령했다고 우겼다. 근본적으로 간 나오토는 사고를 그토록 악화시킨 책임이 있었다. 하지만 조사 결과 그를 음해하려는 주장은 대부분 근거가 없는 것으로 밝혀졌다.

간이 속한 진보 계열의 민주당은 2009년 말 정권을 잡았고 그는 2010년 6월 7일 총리가 되었다. 이전까지는 57년간 줄곧 자유민주당이 정권을 유지했고 정부의 재난 대비를 포함해 모든 구조가 자유민주당에 의한 자유민주당을 위한 것이었다. 간의 행동에도 문제가 있었지만 더 넓은 정부의 대응은 자유민주당의 유산이라 할 수 있었다. 그가 해수 주입을 중단하라고 지시했다는 주장은 노골적인 거짓말이었지만 간에게 가장 큰 타격을 입힌 공격이었다. 그의 방문으로 인해 원자로 통기가 늦어졌거나 이루어지지 않았다는 추측은 말장난에 가까웠다. 도쿄전력의 한 보고서는 "간 총리가 방문한 동안에도 현장에서는 통기 준비가 계속되었다. 따라서 총리의 방문이 통기 작업을 직접적으로 지연시키지는 않았다"고 구체적으로 짚기도 했다. 요시다 역시 간의 방문으로 인해 지연된 일은 없다고 밝혔다. 1호기는 총리가 도착하기 전부터 노심이 용융되고 있었고, 그날 밤 대부분의 시간 동안 준비 작업이 진행되었으며, 그가 떠나고 6시간이 지났을 때까지 통기가 시작되지 않았다. 헬리콥터가 착륙하기에 적합한 장소를 찾는 등 총리의 방문을 준비하는 데 귀중한 시간이 쓰이긴 했지만 도착하자마자 면진 건물로 향한 후에는 한 사람의 시간을 뺏은 것이 거의 전부였다. 주로 소통에서 심각한 어려움을 겪고 외부센터와 같은 비상 대책이 실패하면서 정치 지도자들과 도쿄전력 사이에 위험한 불신이 생겼고, 간은 이러한 불신이 노골적인 적대감으로 악화하기 전에 바로 잡아야겠다고 느꼈다.

모든 상황을 고려하면 간 나오토가 요시다와 함께 시간을 보내며 얻은 확신이 유익했다고 생각한다. 또한 보좌관 호소노 고시를 도쿄전력 본사에 배치한 전례 없는 결정 역시 훌륭했다. 이후 소통 문제가 대부분 해결되었기 때문이다. 총리 관저에 모여 있던 소수의 정치인이 도쿄전력에 맡겨두어야 했던 일에 지나치게 관여하면서 혼란이 싹텄고 이 회사의 경영진이 간의 의도를 고민하게 했던 것은 사실이다. 하지만 도쿄전력 경영진 역시 사소한 문제까지 개입하면서 요시다를 더 어렵게 만들었다. 모두 그저 요시다가 요구하는 것들을 제공하면서 그가 모든 결정을 내리도록 놔두어야 했다.

더 많은 보도가 나올수록 논조는 더 공격적으로 변했고 많은 이들이 간 총리가 상황을 좋게 만들기보다는 나쁘게 만들었다고 주장하면서 여론도 돌아섰다. 결국 그는 2011년 9월 2일 사퇴했다. 간의 대처가 완벽했다고 할 수는 없지만 개인적으로는 지나치게 평가 절하되었다고 생각한다. 이전부터 존재했던 재난 대비와 비상 대책, 소통 경로는 모든 단계에서 완전히 부적절했고 그와 그의 정당은 권력을 잡은 뒤 의미 있는 개선을 이룰 만한 시간이 없었다.[18] 여담이지만 2020년 일본에서 개봉한 「후쿠시마 50Fukushima 50」은 이 참사를 바탕으로 만들어진 영화로 와타나베 겐이 출연했고, 사노 시로가 연기하는 간은 사람들의 목숨을 위험에 빠트리고 모든 일을 망치는 신경질적인 훼방꾼으로 악당처럼 그려졌다.

원자력안전보안원은 국가 지도부에 지침을 제공한다는 도전을 맞이해 제 몫을 다하지 못했고 정부 최고위 관료들은 이 기관의 고문들이 "헛기침을 하거나 우물거릴 줄만 안다"고 꼬집었다. 또한 그들이 "그저 바닥을 내려다보며 굳어 있고 비판을 받을 때도 침묵을 지켰"으며 "총리나 그의 팀을 똑바로 바라보지 못한 채 숙제를 다 하지 못한 아이들처럼" 굴었다고 비판했다. 일본 국회 후쿠시마원자력사고독립조사위원회의 보고서에는 비슷한 비난이 다양하게 변주되어 실려 있다. 이 업계를 관찰해 온 이들과 기자들, 정부 각료들은 재빨리 이

---

18 물론 '충분한 시간이 있었다고 해서 그들이 대단한 개선을 이뤄냈을까?'라는 질문에는 영원히 답할 수 없다.

조직을 경제산업성에서 분리하라고 제안했지만 능력 부족을 드러낸 기관은 원자력안전보안원뿐만이 아니었다. 정부의 다양한 조직 사이에 일반적으로 존재하는 할거주의와 경쟁의식은 사고가 진행되는 와중에도 여러 강력한 집단들이 수동적이고 융통성 없는 경로를 택하게 했다. 한 예로 문부과학성은 당황한 나머지 먼저 상황을 주도하기보다는 이미 방향을 잃은 다른 조직들이 도움을 요청할 때까지 기다리는 쪽을 택했다. 과학적 근거에 기반한 의사 결정 역시 초기 단계 이후 찾아볼 수 없었다. 최초로 결정된 대피 반경 3킬로미터는 원자력안전위원회 위원장 마다라메 하루키와 원자력안전보안원 부원장 히라오카 에이지가 각자의 지식과 경험, 새로운 원자력 안전 지침을 근거로 논의한 끝에 결정한 것이었다. 하지만 두 번째와 세 번째로 각각 대피 반경을 10킬로미터와 20킬로미터로 확장할 때는 직간접적으로 수많은 인명 피해를 낳은 결정이 적절한 과학적 근거 없이 이루어졌다. 10킬로미터라는 숫자는 기존의 재난 훈련에서 다뤄진 최대 거리에서 나왔고, 20킬로미터는 그야말로 허공에서 솟아난 듯하다. 현지의 후쿠시마현 정부 역시 예고 없이 찾아온 광포한 지진, 해안 지역을 쓸어버린 쓰나미, 폭발성 원자력 비상의 삼중 재난에 대비하지 못한 채 허우적거렸다. 물론 이러한 재난에 제대로 대비할 방법이 있기는 한지 잘 모르겠다.

과거 이시바시 가쓰히코의 경고를 무시한 전력이 있는 원자력안전위원회 위원장 마다라메 하루키는 2012년 2월 "세계적인 안전 기준이 계속 발전하는 동안에도 우리는 일본이 세계 기준을 맞추느라 애쓸 필요가 없다는 평계를 찾느라 시간을 낭비했다"고 시인했다. 그는 일본 원자력 업계가 안주해온 데는 부분적으로 원자력안전위원회 위원장이었던 본인의 책임도 있다고 인정하며 사과했지만 자신이 위원장직을 맡고 반년도 되지 않아 참사가 터졌다는 사실을 반복해서 언급했다. 대신 마다라메는 도쿄전력에 대부분의 책임이 있다고 믿었고 "전력회사들은 안전을 보장해야 하는 근본적인 책임이 있고 정부가 추천하는 것보다 훨씬 더 높은 기준을 설정해야 한다. … 전력회사들이 원자력안전위원회의 안전 기준을 자신들의 기준을 높이지 않는 평계로 이용한다면 터무니없는 일이다"고 주장했다. 한 나라의 원자력 정책을 책임지는 최고 관료 중 한 명의 입에서 나왔다고 하기에는 충격적인 발언이었다. 일본원자력위원회의 야심 찬 국가적 목표와 정책은 1956년 이 조직이 만들어진 이래 그 숫자나 범위에서 차츰 후퇴했고 위원회 자체의 규모도 위원장 한 명과 위원 2명으로 쪼그라들며 위상이 하락했다. 이제는 총리도 일본원자력위원회의 권고를 존중할 필요가 없었다. 일본 전기사업연합회의 영향력 역시 크게 줄어들었고 더는 예전처럼 정부의 정책을 좌지우지하지 않는다.

철저한 검토의 대상이 된 것은 도쿄전력과 정부 기관뿐만이 아니었다. 일본의 대형 언론사들 역시 주목을 받았다. '일본 참사 및 미디어연구 그룹^{Disaster and Media Research Group}'이 2019년 발표한 포괄적인 보고서는 2011년 참사 기간 언론 매체가 보여준 무비판적인 행태를 이해하는 데 도움을 준다. 2년간 언론사 경영진을 인터뷰하고 연구한 끝에 이 연구그룹은 언론 매체들이 "[자신들의] 역할은 비상사태가 진행되는 동안 감시 기능을 희생하더라도 정보를 전달할 수 있게 정부에 협력하는 것"이라 믿었다는 사실을 알아냈다. 그래서 자체적으로 방사선이 퍼지는 방향을 검증하거나 건강에 미치는 영향을 정확히 평가하기보다 대피 경고와 쓰나미 및 지진 진행 상황을 전하는 데 우선순위를 두었다. 또한 언론들은 불필요한 공포를 피해야 한다는 정부의 우려를 공유했다. 처음에는 타당한 접근이었다. 살고 있던 땅이 파괴된 상황에서 사람들은 자연스레 언론의 조언에 귀를 기울인다. 하지만 3월 12일 오후 첫 번째 폭발이 일어난 이후부터는 기자들이 더 많은 정보를 요구했어야 했고 최소한 기본적인 사실들을 추론하려 노력했어야 했다.

제일 중요한 문제는 전문지식 부족이었다. 일본에서 가장 큰 언론사 중 원자력 과학과 에너지 분야에 특화된 전문가를 보유한 곳은 『아사히신문』과 NHK밖에 없었다. 이후 모든 분야의 전문가를 보유할 수는 없다고 (어느 정도 수긍이 가게) 주장했던 나머지 언론들은 주로 원자력에 찬성하는 기관의 "언론 친화적 인사들"을 모아 실시간으로 사건들을 분석하게 했는데 아마 그래서 도쿄전력이 제공한 정보를 변호하는 결과로 이어졌을 것이다. 방사선 수치는 계속 낮게 유지되었으므로 곧 모든 이가 원자로 자체는 폭발하지 않았다는 사실을 깨달았다. 원자력 업계에 속한 과학자들은 그 규모로 볼 때 유일하게 가능한 폭발원이 수소라는 것을 알았다. 하지만 원자로 건물 안에 없던 수소가 어떻게 생겨났을까? 답은 원자로 자체에 있었다. 24시간 동안 냉각되지 않은 원자로가 이 시점이 되자 녹아내리면서 부산물로 어마어마한 양의 수소를 만들어낸 것이었다. 하지만 과학적 전문지식을 지닌 기자들이 부족한 상황에서 언론인들은 확신에 찬 채 "노심이 훼손"됐을 가능성이 있다고 모호하게 말하는 도쿄전력과 정부 대변인에게 맞서 질문을 던질 힘이 없었다.

V
전강과 방사선

요시다 마사오는 잠시 일터를 떠나 탈진 상태에서 회복한 뒤 발전소 운영을 감독하기 위해 복귀했다. 사고에 관한 질문을 받으면 사탕이 든 병을 손에 쥔 아이들처럼 경계하기에 바빴던 도쿄전력 경영진 전체 혹은 대부분과 달리 요시다는 책임을 인정하는 데 거리낌이 없었고 반복해서 자신의 잘못을 진심으로 사과했다. 그는 2007년부터 2010년까지 도쿄전력의 원자력부서를 이끄는 동안 쓰나미의 위협을 더 진지하게 받아들이지 않은 데 대해 엄청난 죄책감을 느꼈다. 동료들과 마찬가지로 극단적인 쓰나미가 발생하지는 않을 거라 여겼으므로 비판을 받을 만했다. 요시다는 2011년 말까지 도쿄전력을 떠나 자신의 회사를 세우는 것을 고려하고 있었다. 그는 가까운 친구들과 동료들에게 "내가 사고의 원인을 제공했어. 그러니 이 지역을 다시 살리기 위해 뭔가 해야만 해"라고 털어놓았다.

하지만 2011년 12월 1일 다시 한번 동료 직원들을 떠나는 것을 사과한 뒤 요시다는 식도암을 치료하기 위해 병원에 입원했다. 사고를 수습하는 동안 80밀리시버트의 방사선을 흡수하긴 했지만 암은 줄담배를 피우는 습관 때문에 생긴 듯하다. 그는 7개월간 치료를 받은 후 2012년 6월 26일 완치 판정을 받았으나, 7월 26일 한 친구와 점심을 먹으며 다시 일을 시작하고 싶다고 말하던 중 뇌출혈이 일어나 쓰러졌다. 목숨은 건졌지만 암이 재발했다.

요시다는 다양한 사고 조사가 이어지던 몇 달간 공개 발언을 삼갔으나 각종 조사 결과가 발표되면서 결과적으로 도쿄전력 직원들에게 비판이 쏟아지자 침묵을 깨고 자신들의 행동을 열정적으로 설명했다. 그는 2012년 8월 자택에서 녹화된 영상 세미나에서 "내 동료 중 일부는 엄청난 양의 방사선과 방사성 물질이 있는 사고 현장에 몇 번이나 갔다. 그들은 할 수 있는 모든 것을 했다. 내가 한 일은 지켜보는 것뿐이었다. 나는 아무것도 하지 않았다. 사실 나는 사고 현장으로 갔던 모든 동료 한 명 한 명이 진심으로 고맙고 감사하다"고 주장했다.

그는 1년 가까이 싸웠지만 암은 잔인했다. 이제 국가적 영웅으로 여겨지던 요시다 마사오는 2013년 7월 9일 58세의 나이로 병원에서 숨을 거뒀다. 사망 소식을 접한 간 나오토는 "그의 리더십과 판단 능력에 경의를 표하며 고개를 숙인다"는 트윗을 올렸다. 타고난 리더이자 명예를 아는 인간이었던 그를 잃은 것은 엄청난 비극이다. 요시다를 직접 만나는 행운을 누리지 못해 아쉽다.

후쿠시마 제1 발전소가 주변에 방출한 방사능의 총량은 체르노빌 사고와 비교하면 상당히 적었다. 대기 중 부유물로 퍼진 핵분열생성물의 양은 10분의 1에 불과했고 가장 해로운 동위원소인 요오드-131과 세슘-137은 약 6분의 1 정도였다. 플루토늄은 40분의 1밖에 되지 않았다. 하지만 체르노빌 사고에서 방출된 양의 6분의 1이나 10분의 1이라고 해도 여전히 엄청난 양이다. 익히 짐작하겠지만 이 참사는 일본인들이 자신들의 정부와 도쿄전력, 원자력을 우호적으로 볼 수 없게 만들었다. 먼저 사람들은 현재 어떤 일이 벌어지고 있는지, 얼마나 심각한지, 근처 지역 주민들은 집에 피신하고 있으면 안전한지 아니면 대피해야 하는지에 관해 모호하고 모순되는 정보가 그나마도 띄엄띄엄 알려지는 것을 빠르게 알아챘다. 제1 발전소 직원들이 제2 발전소로 대피한 후 며칠 사이 제1 발전소에서 30킬로미터 떨어진 지역에서 생산된 우유와 75킬로미터 떨어진 지역에서 자란 시금치에서 갑상샘암을 유발하는 요오드-131이 안전 허용치의 4배에서 8배까지 검출되었다. 눈에 띄는 효과가 발생하려면 자기 체중의 몇 배에 달하는 시금치를 먹어야 했지만 대중을 안심시키려는 에다노의 노력에도 불구하고 이런 뉴스들이 근처 지역에 공포를 조장했다.

도쿄의 수돗물에 발견된 미량의 방사성 물질과 아기용 조제분유에 물을 넣지 말라는 정부의 경고는 사람들을 불안하게 했다. 이러한 경고에 직접적인 영향을 받는 8만 가구에 모두 병에 든 생수가 배달되었으나 몇 시간 지나지 않아 일본 동부 전역의 상점에서 생수가 동났다. 정부는 5개 현의 정수장 18곳에서 영유아를 위한 안전 기준을 145배까지 초과하는 요오드가 검출된 후 전국의 정수장에 빗물 사용을 중단하라는 지시를 내렸다.

우즈홀해양연구소Woods Hole Oceanographic Institution의 켄 부에슬러Ken Buesseler에 따르면 후쿠시마 참사의 전체적인 유출량은 체르노빌 사고보다 적었지만 "측정된 방사성 핵종 농도를 기준으로 하면 바다에 방사선 핵종을" 가장 많이 쏟아낸 사고였다. 발전소가 바다에 훨씬 근접해 있는 것을 고려하면 놀랍지 않은 일이지만 체르노빌 사고의 몇 배에 달했다. 실제로 사고 중 유출된 방사성 입자의 80퍼센트 이상이 바람에 날려 바다로 향하거나 곧장 바다로 배출되었다. 육지에 있는 사람이나 생명체에게는 다행한 일이었지만 수상 환경이나 바다에 의존해 살아가는 어부들에게는 불행한 일이었다. 어부들은 이미 어망이 모두 쓸려가고 항구는 잔해에 뒤덮인 데다 정박했던 선박들은 산산조각이 난 것을 목격했던 터였다. 쓰나미는 어선 2만 9천 척과 항구 319곳을 망가뜨려 둘 다 일본 전체의 10퍼센트 정도가 손상을 입었다. 그런데 정부가 동부 해안에서 잡은 어류의 판매를 금지하면서 어부들의 가장 끔찍한 악몽이 현실이 되었다.[19] 곧 이웃 국가인 중국, 태국, 한국도 비슷한 금지령을 내리면서 적어도 일부 어부들은 먹고살기 위해 발전소 안팎에서 이뤄지는 오염 제거 작업에 나서야 했다. 일본산 어류를 찾는 지역과 국내, 국제 수요가 사라지면서 사고 발생 후 몇 주가 지난 후에도 세계에서 가장 큰 수산 시장인 도쿄의 쓰키지 시장에 손님이 거의 없었다. 대부분이 당연히 사고 지역에서 잡힌 어류는 위험하다고 생각한 탓에 후쿠시마 수산물 매출액은 2010년 110억 엔(1억 3,300만 달러)에서 2011년 16억 엔으로 감소했고, 쓰나미를 포함한 사고의 여파로 2011년 7월 초까지 일본 수산업계가 입은 손실이 1조 2천억 엔(2020년 기준으로 156억 달러)에 달했다. 막막해진 일부 어부들은 원산지를 속이기 위해 생선을 잡은 뒤 후쿠시마현 밖의 항구로 옮기기도 했다.

알다시피 방사선은 모든 식품을 포함해 어디에나 있고 몸무게가 70킬로

---

[19] 후쿠시마현 어업협동조합연합은 3월 15일부터 이미 자발적으로 조업을 중단하고 있었으나 당시만 해도 문제가 이렇게 커지리라고는 생각하지 못했다.

그램인 일반 남성은 약 8,000베크렐의 자연 "활동성activity"를 가진다. 베크렐 becquerel은 아주 작은 단위여서 종종 두려울 정도로 큰 숫자가 함께 등장하지만 여기서 이 단위의 의미를 설명해 보려 한다. 1베크렐은 1초에 원자핵 하나가 붕괴하는 비율을 뜻하며 시버트와 마찬가지로 선량이 아닌 방사능의 측정 단위다. 베크렐에서는 알파나 베타, 감마 같은 방사선의 유형을 구분하지 않고 동위원소마다 다른 유독성의 차이도 반영하지 않는다. 예를 들어 감자와 바나나에서 발견되는 천연 방사성 핵종 칼륨-40의 킬로그램당 100베크렐(Bq/kg)은 플루토늄의 100베크렐보다 훨씬 덜 해롭다. 즉, 베크렐은 방사성 물질이 얼마나 많은지를 나타낼 뿐 그 강도를 알려주지는 않는다. 소고기와 어류, 가금류는 일반적으로 킬로그램당 약 100베크렐을 포함하고 있으며 달걀과 감자는 각각 44베크렐과 170베크렐을, 초록색 채소는 대부분 150베크렐을 가진다. 일부 음식은 활동성이 더 높아 밀가루로 만든 흰 빵은 킬로그램당 550베크렐을 포함한다. 하지만 킬로그램당 500베크렐의 한계치를 넘기는 식품은 많지 않다.

후쿠시마 참사가 터지기 전 일본에는 "유독한" 제품의 판매를 금지하는 것 외에 음식에 적용하는 방사능 안전 한도가 없었다. 하지만 2012년 후생노동성은 음식에 함유된 세슘의 양을 킬로그램당 100베크렐로 제한했고 우유와 유아용 식품은 50베크렐, 식수는 10베크렐의 한도를 마련했다. 연간 1밀리시버트의 엄격한 새 최대 선량 허용치에 맞춘 기준이었다. 유럽연합에서 오래전부터 적용해 온 기준이 킬로그램당 1,250베크렐인 것과 비교하면 매우 보수적이었다.

도다리나 대구처럼 바닥에 서식하는 어류의 약 40퍼센트가 새로운 안전 지침을 초과하여 오염되었고 초기에는 노출량도 줄어들지 않았다. 방사성 침전물이 해저에 내려앉아 계속해서 어류를 다시 오염시키는 것이 영향을 미쳤다. 2012년 5월에는 캘리포니아 해변에서 잡힌 태평양 참다랑어에서 후쿠시마 원자로의 세슘이 발견되었다는 뉴스가 전 세계를 떠들썩하게 했다. 유감스럽게도 음모론자들의 소굴, 개인 블로그, 페이스북, 심지어 몇몇 주류 언론의 공식 사이트 등 정보를 정확히 이해하지 못하고 책임감도 없는 일부 웹사이트들은 병들어 죽어가는 물고기들을 촬영한 오래된 사진들을 들추며 모두 후쿠시마 때문이라고 주장할 기회를 잡았다. 캘리포니아에서 발견된 참다랑어의 오염 정도는 원자력 무기 실험이 이뤄지던 시절보다 훨씬 낮았고, 연구자들의 조사 결과 자연산 칼륨-40이 방사능 세슘보다 30배 이상 많아 건강에 전혀 위협이 되지 않았다. 하지만 이동하는 동물이 대양을 가로질러 방사성 물질을 운반한 첫 번째 사례였다.

석 달 뒤 후쿠시마 제1 발전소에서 북쪽으로 20킬로미터 떨어진 오타강 어귀에서 잡힌 쥐노래미 두 마리가 세슘-134와 세슘-137을 킬로그램당 25,800 베크렐 포함하고 있는 것이 발견되었고 충분히 짐작할 수 있는 것처럼 공포가 퍼졌다. 참사 이후 제1 발전소 항구 밖에서 잡힌 물고기 중 세슘 함유량이 킬로그램당 5,000베크렐을 넘긴 것은 없었고 대부분은 1,000베크렐 이하였다. 과학자들은 베타선 방출을 철저히 분석한 뒤 이 쥐노래미들이 사고가 진행되는 동안 항구 안에 있었기 때문에 그렇게 높은 활동성을 지니게 되었다고 결론 내렸다. 비교를 위해 비슷한 반경 내에서 잡힌 어류들을 확인하자 킬로그램당 1,030베크렐에서 740,000베크렐 사이였다.

2019년 일부 지역에서 시범적으로 모든 어종의 고기잡이가 재개되었고 후쿠시마현 어업협동조합연합은 킬로그램당 50베크렐이 넘는 어류의 판매를 금지하는 엄격한 정책을 펴며 2010년 어획량의 14퍼센트만 잡아들였다. 그리고 그해 생산된 어류나 농산물 중 안전 기준치를 넘긴 것이 나오지 않자 9월에는 2011년 이후 처음으로 어획량 목표를 설정하는 중요한 단계로 나아갔다. 하지만 어업협동조합들은 여전히 삼중수소수를 바다에 버렸을 때 발생할 수 있는 장기적인 영향을 우려하고 있다. 삼중수소수와 관련된 내용은 뒤에 다룬다.

물론 방사선은 바다로만 흘러가지 않았다. 후쿠시마 전체에서 오염된 땅의 약 80퍼센트가 농업과 관련이 있으며 농부들 역시 어부들보다는 아주 조금 나은 상황이더라도 자신들의 생계 수단이 파괴된 시간을 견뎌야 했다. 방사성 세슘의 흡수를 막기 위해 정기적으로 칼륨 비료를 뿌린 결과 2015년 처음으로 오염되지 않은 쌀이 생산되었다. 몇 년 사이 채소 작물의 작황도 회복되었지만 2020년 12월 현재까지 후쿠시마에서 유명한 야생 버섯의 판매 금지는 풀리지 않았다.

　의사들은 사고의 영향을 받은 지역에 사는 아이들에게 갑상샘암이 생긴 186 건의 사례를 찾아냈으나 이러한 결과는 갑상샘에 나타나는 결절에 대한 경계가 커지고 집단 검진이 이뤄진 결과일 수도 있다. 일반적인 환경에서는 발견되지 않고 넘어갔을 수도 있는 정도이기 때문이다. 2015년 10월 후생노동성은 참사로 인해 방사선에 노출되면서 백혈병이 생긴 최초의 사례를 인정했다. 2011년 11월과 12월 후쿠시마 제1 발전소에서 일했던 30대 후반의 노동자였다. 그의 선량은 19.8밀리시버트에 불과했다. 2018년 9월에는 참사에서 방사선에 노출되어 사망한 첫 번째 사례가 발표되었다. 이름이 알려지지 않은 이 50대 남자는 정화 작업을 하며 195밀리시버트의 방사선을 쬔 뒤 암이 생겨 목숨을 잃었다. 하지만 국제연합UN이 2021년 3월 발표한 보고서에 따르면 일반 대중 사이에서는 방사선에 노출되어 발생한 직접적인 물리적 질병이나 사망을 거의 파악하지 못할 것으로 예상된다. 후쿠시마현 보고서에는 현 내 "재난 관련 사망자"가 2,268명이라 적혀 있다.[20] 지진이나 쓰나미로 목숨을 잃은 이들이 포함되어 있긴 하지만 3분의 2는 원자력 사고와 관련이 있는 희생자로 보인다.

　안타깝게도 일본 정부는 지역 내 보건 실태를 감시하고 분석하려는 독립적인 시도를 차단하면서도 가끔은 사람들에게 위험이 없다는 확신을 심어주려 무리한 행보를 해왔다. 2013년 12월 이 나라는 아주 엄격한 특정비밀보호법을 통과시켰다. 이 법에 따라 일본 정부는 '비밀'로 지정된 내용을 공개한 사람을 누구든 독립적인 감시 없이 10년까지 감금할 수 있게 되었다. 이 법안에 반대한 한 중의원은 "이 법에는 구체적인 내용이 별로 없다. 정부가 대중의 철저한 검토를 피하고 싶은 건 무엇이든 숨길 수 있게 이용될 수 있다는 뜻이다"고 불평했다. 같은 달 암등록촉진법도 통과되었다. 개별 병원에서 작성해 뒤죽박죽인 기록들을 믿을 수 있는 국가 데이터베이스로 통일하고 간소화하기 위한 법이다. 이 법은 암 생존율 정보를 홍보에 이용하는 것을 장려했지만 방사선 관련 질병에 관한 데이터를 공유하는 것은 금하며 이를 어기면 5년에서 10년 미만의 징역 또는 2백만 엔(18,500달러)의 벌금에 처할 수 있게 했다. 이 두 법안의 제

---

20 2,268명은 2021년 1월 현재 가장 최근에 나온 통계다.

정과 여러 다른 움직임들로 인해 일본은 국경없는기자회에서 발표하는 '세계 언론 자유 지수World Press Freedom Index'에서 2010년 11위에서 2016년 72위로 곤두박질쳤고 2020년에는 66위로 조금 올랐다. 이러한 평가나 다른 정책들 때문에 생긴 불신이 어느 정도 영향을 미쳐 후쿠시마에는 시민들이 운영하는 방사선 연구실이 여럿 생겼고 사람들에게 갑상샘암 검사나 식품의 오염 여부를 확인할 수 있는 서비스를 제공하고 있다.

VI
오염 제거

긴박했던 원자력 재난에 대한 공포가 가라앉고 지친 운전원들이 원자로들을 저온 정지하는 데 성공한 뒤 어느 정도 시간이 흘렀던 2011년 말, 도쿄전력과 정부는 몇십 년간 계속될 폐로 작업을 시작했다. 도저히 끝날 것 같지 않은 이 작업은 몇 단계로 구성되었다. 제일 먼저 새어 나가는 물을 막아야 했다. 원자로 냉각을 계속하는 동안 물은 지진과 노심 용융, 폭발로 생긴 균열을 통해 지하층으로 빠져나간다. 새로 오염된 물이 매일 300~400톤씩 태평양으로 흘러나가기 전에는 이런 구조적 손상 때문에 아래에서 솟아올라온 지하수가 방사성 오염물질과 섞이기도 했다. 도쿄전력은 한때 오염수가 몇 달간 바다에 유출됐다는 의혹을 부인했지만 실은 2013년 말까지 이렇게 일정한 양의 오염수가 바다로 향하고 있었다. 지하에 설치된 관들이 모든 건물을 연결하고 있었기 때문에 건물마다 거의 비슷한 양의 물이 있었고, 이 문제를 해결하기 전에는 노심이 녹아내린 원자로 3기에서 중요한 작업을 할 수 없었다.

일반적인 환경이라면 내부에서 발생하는 유출을 막기가 어렵지 않았을 것이다. 아마 도쿄전력과 정부도 비슷하게 생각해서 초기에 이 문제를 과소평가하고 외부의 판단을 받아들이지 않은 듯하다. 그들은 건물 외부를 막고 오염수를 퍼낸 뒤 따로 보관하며 오염을 제거하면 바다로 흘려보내지 않고도 이 문제를 해결할 수 있을 거라 생각했다. 2호기 측면 케이블 통로의 20센티미터짜리 균열에서 발생한 최초의 위험한 유출을 봉쇄하려 했던 초기의 시도들은 성공을 거두지 못했다. 원자로에서 나온 물이 시간당 1시버트의 방사선을 뿜어내는 상황에서 도쿄전력은 먼저 콘크리트로 균열을 메우려고 했다. 콘크리트가 실패하자 다음에는 흡수성 고분자 물질과 톱밥, 잘게 썬 신문지를 섞은 최첨단 혼합물을 사용했다. 아무리 많은 콘크리트와 고분자 혼합물을 발라도 물은 계속 흘렀다. 2011년 4월 6일 이 유출 지점을 막는 데는 성공했지만 3기의 원자로에 냉각수를 투입하는 것은 멈출 수 없었다. 오염된 물의 양은 점점 늘어났고 저장할 공간이 바닥나자 이들은 법정 한도의 100배에 가까운 오염물질을 함유한 물 10,000톤을 바다에 무단 방류했다. 일단 바다에 희석되고 나면 해를 끼치지 않을 양이었지만[21] 2년 후에는 도쿄전력도 완전히 압도되고 말았다. 한 대변인은 "우리가 먹든, 자든, 일하든, 물은 매 순간 계속 늘어난다. 쉴 새 없이 추격당하는 기분이지만 한발 앞서 나가기 위해 최선을 다하고 있다"고 인정했다. 일단 문제의 심각성을 인지하자 계획을 세울 시간이 많지 않았던 도쿄전력은 재빨리 내벽에 점토와 플라스틱을 바른 지하저장탱크들을 건설했지만 곧 이 탱크에서도 물이 새기 시작했다. 지상에 놓인 수백 기의 물탱크도 같은 문제를 겪었다. 2013년 8월 매일 바다로 흘러가는 물 300톤 외에 또 다른 고방사성 물 300톤이 지면으로 새어 나가자 도쿄전력은 이 물이 어떻게 탱크를 망가뜨렸는지 그리고 어디로 사라졌는지 알지 못한다고 자백할 수밖에 없었다. 그리고 다음 달 작업자들이 한 탱크 근처에서 무척 위험한 시간당 2.2시버트의 고방사선 구역을 확인하면서 이 회사가 더는 이 문제를 감당할 수 없다는 인식이 더 강해졌다.

도쿄전력은 봄과 여름 동안 2호기와 4호기의 터빈 건물 외벽에 구멍을 뚫거나 가능한 위치를 찾아 거대한 펌프로 두 건물 지하에 고여있던 물을 빼냈다. 펌프로 퍼낸 물은 저장조로 보내기 전 필터를 거쳐 방사성 동위원소들이 제거되게 했다.[22] 이 물의 안전성을 두고 회의론이 일자 겁에 질린 것이 분명한 소나다 야스히로라는 정부 대변인이 한 무리의 기자들 앞에서 6호기 주변 지역에서 채취한 물을 손을 떨며 마셔 깨끗함을 증명하기도 했다. 초기의 필터들은 감마선을 방출하는 세슘만을 걸러냈으나 간헐적인 고장을 겪으면서도 시간이 흐르며 더 정교해져 베타선을 방출하는 수소 동위원소 트리튬, 즉 삼중수소만

---

21 이러한 무단 방류가 사람에게는 해를 입히지 않는다고 해도 분노를 피할 수는 없었다. 도쿄전력은 "한 사람이 방출 지점에서 1킬로미터 떨어진 곳에서 채집된 해초나 해산물을 매일 1년간 섭취한다면 유효 선량이 0.6밀리시버트 증가할 것이다. 하지만 후쿠시마 제1 원자력 발전소에서 30킬로미터 이내 지역에는 어선을 비롯한 모든 배의 이동이 금지되어 있다는 사실을 기억해야 한다"고 주장했다.
22 발전소 옆에 가로 390미터, 세로 84미터의 거대한 해상 탱크를 설치해 약 1만 톤의 물을 저장하자는 초기의 제안은 실현 불가능한 것으로 판명되었다.

을 남기게 되었다.

트리튬은 라듐의 위험한 특성이 대중적으로 알려진 이후 오랫동안 위험한 라듐을 대신해 시계 눈금에 빛을 내는 재료로 쓰였다. 라듐이나 세슘보다는 훨씬 덜 위험하지만 트리튬 역시 바다로 흘러 들어가면 물고기나 사람이 섭취해 체내 피폭이 일어날 가능성이 있다. 문제는 물에서 삼중수소를 분리할 방법이 없다는 것이다. 삼중수소는 그대로 산소 원자와 결합해 일반적인 물H2O이 아닌 산화삼중수소T2O, 즉 삼중수소수가 된다. 2020년 1월이 되자 현장의 탱크 숲에 860조 베크렐의 삼중수소수가 담겨있는 것으로 추정되었다. 이 천문학적인 숫자는 언론과 환경 단체들에게 경종을 울렸지만 숫자가 이토록 커진 이유는 주로 앞서 살펴본 것처럼 베크렐이 해변에서 모래 알갱이의 수를 세듯 원자의 수만 반영하는 단위이기 때문이다. 트리튬은 12.3년의 짧은 방사선학적 반감기를 가지므로 방사성이 강하다. 하지만 생물학적 반감기, 즉 해당 방사성 물질의 절반이 신체를 빠져나가는 데 걸리는 시간은 열흘에 불과하며 세슘이나 우라늄과 비교하면 아주 미미한 6킬로전자볼트의 붕괴에너지를 가진 아주 약한 베타입자를 방출한다. 이러한 요인들을 종합해 고려해 볼 때 860조 베크렐이 발전소 전체에 저장된 물에 퍼져 있고 이후 광대한 바다에 희석된다고 하면 거의 검출되지 않을 수 있다. 도쿄전력은 이미 향후 15년간 어느 시점에는 이 물을 바다에 배출할 수 있게 정부와 국제원자력기구의 승인을 받았으므로 다행한 일이다. 하지만 이런 조치가 인류의 건강에 얼마나 영향을 미칠지는 알 수 없다.

건설사 가지마가 후쿠시마 제1 발전소의 원자로들과 바다 사이에 강철 지수벽止水壁을 깊숙이 빠트려 대부분의 방사선이 해안에 도달하지 못하게 막았으나 도쿄전력은 발전소를 완전히 감싸는 장벽을 세우라는 요구에 직면해 있었다. 내륙 쪽에 판 12개의 우물이 지하수 4분의 1 정도를 포획해 다시 발전소로 보냈지만 그 정도로는 충분하지 않았다. 이후 가지마의 엔지니어들이 1호기부터 4호기까지의 원자로들을 주위 환경에서 고립시키는 야심 찬 계획을 만들어냈다.[23] 이들은 발전소 주위의 땅을 원형으로 얼리기 위해 물을 함유한 투과성 암석의 가장 위쪽 대수층帶水層에 소금물을 이용해 섭씨 영하 30도까지 냉각한 "냉동 파이프" 1,571개를 30미터 깊이로 박자고 제안했다. 땅을 얼리는 기술은 보통 채굴이나 건설 프로젝트에서 일시적인 구조적 목적이나 물을 줄이는 목적으로 활용되지만 이렇게 장기적으로 오염물질을 가두기 위해 사용된 적은 없었다. 이 새로운 프로젝트의 규모는 앞서 일본 내에서 이 기술을 채택했던 가장 큰 프로젝트의 두 배에 가까웠다. 당시 엔지니어들은 도쿄 지하철을 위한 작업에서 37,700세제곱미터의 땅을 얼린 바 있었다. 결과적으로 가지마는 여러 난관을 맞닥뜨렸고 비판하는 사람들은 도쿄전력과 정부가 콘크리트 벽처럼 더 저렴하고 간단하며 믿음직한 방식을 이용하지 않았다고 계속 공격했다. 어느 정도는 희망 사항에 가까운 비판이었다. 땅속 깊숙이 물이 새지 않게 차단해주는 벽을 세우는 일이 쉽거나 저렴할 수는 없었고 유출을 막기도 어려웠다.

얼음벽을 건설하는 공사는 2014년 6월 시작되었고 2015년 3월부터 가동하는 것을 목표로 했다. 하지만 2016년 6월 부분적으로 완성된 320억 엔(2억 7,500만 달러)짜리 벽이 물을 포획하는 기능에서 10퍼센트의 차이밖에 보여주지 못한다는 사실이 알려진 후 도쿄전력은 처음으로 발전소에서 오염된 물이 새어나가는 것을 완전히 막을 수는 없다고 인정했다.[24] 하지만 그들은 공사를 계속했고 2017년 8월에는 벽의 마지막 구역을 천천히 얼리기 시작했다. 이때쯤 정부는 이미 이 프로젝트에 350억 엔(3억 2천만 달러)을 쏟아부은 후였고, 계속 운영하려면 매일 10억 엔(920만 달러)이 추가로 들어갔다. 종종 유출이 일어나긴 했지만 얼음벽과 우물, 펌프가 결합한 체계는 새어나가는 물의 양을 하루에 약 100톤으로 줄이는 나쁘지 않은 효과를 냈다. 하지만 결과적으로 도쿄전력은 주위에 더 많은 탱크를 세워야 했다. 저장된 물의 양은 2018년 초 백만 톤을 넘었고 2년 뒤에는 120만 톤에 이르렀다. 폐로 작업을 감독하기 위해 설립된 준정부조직인 원자력손해배상·폐로등지원기구原子力損害賠償·廃炉等支援機構가

---

23 가지마가 자체적으로 운영하는 가지마기술연구소에는 토대와 토질 등 기초 공사에 관한 내용만을 연구하는 부서가 있다. 이 부서의 구성원들이 후쿠시마 제1 발전소에 적용된 시스템을 설계했다.
24 도쿄전력은 2016년 6월, 전 달에 보고한 321톤에 비해 겨우 31톤 적은 물을 퍼내고 있었다. 출처: Otake, Tomoko. "In first, TEPCO admits ice wall can't stop Fukushima No. 1 groundwater." Japan Times, 20th July 2016.

2019년 9월 발표한 보고서에서 원자로 건물들 안에 고여있던 물의 양이 줄어들면서 "고농도의 방사선이 발견되고 있다"고 밝혔다.

오염 제거를 위한 거대한 계획의 두 번째 대상이자 가장 핵심적인 대상은 바로 방사선이었다. 25년 전 선배 청산인들이 체르노빌에 석관을 세웠던 것처럼 후쿠시마 제1 발전소의 작업자들은 2011년 5월부터 5개월간 1호기 원자로 꼭대기에 급히 설계된 임시 덮개를 만들었다. 다른 이들은 바람과 비가 더 많은 방사성 입자를 퍼트리는 것을 막기 위해 몇 주간 지상에서 밀봉을 위한 합성수지를 분사했다. 그리고 2013년과 2016년 사이 1호기를 감쌌던 구조물을 철거한 후 좀 더 영구적인 장치로 대체했다. 4호기의 캔틸레버 구조물은 2013년 7월 완공되었고 사용후연료저장조를 비우는 작업을 진행하기 위해 카메라와 이동식 크레인이 설치되었다. 저장조를 비우는 작업은 2014년 12월 마무리되었다. 3호기를 둘러싼 구조물은 독특한 아치형으로 만들어졌고 내부의 사용후연료를 제거하는 작업은 2021년 3월 끝났다. 덕분에 지상에 유출된 물이 웅덩이처럼 고여 고방사선 구역을 이루는 것을 제외하면 대부분의 방사선이 외부로 빠져나가지 못하게 되었다. 하지만 내부에서는 폭발로 인한 손상과 방사선이 체르노빌 참사 이후 맞닥뜨릴 일이 없었던 장애물로 작용해 기본적인 작업조차 어려웠다.[25]

일상적인 작업이 힘든 상황에서 용융된 연료를 찾아내 제거하는 작업은 거의 불가능했다. 예를 들어 4호기에서는 사람들이 직접 사용후연료를 제거하는 과정을 감독할 수 있었다. 건물 내부의 방사능 수준이 낮았기 때문이었다. 하지만 1호기와 2호기, 3호기에서는 이전까지 존재하지 않던 기술이 필요했다. 일본이 로봇 분야에서 쌓아온 탁월한 실력이 아주 귀중하게 활용되었다. 국내 기

---

25 또한 항상 새로운 문제가 불쑥 튀어나오곤 했다. 2020년 3월 31일에도 도쿄전력은 1호기와 3호기 근처에 있는 두 건물을 "탱크 대용으로 심하게 오염된 막대한 양의 물을 임시로 보관"하는 용도로 사용해 왔으나, 현재 두 건물에 쌓아둔 모래주머니들이 시간당 4시버트에 이르는 방사선을 방출하고 있어 접근할 수 없게 됐다고 발표했다. 출처: New problem at Fukushima site; sandbags found to be radioactive, Asahi Shimbun, Yu Kotsubo, March 31st, 2020.

업과 연구기관들은 거의 외계인처럼 보이는 다양한 원격 조종 로봇의 설계와 실험을 반복하면서 몇 년을 보냈고 이렇게 완성된 로봇들은 이전 모델들보다 한층 정교해졌다. 모든 로봇이 투입될 건물과 경로, 작업에 맞춰 제작되었고 살인적인 방사선을 견딜 수 있게 강화되었다. 2016년 일본 정부는 1억 달러를 들여 히로노 석탄화력발전소와 제이빌리지 근처에 로봇 연구와 설계, 시험, 훈련을 위한 나라하원격조종기술개발센터를 열었다. 가와쓰마 신지 센터장은 "30년간 로봇 엔지니어로 일해 왔지만 이렇게 힘겨운 과제를 맞닥뜨린 적이 없었다. 일본의 로봇 엔지니어들에게 맡겨진 신성한 임무다"고 각오를 밝혔다.

하지만 엄청난 돈을 투자한 로봇들 역시 임무를 완수하기까지 많은 어려움을 겪었다. 1호기의 어두운 내부를 탐험하기 위해 히타치에서 만든 뱀 형태의 로봇은 2015년 4월 10시간짜리 임무를 수행하던 중 알 수 없는 이유로 3시간 만에 작동을 멈추었다. 2016년 3월 3호기의 사용후연료저장조에서 연료를 추출해야 했던 도시바의 장비는 엔지니어들이 물속에 집어넣자 방사선에 굴복했다. 2017년 2월 용융된 연료를 찾아가는 경로를 치우기 위해 2호기 밑에 투입된 또 다른 로봇은 시간당 650시버트로 추정되는 충격적인 방사선을 마주한 후 사망했다. 전 세계가 놀랐지만 같은 해 7월 실제 수치는 여전히 치명적이긴 하지만 훨씬 낮은 80시버트였던 것으로 확인되었다.[26] 같은 임무에 일곱 번째로 투입된 다음 로봇 역시 잔해가 흩어져 있는 건물 안에서 쓰러진 뒤 고장을 일으켰다. 하지만 실패할 때마다 교훈이 있었고 중요한 승리도 많았다.

종종 "작은 개복치"로도 불렸던 미니만보Mini-Manbo는 프로펠러 4개와 각도를 조절할 수 있는 카메라가 달린 조그마한 빵 하나 크기의 수중 로봇으로 몸체에는 붉은색과 흰색이 섞여 있었다. 나라하센터의 거대한 수조에서 몇 달간 조종을 연습한 끝에 2017년 7월 미니만보가 현장에 투입되었다. 조종사는 3일간 의자 모서리에 걸터앉은 채 이 로봇을 물이 차 있는 3호기 원자로 칸 안쪽의 복잡하고 비좁은 구역으로 들여보냈다. 로봇의 조그마한 프로펠러가 일으킨 물보라에 계속 침전물들이 떠올라 시야를 방해하는 통에 쉽지 않은 작업이었다. 미니만보는 마침내 노심 아래에 연료와 제어봉, 다른 잔해가 뭉친 채 종유석처럼

---

26 시간당 650시버트는 이미 고장 난 카메라 센서에서 확인된 카메라 잡신호와 속도를 바탕으로 추정한 값이었다. 출처: Yamaguchi, Mari. "Cleaner robot pulled from Fukushima reactor due to radiation." Phys.org, 9th February 2017.

매달려 있는 장면을 포착했다. 2019년 2월 새로 제작된 또 다른 로봇이 2호기 내부에서 연료 표본을 추출했으나 9개월 후 관계자들은 2021년 나머지 연료의 추출을 시작한다는 목표를 달성하기 어렵다고 인정했다.[27] 실은 모두 비현실적이라 생각했던 목표였다. 미쓰비시는 이 작업을 위해 레일 위를 움직이며 아코디언처럼 접혔다 펴졌다 하는 로봇 팔을 만들고 있다.

과학자들은 반감기가 30년인 방사성 세슘이 바다뿐 아니라 육지에서도 주로 건강을 위협할 거라 생각했다. 세슘에 오염된 물질을 제거하지 않으면 300년 동안 땅에 나쁜 영향을 미칠 것이었다. 2013년부터 마스크를 쓴 작업자들과 기계들로 구성된 소규모 부대가 주위를 샅샅이 뒤지며 시야에 들어오는 모든 것에서 오염물질을 제거했다. 정원의 식물을 모두 뽑아냈고 주택에서 20미터 이내에 있는 나무의 낙엽을 모두 걷어냈으며 도로, 인도, 건물 옥상과 벽을 모두 씻어냈다. 배수로를 비웠고 1,600만 톤이 넘는 겉흙을 걷어낸 뒤 장기 보존을 위해 거대한 검은색 마대에 붓고 밀봉했다. 2018년 3월 환경성은 토지의 오염을 제거하려면 9,000제곱킬로미터가 넘는 지역에서 2,200만세제곱미터에 달하는 흙과 자갈을 파내 땅속에 묻어야 한다고 추정했다.

환경성 공무원들은 오래전부터 가장 오염된 흙을 2045년까지 영구적인 시설에 매장하겠다고 약속해 왔고, 실제로 오쿠마와 후타바 주민들은 장기적으로는 해당 시설을 없앴다는 조건으로 근처에 임시 보관 시설을 세우도록 동의했다. 하지만 당연하게도 그런 폐기물 처리장이 자신들이 사는 곳 근처에 들어오길 바라는 이는 아무도 없었다. 이 문제가 앞으로 어떻게 해결될지 지켜봐야 하지만, 위험한 입자의 96퍼센트는 지면에서 깊이 5센티미터까지의 흙에 포함되어 있어 겉흙을 제거하는 것이 토지와 공기의 오염을 줄이는 데 가장 효과적인 방법으로 확인되었다. 덜 위험한 폐기물은 특수 제작한 소각로에서 태운다. 하지만 불행히도 피해 지역의 75퍼센트를 덮고 있는 숲에서는 오염 제거 작업

---

[27] 도쿄전력은 이 로봇이 원자로에서 연료를 제거하는 영상을 공개했다. 도쿄전력 홈페이지에서 확인할 수 있다.

이 진행되지 않았다. 작업이 너무 까다롭고, 거친 지형 때문에 접근하기 어려운데다, 16조 엔(1,400억 달러)으로 추정되는 비용을 감당할 수 없기 때문이다. 나무는 대부분 상록수이고 위쪽 가지에 달린 잎들이 거의 모든 방사선을 흡수했다. 하지만 시간이 흐르며 그 잎들이 종종 떨어져 다시 토양을 오염시키고 있다. 태풍이 오는 계절의 집중 호우 역시 산사태와 토양 침식, 홍수를 일으켜 해로운 입자들이 하천망을 통해 주변으로 퍼져나갈 수 있다. 따라서 오염 제거의 장기적인 유효성은 판단하기 어렵다.

오염 제거 작업에 관해서는 여러 도서관을 채울 만큼 많은 자료를 손쉽게 찾아볼 수 있으므로 이렇게 간단한 요약으로 마무리하려 한다.

VII
새로운 감독 체계

업계와 담합해 온 일본의 규제기관들을 개혁해야 한다는 압박이 점점 커졌다. 특히 2011년 7월 말 주부전력이 지난 2007년 8월 열린 공청회 당시 원자력안전보안원이 주부전력의 직원을 시민인 척 참여시켜 하마오카 발전소에서 혼합산화물연료를 사용하는 문제에 관해 중립적이거나 긍정적인 질문을 던지고 우호적인 발언도 해달라고 부탁했다는 사실을 폭로한 후 이 기관에 대한 대중의 신뢰가 바닥까지 떨어졌다. 원자력안전보안원이 이런 요청을 한 이유는 플루토늄 연료를 홍보하는 동시에 반대자들이 차지할 수 있는 자리까지 미리 채우기 위해서였다. 당시 주부전력은 하마오카 발전소의 원자로 4호기에 이 논란이 많은 연료를 적재하려 계획하고 있었고 원자력안전보안원은 심지어 자신들이 개입할 영역이 아닌데도 여론을 움직이려 했다. 주부전력은 요청대로 공청회에 자사 직원들을 부르기로 했지만 질문 초안을 작성한 뒤 자신들이 공청회에서 목소리를 내는 것이 윤리적으로 옳지 않다고 판단했다. 이 폭로가 나오고 며칠이 지난 후 과거 원자력안전보안원의 고위직을 맡았던 한 인물이 2010년 시코쿠전력과 정확히 같은 행동을 했었다고 고백했다. 불과 한 달 전 규슈전력이 비슷한 짓을 저질렀다는 뉴스가 전해진 뒤 공개된 두 사건은 많은 이에게 충격을 안겼다. 규슈전력은 자체적인 판단으로 직원들에게 운영이 중지된 원자로들을 재가동할지를 두고 토론을 벌이는 텔레비전 프로그램에 지지 의견을 밝히는 이메일을 보내라고 지시했다. 최종 집계 결과 찬성과 반대 의견을 밝힌 이메일이 각각 286통과 163통이었으나 찬성 중 최소 130통은 규슈전력 직원들이 보낸 것이었다.

규슈전력의 행동은 다소 어설프기는 해도 놀랍지는 않았다. 민간 기업들은 세계 어디서나 비슷하게 은밀한 홍보 활동을 한다. 원자력 홍보 업무를 맡은 경제산업성이 그런 요청을 했다면 용납할 수 있는 범위에서 살짝 경계에 걸쳐진 행동으로 이해되었을지도 모른다. 하지만 독립기구로서 원자력 안전을 지시하는 것이 임무라 추정되는 원자력안전보안원이 벌인 일은 당혹스러울 뿐 아니라 용인될 수도 없었다. 일본 정부는 2012년 57년의 역사를 가진 원자력안전위원회와 함께 원자력안전보안원을 폐지했다. 대신 두 기관의 기능을 합치고 원자력 안전, 보안, 방사선 유출을 감시하는 다른 몇몇 기관의 기능까지 더해진 원자력규제위원회가 환경성 산하에 만들어졌다. 원자력규제위원회는 500억 엔(6억 달러)의 연간 예산과 대부분 원자력안전보안원 출신인 500명의 직원을 확보했다. 정부는 원자력규제위원회가 제 기능을 하는지 감시하기 위해 5명의 위원으로 구성된 원자력안전조사위원회도 만들었다. 원자력규제위원회 초대 위원장으로 취임한 원자력 엔지니어 다나카 슌이치는 "나는 항상 방사선의 영향 속에 불안해하면서 일상을 살아가는 사람들을 생각한다. 일본핵연료 컨버전의 임계 사고를 겪었던 것을 비롯한 나의 모든 경험과 지식을 활용해 새로운 규제기관에서 원자력 안전을 보장할 수 있도록 하겠다"고 밝혔다. 처음에 사람들은 일본원자력연구소 도카이 연구시설 소장, 일본원자력위원회 부위원장, 일본원자력학회 회장을 지낸 다나카가 충분한 자격을 갖추긴 했지만 새로운 기관의 감독을 원하지 않는 바로 그 원자력 마을의 내부인 중 한 명이 아닐까 우려했다.

하지만 원자력규제위원회는 원자력안전보안원이 보유하고 있던 원자력 발전소 아래 존재하는 잠재적 활성 단층선 데이터, 즉 지난 13만 년간 고지진학적paleoseismological 움직임의 증거를 보여주는 모든 단층선 데이터를 검토하기 시작했다. 규제위원회는 2012년 3월 쓰루가 발전소가 근처에 잘 알려진 쓰루가완–이세완 구조선이 있고 발전소 공사가 시작되기 3년 전인 1966년에 지진이 일어났는데도 단층선 위에 지어져 있다는 사실을 "발견"했다. 우라소코 단층은 쓰루가 발전소의 원자로 2호기에서 겨우 250미터 떨어져 있었다. 새로운 연구를 통해 디원D-1이라는 기반암 단층까지 발견되면서 두 단층의 활동이 결합하면 지금까지의 예상을 뛰어넘는 규모 7.4의 지진이 발생할 수 있다는 우려가 제기되었다.

일본원자력발전은 처음 진행한 조사에서 해양단층을 고려하지 않고 우라소카 단층이 비활성 단층이라 판단했다. 1980년대 초 2호기 건설을 신청하면서 조사를 벌였으나 이 단층이 전혀 위험하지 않다고 판단했고, 2004년 3호기와 4호기 건설을 신청할 때는 새로 발견된 증거들이 있었는데도 우라소카 단층이 활성 단층이라는 주장을 강력히 부인했다. 2008년 놀랍게도 원자력안전보안원이 일본원자력발전에 다시 조사를 요구했고 단층의 활동성이 확인되었다. 그래도 일본원자력발전은 증거를 부인했고, 2012년에도 새로운 조사에서 나온 디원 단층에 대한 결론을 "전혀 납득할 수 없다"고 선언했다. 원자력규제위원회는 2012년 12월에도, 2015년 3월에도 이 문제를 재확인했으나 쓰루가 2호기를 불확실한 상태로 내버려 두었다. 쓰루가 발전소와 같은 반도에 있는 미하마 발전소 역시 위험한 것으로 여겨졌다. 며칠 뒤 원자력규제위원회의 한 패널이 일본에서 가장 최근에 지어진 히가시도리 발전소 역시 활성 단층 위에 있을 가능성이 크다고 밝혔다. 2016년 3월에는 호쿠리쿠 전력의 시카 발전소 원자로 1호기가 같은 목록에 이름을 올렸다. 몬주 아래에도 활성 단층이 있다는 사실이 알려졌으나 이 단층은 2015년 비활성 단층인 것 같다는 판정을 받았다.

새로운 조직이 가지는 활력에도 불구하고 처음에는 담합이라는 오래된 문화가 원자력규제위원회의 발목을 잡았다. 원자력규제위원회 사무국에서 세 번째로 직책이 높은 공무원으로 지진, 쓰나미와 관련된 안전 규제를 책임지던 사무국장 나유키 데쓰오는 2013년 1월 개인적으로 일본원자력발전 임원들을 여러 차례 만난 후 쓰루가 단층선에 관한 내부 문서를 유출했다고 인정했다. 그는 해임되었지만 시간이 흐르면서 문화가 개선되었다. 원자력규제위원회는 같은 해 6월 "지진과 쓰나미 그리고 화산 폭발, 토네이도, 산불 같은 다른 외부적 사건들의 영향"에 대한 대책, "노심 손상, 격납 용기 손상, 방사성 물질 확산이라는 중대 사고 대응을 위한 대책, 사용후연료저장조에 물을 주입하기 위한 향상된 방법" 그리고 그 외에 무수히 많은 예방책을 제공하는 엄격한 새 규제를 도입했다. 다나카 회장이 "원자력 발전소 운영사들이 얼마나 큰 비용을 치러야 할지는 고려하지 않고 있다"고 인정한 가운데 새로운 규정은 원자력 발전소에 새로운 비상 구조를 구축하는 문제에서 단호한 태도를 보였다. 원자력에 찬성하는 세력들은 예전처럼 사업을 진행할 수 있게 서두르라고 재촉하고, 반대하는 세력들은 원자력 발전을 영구적으로 중단하라고 요구한다. 까다로운 위치에도 불구하고 이 새로운 조직은 대부분의 영역에서 엄격하면서도 합리적으로 중도에 해당하는 길을 선택하는 훌륭한 모습을 보여주고 있다. 이 위원회는 희망적이게도 도쿄전력과 다른 전력회사들이 안전을 진지하게 받아들이도록 괴롭히는 데 성공했으며, 이제는 원자력안전보안원이 전혀 하지 못했던 일들에 관해 총리조차 이의를 제기할 수 없는 광범위한 권력을 가지고 있다. 한 예로 2020년 3월 원자력규제위원회는 면진 건물을 짓지 않은 규슈전력의 센다이 발전소에 폐쇄 명령을 내렸다. 이러한 이유로 폐쇄 명령이 나온 것은 처음이었다. 일부 중립적인 관찰자들은 오히려 공정해 보이려는 원자력규제위원회의 노력이 실제 사례에 너무 엄격하게 적용되고 있다고 주장한다.

도쿄전력은 후쿠시마 제1 발전소의 원자로 6기를 모두 폐로하는 데 더해 2019년 7월에는 제2 발전소도 폐쇄할 예정이라고 확인했다. 두 발전소를 잃는 것은 이 회사에 엄청난 손실이며 거대한 책임까지 더할 전망이다. 폐로 작업에 44년이 걸릴 것으로 예상되기 때문이다.[28] 다른 전력회사들은 이 회사가 보유한 아슬아슬한 수준의 재정 부채 때문에 협업을 꺼리지만 도쿄전력은 자랑스러운 가시와자키가리와 발전소를 통해 원자력과 함께하며 수익도 내는 미래를 꿈꾸고 있다. 정부가 소유권과 통제권을 돌려주는 문제도 부분적으로 이 발전소의 운영이 얼마나 정상화되느냐에 달려 있지만 가시와자키가리와는 2007년 지진 이후 지금까지 전출력으로 가동되지 않고 있다. 운영을 정상화하려면 새로운 원자력규제위원회와 니가타 현지사 이즈미다 히로히코가 모두 동의해야 한다. 도쿄전력은 2013년 9월 이즈미다가 허가를 내주지 않겠다고 공언하고 며칠 만에 원자력규제위원회에 6호기와 7호기 원자로의 안전 평가를 신청해, 이 회사가 후쿠시마 제1 발전소와 관련된 문제를 처리한 후에야 가시와자키가리와로 시선을 돌릴 거라 예상했던 적어도 한 명 이상의 규제위원회 위원을 놀라게 했다. 하지만 도쿄전력이 이 발전소 면진 건물의 진동저항력이 부족하다는 사실을 3년간 파악하고 있었으면서도 원자력규제위원회에 보고하지

---

28 개인적으로는 이런 추정치가 비현실적으로 느껴진다. 50년 안에 폐로 작업을 마칠 수 있다면 놀라운 성과가 될 것이다. 하지만 일본이 이후 몇십 년간 폐로 분야에서 세계적인 수준에 오르게 되면서 속도가 빨라질 수 있다. 아직은 체르노빌 발전소의 경험이 있는 러시아와 우크라이나가 이 분야의 최고라 할 수 있을 것이다.

않았다는 사실이 발각되어 1차 평가를 통과하지 못했다.

다나카 회장은 계속 자신의 신념을 밀고 나갔고 2014년에는 비상사태 대비가 부족하다는 이유를 들어 2011년 이후에도 자신들의 광대한 로카쇼 시설을 운영하겠다는 일본원연의 신청을 기각했다. 또한 방사선에 노출될 위험을 완전히 없애지 못한다며 비상시방사능영향예측시스템SPEEDI의 사용을 금지해 이 전도유망한 기술에 실망스러운 사망 선고를 내렸다. 가시와자키가리와 발전소가 재가동되길 바랐던 2017년의 예정일은 지나갔고 다나카의 5년 임기도 끝났다. 하지만 그는 임기 종료를 몇 주 앞두고 자신이 직접 참여한 4년간의 안전검사 끝에 가시와자키가리와의 재가동을 두고 강경했던 위원회의 입장을 눈에 띄게 누그러뜨렸고, 이 발전소를 계속해서 운영할 수 있는 도쿄전력의 자격에 관해서도 기정사실로 인정하지는 않을지언정 한층 우호적인 태도를 보였다. 다나카의 뒤를 이어 공학 박사이자 일본원자력연구소와 일본원자력연구개발기구의 고위 임원을 지낸 후케타 도요시가 2017년 9월 말 원자력규제위원회 위원장으로 취임했다. 이후 이 위원회는 가시와자키가리와 6호기와 7호기 원자로의 재가동을 승인해 이제 니가타 현지사의 결정만 남게 되었다. 승인 자체는 가시와자키가리와가 더 빨랐으나 가동을 재개하는 최초의 비등수형 원자로는 오나가와 발전소의 2호기가 될 것으로 보인다.

2004년 처음 당선된 후 세 번째 임기를 보내던 이즈미다 히로히코 현지사는 원자력을 찬성하는 자유민주당 소속이고 경제산업성 관료 출신인데도 도쿄전력을 확고히 반대했다. 그는 계속 원자로 재가동을 막았으나 2016년 다음 선거에 출마하지 않겠다고 발표했고 결국 원자력 찬성 세력과 반대 세력에서 각각 후보를 내보냈다. 선거에서는 원자력에 반대하는 후보가 득표율 6퍼센트 차이로 승리했고 NHK가 실시한 출구조사에서 응답자의 73퍼센트가 발전소 재가동을 반대했다. 선거 결과가 전해지자 도쿄전력의 주가는 8퍼센트 떨어졌다. 니가타의 새로운 현지사가 된 좌파 성향의 의사 겸 변호사 요네야마 류이치는 계속 도쿄전력과 자유민주당을 반대했다. 하지만 그가 데이트 주선 사이트를 통해 만난 여성들에게 선물과 돈을 건넸다는 폭로가 나왔고 반대 세력의 공격이 계속되자 2018년 4월 지사직에서 물러나야 했다. 요네야마는 비혼 상태였으므로 불륜은 아니었지만 여성들에게 섹스에 대한 대가를 준 것으로 여겨졌고 공직자에게는 적절하지 못한 처신이었다. 투자자들은 환호했다. 이번에는 발전소에 우호적인 세력을 중심으로 선거가 진행되었고 자유민주당 후보인 하나즈미 히데요가 승리했다. 하지만 그는 소속 정당의 입장과 반대로 전임자들의 발자취를 따랐고 발전소를 다시 가동하는 것을 계속 경계했다. 하나즈미와 가시와자키시장 사쿠라이 마사히로, 지역 주민들을 달래기 위해 도쿄전력은 일단 6호기와 7호기 원자로를 재가동하면 5년 이내에 1호기부터 5호기까지는 폐로하거나 운영을 중단하는 것을 고려하기로 합의했다. 믿을 수 없는 양보였다.

가시와자키가리와 발전소에는 15미터 높이의 방파제와 물이 새지 않는 출입구, 보호 장치를 갖춘 배터리 건물이 생겼고 전체적으로 지진 대비를 강화하는 것을 포함해 다양한 개량이 이루어졌다. 하지만 긍정적인 변화들을 무색하게 하는 어리석은 사고들도 계속되고 있다. 2019년 6월에는 규모 6.7의 지진이 발생한 뒤 발전소 직원이 원자로에 문제가 생겼다고 잘못 표시한 보고서를 팩스로 보내 사쿠라이 시장 사무실에서 잠시 야단법석이 벌어지기도 했다.[29] 그래도 도쿄전력은 긍정적이다. 가시와자키가리와 발전소 소장 다마이 도시미쓰는 2019년 발전소 재가동을 반대하는 광범위한 여론을 의식하며 "우리는 후쿠시마에 대한 책임을 다해야 한다. 후쿠시마 발전소를 해체하는 비용을 대기 위한 수익을 만들어내는 것 역시 임무의 일부다"고 주장했다. 원자로 한 기만 재가동해도 도쿄전력의 연간 수입이 8억 달러 이상 증가할 것으로 추정된다.

---

29 대부분의 선진국에서는 오래전에 팩스가 자취를 감췄지만 일본에서는 법적 절차로 흔히 팩스를 요구하고 있어 코로나 팬데믹 중 논란이 벌어지기도 했다.

Ⅷ
앞에 놓인 길

후쿠시마 참사는 원자력에 관한 간 나오토의 생각을 바꾸었고 간 본인도 이런 사실을 숨기지 않았다. 원자력 마을의 구성원들은 불안해진 나머지 2011년 4월 4일 후쿠시마 제1 발전소가 위치해 당시에는 사실상 버려졌던 도시인 후타바의 시장을 포함해 원자력 발전소가 있는 8개 지역의 시장들을 그에게 보내 당시 벌어지고 있던 모든 상황에도 불구하고 원자력 발전을 중단해서는 안 된다고 애원하게 했다. 하지만 총리는 마음을 정한 후였다. 간은 5월 "일본은 언제나 위험을 안고 있었다. 이 나라는 수많은 지진이 일어나는 섬들 위에 자리하고 있고 지금은 그 섬들 위에 발전소들이 있다. 이제 우리는 모든 정치인이 오래된 정책들을 점검하고 그대로 밀고 나갈지 아니면 바꿀지 결정해야 하는 순간을 맞았다"고 선언했다. 그는 2050년에는 일본에서 생산되는 전력의 53퍼센트를 원자력에 의존하려 했던 2010년의 목표를 폐기하고 재생에너지에 더 주안점을 두는 장기적인 계획을 "원점에서 시작한다"고 발표했다. 하지만 경제산업성은 늘 그래왔듯 과거에 일하던 대로 돌아갈 생각이었고 카에이다 반리 장관은 발전소가 있는 지역사회에 안전을 보장하겠다고 약속했다. 그런데 7월 간 총리가 내각과 상의하지 않고 모두를 놀라게 하는 정책을 내놓았다. 어떤 원자로든 재가동 승인을 받으려면 스트레스 테스트를 받아야 한다는 것이었다.

이미 많은 원자로가 지진을 겪으며 가동을 중지한 상태였다. 1년 후인 2012년 5월 6일 마지막으로 돌아가던 원자로가 멈춰서자 국가 전력망에 원자력으로 생산한 전기가 공급되지 않게 되었다. 일본에 쓰루가와 도카이의 두 원자로밖에 없었고 두 원자로 모두 유지보수를 위해 정지 중이었던 1970년 5월 이후 처음이었다. 성공과 실패, 진보와 퇴보가 뒤섞인 60여 년은 에너지 정책에 다시 패러다임 전환을 일으킬 기회로 이어졌다. 전력회사들은 천연가스를 수입하는 데 매일 5천만 달러를 추가 지출하면서 엄청난 부담에 시달리고 있었지만 여론조사 결과를 보면 대중은 원자력과의 이별을 원하고 있었다. 반면 보수적인 일부 정치인들이나 경제산업성에서 경력을 쌓은 관료들, 이 업계에서 일하는 사람들은 생각이 달랐다. 가운데 남은 정치인들은 사적으로 중립을 유지했으나 공개적으로는 여전히 매몰 비용 때문에 원자력 발전을 계속할 수밖에 없다는 뜻을 밝혔다. 3대 주요 신문은 익히 예상할 수 있는 태도를 보였다. 『요미우리신문』은 사설에서 탈원전에 반대했고 『아사히신문』과 『마이니치신문』은 개혁을 옹호했다. 모두 제1 발전소에 일어난 정전이 전환점이 된 것을 알고 있었다. 하지만 여름철 에너지 부족과 발전소 근처 지역 경제의 피해가 몇 주간 이어지자 정부는 7월 1일 도쿄전력의 오이 발전소 원자로 3호기를 재가동하게 했고 수백 명이 발전소 정문에서 시위를 벌였다. 3주 뒤 같은 발전소의 4호기도 다시 운전을 시작했지만 일본에 있던 30기의 원자로 중 정부가 새로 채택한 확장된 스트레스 테스트 안전 요건을 만족한 원자로는 하나도 없었다.

새로운 안전 요건은 간 나오토가 물러난 뒤에도 일본 민주당이 일관성 있는 에너지 정책을 추진하기 위해 고군분투했던 사례 중 하나였다. 후임 총리인 노다 요시히코는 2012년 9월 2040년까지 원자력 발전을 단계적으로 중단한다는 중대한 계획을 발표했으나 원자력에 의존하는 기업들과 지역사회의 강력한 압박을 이기지 못하고 5일 만에 계획을 철회했다. 원자력 기술은 일본 기업들이 1990년대 이후 여러 분야에서 선두를 내준 후에도 여전히 전 세계의 라이벌들에게 경쟁 우위를 지키고 있는 영역이었다. 그런 산업을 완전히 없애서 전기 가격은 높이고 수입과 경제 성장은 떨어뜨린다는 구상은 부당해 보였다. 일반 대중의 반대 여론이 90퍼센트에 이르렀고 전국 각지에서 사상 최대의 원자력 반대 시위가 일어나고 있었지만 앞으로 30년간 그리고 일부는 그 이후에도 원자력 발전소를 운영할 수 있게 한 노다의 계획은 이런 반대 세력 역시 만족시키지 못했다.

낙관적인 유권자들은 대체로 2009년 선거에서 거의 중단 없이 이어져 온 보수정당 자유민주당의 통치에 반발해 진보 성향의 민주당에 표를 던졌지만 통치 경험이 없었던 당에는 너무 큰 도전이었던 것으로 판명되었다. 같은 유권자들이 겨우 3년 후 열린 총선에서 민주당을 응징했다. 사람들은 여러 가지 이유로 불만을 품었다. 민주당은 역사적으로 낮은 입법 생산성을 보이며 명백한 무능을 드러냈고, 2011년의 자연재해와 원자력 재난에 무력했으며, 2010년 9월 중국과의 센카쿠 충돌에 잘못 대처했고, 불법 정치 기부 스캔들도 있었다. 처음부터 비효과적이고 철옹성 같은 원자력 관료주의 문화를 조성했던 바로 그 정당, 자유민주당이 여유 있게 승리해 다시 정권을 잡았다. 원자력에 찬성하는 이당의 지도자 아베 신조는 2019년 11월 도쿠가와 쇼군이 몰락한 이후 가장 장수한 일본 총리가 되었다. 그는 2020년 9월 건강상의 이유로 사임했다.

몬주는 다시는 가동되지 않았다. 일본원자력연구개발기구는 2012년 6월 이 시설에서 거의 만 개에 달하는 부품을 점검하지 못했다고 인정했고 이후에도 2,300개를 놓쳤다. 원자력규제위원회는 2013년 11월 다시 일본원자력연구개발기구를 질타했는데 이번에는 플루토늄이 보관된 현장의 보안 대비책이 부족했기 때문이었다. 그 이후에도 2년간 실수가 이어지고 처음부터 쌓인 비용이 1조 1,000억 엔(100억 달러)을 넘어가자 원자력규제위원회는 일본원자력연구개발기구에 대한 인내심을 잃었고 이 기구가 "[몬주를] 운영할 능력이 없다"고 선언하며 문부과학성에 6개월 이내에 대체 기관을 지정하라고 지시했다. 문부과학성은 대안을 찾지 못했다. 작업자들이 원자로를 부분적으로 해체하고 박혀있던 재연료 교환기를 뽑아내긴 했지만 정부는 2016년 12월 몬주를 폐로한다고 발표했다. 재연료 교환기 사고로 가동이 중지되고 거의 21년 만에 나온 이 결정으로 선구적 연구시설은 슬픈 결말을 맞았다. 2025년까지 시험 시설에 고속증식로 기술을 적용하고 2050년까지 실물 규모의 1,500메가와트 상업용 설계를 완성한다는 계획 역시 함께 폐기되었다.

미 해군 원자력 함대의 아버지였던 하이먼 G. 리코버Hyman G. Rickover 제독이 세계에서 두 번째로 만들어진 원자력 잠수함이자 소듐 냉각 원자로를 채택한 유일한 사례였던 USS 시울프Seawolf를 두고 했던 말이 떠오른다. "건조 비용은 비싸며, 운영은 복잡하고, 아주 작은 고장에도 오랫동안 가동을 중지해야 할 수 있으며, 수리가 어렵고 시간이 많이 든다." 1970년대에는 원자력 연료의 재활용을 통한 무한대의 에너지라는 초기의 밝은 희망이 상상력을 사로잡았지만 오늘날에는 러시아만이 예카테린부르크 근처의 벨로야르스크Beloyarsk 발전소에서 상업용 고속증식로 2기를 가동하고 있다. 기간과 관계없이 고속증식로를 전력망에 연결해 본 나라도 러시아뿐이지만 중국과 인도는 여전히 이 기술을 연구하고 있다.

원자력규제위원회와 지방 정부들은 도호쿠전력이 2011년 사고 당시 사람들을 살렸던 원래 방파제보다 훨씬 거대한 높이 29미터, 길이 800미터의 방파제를 새로 건설한 뒤 2020년 오나가와 발전소를 다시 가동할 수 있게 허가를 내주었다. 원자력규제위원회의 엄격한 새 요건을 맞추는 데 총 3,400억 엔(32억 달러)의 비용이 들어갈 것으로 추정되며 모두 소비자들에게 돌아갈 전망이다. 개량 작업은 원래 2017년 4월 마무리될 예정이었으나 몇 차례 연기되었고 가장 최근에는 2020년 5월 다시 미뤄져 2023년 3월 종료를 목표로 하고 있다. 다른 발전소 모두 비슷한 상황이다. 2011년 지진의 두 배에 달하는 사망자가 발생한 또 다른 "빅원"을 겪은 시즈오카현의 하마오카 발전소에도 주부전력이 13억 달러를 들여 높이 18미터, 길이 1.6킬로미터의 새 방파제를 짓고 있는데 완공이 지연되고 있다. 스트레스 테스트를 마친 가압수형 원자로 9기는 2021년 초 재가동되었으나 비등수형 원자로 중에서는 오나가와 발전소의 원자로가 제일 먼저 다시 운전에 들어갈 것으로 보인다.

일본 원자력 업계는 실망스럽게도 2011년 참사와는 관련이 없는 또 다른 스캔들에 휘말렸다. 2019년 9월 한 내부고발자가 간사이전력의 고위 임원 20명이 1978년도부터 하청 계약에 대한 뇌물을 받아 왔고 이로 인해 세무 당국의 조사를 받고 있다고 폭로했다.[30] 후쿠이현의 작은 도시 다카하마의 전前 부시

---

30 간사이전력은 한국전력공사와 같은 약자(KEPCO)를 쓴다. 우연이지만 2015년 한국전력공사에서도 비슷한 스캔들이 있었다.

장 모리야마 에이지는 이 회사의 다카하마 원자력 발전소 그리고 이후에는 자신이 고문으로 관여한 건설회사 요시다가이하쓰와 관련된 계약으로 3억 6천만 엔(340만 달러)에 달하는 현금과 선물을 건넸다. 선물은 금과 비싼 정장, 스모 경기 입장권까지 다양했다. 간사이전력 자체 조사 결과 뇌물을 받은 임원의 숫자가 75명으로 불어났다. 전체 뇌물의 3분의 1 이상이 당시 부사장이자 원자력 부서장이었던 도요마쓰 히데키에게 갔고, 모리야마가 2019년 3월 90세로 사망하기 한 달 전까지 뇌물이 오갔다.

간사이전력에 따르면 모리야마는 다카하마 발전소 원자로 3호기와 4호기에 대한 반대 여론을 진압하고 건설을 승인하는 데 깊이 관여했고 이후 엄청난 영향력을 행사했다. 1987년 공직에서는 물러났지만 아마쿠다리의 또 다른 예로 간사이전력의 계열사인 관전플랜트주식회사関電プラント株式会社에서 일했다. 세무 당국이 요시다가이하쓰에 대한 조사를 시작하자 2018년 2월 뇌물을 수수한 경영진 20명 중 6명이 자신이 받은 돈을 돌려주었다. 간사이전력의 이와네 시게키 사장이 전한 바에 따르면 나머지도 비슷한 시도를 했으나 나이가 많은 정치인이 겁을 주는 바람에 "일시적으로 귀중품을 보관하고 있었다"고 주장했으며, 모리야마가 죽고 6개월 만에 스캔들이 알려지자 급히 반납했다.

세무 당국의 조사에서 간사이전력이 일반적인 입찰 과정을 거치지 않고 요시다가이하쓰와 계약한 수많은 사례가 밝혀졌으나 경영진은 뇌물이 자신들의 결정에 영향을 미치지 않았다고 주장하며 사임하지 않겠다고 버텼다. 어째서인지 가장 많은 뇌물을 받은 3명이 어떻게든 회사의 규칙을 전혀 어기지 않은 것으로 확인된 후 간사이전력은 야기 마토코 회장의 월급을 두 달간 20퍼센트 삭감하고 이와네 시게키 사장의 월급은 한 달간 20퍼센트 삭감하며 관리 책임자에게는 "엄중한 경고"를 주는 적당히 물렁물렁한 징계를 내렸다. 대중의 불만이 고조되자 10월 초 야기가 항복해 사임했다. 곧 이와네도 뒤를 따랐다. 2020년 3월 부사장 모리모토 다카시가 사장에 취임했고 일본경제단체연합회 회장을 지냈던 사카키바라 사다유키가 회장이 되었다. 간사이전력은 경영진을 감시하는 새로운 시스템을 만들겠다고 약속했다.

일본 원자력규제위원회 역시 지지자들이 바라는 만큼 아주 깨끗하지는 않았다. 한 예로 2020년 1월 『마이니치신문』의 보도로 2018년 12월 후케타 위원장을 포함한 규제위원회의 임원들이 비공개로 진행되었고 회의록도 남기지 않은 회의에서 간사이전력의 원자력 발전소에 적용될 화산재에 대한 대책을 결정했다는 사실이 밝혀졌다. 모든 결정을 공개적인 심리에서 내리도록 한 공공기록관리보존법 위반이었다. 며칠 뒤 다섯 명의 의원들은 모두 해당 주제를 처음 논의하는 것처럼 공개적으로 자신들이 이미 비밀리에 결정했던 대책에 동의했다. 전체적인 거대한 구조에서 보면 크지 않은 사고였지만 미끄러운 경사면(발을 들이면 멈추기 어렵고 끝까지 미끄러질 수 있는 경로를 의미-역주)에 대한 우려가 나오고 있다.

2020년 2월 원자력규제위원회는 쓰루가 원자로 2호기 아래에 있는 단층이 비활성단층인 것처럼 속이려 지질 조사 데이터를 수정했다며 일본원자력발전을 비난했다. 규제위원회의 조사관이 새로 제출된 문서에서 원래 데이터의 80개 구역이 삭제된 후 재작성된 것을 발견했다. 일본원자력발전은 6월 자신들의 행동을 사과하며 부주의하게 데이터를 수정했다고 주장했지만 아직 진상은 밝혀지지 않았다.

안타깝게도 계속 부패로 향하는 듯한 필연적인 방향성은 어쩔 수 없다 해도, 미래에는 어떤 일이 일어날까? 독일은 원자력 기술에 대한 찬반양론이 오랫동안 이어져 왔음에도 2010년 당시 전력 생산량의 약 4분의 1을 원자력에 의존하고 있었지만 후쿠시마 참사가 벌어지고 몇 달 지나지 않아 원자력 발전을 단계적으로 중단하겠다고 선언했다. 스위스와 한국이 뒤를 이었다. 2015년 일본의 전력사업법이 개정되며 전력회사들은 폐로 비용을 한 번에 처리하는 대신 10년 단위로 끊어서 비용에 반영할 수 있게 되었고 이러한 변화는 의도대로 오래된 원자로의 폐로를 촉진하는 효과를 낳았다. 며칠 지나지 않아 간사이전력이 미하마 발전소의 원자로 1호기와 2호기를 폐쇄한다고 발표했다. 일본원자력발전도 쓰루가 1호기에 같은 조치를 하기로 해 이 나라에서 가장 오래된 원자로 3기가 운전을 끝내게 되었다. 3기 모두 원래 수명인 40년을 넘겨서도 가동할 수 있게 연장을 받았지만 엄청난 비용을 들이며 이렇게 오래된 원자로의 안전장치를 개량하는 것은 경제성이 떨어졌다. 이러한 결정으로 후쿠이현의 원자력 반도에 건설되어 유지되고 있던 원자로 6기 중 몬주까지 4기의 원자로가 짧은 시간 사이 문을 닫게 되었다. 후젠은 앞서 2003년 가동을 중단했다. 시간이 흘러 2017년 12월 간사이전력은 후쿠이현의 또 다른 발전소인 오이에서도 4기의 원자로 중 2기를 폐로한다고 발표했다. 이번 결정은 안전 의식의 승리라 할 수 있었지만 더 넓은 현의 관점에서는 말할 것도 없고 발전소에 온전히 의존해 온 오래된 도시 오이와 미하마에는 어마어마한 손실이었다. 2021년 초 현재 참사 이후 후쿠시마 제1 발전소를 포함해 폐로를 결정한 상업용 원자로는 전체 54기 중 21기에 이른다.

일본원자력연구개발기구는 2014년 도카이 재처리 시설 역시 거액을 들여 안전장치를 개량하는 대신 폐쇄한다고 발표했다. 이 시설은 발표 당시까지 사용후연료 1,140톤을 재처리했고, 이미 현장에 보관 중인 사용후연료를 모두 사용한 뒤 2028년 해체될 예정이다. 폐로 작업에는 70년이 걸리며 비용은 1조 엔(92억 달러)에 달할 것으로 추정된다. 도카이 재처리 시설을 대체해야 할 로카쇼 공장은 오랫동안 우라늄 농축, 저준위 폐기물 처리, 폐기물 저장을 위해 부분적으로 운영되긴 했지만 규모 9.0의 지진을 견딜 수 있는 개량 작업이 필요하다는 이유로 건설 공사가 시작되고 거의 30년이 지난 지금도 여전히 완전히 가동되지 않고 있다. 2022년 중반 마무리될 개량 작업에는 원래 예상 금액의 4배에 해당하는 3조 엔(약 280억 달러)이 들어갔으며 이 시설의 생애가 끝날 때까지 들어가는 총비용은 14조 엔(1,304억 달러)에 달할 것으로 전망된다. 로카쇼는 2014년 이미 사용후연료 저장 용량 3천 톤이 다 찼다. 이후에 발생한 사용후연료는 도쿄전력과 일본원자력발전이 공동 소유한 무쓰의 건식 저장소로 보내고 있으며, 건식 저장법은 사용후연료를 수조에 보관하는 것보다 상당히 저렴하고 안전하다.[31]

하지만 로카쇼는 영구 지층 처분 시설이 아니기 때문에 고준위 폐기물 문제는 여전히 남아 있다. 20년간 조사를 진행했지만 영구 처분 시설을 건설할 적당한 땅을 찾아내지 못했다. 경제산업성은 가능한 대지의 목록을 작성했고 현

---

31 도쿄전력과 일본원자력발전이 각각 지분의 80퍼센트와 20퍼센트를 소유하고 있는 리사이클연료저장 주식회사가 이 저장소를 운영한다. 2013년 9월 공사를 마쳐 사용후연료 3,000톤을 저장할 수 있으며 저장 공간을 추가 확장할 계획이다.

재 지방자치단체들을 설득하려 노력하고 있다. 2020년 11월에는 홋카이도현의 한 후보지에 대해 예비조사를 실시했으나 여론의 반대가 거세다. 폐기물 시설을 지을 땅을 찾아낸다 해도 재처리연료의 용적을 감소시키는 것이 타당한지 다시 의문이 제기될 것이다. 건강에 대한 위협과 확산 위험은 물론이고 비싼 비용 역시 용적 감소 처리가 필요한 이유로 꼽히지만 2005년 전문가 8명이 팀을 이룬 국제검토위원회패널International Critical Review Committee Panel에서는 타당하지 못한 주장이라 결론 내렸다. 연료 저장소의 규모는 용적이 아니라 연료에서 발생하는 열의 양에 따라 결정되므로 용적을 감소시킨다고 해서 저장에 필요한 공간이 줄어들지 않는다. 사용후재처리연료는 일반적인 사용후연료와 비교해 거의 열 배에 해당하는 붕괴열을 내뿜고 방사선도 네 배에서 다섯 배 정도 방출해 공간을 아끼는 것이 거의 불가능하다. 또한 찬성론자들의 주장은 재처리 과정에서 만들어지는 수명이 긴 저준위 폐기물과 중준위 폐기물의 용적을 무시하고 있어 일반적인 사용후연료 유리화에 비해 나을 것이 없다. 국제검토위원회패널은 2005년 자신들이 작성한 보고서를 직접 일본원자력위원회에 전달했으나 헛수고에 그쳤다. 이 보고서에는 일본이 이미 이후 몇십 년간 혼합산화물연료를 생산하기에 충분한 플루토늄을 보유하고 있다는 내용도 담겨있었다.

로카쇼가 완전히 가동되는 때가 오더라도 더는 플루토늄의 원천이자 사용처였던 몬주가 존재하지 않는다. 로카쇼의 존재 이유가 일부 사라진 것이다. 또한 원자력 발전소 대부분이 가동되지 않는 현재 상황을 고려하면 이곳의 혼합산화물연료 공장이 가장 경제적인 용량으로 돌아가는 일은 없을 것이다. 프랑스 전력공사Electricite de France, 아레바를 비롯한 프랑스 기업들과 도시바는 상용 소듐 원자로 개발 프로젝트로 쉬페르페닉스의 후속 모델에 해당하는 새로운 유형의 실험용 고속증식로를 개발하기 위해 협업했으나 10년간의 작업에도 일정이 13년 지연되자 2019년 9월 이 프로젝트를 취소했다. 이러한 좌절들로 인해 20년 전만 해도 현실적이라 느껴졌던, 일본의 다양한 요구에 부응하며 탄소 배출이 없고 재활용할 수 있으며 상대적으로 싼 에너지라는 꿈은 이제 거의 불가능해진 것처럼 보인다.

정말 그럴까? 2011년 이후 세계 지도자 대부분이 마침내 과학계 전체가 몇십 년 동안 부르짖어온 사실을 받아들였다. 우리의 지구가 죽어가고 있으며 탄소 배출을 없애는 것이 지구를 살리는 핵심 요소라는 것이다. 기운 빠지게 하는 폭로를 인정하게 되면서, 일부 선진국은 몇십 년간 환경을 이유로 원자력 발전을 반대해 온 끝에 원자력이 기후 변화와의 싸움에 꼭 필요한 도구라는 아이러니한 깨달음도 얻은 듯하다. 다른 한 축은 재생에너지다. 재생에너지는 2011년 이후 크게 발전했으며, 내 조국인 스코틀랜드에서는 2019년 전반기에 풍력 발전용 터빈으로 국내 모든 가정에서 필요한 전기의 두 배에 가까운 전력을 생산했다. 국내 수요만 감당할 수 있으며 춥고 고요한 겨울에는 기본 부하도 충족하지 못하지만 2010년 영국 내 전기 생산량 중 태양 에너지와 풍력 에너지의 비율이 약 3퍼센트에 그쳤던 것을 생각하면 인상적인 성과다.[32] 국제에너지기구가 태양 에너지 발전소의 메가와트당 건설 비용이 화석 연료 발전소보다 저렴해졌다고 발표[33]하고 얼마 되지 않아 유럽에서도 2020년 전반기 사상 처음으로 재생에너지로 생산한 전력량이 화석 연료 생산량을 넘어섰다. 재생에너지 기술은 적어도 가정용과 산업용으로는 훌륭한 대안이겠지만 대부분의 선진국에서 모든 전력 수요를 재생에너지로 대체하려면 몇십 년간 투자가 이어져야 한다.

일본풍력에너지협회는 다소 편향된 예측이긴 하나 2030년까지 외진 산악 지형으로 인해 설치에 어려움을 겪더라도 일본 전역에 약 10기가와트의 풍력 발전 설비가 추가로 들어설 것이라 추산했다. 일본 정부는 개발할 공간이 부족하다는 100년 가까이 이어진 문제를 피해가기 위해 2019년 연안에서 터빈을 30년까지 가동할 수 있게 하는 새 법을 통과시켰다. 육지에서는 후쿠시마현이 가장 앞서나가고 있으며 2040년에는 석탄 연료를 버리고 모든 전력을 재생에너지로 생산하려 한다. 지방자치단체 중 가장 빠른 계획이다. 현 내의 외딴 산지와 과거 농지였으나 오염된 지역에 3천억 엔(27억 5천만 달러)을 들여 풍력 발전소 10개, 태양열 발전소 11개를 건설할 예정이며 생산한 전기는 도쿄로 보내

---

32 실은 영국 전체에서도 재생에너지의 비율이 너무 높아져 공무원들은 풍력 발전용 터빈에서 만들어지는 초과 전력이 모든 전력원에서 만들어지는 국가 전력망의 용량을 넘어서는 일이 잦아지는 것을 우려하고 있다. 2019년에는 다수의 풍력 발전용 터빈을 꺼두게 하느라 정부가 1억 3천만 파운드에 가까운 "제한 지불금"을 지급해야 했다.
33 곧이곧대로 받아들여서는 안 되고 특히 투자 규모에 따라 차이가 생길 수 있지만 분명히 주목할 만한 성취다.

게 된다. 하지만 이 21개의 발전소는 재생에너지의 용량 문제를 제대로 보여주는 예로, 완벽한 조건을 가정해 모든 발전소의 생산 용량을 합쳐도 600메가와트에 불과하다. 원자로 1기의 용량에도 한참 못 미친다. 2013년 전년도의 세 배에 달하는 폭발적인 성장세를 보인 일본의 태양 에너지 산업은 2015년부터 매년 설치 용량이 감소하고 있다(그래도 2019년 신규 설치 용량으로는 세계 4위를 차지했다). 한편 수력 발전은 일찌감치 3천 개가 넘는 댐이 건설되어 오랫동안 최대한의 잠재력을 발휘해 왔다.

일본은 아베 신조의 뒤를 이은 스가 요시히데 총리가 2020년 10월 2050년까지 국가적인 탄소 배출을 없앤다는 목표를 발표하기 전까지 2016년 파리기후 협정 조인국으로서의 의무를 전혀 다하지 못하고 있었다. 지금까지는 독일처럼 원자력 발전 중단으로 인한 전력 부족분을 대부분 석탄 화력 발전으로 메우면서 인도, 중국에 이은 세계 3위의 석탄 수입국이 되었고 앞으로 얼마나 많은 원자로가 정지 상태로 남느냐에 따라 석탄 화력 발전소를 20기가와트 규모로 추가 건설할 계획도 있다. 2019년 컬럼비아대학교에서 발표한 연구에 따르면 일본에서 원자력 발전을 화석 연료 발전으로 대체하면서 2017년까지 대기 오염으로 인해 23,300명이 피할 수도 있었던 죽음을 맞았다. 이 나라가 1980년대 이후 이 지저분한 연료를 거의 퇴출했었다는 사실을 생각하면 우울한 현상이다.[34]

이 모든 조건을 고려할 때 일본은 어려운 상황에 있다. 지난 50년간 이러한 현실을 타개하려 했지만 여전히 전력을 생산하는 원료의 90퍼센트 이상을 수입하고 있다. 연료를 재활용할 수 있는 최신식 재처리 시설이 마침내 완성을 앞둔 것을 비롯해 이 나라의 원자로들은 거의 자급자족이 가능하고 깨끗한 전기를 생산할 능력이 있지만 불확실한 상태로 정지되어 있으며 가동 재개를 반대하는 압도적인 여론을 맞닥뜨리고 있다. 또한 일본에 쌓여 있는 사용후연료 19,000톤뿐 아니라 상당한 양의 플루토늄 그리고 아직은 그 수가 얼마 되지 않지만 점점 늘어나고 있으며 두 번째 재처리는 불가능한 사용후혼합산화물연료봉에 대한 우려도 계속되고 있다.[35] 이런 사용후재활용연료는 일반적인 사용

---

34 일본은 앞으로 지어지는 석탄 화력 발전소는 초초임계압 발전소로 친환경적이라 홍보하지만, 대안과 비교하면 훨씬 환경에 해로운 것이 사실이다.

후연료보다 몇 배나 많은 열을 방출하므로 정전이 일어났을 때 더 위험하다. 하지만 간사이전력은 2020년 2월 오라노와 더 많은 혼합산화물연료를 만들어내는 새 생산 계약을 맺었다.

경제산업성의 핵심 관료들 역시 고속증식로 계획을 되살리기 위한 시도를 멈추지 않고 있다. 미래의 어느 시점에는 아마 일본원자력연구개발기구의 주도하에 미쓰비시의 일본형 소듐냉각고속증식로Sodium-cooled Fast Reactor 네 번째 모델이 1,500메가와트 규모로 건설될 것이다. 게다가 상용 소듐 원자로 개발 프로젝트가 취소되고 석 달 만에 프랑스의 원자력 회사 프라마톰Framatome과 프랑스 정부 출연 대체에너지 · 원자력에너지위원회Alternative Energies and Atomic Energy Commission는 일본원자력연구개발기구, 미쓰비시와 협력 협정을 맺었다. 이 새 연합은 증식로와 유사하나 사용량보다 많은 연료를 생산하지는 않는 차세대 고속중성자원자로fast neutron reactor를 개발하기 위해 자원을 합칠 예정이다.

일본의 전력회사들은 2020년 초까지 27기의 원자로를 재가동하겠다고 신청했다. 원자력규제위원회는 15기의 재가동을 승인했으나 현재 9기만 운전 중이며 나머지 원자로 중 많은 수는 앞으로 다시는 가동되지 않을 것으로 보인다. 건설 단계였던 원자로 몇 기의 공사는 2011년에 모두 중단되었다가 이후 재개되었다. 이 중에는 원래 후젠의 후임이 될 원자로를 지으려 했던 혼슈 최북단의 대지에 자리한 오마 원자력 발전소도 있다. 이 발전소가 예정대로 2025년에 시운전을 시작한다면 일본에서 20년 만에 문을 여는 원자력 발전소가 될 것이다. 정부가 건설하고 전원개발이 운영하는 오마 발전소는 가시와자키가리와 발전소의 원자로 6호기와 유사한 개량형 비등수형 원자로를 채택했으며 혼합산화물연료만 100퍼센트 적재할 수도 있다.

전체적으로 전력업계가 도저히 회복할 수 있을 것 같지 않던 2012년 여름과 비교하면 불확실성이 줄어든 듯하다. 하지만 2030년까지 국내 전력의 20~22퍼센트를 원자력 발전으로 충당한다는 정부의 새로운 목표를 달성할 수 있을지 그리고 새로운 발전소들이 건설될지는 지켜봐야 한다.[36] 일본 경제산업성은

⇦ 35 글을 쓰는 현재 기준이다. 일본 정부는 혼합산화물연료를 재활용하기 위한 연구에 자금을 지원하고 있으나 현재까지는 상업적 해결책을 발견하는 행운을 누리지 못했다.

36 2011년 참사가 일어나기 전 이미 건설이 시작된 히시가도리 원자력 발전소의 새로운 원자로들은 예외로 봐야 한다. 히시가도리의 건설 공사는 2025년 재개될 예정이다.

적어도 향후 10년간 완전히 새로운 원자로를 건설할 가능성은 배제하고 있다. 같은 기간 더 많은 원자로의 가동이 재개되겠지만 전체의 20퍼센트에도 미치지 못할 것으로 보이며 결국 원자로 발전 총량은 이후 20년 동안 감소할 전망이다. 대중의 반대가 극복할 수 없을 정도로 거센 데다 전 세계적으로 재생에너지가 엄청난 추진력을 얻고 있기 때문이다.

에너지 저장 기술이 발전하고 수력 발전을 더 활용하기 위한 정부의 조사가 성과를 거두면 풍력 에너지, 태양열 에너지와 결합해 깨끗한 미래가 가능해질 수도 있다. 재생에너지는 원자력처럼 규모를 키울 수는 없어 전력 밀도의 문제가 남지만 이제 시작일 뿐이다. 또한 일본은 늘 원자력을 활용하겠다는 놀라운 의지를 보여왔기 때문에 예측이 쉽지 않다. 한 가지 반가운 변화는 전력 소매 시장의 자율화다. 1995년 시작된 전면적인 규제 완화는 느릿느릿 진행됐지만 2016년 4월부터는 마침내 일반 가정을 포함하는 소규모 저압 전기 이용자들도 처음으로 공급업체를 선택할 수 있게 되었다. 두 달 사이 백만 명이 넘는 사람들이 업체를 바꾸었다. 이런 변화가 극단적인 기온으로 사망하는 이들의 수를 줄여주고 있길 바란다. 참사 이후 전기세가 40퍼센트 이상 인상되면서 "2011년부터 2014년까지 적어도 1,280명이 피할 수도 있었던 죽음"을 맞은 것으로 추정된다.

마지막으로 비교하자면 글을 쓰는 현재 확인할 수 있는 일본의 가장 최근 전력 생산원 비율 통계는 2019년의 수치로 다음과 같다. 석유 38퍼센트, 석탄 27퍼센트, 액화 천연가스LNG 23퍼센트, 바이오 연료 4퍼센트, 풍력과 태양 등의 재생에너지 2퍼센트, 그리고 수력이 2퍼센트에 약간 못 미친다. 원자력은 4퍼센트를 기록해 전체적으로 1970년경의 통계와 크게 다르지 않다. 반면 세계적으로는 2019년 원자력으로 전력을 생산한 양이 2006년의 최고 기록에 거의 근접했다.

예고 없이 찾아오는 재난은 드물다. 챌린저호Challenger 폭발 사고(1986년 미국의 우주왕복선 챌린저호가 발사 직후 폭발한 사건-역주), 딥워터호라이즌Deepwater Horizon 폭발 사고(2010년 미국 멕시코만에 있는 딥워터호라이즌의 석유 시추 시설이 폭발한 사고-역주), 보팔 유출 사고, 체르노빌 참사 모두 전문가들이 피할 수 있었던 참사를 막아보려 노력했지만 권력을 쥔 이들에게 묵살당했던 셀 수 없이 많은 사례 중 일부일 뿐이다. 아직 또렷하게 드러나지 않은 사건을 막아보겠다고 움직이기에는 돈과 시간이 너무 많이 들기 때문이었을 것이다. 우리가 살펴본 일본 원자력 산업의 부상과 몰락 역시 돈과 속도 그리고 궁극적으로는 국가 안보를 위해 안전을 간과한 수많은 사례로 가득 차 있다. 후쿠시마 참사 당시 제1발전소의 사람들이 보여준 초인적인 노력도 큰 몫을 했지만 시기 자체에 놀라운 운이 따르지 않았다면 상황이 훨씬 더 악화할 수도 있었다.

이런 참사가 발전소가 최소한의 기본 인원으로 운영되는 야간이나 공휴일에 일어났다면, 그래서 모든 직원이 복귀하기까지 몇 시간 혹은 심지어 며칠이 걸렸다면, 그렇게 성공적으로 대처하지 못했을 것이다. 2019년 10월 시속 260킬로미터가 넘는 강풍으로 일본을 강타했던 태풍 하기비스Hagibis와 같은 폭풍우 속에 일어났다면, 외부에서 진행해야 하는 복구 작업이 전혀 불가능했을 것이다. 이런 참사가 몇십 년 전에 일어났다면, 그래서 원래 설계 허용치나 안전 체계를 훨씬 뛰어넘는 진동이 발전소를 흔들었다면, 쓰나미가 도착하기 전에 이미 심각한 손상을 입었을 것이다. 소방선과 면진 건물이 설치되기 전인 1년 전에만 일어났어도 운전원들은 물을 주입할 방법이 없었을 것이고 몸을 피한 채 복구 작업을 계획할 장소가 없었을 것이다. 시미즈 마사타카는 2012년 6월 정부 증언을 시작하며 "도쿄전력에 [면진 건물이] 없었다면 어떤 일이 벌어졌을지 생각하기 두렵다"고 인정했다. 동시에 분명히 불운이 근본적인 원인을 제공했다. 역사상 가장 강력한 지진 중 하나로 촉발된 쓰나미가 후쿠시마 제1 발전소에서 최고조에 달했기 때문이다. 지질학적으로 덜 취약한 나라의 원자력 발전소라면 지진도, 쓰나미도 겪을 일이 없을 것이다. 하지만 다른 곳에서는 다른 "예기치 못한" 사건들이 일어나지 않을 거라 장담할 수 있을까? 어쨌든 규제기관이 모든 가능성을 고려했다면 그 무엇도 건설할 수 없었을 것이다…… 어쩌면 여기 교훈이 있을 것이다. 언제나 어떠한 행운과 불운이 존재할 수 있는지 알아야 한다. 어쨌든 점점 더 많은 원자로가 재가동 승인을 받고 있는 지금 충분한 영향력을 가진 충분한 사람들이 차이를 만들어내기에 충분할 정도로 교훈을 얻었길 바란다.

Photos source: Satellite images ©2022 Google

2004년 11월

2011년 3월

2013년 3월

2020년 3월

후쿠시마 제1 발전소 2011.09

Photos source: Satellite images ©2022 Google

R/B 원자로동 건물
S/B 서비스 건물(제어실)

TEPCO 원자력 파워라인

오쿠마 파워라인 3L & 4L

요노모리 파워라인 1L & 2L

후타바 파워라인 1L & 2L

애비 변전소

집중형 방사성 폐기물 처리 시설

공통 사용후 연료 저장 시설

3, 4호기 초고압 스위치야드

1, 2호기 초고압 스위치야드

5호기, 6호기 초고압 스위치야드

발진 건물

행정 건물

4호기   R/B
3호기   R/B
2호기   R/B
1호기   R/B
S/B

5호기   R/B
6호기   R/B
S/B

북쪽 방파제

동쪽 방파제

콜입구 개방 운하

취수구

밖

사용후연료 건식 캐스크

콜입구 개방 운하

취수구

밖

후기

한때 제국해군 장교였고 1954년 일본 국회가 처음으로 원자력 예산안을 통과시키도록 설득했던 나카소네 야스히로는 2019년 11월 29일 101살이라는 놀라운 나이에 눈을 감았고 사망할 때까지 영향력을 발휘하며 세간의 주목을 받았다.

초기 전력 산업의 거물이었던 마쓰나가 야스자에몬은 1956년 국가적 정책 문제를 다루기 위해 산업계획위원회를 만들었다. 그는 회장을 역임하며 일본 내 식수 체계 개선, 고속도로 개발 그리고 이후 도쿄-나리타 국제공항 건설로 이어진 기반시설 공사를 비롯해 수많은 프로젝트를 발전시켜 제안하는 데 참여했다. 60세 무렵에는 다도를 배우기 시작해 결국 다도 전문가이자 골동품 수집가로 명성을 얻기도 했다. 마쓰나가의 소장품 중 일부는 지금도 후쿠오카 미술관에 전시되어 있다. 그는 95세였던 1971년 6월 16일 주목할 만한 생애를 마쳤다. 마쓰나가는 의식儀式을 좋아한 적이 없었으므로 가족들은 그의 뜻에 따라 장례식을 열지 않았다.

간 나오토는 2012년 총선에서 도쿄 18지역구에 출마해 2위에 그쳤지만 비례대표로 의원직을 유지했다. 2017년 선거에서는 승리해 자신의 선거구를 되찾았으며 일본 재생에너지기술위원회의 고문이 되었다. 그가 속했던 민주당은 2016년 해체되었으나 간을 비롯해 민주당 출신의 많은 정치인은 이제 에다노 유키오가 이끄는 일본 입헌민주당에 몸담고 있다.

후쿠시마 제1 발전소의 1/2호기 제어실을 지휘했던 지혜로운 관리자 이자와 이쿠오는 2014년 다음과 같이 참사의 교훈을 밝혔다. "쓰나미의 영향은 우리가 예상하고, 대비하고, 훈련하고, 준비하던 것보다 혹은 가능할 거라 믿었던 것보다 훨씬 컸다. 상상도 할 수 없는 정도였다. 우리는 항상 훨씬 더 큰 무언가가 일어날 가능성에 대비하고 있어야 한다." 그는 지금도 도쿄전력에서 일한다.

후쿠시마 제2 발전소 소장이었던 마쓰다 나오히로는 몇 년간 이 발전소에 남아 폐로 작업을 감독한 뒤 2014년 4월부터 제1 발전소의 해체 작업을 책임졌다. 그는 그곳에서 일하는 동안 무엇보다 노동자들을 형편없이 대우하기로 유명했던 도쿄전력의 이미지 개선에 일조했다. 마쓰다는 2018년 10월 일본원연에 고문으로 합류했고 넉 달 후에는 사장 겸 최고경영자가 되었다.

1999년 오우치 히사시와 시노하라 마사토를 구하기 위해 지칠 줄 모르고 일했던 내과의 마에카와 가즈히코는 80세였던 2020년 말까지 도쿄의 하라다 병원에 매일 출근했다. 1995년의 사린가스 테러와 후쿠시마 참사에서 응급 방사선 전문의로 활약했던 그는 여전히 이 분야에서 세계 최고로 존경받는다. 이제는 은퇴했지만 재난 피해자들에게 무료로 의료 서비스를 제공하는 비영리단체인 재난인도주의의료지원협회 의장은 계속 맡고 있다. 일본핵연료컨버전 임계 사고의 세 번째 피해자였던 요코카와 유타카는 아직 생존해 있으나 사고에 관해서는 말하려 하지 않는다.

마지막 단상

　이 책을 작업하는 과정은 힘겨웠지만 크게 혹은 작게 기여해 준 많은 이에게 도움을 받았다. 도움을 준 사람들의 목록을 작성해 보려 했지만 이미 잊어버린 양이 상당하다는 것을 깨달았다. 4년 치 이메일을 거슬러 올라가기는 쉽지 않다. 그래서 그냥 모두에게 '감사합니다'라는 말을 전하는 것이 더 적절하다고 판단했다. 어떤 식으로든 내게 도움을 준 이들은 자신의 기여를 알고 있을 것이다. 어떻게 감사해야 할지 모르겠다.

　마지막으로 하고 싶은 이야기가 있다. 『체르노빌』을 발표한 이후 너무나 많은 사람이 내게 연락해 "저도 저만의 논픽션 책을 쓰고 싶어요, 하지만…"과 비슷한 이야기를 했다. 그런 사람들에게 말해주고 싶다. 그냥 써라. 당신의 관심을 끄는 주제를 정해 인터넷 검색을 시작해라. 어디까지 가게 될지는 아무도 알 수 없다. 어렵고 외로우며 시간을 잡아먹는 작업이고, 조언이나 정보를 구하기 위해 접촉한 사람 중 압도적 다수는 당신을 무시하거나 최소한의 도움만 줄 것이다. 하지만 아마 당신이 짐작하는 것보다 더 보람차고 만족스러우며 재미있을 것이다. 누구나 위키피디아의 토끼굴에 빠져본 적이 있을 것이다. 그만큼 끝내준다. 요즘은 자비 출판이 어렵지 않다. 책 작업으로 많은 돈을 벌 필요가 없고 남는 시간에 자기 속도에 맞춰 진행할 수 있다면 당신을 방해하는 것은 아무것도 없다. 나도 빨리 당신이 만들어낸 책을 읽고 싶다.

FUKUSHIMA
후쿠시마

초판 1쇄 펴낸 날 | 2022년 11월 25일

지은이 | 앤드류 레더바로우
옮긴이 | 안혜림
펴낸이 | 홍정우
펴낸곳 | 브레인스토어

책임편집 | 김다니엘
편집진행 | 차종문, 박혜림
디자인 | 이예슬
마케팅 | 육란

주소 | (04035) 서울특별시 마포구 양화로 7안길 31(서교동, 1층)
전화 | (02)3275-2915~7
팩스 | (02)3275-2918
이메일 | brainstore@chol.com
블로그 | https://blog.naver.com/brain_store
페이스북 | http://www.facebook.com/brainstorebooks
인스타그램 | https://instagram.com/brainstore_publishing

등록 | 2007년 11월 30일(제313-2007-000238호)

한국어출판권 © 브레인스토어, 2022
ISBN 979-11-88073-25-2(03910)

* 이 책은 저작권법에 따라 보호받는 저작물이므로 무단전재와 무단복제를 금하며, 이 책 내용의
  전부 또는 일부를 이용하려면 반드시 저작권자와 브레인스토어의 서면 동의를 받아야 합니다.